2025 선재국어

예상 기출서

1

머리말

출제 기조 전환의 첫 해,
기출이 없는 우리에게는 《예상 기출서》가 절실히 필요합니다

2023년 11월, 인사 혁신처는 공무원 9급 국어의 출제 기조 전환을 알리고, 2025년 국가직 9급 시험부터 이를 적용한 문제로 시험을 치르겠다고 발표했습니다. 인사 혁신처의 출제 기조 전환의 주요 내용은 다음과 같습니다.

- 단순 지식 암기형 탈피
- 종합적 사고력과 실용적 능력 평가
- 공무원과 민간 부문 채용 시험 간 호환성 제고

그리고 이러한 출제 기조에 맞게 제작된 예시 문제를 공개하여, 새롭게 바뀌는 시험의 특성을 압축해서 보여 주었습니다.

문법은 그동안의 공무원 시험처럼 3문항이 출제되었으며, 독해는 10여 문항에서 13문항으로 늘어났습니다. 또한 문학 비평 지문이 독해 문제로 출제되었으나, 문학 작품 분석 문제는 출제되지 않았습니다. 가장 특기할 점은 그동안 공무원 시험 문제에서 중요하게 다루어졌던 한자 영역이 빠지고, 이 자리를 논리 영역이 채우게 되었다는 것입니다. 이른바 PSAT 문제 유형이 도입된 것인데, 독해 문제에서는 논증 평가 문제가 출제되어 논증 영역이 강화되었으며, 이와는 별도로 논리 영역 문제 3문항이 추가되었습니다.

인사 혁신처의 예시 문제는 출제 기조 전환의 의미를 구체화된 형식으로 알려 주어 수험생들의 불안감과 혼란을 줄이려는 목적으로 공개되었습니다. 이 문제들은 앞으로의 학습 방향을 정하고 학습 전략을 세우는 데는 어느 정도 도움이 됩니다. 그러나 단 20문제에 불과하기에 어느 정도의 범위 내에서 변형되어 출제되는지도 알 수 없고, 실전 훈련용 자료로 쓰기에는 양도 턱없이 부족하다는 문제가 있습니다.

그러하기에 지금 우리에게 절실히 필요한 것은, **인사 혁신처가 제시한 20개의 예시 문항을 철저히 분석하여 만든 '예상 기출문제'**입니다. 선재국어의 《예상 기출서 1》은 이러한 문제의식을 기반으로 하여 기획되었습니다.

앞으로 어떻게 문제가 출제되는지를, 무엇을 학습해야 하는지를 한눈에 파악하자

《예상 기출서 1》은
- 대학수학능력시험, PSAT, LEET, 한국어능력시험 등의 지문과 문제를 바탕으로 **인사 혁신처의 예시 문제와 가장 유사하게 제작된 총 200개의 실전 문제**를 통해, 새로이 바뀌는 출제 경향을 완벽하게 익힐 수 있는 교재입니다.
- **새로이 출제되는 논리 영역을 포함하여 전 범위의 핵심 개념을 학습**한 후, 빠르게 문제를 푸는 분석법까지 익히도록 구성되어 있습니다.
- '학습 전략 – 대표 유형 문제 – 핵심 개념 – 예상 문제 풀이'의 **4단계 학습 과정**을 통해 2025 새로운 시험에 완벽하게 대비할 수 있도록 만들었습니다.

초시생들은 이 책을 통해 공무원 시험의 특성을 정확히 파악하고 핵심 개념을 익혀, 보다 빠르게 전 영역을 학습할 수 있는 **기초를 닦을 수 있을 것**입니다.

N시생들은 이 책을 통해 기존 학습 영역으로 대체할 수 있는 부분과 새로이 학습해야 할 부분을 완벽하게 변별하여 보다 효율적인 **학습 전략을 짤 수 있을 것**입니다.

《예상 기출서 1》은 전 영역의 핵심 이론과 유형 분석, 그리고 인사 혁신처 예시 문제와 가장 유사하게 제작된 200문항의 예상 문제로 구성되어 있습니다. 올 하반기에 출간 예정인 《예상 기출서 2》에는 기존 공무원 시험의 기출문제, 수능과 PSAT 기출문제 중에서 인사 혁신처의 출제 방향에 적합한 문제들을 엄선한, 보다 다양한 유형과 난이도의 문제들을 실을 예정입니다.

수험생 여러분, 출제 기조 전환으로 인해 불안함과 막막함을 느끼고 있다면, 변화되는 시험에 누구보다 먼저 대비하고 싶다면, 그리고 가장 효율적인 국어 학습 전략을 찾고 싶다면, 지금 바로 《예상 기출서 1》을 펴십시오. 기출문제가 없는 지금, 《예상 기출서》 시리즈는 합격을 위해 가장 필요한 수험의 동반자가 될 것이라고 확신합니다.

여러분의 합격을 앞당기기 위해, 항상 제자리에서 묵묵히 최선을 다하겠습니다.

2024. 4. 노량진 선재국어연구실에서
이선재 씀

학습 동영상 gong.conects.com | 카페 cafe.naver.com/sjkins
인스타그램 @sj_ssam | 유튜브 선재국어TV

구성과 특징

1 학습 전략

출제 기조 전환으로 변화되는 국어 시험에 철저하게 대비할 수 있도록 각 영역별 문제 접근법을 제시하고 학습 방향에 대한 코멘트를 수록하였다.

2 예시 문제

인사 혁신처의 예시 문제뿐만 아니라, 한국어능력시험, 대학수학능력시험에 출제되었던 문제까지 수록하여 2025 공무원 국어 시험에 출제될 만한 문제의 다양한 유형을 파악할 수 있다.

| 개념 확인 | 문제 풀이에 필요한 필수 개념이 무엇인지 확인할 수 있다.
| 풀이 전략 | 문제에 어떻게 접근하고 어떤 방식으로 풀어 나가야 하는지를 알 수 있다.

3 핵심 개념

각 영역별로 반드시 학습해야 하는 개념을 철저하게 분석하여 체계적으로 정리해 두었다.

4 예상 문제

인사 혁신처의 예시 문제를 철저하게 분석한 후, 대학수학능력시험, PSAT, LEET, 한국어능력시험 등의 지문과 문제를 바탕으로 만든 총 200개의 예상 문제를 수록하였다.

차례

PART 1 추론 강화 독해

- 학습 전략 ···································· 008
- 인혁처 예시 문제 ······················ 012
- 추론적 독해를 위한 핵심 개념 ···· 024
- 예상 문제 ·································· 028

PART 2 사고의 힘 논리

- 학습 전략 ···································· 120
- 인혁처 예시 문제 ······················ 121
- 논리적 사고를 위한 핵심 개념 ···· 124
- 예상 문제 ·································· 137

PART 3 개념 중심 국어 문법

- 학습 전략 ···································· 160
- 인혁처 예시 문제 ······················ 161
- 한국어능력시험 문제 ·················· 162
- 대학수학능력시험 문제 ·············· 163
- 지문 이해를 위한 핵심 개념 ······ 164
- 예상 문제 ·································· 172

PART 4 실무 중심 실용 규범

- 학습 전략 ···································· 192
- 인혁처 예시 문제 ······················ 193
- 한국어능력시험 문제 ·················· 194
- 대학수학능력시험 문제 ·············· 195
- 국립국어원 공문서 문제 ············ 196
- 지문 이해를 위한 핵심 개념 ······ 198
- 예상 문제 ·································· 203

PART 5 유추의 힘 어휘

- 학습 전략 ···································· 218
- 인혁처 예시 문제 ······················ 219
- 한국어능력시험 문제 ·················· 220
- 대학수학능력시험 문제 ·············· 221
- 벼락치기 한자 어휘 ···················· 222
- 예상 문제 ·································· 228

PART 6 이론과 평론 문학

- 학습 전략 ···································· 244
- 인혁처 예시 문제 ······················ 245
- 지문 이해를 위한 핵심 개념 ······ 246
- 예상 문제 ·································· 248

정답과 해설

PART 1

추론 강화 독해

PART 1 추론 강화 독해

| 학습 전략 |

- 기본 유형부터 신유형까지, 풀이 방법을 익히고 연습한다.
- 기본적인 독해 능력을 높이기 위한 훈련, 《독해야 산다》를 병행한다.

독해 문제에 접근하는 올바른 방식

독해는 공무원 국어 시험에서 가장 높은 비율을 차지하는 영역입니다. 인사 혁신처의 예시 문제에서는 총 20문제 중 12문제가 출제되었으며, 세트 문제로 단어의 문맥적 의미를 묻는 문제가 함께 구성되었다는 점을 생각하면 실제 독해와 연관된 문항 비율은 더 올라가게 됩니다.

그렇다면 공무원 독해 시험의 특성은 무엇일까요. 흔히 공무원 독해를 '수능형이다', 'PSAT형이다'라고 하는데요. 사실 이들 시험들과는 공통점도 있고 차이점도 있습니다. 지금 우리에게 필요한 것은 **9급 공무원 시험의 특징을 객관적으로 비교, 분석한 뒤 올바른 학습 전략을 살펴보는 것**입니다.

◆ 공무원 9급 국어 VS PSAT · 수능 · 한국어능력시험 · LEET

* 2023년 시험을 기준으로 분석함(예외: 2024 LEET).

종류	문항 수	시험 시간	독해 비율	지문 길이	지문 특징(공백 제외)
인혁처 예시 문제	20	25분 안팎 문항당 약 1분	60% (12문/총 20문)	중단문 309~526자	- 짧은 지문 - 지문 난도와 선택지 난도 반비례 - 지문 1개당 문제 1~2개
7급 PSAT (언어논리)	25	60분 안팎 문항당 약 2~2.5분	100%	중장문 539~1,088자	- 지문 난도 중/중상/상 혼합 - 지문 1개당 문제 1~2개
5급 PSAT (언어논리)	40	90분 문항당 약 2~3분	100%	중장문 500~1,284자	- 지문 난도 중상/상 위주 - 지문 1개당 문제 1~2개
수학능력시험 (국어영역)	45	80분 문항당 약 1.5~2분	약 33% (15문/총 45문)	중장문 671~1,821자	- 중장문 중심 - 독해 전체 세트 문제 - 지문 1개당 문제 3~6개 (화법과 작문, 언어와 매체 제외)
한국어 능력시험	100	120분 문항당 약 1~1.5분	30% (30문/총 100문)	중장문 435~1,286자	- 중장문 중심 - 독해 전체 세트 문제 - 읽기 30문제 중 독해 25문제, 창안 10문제 중 독해 5문제 - 지문 1개당 문제 2~4개
LEET	30	70분 문항당 약 2~2.5분	100%	장문 1,373~1,695자	- 장문 중심 - 제재별 난도 있는 지문 사용 - 전체 세트 문제 - 지문 1개당 문제 1~3개

특징 1. 가장 짧은 풀이 시간 – 문항당 약 1분 정도

9급 공무원 시험은 5과목을 100분 안에 풀어야 하기 때문에, 산술적으로 계산하면 총 20문을 약 20분 안에 풀어야 합니다. 그러나 인사 혁신처의 예시 문제는 독해 비율이 60%나 되고 논리 등의 생소한 영역이 등장함에 따라, 실제 수험생들은 25분 이상의 시간을 사용했습니다(공단기 수강생 시험 결과 기준).

이에 비해 PSAT 등의 다른 시험들은 문항당 2분 정도의 시간이 배정되는데, 이는 공무원 시험과 여타 시험의 차이점을 가장 뚜렷하게 보여 주는 부분입니다. 즉 **가장 짧은 풀이 시간이 배정되었다는 것은 빠르게 문제를 푸는 능력이 매우 중요하다는 것**이지요. 그리고 이러한 점은 **공무원 독해와 타 시험과의 차이를 결정**짓게 합니다. 풀이 시간이 짧기 때문에 다른 시험과 비교할 때 지문의 길이와 난도, 문제 구성 방식 등이 달라지게 되는 것입니다.

특징 2. 중단문 위주의 지문 구성, 적은 세트 문제

PSAT과 수능은 중장문 위주, LEET는 장문 위주로 지문이 구성되며 지문은 중상에서 최상까지의 난도로 출제됩니다. 또한 수능과 LEET는 세트 문제를 위주로 문항이 구성됩니다. 이와는 달리 공무원 시험은 중단문 위주이고, 지문의 난도도 중하부터 중상까지가 주를 이루며, 세트 문제가 적은 특성을 지닙니다.

◆ 독해 문제의 유형별 난도 및 정답률

*공단기 수강생 시험 결과 기준

난도	문제 번호	분류	정답률	상위권 정답률
1위	14	논증 평가 ─ 강화·약화	51%	74%
2위	19	문맥적 의미 파악	60%	100%
3위	10	내용 추론	65%	89%
4위	18	논증 평가 ─ 강화·약화	65%	100%
5위	17	화법 ─ 말하기 방식	66%	84%
6위	4	빈칸 추론 ─ 생략된 정보	70%	84%
7위	6	내용 일치	72%	100%
8위	8	개요의 작성 및 수정	77%	89%
9위	15	내용 일치	83%	100%
10위	9	내용 추론 ─ 생략된 문장	84%	100%
11위	13	글의 수정	89%	89%
12위	7	문단 배열	89%	100%

특히 이번 인사 혁신처의 예시 문제에서는 지문의 난도가 높은 문제의 경우 선택지의 난도가 낮았는데요. 즉 **지문과 선택지의 난도가 반비례하는 경향**을 띠었습니다. 이로 인해 수험생들의 문제 풀이 시간은 길어졌으나 정답률은 높게 나왔습니다. 즉 체감 난도는 높았으나 생각보다 어려운 문제는 적었다는 평가를 받게 되었습니다.

위의 표에서 보이듯이, 독해 12문제 중 전체 정답률 70% 미만인 문제가 5문제밖에 없다는 것은 **난도 있는 문항이 적다**는 것입니다. 또한 상위권은 이 문제조차도 매우 높은 정답률을 보이고 있다는 것, 즉 **상위권은 독해에 강하다는 것**도 알 수 있습니다.

전략 1. 문제는 풀이 속도, 빠르고 정확하게 풀어야 한다

이번 인사 혁신처 문제는 기존 공무원 시험보다 정보가 조밀한 지문을 사용했습니다. 중단문이었으나 확인해야 할 정보가 많은 지문을 선택한 것이죠. 그렇기 때문에 이제 우리는 **조밀한 정보의 중단문 지문을 빠르고 정확하게 읽는 훈련**을 해야 합니다. 이를 바탕으로 기본 점수를 획득한 뒤, 오답률이 높은 일부 문제를 공략하여 고득점을 얻어야 하는 전략을 취해야 하는 것입니다.

전략 2. 추론형 강화, 신유형을 대비하라

위에서 제시한 시험 결과를 보면, 상위권은 전반적으로 독해 실력이 높다는 것을 알 수 있습니다. 앞으로 독해는 2~3문항 정도의 난도 있는 문제, 특히 논증 등의 신유형에서 고득점이 결정될 확률이 높습니다. 따라서 기본 유형을 학습한 다음에는 **추론형 문제, 특히 신유형과 난도 있는 문제를 보다 집중적으로 학습**하는 것이 필요합니다.

전략 3. 독해 훈련 프로그램, 《독해야 산다》에 참여하라

선재국어에는 수많은 합격생들이 입증한 독해 훈련 프로그램, 《독해야 산다》가 있습니다. 결국 우리에게 필요한 것은 기본적인 독해 능력을 키우면서 유형별로 난도 있는 문제에 대비하는 것입니다. **집중력을 높이면서 빠르고 정확하게 지문을 읽기 위해**, 《독해야 산다》에 꼭 참여하시기 바랍니다.

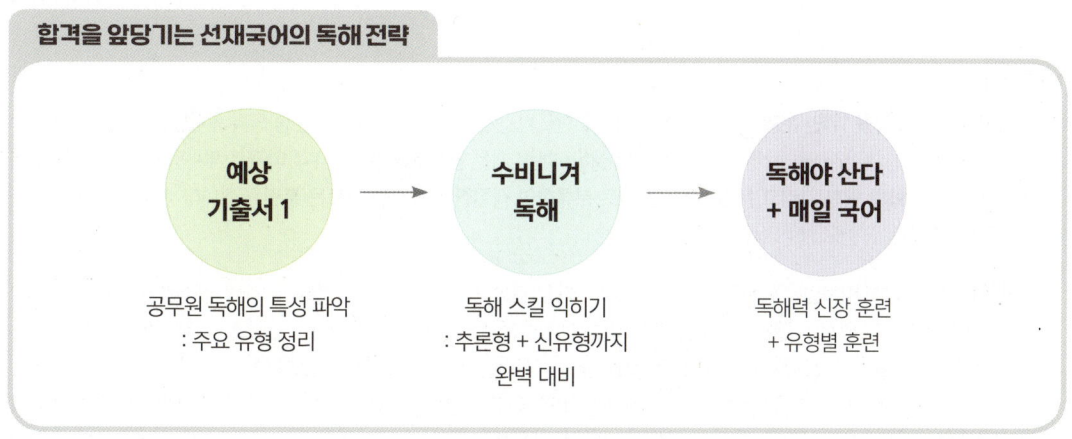

인혁처 예시 문제

논증 평가 — 강화·약화

01 ㉠을 평가한 내용으로 적절한 것만을 〈보기〉에서 모두 고르면?

> 흔히 '일곱 빛깔 무지개'라는 말을 한다. 서로 다른 빛깔의 띠 일곱 개가 무지개를 이루고 있다는 뜻이다. 영어나 프랑스어를 비롯해 다른 자연 언어들에도 이와 똑같은 표현이 있는데, 이는 해당 자연 언어가 무지개의 색상에 대응하는 색채 어휘를 일곱 개씩 지녔기 때문이라고 할 수 있다.
>
> 언어학자 사피어와 그의 제자 워프는 여기서 어떤 영감을 얻었다. 그들은 서로 다른 언어를 쓰는 아메리카 원주민들에게 무지개의 띠가 몇 개냐고 물었다. 대답은 제각각 달랐다. 사피어와 워프는 이 설문 결과에 기대어, 사람들은 자신의 언어에 얽매인 채 세계를 경험한다고 판단했다. 이 판단으로부터, "우리는 모국어가 그어 놓은 선에 따라 자연 세계를 분단한다."라는 유명한 발언이 나왔다. 이에 따르면 특정 현상과 관련한 단어가 많을수록 해당 언어권의 화자들은 그 현상에 대해 심도 있게 경험하는 것이다. 언어가 의식을, 사고와 세계관을 결정한다는 이 견해는 ㉠<u>사피어–워프 가설</u>이라 불리며 언어학과 인지 과학의 논란거리가 되어 왔다.

〈 보기 〉

㉮ 눈[雪]을 가리키는 단어를 4개 지니고 있는 이누이트족이 1개 지니고 있는 영어 화자들보다 눈을 넓고 섬세하게 경험한다는 것은 ㉠을 강화한다.
㉯ 수를 세는 단어가 '하나', '둘', '많다' 3개뿐인 피라하족의 사람들이 세 개 이상의 대상을 모두 '많다'고 인식하는 것은 ㉠을 강화한다.
㉰ 색채 어휘가 적은 자연 언어 화자들이 색채 어휘가 많은 자연 언어 화자들에 비해 색채를 구별하는 능력이 뛰어나다는 것은 ㉠을 약화한다.

① ㉮
② ㉮, ㉯
③ ㉯, ㉰
④ ㉮, ㉯, ㉰

| 풀이 전략 |

독해 중에서 오답률 1위인 문제로, 추론형 문제에서도 난도가 높은 유형으로 분류되는 논증 평가 문제입니다. 강화·약화 논증 평가 문제에서는 새롭게 추가된 진술이 논지의 설득력에 미치는 영향력을 판단합니다. 따라서 제시문의 논지를 정확하게 파악한 뒤, **강화와 약화 그리고 논점 일탈(무관)로 분류하여 적절한 선택지를 고르는 훈련**을 합니다. 논증의 강화와 약화 범주를 파악하는 훈련도 병행해서 해야 합니다.

해설 ㉮ 2문단에 따르면, ㉠ '사피어–워프 가설'은 특정 현상과 관련한 단어가 많을수록 해당 언어권의 화자들이 그 현상에 대해 심도 있게 경험한다고 주장한다. 따라서 영어 화자들보다 '눈'을 가리키는 단어를 더 많이 가지고 있는 이누이트족이 눈을 넓고 섬세하게 경험한다는 것은 ㉠을 지지하는 근거이므로 ㉠을 강화한다.
㉯ ㉠은, 사람들이 자신의 언어에 얽매인 채 세계를 경험한다고 판단했다. 피라하족이 세 개 이상의 대상을 모두 '많다'고 인식하는 것은, 세 개 이상의 단어를 말할 수 있는 단어가 없기 때문이다. 이것은 사람들이 언어에 기대어 세계를 경험한다는 근거가 되기 때문에 ㉠을 강화한다.
㉰ 색채 어휘가 적은 자연 언어의 화자들이 색채 어휘가 많은 화자들보다 색채를 더 잘 구별한다는 것은, 특정 현상과 관련한 단어가 많을수록 해당 언어권의 화자들이 그 현상에 대해 심도 있게 경험한다는 ㉠의 견해를 반박하는 것이므로 ㉠을 약화한다.

정답률 51% 정답 ④

내용 추론

02 다음 글에서 추론한 내용으로 가장 적절한 것은?

'크로노토프'는 그리스어로 시간과 공간을 뜻하는 두 단어를 결합한 것으로, 시공간을 통합적으로 이해하기 위한 개념이다. 크로노토프의 관점에서 보면 고소설과 근대 소설의 차이를 명확하게 파악할 수 있다.

고소설에는 돌아가야 할 곳으로서의 원점이 존재한다. 그것은 영웅 소설에서라면 중세의 인륜이 원형대로 보존된 세계이고, 가정 소설에서라면 가장을 중심으로 가족 구성원들이 평화롭게 공존하는 가정이다. 고소설에서 주인공은 적대자에 의해 원점에서 분리되어 고난을 겪는다. 그들의 목표는 상실한 원점을 회복하는 것, 즉 그곳에서 향유했던 이상적 상태로 돌아가는 것이다. 주인공과 적대자 사이의 갈등이 전개되는 시간을 서사적 현재라 한다면, 주인공이 도달해야 할 종결점은 새로운 미래가 아니라 다시 도래할 과거로서의 미래이다. 이러한 시공간의 배열을 '회귀의 크로노토프'라고 한다.

근대 소설 〈무정〉은 회귀의 크로노토프를 부정한다. 이것은 주인공인 이형식과 박영채의 시간 경험을 통해 확인된다. 형식은 고아지만 이상적인 고향의 기억을 갖고 있다. 그것은 박 진사의 집에서 영채와 함께하던 때의 기억이다. 이는 영채도 마찬가지기에, 그들에게 박 진사의 집으로 표상되는 유년의 과거는 이상적 원점의 구실을 한다. 박 진사의 죽음은 그들에게 고향의 상실을 상징한다. 두 사람의 결합이 이상적 상태의 고향을 회복할 수 있는 유일한 방법이겠지만, 그들은 끝내 결합하지 못한다. 형식은 새 시대의 새 인물이 되어야 한다고 생각하며 과거로의 복귀를 거부한다.

① 〈무정〉과 고소설은 회귀의 크로노토프를 부정한다는 점에서 공통적이다.
② 영웅 소설의 주인공과 〈무정〉의 이형식은 그들의 이상적 원점을 상실했다는 공통점을 가지고 있다.
③ 〈무정〉에서 이형식이 박영채와 결합했다면 새로운 미래로서의 종결점에 도달할 수 있었을 것이다.
④ 가정 소설은 가족 구성원들이 평화롭게 공존하는 결말을 통해 상실했던 원점으로의 복귀를 거부한다.

| 풀이 전략 |

내용 추론은 반드시 제시문의 정보를 근거로 판단해야 하는 점을 명심하세요. 이 제시문에는 '크로노토프'를 기준으로 한 두 개의 대립된 화제가 나타납니다. **대조적 구성의 제시문은 공무원 시험에서 자주 출제**됩니다. 대조되는 대상 간의 상대적인 차이점을 도식화하여 메모하면 빠르고 정확하게 문제를 풀 수 있습니다.

해설 2문단에 따르면, 고소설에서 주인공은 적대자에 의해 원점에서 분리되어 상실된 원점을 회복하고자 한다. 또한 마지막 문단에 따르면, 〈무정〉에서 이형식은 박 진사의 죽음으로 이상적 원점을 상실한다. 따라서 영웅 소설의 주인공과 〈무정〉의 이형식은 모두 이상적 원점을 상실했다는 공통점을 지니고 있다.

오답 풀이 ① 2문단에 따르면, 고소설은 주인공이 '다시 도래할 과거로서의 미래'에 도달하고자 하므로 고소설은 회귀의 크로노토프를 부정하지 않는다. 마지막 문단에 따르면, 〈무정〉은 회귀의 크로노토프를 부정한다.
③ 〈무정〉에서 이형식과 박영채가 결합하는 것은 이상적 상태의 고향을 회복하는 것을 의미한다. 이는 박 진사의 집으로 표상되는 유년의 과거를 회복하는 것이므로 '새로운 미래로서의 종결점'과는 무관하다.
④ 2문단에 따르면, 가정 소설에서 가족 구성원들이 평화롭게 공존하는 것은 상실한 원점을 회복하는 것이므로 '상실했던 원점으로의 복귀를 거부'한다는 설명은 적절하지 않다.

정답률 65% 정답 ②

논증 평가 — 강화·약화 & 문맥적 의미 파악

03-04 다음 글을 읽고 물음에 답하시오.

> 영국의 유명한 원형 석조물인 스톤헨지는 기원전 3,000년경 신석기 시대에 세워졌다. 1960년대에 천문학자 호일이 스톤헨지가 일종의 연산 장치라는 주장을 하였고, 이후 엔지니어인 톰은 태양과 달을 관찰하기 위한 정교한 기구라고 확신했다. 천문학자 호킨스는 스톤헨지의 모양이 태양과 달의 배열을 나타낸 것이라는 의견을 제시해 관심을 모았다.
>
> 그러나 고고학자 앳킨슨은 ㉠그들의 생각을 비난했다. 앳킨슨은 스톤헨지를 세운 사람들을 '야만인'으로 묘사하면서, ㉡이들은 호킨스의 주장과 달리 과학적 사고를 할 줄 모른다고 주장했다. 이에 호킨스를 옹호하는 학자들이 진화적 관점에서 앳킨슨을 비판하였다. ㉢이들은 신석기 시대보다 훨씬 이전인 4만 년 전의 사람들도 신체적으로 우리와 동일했으며 지능 또한 우리보다 열등했다고 볼 근거가 없다고 주장했다.
>
> 하지만 스톤헨지의 건설자들이 포괄적인 의미에서 현대인과 같은 지능을 가졌다고 해도 과학적 사고와 기술적 지식을 가지지는 못했다. ㉣그들에게는 우리처럼 2,500년에 걸쳐 수학과 천문학의 지식이 보존되고 세대를 거쳐 전승되어 쌓인 방대하고 정교한 문자 기록이 없었다. 선사 시대의 생각과 행동이 우리와 똑같은 식으로 전개되지 않았으리라는 점은 매우 중요하다. 지적 능력을 갖췄다고 해서 누구나 우리와 같은 동기와 관심, 개념적 틀을 가졌으리라고 생각하는 것은 잘못이다.

03 이 글에 대해 평가한 내용으로 가장 적절한 것은?

① 스톤헨지가 제사를 지내는 장소였다는 후대 기록이 발견되면 호킨스의 주장은 강화될 것이다.
② 스톤헨지 건설 당시의 사람들이 숫자를 사용하였다는 증거가 발견되면 호일의 주장은 약화될 것이다.
③ 스톤헨지의 유적지에서 수학과 과학에 관련된 신석기 시대 기록물이 발견되면 글쓴이의 주장은 강화될 것이다.
④ 기원전 3,000년경 인류에게 천문학 지식이 있었다는 증거가 발견되면 앳킨슨의 주장은 약화될 것이다.

풀이 전략

하나의 글에 두 개의 독해 문제가 출제된 복합 지문 형태입니다. 이 제시문에서 출제된 첫 번째 문제는 앞에서도 출제되었던 논증 평가 문제입니다. 논증 평가 문제는 다양한 방식으로 출제될 수 있습니다. 앞에서 본 논증 평가 문제의 경우 평가해야 할 대상이 하나의 이론이지만, 이 제시문의 경우 평가해야 할 대상이 다양하게 나타나고 있습니다. 선택지에 '호킨스, 호일, 글쓴이, 앳킨슨'이 나오는 것을 확인할 수 있죠. 이 문제를 풀 때는 먼저 각 견해의 주장과 근거를 정리한 뒤, 각 주장 간의 공통점과 차이점을 파악해야 합니다. 또한 **주장을 찬성하거나 뒷받침하는 내용은 강화로, 반대하거나 반례를 제시하는 내용은 약화**로 평가합니다.

해설 앳킨슨은 스톤헨지를 세운 사람들이 과학적 사고를 할 줄 모른다고 주장한다. 따라서 기원전 3,000년경 인류에게 천문학적 지식이 있었다는 증거가 발견되면 앳킨슨의 주장이 반박되므로 앳킨슨의 주장은 약화될 것이다.

오답 풀이 ① 스톤헨지가 제사를 지내는 장소였다는 기록은 스톤헨지의 모양이 태양과 달의 배열을 나타낸 것이라는 호킨스의 견해와 무관하다.
② 호일은 스톤헨지가 일종의 연산 장치라고 주장한다. 따라서 스톤헨지 건설 당시의 사람들이 숫자를 사용했다는 증거가 발견되면, 호일의 견해는 약화되는 것이 아니라 강화될 것이다.
③ 스톤헨지의 유적지에서 수학과 과학에 관련된 기록물이 발견되면, 글쓴이의 견해는 강화되는 것이 아니라 약화될 것이다.

정답률 65% 정답 ④

04 문맥상 ㉠~㉣ 중 지시 대상이 같은 것만으로 묶인 것은?

① ㉠, ㉢
② ㉡, ㉣
③ ㉠, ㉡, ㉢
④ ㉠, ㉡, ㉣

| 풀이 전략 |

이 제시문에서 출제된 두 번째 문제는 **문맥적 의미를 파악하여 동일한 정보를 담고 있는지를 확인**하는 문제입니다. 이러한 문제 유형을 풀기 위해서는 **'앞뒤 문맥'에 주목**해야 합니다. 즉 앞뒤 문맥을 통해 밑줄 친 단어가 의미하는 바가 무엇인지를 파악해야 하는 것이죠. 글을 읽으면서 밑줄 친 단어의 의미를 바로바로 파악하여 표시해 두면, 문제 풀이 시간을 절약할 수 있습니다.

해설 ㉠ '그들'은 앳킨슨이 비난한 사람들이므로 '호일, 톰, 호킨스'를 의미한다.
㉡ '이들'은 과학적 사고를 할 줄 모르면서, 앳킨슨이 '야만인'으로 묘사한 대상이므로 '스톤헨지를 세운 사람들'을 의미한다.
㉢ '이들'은 앳킨슨을 비판하면서 '호킨스를 옹호하는 학자들'을 의미한다.
㉣ '그들'은 앞 문장과 이어지는 내용이므로 '스톤헨지의 건설자들(스톤헨지를 세운 사람들)'을 의미한다.
따라서 ㉠~㉣ 중 지시 대상이 같은 것은 ㉡, ㉣이다.

정답률 60% 정답 ②

화법 — 말하기 방식

05 다음 대화를 분석한 내용으로 가장 적절한 것은?

> 갑: 전염병이 창궐했을 때 마스크를 착용하는 것은 당연한 일인데, 그것을 거부하는 사람이 있다니 도대체 이해가 안 돼.
> 을: 마스크 착용을 거부하는 사람들을 무조건 비난하지 말고 먼저 왜 그러는지 정확하게 이유를 파악하는 것이 필요해.
> 병: 그 사람들은 개인의 자유가 가장 존중받아야 하는 기본권이라고 생각하기 때문일 거야.
> 갑: 개인의 자유로운 선택이 타인의 생명을 위협한다면 기본권이라 하더라도 제한하는 것이 보편적 상식 아닐까?
> 병: 맞아. 개인이 모여 공동체를 이루는데 나의 자유만을 고집하면 결국 사회는 극단적 이기주의에 빠져 붕괴하고 말 거야.
> 을: 마스크를 쓰지 않는 행위를 윤리적 차원에서만 접근하지 말고, 문화적 차원에서도 고려할 필요가 있어. 어떤 사회에서는 얼굴을 가리는 것이 범죄자의 징표로 인식되기도 해.

① 화제에 대해 남들과 다른 측면에서 탐색하는 사람이 있다.
② 자신의 의견이 반박되자 질문을 던져 화제를 전환하는 사람이 있다.
③ 대화가 진행되면서 논점에 대한 찬반 입장이 바뀌는 사람이 있다.
④ 사례의 공통점을 종합하여 자신의 주장을 강화하는 사람이 있다.

| 풀이 전략 |

기존의 공무원 시험에서도 많이 출제되었던 화법 문제입니다. 다만 선택지가 '~ 사람이 있다'와 같이 구성되어 출제되었습니다. 하지만 이 문제 유형의 풀이 전략은 기존의 말하기 방식과 다르지 않습니다. 즉 **말하기 방식을 파악하며 글을 빠르게 분석**하여야 하며, 특히 **내용 일치 유형과 혼합해서 나오는 경우**는 꼼꼼하게 독해하는 것이 필요합니다. 문제 유형은 매우 익숙한 문제였지만 선택지의 정보 확인을 꼼꼼하게 해야 하는 문제였기 때문에, 정답률이 낮게 나왔습니다.

해설 감염병 예방을 위한 마스크 착용을 윤리적 차원으로 바라본 갑, 병과 달리 을은 "마스크를 쓰지 않는 행위를 ~ 문화적 차원에서도 고려할 필요가 있어"라고 문화적 측면에서 탐색하고 있다.

오답풀이 ② 갑이 전염병 예방을 위한 마스크 착용을 거부한 사람을 비판하자, 을은 '무조건 비난하지 말고'라며 반박하고 있다. 그러자 갑은 "개인의 자유로운 ~ 보편적 상식 아닐까?"에서 질문의 형식을 통해 자신의 견해를 다시 강조하고 있다. '마스크를 쓰지 않는 행위'라는 화제를 전환하는 것은 아니다.
③ 갑, 을, 병은 전염병이 창궐했을 때 마스크를 쓰지 않는 행위에 관한 각자의 입장을 고수하고 있다. 찬반 입장을 바꾸는 사람은 없다.
④ "어떤 사회에서는 ~ 인식되기도 해"에서 을은 마스크 착용을 문화적 차원으로 바라본 사례를 제시하여 '마스크 착용을 거부하는 사람들을 무조건 비난할 수는 없다'라는 자신의 주장을 강화하고 있다. 그러나 사례의 공통점을 종합하고 있지는 않다.

정답률 66% 정답 ①

빈칸 추론 — 생략된 정보

06 다음 글의 ㉠~㉢에 들어갈 말을 적절하게 나열한 것은?

> 소설과 현실의 관계를 온당하게 살피기 위해서는 세계의 현실성, 문제의 현실성, 해결의 현실성을 구별해야 한다. 우리가 살고 있는 이 입체적인 시공간에서 특히 의미 있는 한 부분을 도려내어 서사의 무대로 삼을 경우 세계의 현실성이 확보된다. 그 세계 안의 인간이 자신을 둘러싼 세계와 고투하면서 당대의 공론장에서 기꺼이 논의해 볼 만한 의제를 산출해 낼 때 문제의 현실성이 확보된다. 한 사회가 완강하게 구조화하고 있는 '가능한 것'과 '불가능한 것'의 좌표를 흔들면서 특정한 선택지를 제출할 때 해결의 현실성이 확보된다.
>
> 최인훈의 〈광장〉은 밀실과 광장 사이에서 고뇌하는 주인공의 모습을 통해 '남(南)이냐 북(北)이냐'라는 민감한 주제를 격화된 이념 대립의 공론장에 던짐으로써 (㉠)을 확보하였다. 작품의 시공간으로 당시 남한과 북한을 소설적 세계로 선택함으로써 동서 냉전 시대의 보편성과 한반도 분단 체제의 특수성을 동시에 포괄할 수 있는 (㉡)도 확보하였다. 〈광장〉에서 주인공이 남과 북 모두를 거부하고 자살을 선택하는 결말은 남북으로 상징되는 당대의 이원화된 이데올로기를 근저에서 흔들었다. 이로써 (㉢)을 확보할 수 있었다.

	㉠	㉡	㉢
①	문제의 현실성	세계의 현실성	해결의 현실성
②	문제의 현실성	해결의 현실성	세계의 현실성
③	세계의 현실성	문제의 현실성	해결의 현실성
④	세계의 현실성	해결의 현실성	문제의 현실성

│풀이 전략│

생략된 정보를 추론하는 문제로, 전체 맥락을 파악하여 적절한 어구를 넣어야 합니다. 기존의 공무원 시험에서도 많이 나왔던 유형의 문제입니다. 1문단의 '세계의 현실성', '문제의 현실성', '해결의 현실성'의 개념은 2문단의 〈광장〉에 나타난 요소와 대응됩니다. 따라서 '세계의 현실성', '문제의 현실성', '해결의 현실성'의 개념을 정확히 이해하는 것이 중요합니다.

해설 ㉠ 최인훈의 〈광장〉은 자신을 둘러싼 밀실과 광장에서 고뇌하는 주인공의 모습을 통해 '남이냐 북이냐'라는, 당대의 공론장에서 기꺼이 논의해 볼 의제를 꺼냈다. 이러한 점에서 〈광장〉은 1문단의 "그 세계 안의 ~ 문제의 현실성이 확보된다"에 부합하므로, '문제의 현실성'을 확보한 것이다.

㉡ 〈광장〉은 냉전 시대의 보편성과 한반도 분단 체제의 특수성을 동시에 포괄하는 당시의 남한과 북한을 소설의 시공간으로 선택하였다. 이러한 점에서 〈광장〉은 1문단의 "우리가 살고 있는 ~ 세계의 현실성이 확보된다"에 부합하므로, '세계의 현실성'을 확보한 것이다.

㉢ 〈광장〉의 주인공은 남과 북 모두를 거부하고 자살이라는 선택지를 고르는데, 이러한 결말은 남북으로 상징되는 당대의 이원화된 이데올로기를 근저에서 흔들었다. 이러한 점에서 〈광장〉은 1문단의 "한 사회가 완강하게 ~ 해결의 현실성이 확보된다"에 부합하므로, '해결의 현실성'을 확보한 것이다.

정답률 70% **정답** ①

내용 일치

07 다음 글을 이해한 내용으로 가장 적절한 것은?

> 이육사의 시에는 시인의 길과 투사의 길을 동시에 걸었던 작가의 면모가 고스란히 담겨 있다. 가령, 〈절정〉은 크게 두 부분으로 나누어지는데, 투사가 처한 냉엄한 현실적 조건이 3개의 연에 걸쳐 먼저 제시된 후, 시인이 품고 있는 인간과 역사에 대한 희망이 마지막 연에 제시된다.
>
> 우선, 투사 이육사가 처한 상황은 대단히 위태로워 보인다. 그는 "매운 계절의 채찍에 갈겨 / 마침내 북방으로 휩쓸려" 왔고, "서릿발 칼날진 그 위에 서" 바라본 세상은 "하늘도 그만 지쳐 끝난 고원"이어서 가냘픈 희망을 품는 것조차 불가능해 보인다. 이러한 상황은 "한발 재겨 디딜 곳조차 없다"는 데에 이르러 극한에 도달하게 된다. 여기서 그는 더 이상 피할 수 없는 존재의 위기를 깨닫게 되는데, 이때 시인 이육사가 나서면서 시는 반전의 계기를 마련한다.
>
> 마지막 4연에서 시인은 3연까지 치달아 온 극한의 위기를 담담히 대면한 채, "이러매 눈 감아 생각해" 보면서 현실을 새롭게 규정한다. 여기서 눈을 감는 행위는 외면이나 도피가 아니라 피할 수 없는 현실적 조건을 새롭게 반성함으로써 현실의 진정한 면모와 마주하려는 적극적인 행위로 읽힌다. 이는 다음 행, "겨울은 강철로 된 무지갠가 보다"라는 시구로 이어지면서 현실에 대한 새로운 성찰로 마무리된다. 이 마지막 구절은 인간과 역사에 대한 희망을 놓지 않으려는 시인의 안간힘으로 보인다.

① 〈절정〉에는 투사가 처한 극한의 상황이 뚜렷한 계절의 변화로 드러난다.
② 〈절정〉에서 시인은 투사가 처한 현실적 조건을 외면하지 않고 새롭게 인식한다.
③ 〈절정〉은 시의 구성이 두 부분으로 나누어지면서 투사와 시인이 반목과 화해를 거듭한다.
④ 〈절정〉에는 냉엄한 현실에 절망하는 시인의 면모와 인간과 역사에 대한 희망을 놓지 않으려는 투사의 면모가 동시에 담겨 있다.

| 풀이 전략 |

제시문의 내용이 문학 제재로 구성되어 낯설게 느껴질 수 있어요. 하지만 문제 유형은 익숙한 내용 일치 문제죠. 제시문 내용과 상관없이 **내용 일치 문제를 푸는 방법은 달라지지 않으니** 겁먹지 마세요. 제시문에는 '시인'과 '투사'를 기준으로 한 비교·대조가 나타납니다. 시인과 투사의 특성을 혼용해 선택지를 구성하였으므로 두 기준으로 특성을 잘 정리해 보세요.

해설 시인 이육사는 마지막 연에서 극한의 위기를 담담히 대면하고 "겨울은 강철로 된 무지갠가 보다"라며 현실을 새롭게 성찰하고 있다.

오답 풀이 ① '겨울'이라는 계절을 배경으로 투사가 처한 극한의 상황이 드러나지만, 그것이 계절의 변화로 드러나지는 않는다.
③ 시의 구성이 두 부분으로 나누어지지만, 투사와 시인이 반목과 화해를 거듭하는 것은 아니다. 〈절정〉은, 투사가 처한 냉엄한 현실적 조건이 제시되는 1~3연과, 시인이 품고 있는 인간과 역사에 대한 희망이 제시되는 마지막 연으로 나누어진다.
④ 1~3연에 투사가 처한 냉엄한 현실적 조건이 나오지만 투사가 절망하는 모습은 나오지 않는다. 또한 마지막 연은 인간과 역사에 대한 희망을 놓지 않으려는 면모를 담고 있지만, 이것은 투사의 면모가 아니라 시인의 면모이다.

정답률 72% 정답 ②

개요의 작성 및 수정

08 〈지침〉에 따라 〈개요〉를 작성할 때 ㉠~㉣에 들어갈 내용으로 적절하지 않은 것은?

〈지침〉
- 서론은 중심 소재의 개념 정의와 문제 제기를 1개의 장으로 작성할 것
- 본론은 제목에서 밝힌 내용을 2개의 장으로 구성하되 각 장의 하위 항목끼리 대응되도록 작성할 것
- 결론은 기대 효과와 향후 과제를 1개의 장으로 작성할 것

〈개요〉
제목: 복지 사각지대의 발생 원인과 해소 방안
Ⅰ. 서론
  1. 복지 사각지대의 정의
  2. (㉠)
Ⅱ. 복지 사각지대의 발생 원인
  1. (㉡)
  2. 사회 복지 담당 공무원의 인력 부족
Ⅲ. 복지 사각지대의 해소 방안
  1. 사회적 변화를 반영하여 기존 복지 제도의 미비점 보완
  2. (㉢)
Ⅳ. 결론
  1. (㉣)
  2. 복지 사각지대의 근본적이고 지속 가능한 해소 방안 마련

① ㉠: 복지 사각지대의 발생에 따른 사회 문제의 증가
② ㉡: 사회적 변화를 반영하지 못한 기존 복지 제도의 한계
③ ㉢: 사회 복지 업무 경감을 통한 공무원 직무 만족도 증대
④ ㉣: 복지 혜택의 범위 확장을 통한 사회 안전망 강화

| 풀이 전략 |

조건(지침)을 바탕으로 개요를 수정하는 문제입니다. **개요의 내용은 위계에 맞게 작성해야 된다는 점을 인지**하고, 특히 문제점과 해결 방안의 층위를 서로 대응하여 신속하게 올바른 내용을 골라야 합니다.

해설 〈지침〉에 따라 본론은, 제목인 '복지 사각지대의 발생 원인과 해소 방안'에 대한 내용을 각 장의 하위 항목끼리 대응되도록 작성해야 한다. ㉢에는 Ⅱ-2. '사회 복지 담당 공무원의 인력 부족'을 해소하는 방안이 들어가야 한다. 그런데 공무원의 직무 만족도를 증대하는 내용은 인력 부족 문제를 해소하는 방안이 아니므로 적절하지 않다.

오답 풀이 ② 〈지침〉에 따라 ㉡에는 Ⅲ-1. '사회적 변화를 반영하여 기존 복지 제도의 미비점 보완'을 해결책으로 제시할 수 있는 문제점이 들어가야 한다. 따라서 ㉡에는 '사회적 변화를 반영하지 못한 기존 복지 제도의 한계'가 들어가는 것이 적절하다.

정답률 77% 정답 ③

내용 일치

09 다음 글을 이해한 내용으로 적절하지 않은 것은?

　한국 신화에 보이는 신과 인간의 관계는 다른 나라의 신화와 견주어 볼 때 흥미롭다. 한국 신화에서 신은 인간과의 결합을 통해 결핍을 해소함으로써 완전한 존재가 되고, 인간은 신과의 결합을 통해 혼자 할 수 없었던 존재론적 상승을 이룬다.
　한국 건국 신화에서 주인공인 신은 지상에 내려와 왕이 되고자 한다. 천상적 존재가 지상적 존재가 되기를 바라는 것인데, 인간들의 왕이 된 신은 인간 여성과의 결합을 통해 자식을 낳음으로써 결핍을 메운다. 무속 신화에서는 인간이었던 주인공이 신과의 결합을 통해 신적 존재로 거듭나게 됨으로써 존재론적으로 상승하게 된다. 이처럼 한국 신화에서 신과 인간은 서로의 존재를 필요로 한다는 점에서 상호 의존적이고 호혜적이다.
　다른 나라의 신화들은 신과 인간의 관계가 한국 신화와 달리 위계적이고 종속적이다. 히브리 신화에서 피조물인 인간은 자신을 창조한 유일신에 대해 원초적 부채감을 지니고 있으며, 신이 지상의 모든 일을 관장한다는 점에서 언제나 인간의 우위에 있다. 이러한 양상은 북유럽이나 바빌로니아 등에 퍼져 있는 신체 화생 신화에도 유사하게 나타난다. 신체 화생 신화는 신이 죽음을 맞게 된 후 그 신체가 해체되면서 인간 세계가 만들어지게 된다는 것인데, 신의 희생 덕분에 인간 세계가 만들어질 수 있었다는 점에서 인간은 신에게 철저히 종속되어 있다.

① 히브리 신화에서 신과 인간의 관계는 위계적이다.
② 한국 무속 신화에서 신은 인간을 위해 지상에 내려와 왕이 된다.
③ 한국 건국 신화에서 신은 인간과의 결합을 통해 완전한 존재가 된다.
④ 한국 신화에 보이는 신과 인간의 관계는 신체 화생 신화에 보이는 신과 인간의 관계와 다르다.

| 풀이 전략 |

　정보 확인을 바탕으로 한 내용 일치 문제입니다. 이 제시문에는 '신과 인간의 관계'를 기준으로 대조적 특성을 가진 다양한 화제가 나타납니다. **제시문에 다양한 화제가 등장할 경우, 선택지는 각 화제의 특성을 혼용하여 구성될 확률**이 매우 높습니다. 따라서 글을 읽을 때 화제별로 특징을 잘 정리하는 것이 중요합니다. 선택지 구성 방식을 익혀 두면 선택지를 분석하는 데 도움이 되니, **선택지 구성 방식도 함께 공부**해 두세요.

　해설 한국 무속 신화에서 신이 인간을 위해 지상에 내려와 왕이 되는지는 알 수 없다. 한국 건국 신화에서는 인간이었던 주인공이 신과 결합하여 신적 존재로 거듭난다는 사실만 알 수 있다.

　오답 풀이 ① 마지막 문단의, 히브리 신화에서 신은 지상의 모든 일을 관장한다는 점에서 언제나 인간의 우위에 있다는 내용에서 알 수 있다.
③ 1~2문단에 따르면, 한국 신화에서 신은 인간과의 결합을 통해 결핍을 해소함으로써 완전한 존재가 된다. 그리고 한국 건국 신화에서 인간들의 왕이 된 신은 인간 여성과의 결합을 통해 결핍을 해소한다.
④ 한국 신화에서 신과 인간은 상호 의존적이고 호혜적인 관계이다. 반면 신체 화생 신화는 신의 희생 덕분에 인간 세계가 만들어질 수 있었으므로 인간과 신은 위계적이고 종속적인 관계이다.

정답률 83%　정답 ②

내용 추론 — 생략된 문장

10 다음 글의 빈칸에 들어갈 결론으로 가장 적절한 것은?

　　신경 과학자 아이젠버거는 참가자들을 모집하여 실험을 진행하였다. 이 실험에서 그의 연구 팀은 실험 참가자의 뇌를 'fMRI' 기계를 이용해 촬영하였다. 뇌의 어떤 부위가 활성화되는가를 촬영하여 실험 참가자가 어떤 심리적 상태인가를 파악하려는 것이었다. 아이젠버거는 각 참가자에게 그가 세 사람으로 구성된 그룹의 일원이 될 것이고, 온라인에 각각 접속하여 서로 공을 주고받는 게임을 하게 될 것이라고 알려 주었다. 그런데 이 실험에서 각 그룹의 구성원 중 실제 참가자는 한 명뿐이었고 나머지 둘은 컴퓨터 프로그램이었다. 실험이 시작되면 처음 몇 분 동안 셋이 사이좋게 순서대로 공을 주고받지만, 어느 순간부터 실험 참가자는 공을 받지 못한다. 실험 참가자를 제외한 나머지 둘은 계속 공을 주고받기 때문에, 실험 참가자는 나머지 두 사람이 아무런 설명 없이 자신을 따돌린다고 느끼게 된다. 연구 팀은 실험 참가자가 따돌림을 당할 때 그의 뇌에서 전두엽의 전대상 피질 부위가 활성화된다는 것을 확인했다. 이는 인간이 물리적 폭력을 당할 때 활성화되는 뇌의 부위이다. 연구 팀은 이로부터 _____ 는 결론을 내릴 수 있었다.

① 물리적 폭력은 뇌 전두엽의 전대상 피질 부위를 활성화한다
② 물리적 폭력은 피해자의 개인적 경험을 사회적 문제로 전환한다
③ 따돌림은 피해자에게 물리적 폭력보다 더 심각한 부정적 영향을 미친다
④ 따돌림을 당할 때와 물리적 폭력을 당할 때의 심리적 상태는 서로 다르지 않다

| 풀이 전략 |

　　전체의 맥락을 바탕으로 **빈칸에 들어갈 올바른 결론을 찾는 문제**입니다. 제시문의 내용을 근거로 하여 전체 내용을 포괄하는 일반적인 내용을 찾아야 합니다. 이 문제는 빈칸의 바로 앞부분에 힌트가 주어져 있습니다. '따돌림을 당할 때'와 '물리적 폭력'의 공통점이 무엇인지에 집중하면서 문제를 풀어 보세요.

　해설　아이젠버거의 실험에 따르면, 참가자가 따돌림을 당한다고 느낄 때 그의 뇌에서 전두엽의 전대상 피질 부위가 활성화되었다. 그런데 이 부위는 인간이 물리적 폭력을 당할 때 활성화되는 부위이다. 이를 통해 따돌림을 당할 때의 심리적 상태와 물리적 폭력을 당할 때의 심리적 상태가 유사하다는 것을 결론으로 추리해 낼 수 있다.

　오답 풀이　① 제시문의 내용을 반복한 것일 뿐이므로 적절하지 않다.
② 제시문의 실험은 물리적 폭력이 아니라 심리적 폭력에 대한 것이므로 적절하지 않다.
③ 따돌림과 물리적 폭력의 영향 중 어느 것이 더 큰 것인지를 추론할 수 있는 내용은 제시문에 나오지 않는다.

정답률 84%　**정답** ④

글의 수정

11 다음 글의 ㉠~㉣ 중 어색한 곳을 찾아 가장 적절하게 수정한 것은?

　수명을 늘릴 수 있는 여러 방법 중 가장 좋은 방법은 노화 문제를 해결하는 것이다. 이 방법은 인간이 젊고 건강한 상태로 수명을 연장할 수 있다는 점에서 ㉠늙고 병든 상태에서 단순히 죽음의 시간을 지연시킨다는 기존 발상과 근본적으로 다르다. ㉡노화가 진행된 상태를 진행되기 전의 상태로 되돌린다거나 노화가 시작되기 전에 노화를 막는 장치가 개발된다면, 젊음을 유지한 채 수명을 늘리는 것은 충분히 가능하다.

　그러나 노화 문제와 관련된 현재까지의 연구는 초라하다. 이는 대부분 연구가 신약 개발의 방식으로만 진행되어 왔기 때문이다. 현재 기준에서는 질병 치료를 목적으로 개발한 신약만 승인받을 수 있는데, 식품 의약국이 노화를 ㉢질병으로 본 탓에 노화를 멈추는 약은 승인받을 수 없었다. 노화를 질병으로 보더라도 해당 약들이 상용화되기까지는 아주 오랜 시간이 필요하다.

　그런데 노화 문제는 발전을 거듭하고 있는 인공 지능 덕분에 신약 개발과는 다른 방식으로 극복될 수 있을지 모른다. 일반 사람들에 비해 ㉣노화가 더디게 진행되는 사람들의 유전자 자료를 데이터화하면 그들에게서 노화를 지연시키는 생리적 특징을 추출할 수 있는데, 이를 통해 유전자를 조작하는 방식으로 노화를 막을 수 있다.

① ㉠: 늙고 병든 상태에서 담담히 죽음의 시간을 기다린다
② ㉡: 노화가 진행되기 전의 신체를 노화가 진행된 신체
③ ㉢: 질병으로 보지 않은 탓에 노화를 멈추는 약은 승인받을 수 없었다
④ ㉣: 노화가 더디게 진행되는 사람들의 유전자 자료를 데이터화하면 그들에게서 노화를 촉진

| 풀이 전략 |

　글에서 맥락에 어울리지 않는 어구를 수정하는 문제입니다. 이 유형의 문제는 일반적으로 밑줄 친 부분과 내용상 반대가 되는 말로 선택지를 구성하는 경우가 많습니다. 가령 제시문에 '있다'를 선택지에서 '없다'로 고치는 식이죠. 따라서 전체 맥락을 파악하면서 **반의어, 연결 부분, 적절한 어휘의 선택 등에 유의하며 문제를 풀어야** 합니다.

해설 대부분의 노화 연구는 신약 개발의 방식으로만 진행되었고, 현재 기준에서 질병 치료를 목적으로 개발한 신약만 승인받을 수 있다. 이에 따라 노화를 질병으로 보면, 신약이 승인받았을 것이다. 하지만 ㉢에서는 '노화를 멈추는 약은 승인받을 수 없다'라고 했으므로 ㉢은 '노화를 질병으로 보지 않은 탓에 노화를 멈추는 약은 승인받을 수 없었다'로 수정해야 한다.

오답 풀이 ① ㉠이 수식하는 '기존 발상'은 수명을 늘리는 발상에 해당한다. '늙고 병든 상태에서 담담히 죽음의 시간을 기다린다'는 수명을 늘리는 발상과 무관하므로 ㉠은 수정하지 말고 그대로 두는 것이 적절하다.
② '노화가 진행되기 전의 신체를 노화가 진행된 신체'로 되돌린다는 것은 노화를 유지하겠다는 의미이다. ㉡ 뒤에서 '젊음을 유지한 채 수명을 늘리는 것'이라고 했으므로 ㉡은 수정하지 말고 그대로 두는 것이 적절하다.
④ ㉣은 노화를 막을 수 있는 방법과 어울리는 내용이 들어가야 한다. 따라서 ㉣을 '~ 노화를 촉진'으로 수정하는 것은 어울리지 않는다. ㉣은 수정하지 말고 그대로 두어야 자연스럽다.

정답률 89% 정답 ③

문단 배열

12 가~라를 맥락에 맞추어 가장 적절하게 나열한 것은?

> 가 다음으로 시청자의 마음을 사로잡을 수 있는 참신한 인물을 창조해야 한다. 특히 주인공은 장애를 만나 새로운 목표를 만들고, 그것을 이루는 과정에서 최종적으로 영웅이 된다. 시청자는 주인공이 목표를 이루는 데 적합한 인물로 변화를 거듭할 때 그에게 매료된다.
>
> 나 스토리텔링 전략에서 제일 먼저 해야 할 일이 로그라인을 만드는 것이다. 로그라인은 '장애, 목표, 변화, 영웅'이라는 네 가지 요소를 담아야 하며, 3분 이내로 압축적이어야 한다. 이를 통해 스토리의 목적과 방향이 마련된다.
>
> 다 이 같은 인물 창조의 과정에서 스토리의 주제가 만들어진다. '사랑과 소속감, 안전과 안정, 자유와 자발성, 권력과 책임, 즐거움과 재미, 인식과 이해'는 수천 년 동안 성별, 나이, 문화를 초월하여 두루 통용된 주제이다.
>
> 라 시청자가 드라마나 영화에 대해 시청 여부를 결정하는 데 걸리는 시간은 8초에 불과하다. 제작자는 이 짧은 시간 안에 시청자를 사로잡을 수 있는 스토리텔링 전략이 필요하다.

① 나 - 가 - 라 - 다
② 나 - 다 - 가 - 라
③ 라 - 나 - 가 - 다
④ 라 - 나 - 다 - 가

| 풀이 전략 |

문장이나 문단을 올바르게 배열하는 문제입니다. 이 유형의 문제는 전체 맥락을 파악하면서 **접속어, 지시어, 반복되는 표현 등을 살피며 풀어야** 합니다. 특히 선택지에서 제일 처음 나와야 하는 문장이나 문단을 알려 주고 있으니, 이를 적극적으로 활용해야 합니다. 이 문제의 경우, '나' 혹은 '라'가 제일 처음 나와야 한다고 알려 주고 있습니다. 그리고 '다음으로, 이 같은' 등의 표현에 집중하면서 자연스러운 순서를 파악해 보세요.

해설 드라마나 영화의 제작자가 시청자를 사로잡기 위해 쓰는 스토리텔링 전략을 통해 수천 년 동안 통용된 주제가 만들어진다는 내용을 담은 글이다.

> 라 제작자는, 시청자가 시청 여부를 결정하는 데 걸리는 시간인 8초 안에 시청자를 사로잡을 수 있는 스토리텔링 전략이 필요하다. → 나 스토리텔링 전략에서 제일 먼저 해야 할 일은 로그라인을 만드는 것인데, 로그라인을 통해 스토리의 목적과 방향이 마련된다. → 가 다음으로 시청자의 마음을 사로잡을 수 있는 참신한 인물을 창조해야 하는데, 특히 시청자는 목표에 적합하게 변화하는 주인공에게 매료된다. → 다 이 같은 인물 창조의 과정에서 사랑과 소속감 같이 수천 년 동안 통용된 주제가 만들어진다.

정답률 89% 정답 ③

PART 1 독해
추론적 독해를 위한 핵심 개념

핵심 개념 1 전개 방식

전개 방식이란 글의 내용을 구조화하여 구성하는 방식을 말한다.

1. 동태적 전개 방식: 시간성을 고려하여 설명함.

서사	사건의 진행 과정이나 사물의 움직임과 변화를 시간적 추이에 따라 적어 나가는 방법. '무엇이 일어났는가'라는 사건에 중점을 둔다. 예 신사임당은 1504년에 아버지 신명화와 어머니 용인 이씨 사이에서 태어났다. 1522년 19세에 이원수와 결혼하였는데 결혼 후 몇 달 뒤 아버지가 세상을 떠났다. 1536년에는 아들 이율곡을 낳았다.
과정	어떤 특정의 결말이나 결과를 야기하는 일련의 행동, 변화, 기능, 단계, 작용 등에 초점을 두어 설명하는 방법. '어떻게 하였는가'에 초점을 두며, 주로 '~ 하는 방법'으로 요약된다. 예 비빔국수를 만들기 위해 애호박, 당근, 양파, 오이는 채를 썰어 준비하고, 달걀은 얇게 부친 후 채를 썹니다. 양념장 재료를 잘 섞어 양념장을 만들고, 국수를 삶은 후 찬물에 헹구어 물기를 뺍니다. 준비된 재료를 고루 무쳐서 고명을 얹으면 비빔국수가 완성됩니다.
인과	어떤 결과를 가져오게 한 힘, 또는 이러한 힘에 의해 결과적으로 초래된 현상을 중심으로 설명하는 방법. '왜 일어났는가'에 초점을 두며, 주로 '~ 하는 이유(원인)'로 요약된다. 예 산업 혁명 이후에 화석 연료를 많이 사용하게 되면서 문제가 발생했습니다. 화석 연료를 태우면 막대한 양의 이산화 탄소가 대기 중으로 방출된다. 이산화 탄소는 온실 효과를 일으키는 기체들 중 하나로, 화석 연료 연소 과정에서 이산화 탄소가 많이 배출되면 지구 표면에 더 많은 열이 갇히게 된다. 이것을 인위적으로 '강화된' 온실 효과라고 하는데, 이것 때문에 지구 온난화가 일어난다.

2. 정태적 전개 방식: 시간성을 고려하지 않고 기술함.

정의		단어의 의미를 명확히 하여 개념을 한정하는 것으로, 대상의 범위를 규정지어 대상이 지닌 본질적 속성을 해명한다. 예 인간은 / 생각하는 동물이다. 　　종개념　종차(種差)　유개념 　　피정의항　　　정의항 * 피정의항이 부정의 개념이 아닌 한, 정의항이 부정적으로 정의되어서는 안 된다.
지정		대상을 손으로 가리키듯 직접 설명하는 방법. 단순한 사실 확인이나 현상적 특징의 해명에 사용된다. 예 서울은 대한민국의 수도이다.
예시		세부적인 예를 들어 일반적이고 추상적인 진술을 구체화하는 설명 방법 예 떡은 약식 동원(藥食同源)의 개념으로 발달된 대표적인 음식인데 약이 되는 떡은 너무나 많다. 쑥떡, 수리취떡 등이 그 예이다.
비교와 대조	비교	공통되는 성질이나 유사성을 중심으로 설명하는 방법 예 르네상스 시대 화가들은 원근법을 이용해 사실적인 그림을 그렸다. 인상주의 화가들도 마찬가지로 사실성을 중시했다.
	대조	상대되는 성질이나 차이점을 들어 설명하는 방법 예 공부는 등산과 다른 것이다. 공부는 머리로 하는 행위이고 등산은 몸으로 하는 행위이기 때문이다.

분류	구분	상위 항목을 하위 항목으로 나누는 것 예 문학은 운문 문학과 산문 문학으로 크게 나누어진다. 운문 문학의 대표적인 형태는 시이다. 산문 문학에는 소설, 수필, 희곡 등이 있다.
	분류	하위 항목을 상위 항목으로 묶어 가는 것 예 우리가 쓰는 글에는 여러 가지 종류가 있다. 설명문, 논설문, 보고서, 비평 등은 논리적인 글에 속하며, 시, 소설, 희곡, 수필 등은 예술적인 글에 속한다. 그리고 주문서, 독촉장, 소개장, 광고문 등은 모두 실용적인 글이라고 할 수 있다.
분석		대상을 구성 요소나 부분으로 나누어 각 부분들의 관계를 설명하는 방법 예 이 기관의 구성 체계는 언뜻 보면 간단한 것 같지만, 사실은 정교하고도 복잡하다. 먼저 전체를 총괄하여 업무를 배치하는 전략 사무실이 존재한다. 그리고 이를 전체 실무자들에게 전달하는 매개의 구실을 하는 팀이 따로 있다. 이들과 유기적으로 결합하여 실제 업무를 처리하는 실무 팀이 각 조직의 하단에 존재하여 실시간으로 빠르게 민원을 처리하고 있다.
묘사		대상을 인상에 의존하여 그림을 그리듯이 그려 내는 방법 예 산허리는 온통 메밀밭이어서 피기 시작한 꽃이 소금을 뿌린 듯이 흐뭇한 달빛에 숨이 막힐 지경이다. 붉은 대궁이 향기같이 애잔하고 나귀들의 걸음도 시원하다. 길이 좁은 까닭에 세 사람은 나귀를 타고 외줄로 늘어섰다. 방울 소리가 시원스럽게 딸랑딸랑 메밀밭으로 흘러간다. – 이효석, 〈메밀꽃 필 무렵〉
유추		생소한 개념이나 복잡한 주제를 친숙하고 단순한 것과 비교하여 설명하는 방법 A ─대응/유사성─ B → 동일한 결론 도출 예 인생은 마라톤과 같다. 마라톤을 할 때는 초반의 스피드보다 지구력과 끈기가 필요하듯이, 우리의 삶도 장기적인 계획을 세워 이에 대비하는 것이 필요하다.

핵심 개념 2 | 구조화 10개념 정리

우리가 읽는 글은 일반적인 인간의 사고 구조에서 크게 벗어나지 않게 구조화되어 있기 때문에 대다수의 글은 아주 익숙한 방식에 의해 내용이 구성되어 있다. '개념, 예시, 비교·대조, 인과, 특성, 종류, 효과, 문제, 해결' 등은 일반적인 글에서 가장 많이 사용되는 개념 열 가지인데, 이를 암기해 두면 빠르고 정확하게 지문을 분석할 수 있다.

- '구조화 10개념'으로 글의 흐름을 한눈에 정리하는 습관을 들이라.
- 문장이나 문단에서 주요 정보를 찾아서 표시하는 훈련을 하라.
- 독해 훈련 프로그램 《독해야 산다》에 참여하여 독해력을 향상시키라.

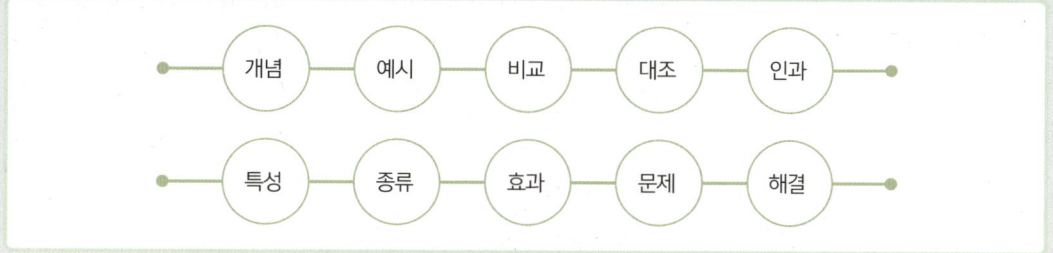

개념	정의, 명칭, 의미 등. 대상의 개념, 정의, 지정 등을 의미한다. 개념은 주로 글의 화제어, 즉 토픽(topic)이 된다. 예 역사의식이란 무엇인가. 그것은 비판 의식이며 문제를 해결하는 실천 의식이다.
예시	사례, 구체화 등. 부차적 내용으로, 주지를 뒷받침하는 역할을 한다. 글을 읽을 때 ( )로 표시하는 습관을 들이자. 예 인터넷의 쌍방향성은 독자와 작가의 구별을 없애 버렸다. 또 독자 스스로 이야기의 중요 지점에 개입하여 뒷이야기를 선택할 수 있는 하이퍼텍스트 픽션이 등장했다. 미국에서 CD로 출판된 셸리 잭슨의 하이퍼텍스트 픽션 〈패치워크 걸〉은 상업적으로 성공했을 뿐만 아니라 다중 인격의 역동성과 여성적인 몸의 상징성을 잘 표현한 걸작이라는 찬사를 받고 있다.
비교	공통점, 일치 등. 주된 논의 개념을 설명하기 위해 다른 대상과의 공통점을 제시하는 것이다. 예 집단생활을 하는 것은 물론 인간만은 아니다. 유인원, 어류, 조류, 곤충류 등도 일정한 영토를 확보하고 집단생활을 하며, 그 안에는 계층적 차이까지 있다.
대조	차이, 대비, 차별점 등. 비교와 함께, 대상의 특징을 설명하기 위해 가장 많이 사용되는 개념이다. 예 학교를 통해서 사회 평등을 실현할 수 있다는 믿음은 진보주의자 또는 자유주의자들에 의해 신봉되어 왔다. [중략] 갈등론자들은 이와 달리 교육을 통하여 사회 평등을 실현하는 것은 불가능하며 오히려 교육이 기존의 불평등 구조를 재생산한다고 주장한다.
인과	원인, 이유, 배경 / 결과, 영향 등. 일의 원인과 결과를 의미한다. 인과 관계는 반드시 화살표(→)로 표시하며 글을 읽는 습관을 들이자. 예 자유로 인해 새롭게 나타난 고독감이나 소외감, 무력감이나 불안감으로부터 벗어나기 위해 '자유로부터의 도피'를 감행하게 된다.
특성	특징, 성질(성격), 요건, 중요성, 중요도 등. 화제의 특징, 요건, 중요성 등을 설명한다. 한 화제의 특성이 나열되거나 다양한 화제의 특성이 비교·대조될 수도 있다. 예 첫째, 우월성의 추구는 유아기의 무능과 열등에 뿌리를 두고 있는 기초적 동기이다. 둘째, 이 동기는 정상인과 비정상인에게 공통적으로 존재한다.
종류	유형, 종류 등. 대상의 종류, 유형, 분류 등을 의미한다. 예 사회적 자본에는 영토, 부존자원, 인구 등 물질적인 것은 물론 교육, 기술, 정보화 등이 포함된다.
효과	효능, 효용성, 의의, 기능, 역할, 필요성 등. 화제가 지닌 효용이나 의의, 화제의 필요성 등을 설명한다. 예 사람도 동물인지라 남의 살을 먹어야 산다. 하지만 생존에 머물지 않고, 생존의 의미를 따지고 새로운 눈으로 길을 찾는 것이 인문학이다. 가난함과 부유함, 곧 삶과 살림의 의미 그리고 사람됨을 뒤집어 보고 깊이 바라보는 안목이 인문학의 주제이다.
문제	폐해, 폐단, 부정적 영향, 위험성 등. 어떤 일의 문제, 폐해, 폐단, 부정적 영향 등을 의미한다. 예 전국의 인재를 모조리 선발하여 등용한다 하더라도 오히려 그 부족함을 느낄 것인데, 도리어 그 열에 아홉은 버리고 있으며, 전국의 인구를 모두 다 간부로 양성한다 하더라도 오히려 넉넉하지 않을 것인데, 도리어 그 열에 아홉은 버리고 있습니다.
해결	대안, 대책, 방안, 전망, 예측, 영향 등. 어떤 문제에 대한 해결, 대안, 대책, 방안, 전망 등을 의미한다. 예 빈곤과 환경 문제는 전 세계가 처한 문제로, 이는 해가 갈수록 더욱 심각해지고 있다. 이러한 문제들을 장바구니에 담아 덜어 낼 수 있다면 세계를 더 좋게 만들 수 있을 것이다. [중략] 소비자가 물건을 구매할 때 윤리적 문제를 고려하는 것은 이러한 파급을 불러일으키는 데 드는 비용을 저축하는 것이다.

핵심 개념 3 선택지의 유형

그대로 가져오기	제시문의 내용을 있는 그대로 혹은 유사하게 변형하여 선택지를 구성하는 방식
반대 진술, 왜곡	제시문과 반대되는 내용으로 선택지를 구성하는 방식
비교, 범주, 수치의 오류	수치나 정도, 의도를 제시문의 내용과 다르게 하여 선택지를 구성하는 방식
의도의 오류	특정 사건이나 행위의 결과를 행위자의 의도에 따른 결과로 해석하여 선택지를 구성하는 방식
원인과 결과	원인과 결과의 순서를 바꾸어 선택지를 구성하는 방식
치환 (바꿔 쓰기)	제시문의 내용을 그 의미 범주에 속하는 다른 개념어로 바꾸어 선택지를 구성하는 방식
혼용 (섞어 쓰기)	제시문의 내용을 섞어서 선택지를 구성하는 방식
제시문에 없음	제시문에 없는 내용을 추가하여 선택지를 구성하는 방식

핵심 개념 4 논리 이론의 활용

* 보다 자세한 이론은 'PART 2. 사고의 힘 논리'에서 학습하세요.

1. 필요조건과 충분조건 이해하기

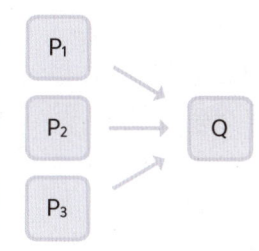

p이면 q이다.
- p를 충족하면 q가 성립하므로 p는 q이기 위한 충분조건이다.
- p를 입증하려면 q가 필요하므로 q는 p이기 위한 필요조건이다.

예 비가 오면 땅이 젖는다.
→ 비가 온다는 조건은 땅이 젖기에 충분한 것이고, 땅이 젖었다는 것은 비가 오는 것을 입증하기 위해 필요한 조건이다.

2. 가정적 조건문을 언어적 형식으로 바꿔 이해하기

- p이면 q이다.
  - p는 q이기 위한 충분조건이다.
  - p이기 위해서는 q이어야만 한다.
  - q는 p이기 위해 필요하다.
  - q가 아니면 p는 아니다.
  - q는 p를 위해 {필요하다/필수적 요건이다}.
  - q가 성립되지 않으면 p도 성립하지 않는다.

PART 1 독해

예상 문제

전개 방식

01 다음 글의 주된 전개 방식이 나타난 것은?

> 싹이 빨리 자라기를 바란다고 싹을 억지로 잡아 올려서는 안 된다. 목적을 이루기 위해 가장 빠른 효과를 얻고 싶겠지만 이는 도리어 효과를 놓치는 길이다. 억지로 효과를 내려고 했기 때문이다. 싹이 자라기를 바라 싹을 잡아당기는 것은 이미 시작된 과정을 거스르는 일이다. 효과가 자연스럽게 나타날 가능성을 방해하고 막는 일이기 때문이다. 싹을 잡아당겨서도 안 되고 그렇다고 단지 싹이 자라는 것을 지켜만 봐서도 안 된다. 그렇다면 무엇을 해야 하는가? 싹 밑의 잡초를 뽑고 김을 매 주는 일을 해야 하는 것이다. 경작이 용이한 땅을 조성하고 공기를 통하게 함으로써 성장을 보조해야 한다. 기다리지 못함도 삼가고 아무것도 안 함도 삼가야 한다. 결국 학습자의 자연스러운 성향이 발휘되길 기다리면서도 전력을 다할 수 있도록 돕는 노력도 멈추지 말아야 하는 것이다.

① 정부는 올해 50억 원의 예산을 투입해 빈집 재생 방안을 모색했다. '관아골'은 정부의 빈집 재생 방안을 통해 관광 명소로 재탄생한 성공 사례이다.

② 된장은 메주에 소금물을 섞어 발효시켜 만든 발효 식품이다. 치즈 역시 우유 중의 카세인을 뽑아서 응고하고 발효시킨 식품이다.

③ 서랍 속의 칸막이가 없으면 물건이 뒤섞여 원하는 것을 찾기 힘들어지듯이 세포 안의 구획이 없으면 세포 안의 구성물, 특히 단백질이 마구 섞이게 되어 세포의 기능에 이상이 생길 수 있다.

④ 수출업자는 수출하고자 하는 물품이 국내 무역 관련 법령에 의하여 수출이 허용되는지의 여부를 확인한 다음, 발굴된 거래처에 거래 제의를 하고, 상호 간의 신용 상태를 조사한 후 수출 계약 체결을 준비한다.

> 선재 쌤's Point

02 다음 글에 사용된 전개 방식으로 적절하지 않은 것은?

> 무지개는 태양광이 공기 중의 물방울에 의해 반사·굴절되어 나타나는 빛의 분산 현상이다. 태양광은 물방울 내에 골고루 입사되어 굴절과 반사를 거치면서 그 양이 줄어든다. 그리고 아주 적은 양의 빛이 우리 눈에 도달하여 아름다운 무지개를 선사하는 것이다. 그런데 무지개는 왜 바깥쪽이 빨간색이고 안쪽이 보라색일까?
>
> 우리가 보는 무지개는 물방울 내에서 한 번의 반사와 두 번의 굴절로 만들어진다. 물방울은 곡면으로 되어 있고, 이 곡면에서 빛의 굴절이 일어나므로 굴절각의 차이가 커지면서 분산 현상이 관찰되는 것이다.
>
> 물방울로부터 분산되어 나오는 빛의 각도는 특정 각도로만 많은 양의 빛이 퍼져 나가게 되는데, 이 각을 '무지개각'이라고 한다. 빨간색 빛의 무지개각은 42°, 보라색 빛의 무지개각은 41°이다. 즉 백색광이 물방울에 들어갔을 때, 42°와 41° 사이로 모든 무지개색 빛이 퍼져 나가게 된다.

① 무지개의 정의를 제시하고 있다.
② 인과의 방식으로 무지개에 대해 설명하고 있다.
③ 구체적인 사례를 제시하여 통념을 반박하고 있다.
④ 의문형 진술을 통해 독자의 호기심을 유발하고 있다.

03 다음 글의 주된 전개 방식이 나타난 것은?

> 스스로의 선택에 의해 쾌락을 과도하게 추구하는 사람, 그것도 쾌락 자체만을 목적으로 추구하는 사람, 바로 이런 사람이 무절제한 사람이다. 이런 사람은 자신이 나쁘다는 것을 모르며 또 후회할 줄도 모른다. 후회할 줄 모르는 자를 고칠 수는 없다. 반면 자제력이 없는 사람은 감정에 지배당하지만, 그렇다고 해서 그러한 쾌락을 무한정 추구해야 한다고 생각하게 될 정도까지는 지배당하지 않는다. 그런 까닭에 자제력이 없는 사람은 마음을 돌리도록 설득하기가 쉽지만 무절제한 사람은 그렇지 않다.

① 왕의 초상화는 '어진도사도감'이라는 관청에서 화원이 그렸는데, 그 종류에는 도사, 추사, 모사 세 가지가 있었다.
② 17세기 데카르트는 동물과 달리 인간에게는 영혼이 존재하며 생각할 수 있는 능력이 있다고 보았다. 그는 이렇게 정신과 육체를 분리함으로써 동물과 인간을 구분 지을 수 있다고 본 것이다.
③ 배우는 사람이 도리(道理)를 얻기까지는 여러 겹으로 포장된 사물을 보는 것과 같아 곧바로 안을 들여다볼 수가 없다. 한 겹을 벗겨 내어 또 한 겹을 보고, 또 한 겹을 벗겨 내어 또 한 겹을 보아 가야 한다.
④ 박쥐는 지난 20년간 강한 영향을 미친 여러 질병들의 매개 동물로 여겨지고 있다. 박쥐에서 인간으로 전파된 최초의 전염병은 광견병이며, 사스, 메르스, 에볼라 등이 그 대표적인 전염병이다.

04 다음 글에 나타난 전개 방식이 사용되지 않은 것은?

> 자동 조종 장치는 조종사가 비행 전에 미리 입력한 데이터에 따라 자동으로 비행 경로 및 고도를 유지해 주는 장치이다. 자동 조종 장치에서 관성 항법 장치라고 불리는 감지 센서는, 다양한 비행 상황에 대응하기 위해 비행기의 이동 방향, 이동 거리, 속도 등을 지속적으로 정확하게 측정하는 역할을 한다. 이 장치의 핵심은 가속도 센서와 자이로스코프인데, 이를 통해 측정된 값을 계산하여 운항 정보를 파악함으로써 비행기가 정해진 경로로 운항할 수 있게 되는 것이다.

① 블루투스 통신을 위해서는 통신하고자 하는 기기들이 '페어링'되어야 하는데, 페어링이란 블루투스 기기들 간의 무선 통신을 위해 서로 식별할 수 있는 정보를 확인하고 연결을 설정하는 것이다.
② 주사 전자 현미경의 주요 부품으로는 전자총, 전자기 집광 렌즈, 주사 코일, 전자기 대물렌즈, 전자 검출기, 모니터나 필름 등이 있다.
③ 세계의 문자들은 그 성질로 보아 크게 표의 문자와 표음 문자로 나누고, 표음 문자는 다시 음절 문자와 음소 문자로 나누는 것이 전통적인 틀이었다.
④ 초창기 황태 덕장은 동해안에서 생산된 '지방태'를 재료로 사용했다. 당시에는 교통이 불편하고, 운송 수단이 마땅치 않았을 뿐만 아니라 대부분의 명태가 생태로 소비됐으므로 많은 양의 황태를 생산할 수 없었기 때문이다.

05 다음 글의 서술 방식에 대한 설명으로 적절하지 않은 것은?

　모두가 서로를 알고 지내는 작은 규모의 사회에서는 거짓이나 사기가 번성할 수 없다. 반면 그렇지 않은 사회에서는 누군가를 기만하여 이득을 보는 경우가 많이 발생한다. 일반적으로 낯선 사람들이 모여 사는 대도시에서는 자기 이익을 위해 다른 사람을 이용하는 성향을 지닌 사람이 많다고 생각하기 쉽다. 대도시 사람들은 모두가 사기꾼처럼 보인다는 주장이 일리 있게 들리기도 한다. 그러나 다른 사람들의 협조 성향을 이용하여 도움을 받으면서도 다른 사람에게 도움을 주지 않는 사람이 존재하기 위해서는 일정한 틈새가 만들어져 있어야 한다. 많은 사람들이 진정으로 협조하기 때문에 이 틈새가 존재할 수 있는 것이다. 이는 기생 식물이 양분을 빨아먹기 위해서는 건강한 나무가 있어야 하는 것과 같다. 나무가 건강을 잃게 되면 기생 식물 또한 기생할 터전을 잃게 된다. 그렇다면 어떤 의미에서는 모든 사람들이 사기꾼이라는 냉소적인 견해는 낯선 사람과의 상호 작용을 잘못 이해한 것이다. 모든 사람들이 사기꾼이라면 사기를 칠 가능성도 사라지게 된다고 이해하는 것이 맞다.

① 서로 대조되는 대상의 특성을 제시하고 있다.
② 유추를 사용하여 통념의 허점을 지적하고 있다.
③ 주장을 강화하기 위해 반박 견해를 재반박하고 있다.
④ 문제 현상이 나타나는 이면적 이유를 설명하고 있다.

중심 내용

06 다음 글의 중심 내용으로 가장 적절한 것은?

　작가는 작품을 통하여 작가 자신의 견해를 피력한다. 그럼에도 불구하고 작가는 반드시 자기가 피력한 견해에 구속될 것을 요구받지 않는 것 같다. 작가는 상상력에 의해서 가능한 모든 명제를 제기할 권리를 용인받기 때문일 것이다. 그러나 작가가 한 사람의 지식인으로서 상황 문제에 대하여 글로 피력한 견해로부터 결코 자유스러워지지는 않을 것이다. 지식인이란 존경할 명칭에는 자기가 피력한 견해를 그대로 실천하지 못한다 하더라도, 자기가 피력한 견해와 상반된 행동을 하지 않는다는 정직과 근엄의 어감이 숨겨져 있다. 춘원이 비난받는 큰 이유는 그가 친일했기 때문이라기보다 '민족정신'을 주장한다면서 그에 반하는 행동을 한 데에 있을 듯싶다.

① 작가는 자신이 작품으로써 독자에게 내보인 견해에 맞게 행동해야 할 책임이 있다.
② 글과 행동이 일치하지 않았다는 점에서 춘원은 작가가 아니라 지식인으로서 비난을 받아 마땅하다.
③ 작가는 작품이 아닌 다른 글에서 피력한 자신의 견해를 행동으로 옮겨야 한다.
④ 작가는 지식인으로서 글로 피력한 자신의 견해에 관한 한 그 책임을 면할 수 없다.

07 다음 글의 표제와 부제로 가장 적절한 것은?

> 자신은 번식을 하지 않으면서 집단을 위해 평생 헌신하는 일벌이나 일개미의 행동은 어떻게 설명할 수 있을까? 다윈은 그와 같은 경우 집단의 번성에 이득을 주므로 자연 선택이 되었다고 결론을 내렸는데, 이것은 자연 선택이 개체에게 이득이 되는 방향으로 일어난다는 그의 기본적인 생각에서 벗어난 것이었다.
> 윌리엄 해밀턴은 다윈 이론의 틀 안에서 일벌이나 일개미와 같은 개체의 이타적 행동이 자연 선택 되는 과정을 규명하고자 하였다. 즉, 다윈 시대에는 없던 '유전자' 개념을 진화 이론에 도입함으로써, 개체 자신의 번식 성공도는 낮추면서 상대방의 번식 성공도를 높이는 이타적 행동이 여러 세대를 거치면서 결국은 개체 자신에게 이득이 되는 방향으로 자연 선택이 됨을 입증하려 한 것이다.
> 다윈이 정리한 자연 선택의 과정을 해밀턴은 각 개체가 다음 세대에 자신의 유전자 복제본을 더 많이 남기는 과정으로 보았다. 이때 행위 당사자인 개체는 자기 자신의 번식 성공도를 높임으로써 직접 자신의 유전자 복제본을 남길 수도 있지만, 자신과 유전자를 공유할 확률이 있는 상대의 번식 성공도를 높이는 데 도움을 줌으로써 간접적으로 자신의 유전자 복제본을 남길 수도 있다. 해밀턴은 전자는 '직접 적합도'를 높이는 것으로, 후자는 '간접 적합도'를 높이는 것으로 설명하며, 개체의 자연 선택은 두 적합도를 합한 '포괄 적합도'를 높이는 방향으로 일어난다고 보았다.

① 이타적 행동에 대한 이해
  - 다윈과 해밀턴의 이론적 대립을 중심으로
② 이타적 행동이 자연 선택 되는 과정
  - 적합도에 관한 논쟁을 중심으로
③ 이타적 행동이 자연 선택 되는 이유
  - 해밀턴의 이론을 중심으로
④ 자연 선택의 이론적 한계
  - 일벌과 일개미의 사례를 중심으로

08 다음 글의 중심 내용으로 가장 적절한 것은?

로크는 《시민 정부 2론》이라는 책에서 주권을 최고권이라고 표현하고, 그 핵심이 입법권이라고 보았다. 군주의 절대적 권한을 견제하기 위해 의회가 공동의 이익을 위한 법을 만드는 것이야말로 주권 행사의 가장 중요한 내용이라고 본 것이다. 이러한 그의 사상은 국가 권력을 입법부와 행정부(군주)로 분리하는 이원 분립론으로 나타났으며, 이는 영국에서 의회를 중심으로 하는 정부 형태, 즉 의원 내각제가 성립하는 데 큰 영향을 미쳤다.

몽테스키외는 《법의 정신》이라는 책에서 국민의 자유와 평등을 보장하는 방법으로 견제와 균형에 입각한 삼권 분립을 주장하였다. 그에 따르면 국가에는 세 가지 권력, 즉 입법권과 집행권, 사법권이 있다. '동일한 인간 또는 동일한 집단의 수중에 입법권과 집행권이 결합하여 있을 때' 또는 '재판권이 입법권과 집행권으로부터 분리되어 있지 않을 때' 자유가 존재할 수 없다고 본 그는 엄격한 삼권 분립에 입각한 정부 형태가 필요하다고 보았다. 이러한 그의 사상은 미국에서 입법부와 행정부의 독립성과 상호 견제가 강조되는 정부 형태, 즉 대통령제가 성립하는 데 큰 영향을 미쳤다.

① 정부 형태의 종류와 변천 과정
② 정부의 형태에 영향을 미친 정치사상
③ 의원 내각제와 대통령제의 차이점
④ 로크와 몽테스키외가 주장한 법률들

09 다음 글의 중심 내용으로 가장 적절한 것은?

　인간의 언어 능력과 이성적 능력의 특이성은 아마도 직접적으로 관련되어 있을 것이다. 다른 동물들과 달리 인간의 언어 능력이 특이한 것은 일반화할 수 있는 능력에 있는 듯하다.
　인간의 언어 능력은 일반적 사실에 관한 정보를 처리할 수 있게 한다. 일반적 개념을 사용할 수 있고, 일반적 명제를 사용할 수 있는 점이 특이하다. 이처럼 일반화된 사실을 표상할 수 있는 능력은 함축적 의미를 표현하고 이해할 수 있게 하며 추리의 능력을 갖게 한다.
　이성적 사고에서 기본이 되는 연역 논리적 추리는 일반화된 명제(언어적 표상)를 전제로 한다. 그리고 이성은 일반화된 것을 다시 더 높은 차원으로 일반화할 수 있게 하는 능력을 가지고 있다. 이것은 추상화의 차원을 높여 주는 능력이라고 할 수도 있다. 인간만이 종교와 예술과 과학과 철학을 발전시켜 올 수 있었던 것은 이러한 추상화 또는 일반화를 가능하게 하는 언어 능력의 힘 덕분이라고 생각된다. 또한 이러한 일반화나 추상화는 모두 진리의 문제를 수반하기 때문에 그것이 거짓 믿음, 거짓 이론, 즉 잘못된 일반화일 가능성이 내포되어 있다. 아마 거짓을 진실로 믿을 수 있는 존재도 인간밖에 없을 것이다.
　이것은 인간의 언어적 표상이 일반화 또는 추상화를 가능하게 하기 때문이며, 그러한 언어적 표상이 주관적 관념의 세계 안에서 별 문제 없이 받아들여질 수도 있기 때문일 것이다.
　다른 동물들, 특히 원숭이들도 속임수를 쓴다고 한다. 그러나 그것은 일반화된 사실과는 무관한 개별적 사실에 관한 속임수일 수 있다. 원숭이들이 우리 인간의 언어 세계에 참여할 수 없는 것은 일반적 개념이나 일반적 명제를 바탕으로 하는 함축적 의미의 이해나 추리적 사유를 해낼 수 없기 때문일 것이다. 이것이 우리가 말하는 이성의 능력이다. 우리 인간을 다른 동물과 구별하여 이성적 동물이라고 하는 뜻이 여기에 있다.

① 언어 능력의 본질은 정보 전달에 있다.
② 언어적 표상이 항상 진리인 것은 아니다.
③ 이성적 능력의 특성과 언어 능력은 관련이 깊다.
④ 인간과 동물의 차이는 언어의 사용 여부에 있다.

내용 일치 — 정보의 확인

10 다음 글의 내용과 부합하지 않는 것은?

> 조선 초기에 백성들뿐만 아니라 왕도 즐긴 놀이가 있었는데 그것은 '타구 놀이'이다. 이 놀이는 오늘날의 골프와 매우 유사한데, 막대기로 공을 쳐서 여러 개의 구멍 속에 넣으면 점수를 얻어 승부를 내는 놀이였다. 공을 친다는 뜻으로 붙여진 '타구'는 일명 '격구'라고도 하는데, 세조 때에 이르면 공을 치는 부분인 '방'과 자루를 합쳐 만든 도구로 즐기는 놀이라 하여 '방희', 또는 '방'으로 공을 친다고 해서 '격방'으로도 불렸다.
>
> 타구 놀이는 중국에서 전래되었는데, 《정종실록》에 의하면, 고려 말에 도흥, 유운 등이 태조 이성계에게 자신들이 본 타구를 알려 준 데서 비롯되었다는 기록이 있다. 태종 때 타구는 백성들 사이에서 유행하였고, 세종, 세조 때를 거치면서 궁중에서도 성행하였다. 그런데 15세기 말부터 타구는 지배층의 기록에서 점차 사라져 갔다. 이는 예법을 중시한 시대적 분위기와 연관이 있다. 실제로 성종 때에 이르면 궁중 안에서의 각종 놀이 문화가 급격히 감소될 뿐 아니라, 국왕이 종친과 더불어 활쏘기를 하는 것도 반대하는 움직임이 나타났다. 임금은 신하와 그 장단을 겨룰 수 없다는 게 그 이유였다.

① 세조 때 '격방'이라고 불렸던 타구 놀이는 백성뿐 아니라 왕도 향유하였다.
② 타구 놀이는 방과 자루를 합쳐 만든 막대를 사용하여 공을 구멍에 집어넣는 놀이이다.
③ 궁중에서 타구 놀이를 즐기는 사람들이 세종과 세조 때는 자주 보였으나 성종 때는 급격히 줄어들었다.
④ 《정종실록》에 고려 말 유운 등이 백성들에게 타구 놀이를 전해 주었다는 기록이 있다.

11 다음 글에 대한 이해로 가장 적절한 것은?

비정규직 근로자들이 늘어나면서 '프레카리아트'라고 불리는 새로운 계급이 형성되고 있다. 프레카리아트란 불안정한 고용 상태에 놓여 있는 사람들을 의미한다. 프레카리아트에 속한 사람들은 직장 생활을 하다가 쫓겨나 실업자가 되었다가 다시 직장에 복귀하기를 반복한다. 이들은 고용 보장, 직무 보장, 근로 안전 보장 등 노동 보장을 받지 못하며, 직장 소속감도 없을 뿐만 아니라, 자신의 직업에 대한 전망이나 직업 정체성도 결여되어 있다. 프레카리아트는 분노, 무력감, 걱정, 소외를 경험할 수밖에 없는 '위험한 계급'으로 전락한다.

프레카리아트와 비슷하지만 약간 다른 노동자 집단이 있다. 이른바 '긱 노동자'다. '긱(gig)'이란 기업들이 필요에 따라 단기 계약 등을 통해 임시로 인력을 충원하고 그때그때 대가를 지불하는 것을 의미한다. 긱 노동자들은 고용주가 누구든 간에 자신이 보유한 고유의 직업 역량을 고용주에게 판매하면서, 자신의 직업을 독립적인 '프리랜서' 또는 '개인 사업자' 형태로 인식한다. 정보 통신 기술을 이용하면 긱 노동자의 모집이 아주 쉬워진다. 기업은 사업 아이디어만 좋으면 인터넷을 이용하여 필요한 긱 노동자를 모집할 수 있다.

① 프레카리아트의 수가 증가할수록 긱 노동자의 수는 감소한다.
② 프레카리아트와 달리 긱 노동자는 자신의 직업 정체성을 인지한다.
③ 긱 노동자에 비해 프레카리아트는 직업 역량 향상을 위해 노력하지 않는다.
④ 긱 노동자와 달리 프레카리아트는 고용이 보장되지 않는 비정규직 노동 집단이다.

12 다음 글의 내용과 일치하지 않는 것은?

체면은 남을 대하기에 떳떳한 도리나 얼굴이다. 우리나라의 체면과 비슷한 개념으로 서양에는 '페이스(face)'라는 개념이 있으나, 서양의 페이스와 우리나라의 체면에는 차이가 있다. 고프만은 서양의 페이스 개념이 가지는 특징을 다음과 같이 정리하였다. 페이스란, 자아에 대한 이미지로서, 사회적 상호 작용을 통해 주장되고 강화되며, 긍정적 사회 가치와 관련을 가진다. 한편 한국의 체면은 이 세 가지 측면에서 모두 서양의 페이스와 차이점을 갖는다. 한국의 체면은 서양의 체면이 가진 모든 속성을 포함하기는 하나, 개인적인 자아보다는 사회적인 자아와 관련되어 있다. 또한 체면이 사회적 상호 작용을 통해 주장되고 강화되는 것은 사실이나 체면의 많은 부분은 대부분 사회에 의해 거의 일방적으로 부과되는 것이며, 개인은 그러한 사회적 기준에 부합함으로써 체면을 보호하려고 한다. 또한 서양의 페이스는 연속상의 개념을 갖는 것임에 비해, 한국의 체면은 종종 체면을 지켰느냐, 잃었느냐의 이분법적인 잣대로 평가된다.

한편 우리나라의 체면은 같은 동양 문화권인 중국과도 다르다. 중국에서 체면을 가리키는 말은 '미엔쯔(mientzu)'로서 이는 '리엔(lien)'과 대응되는 개념인데, 리엔이 자기 스스로를 보고 느끼는 자괴적이며 반성적인 부끄러움이라면, 미엔쯔는 남에게 비추어진 자신의 모습을 보고 느끼는 부끄러움이다. 그러나 중국과 달리 한국의 체면은 사회적 체면과 개인적 체면을 구분하지 않으며, 오히려 체면은 이 두 가지의 개념을 모두 포함하고 있다고 볼 수 있다.

① 미엔쯔는 사회적인 자아와, 리엔은 개인적인 자아와 관련된 개념이다.
② 서양의 페이스는 한국의 체면과 달리 사회적 상호 작용을 통해 강화된다.
③ 한국의 체면은 사회적 체면과 개인적 체면 개념을 모두 포함하는 개념이다.
④ 서양의 페이스는 한국의 체면과 달리 연속적인 속성을 지닌다.

13 다음 글에 부합하는 내용으로 가장 옳은 것은?

> 조선 시대 사대부들은 자연을 소재로 한 시조를 통해 자연과 현실의 관계에 대한 인식을 드러내었다. 이들에게 있어 자연은 질서와 조화를 이룬 아름다움의 공간이자 완상의 대상이었다. 또한 자연은 영원불변한 우주 만물의 보편타당한 이치이자 인간이 지향해야 할 대상으로서의 천리(天理)가 구현된 관념적 공간이었다.
> 자연을 소재로 한 16세기 사대부들의 시조에서 자연을 닮고자 하는 노력을 통해 현실에서도 천리를 구현하는 것이 가능하다는 인식이 빈번히 드러나는데, 이는 무수한 좌절을 겪은 끝에 도덕적, 이념적 정당성을 내세워 현실 정치를 주도하게 되었던 당대 사대부들의 낙관적 전망에서 비롯된 것으로 볼 수 있다. 그러나 17세기에 들어 사대부들은 당쟁과 외적의 침략으로 혼란스러워진 현실에서 성리학적 이념과 도덕의 영향력이 점점 약해지는 것을 지켜보게 되었다. 이 시기 사대부들의 시조에서 자연은 여전히 천리가 구현되어 있으며 질서와 조화를 보여 주는 공간으로 간주되었지만, 현실은 이와는 거리가 먼 혼탁함과 부조리의 공간으로 여겨졌다. 이들 시조에서 화자는 자연의 아름다운 풍광에 몰입하고 그 흥취를 즐긴다. 그러는 가운데 이와는 동떨어진 현실에 대한 거리감과 안타까움을 표현하기도 한다.

① 16세기 사대부들의 현실에 대한 긍정적 변화 경험은 이들이 창작한 시조에 영향을 미쳤다.
② 17세기 사대부들의 시조에 나타난 자연에 대한 부정적인 인식은 당시 혼란한 사회 현실이 반영된 결과였다.
③ 16세기 사대부들의 시조에 나타난 자연과 천리의 상호 보완적 관계는 17세기에 상호 대립적 관계로 변모하였다.
④ 16세기에서 17세기로 변하면서 자연을 소재로 한 시조에서 자연은 관념적 공간에서 현실적 공간으로 바뀌었다.

14 다음 글을 이해한 내용으로 가장 적절한 것은?

> 이해 충돌은 공직자들에게 부여된 공적 의무와 사적 이익이 충돌하는 갈등 상황을 지칭한다. 공적 의무와 사적 이익이 충돌한다는 점에서 이해 충돌은 공직 부패와 공통점이 있다. 하지만 공직 부패가 사적 이익을 위해 공적 의무를 저버리고 권력을 남용하는 것이라면, 이해 충돌은 공적 의무와 사적 이익이 대립하는 객관적 상황 자체를 의미한다. 이해 충돌하에서 공직자는 공적 의무가 아닌 사적 이익을 추구하는 결정을 내릴 위험성이 있지만 항상 그런 결정을 내리는 것은 아니다.
>
> 공직자의 이해 충돌은 공직 부패 발생의 상황 요인이며 공직 부패의 사전 단계가 될 수 있기 때문에 이에 대한 적절한 규제가 필요하다. 공직 부패가 의도적 행위의 결과인 반면, 이해 충돌은 의도하지 않은 상태에서 발생하는 상황이다. 또한 공직 부패는 드문 현상이지만 이해 충돌은 일상적으로 발생하기 때문에 직무 수행 과정에서 빈번하게 나타날 수 있다. 그런 이유로 이해 충돌에 대한 전통적인 규제는 공직 부패의 사전 예방에 초점이 맞추어져 있었다.
>
> 최근에는 이해 충돌에 대한 규제의 초점이 정부의 의사 결정 과정과 결과에 대한 신뢰성 확보로 변화되고 있다. 규제의 초점이 변화되면서 이해 충돌의 개념이 확대되어, 외관상 발생 가능성이 있는 것만으로도 이해 충돌에 대해 규제하는 것이 정당화되고 있다.

① 이해 충돌 상황이 나타나면 공직 부패는 반드시 나타난다.
② 과거와 달리 최근에는 공직 부패 규제보다 이해 충돌 규제를 중시하고 있다.
③ 공직 부패에 비해 이해 충돌은 공직자의 직무 수행 과정 중 자주 나타날 확률이 높다.
④ 공적 의무와 사적 이익 중 공직 부패는 공직자가 사적 이익을, 이해 충돌은 공적 의무를 선택하는 상황을 의미한다.

15 다음 글의 내용과 가장 일치하는 것은?

신화, 전설, 민담과 같은 설화는 인간이 부락 집단을 형성하고 인간의 삶 전체가 반영된 이야기가 시작되었을 때부터 존재하였다. 상주 지방에 전해 오는 '공갈못 설화'를 놓고 볼 때 공갈못의 생성은 과거 우리의 농경 사회에서 중요한 역사적 사건으로서 구전되고 인식되었지만, 이에 관한 당시의 문헌 기록은 단 한 줄도 전해지지 않고 있다. 이는 당시 신라의 지배층이나 관의 입장에서 공갈못 생성에 관한 것이 기록할 가치가 있는 정치적 사건은 아니라는 인식을 보여 준다. 공갈못 생성은 다만 농경 생활에 필요한 농경민들의 사건이었던 것이다. 공갈못 관련 기록은 조선 시대에 와서야 발견된다. 이에 따르면 공갈못은 삼국 시대에 형성된 우리나라 3대 저수지의 하나로 그 중요성이 인정되었다. 당대에 기록되지 못하고 한참 후에서야 단편적인 기록들만이 전해진 것이다. 일본은 고대 역사를 제대로 정리한 기록이 없는데도 주변에 흩어진 기록과 구전(口傳)을 모아 《일본서기》라는 그럴싸한 역사책을 완성하였다. 이 점을 고려할 때 역사성과 현장성이 있는 전설을 가볍게 취급해서는 결코 안 된다. 이러한 의미에서 상주 지방에 전하는 지금의 공갈못에 관한 이야기도 공갈못 생성의 증거가 될 수 있는 역사성을 가진 귀중한 자료인 것이다.

① 공갈못 설화는 역사성과 현장성이 떨어진다는 한계가 있다.
② 신라의 농경민들과 조선의 지배층들은 공갈못의 중요성을 인지하였다.
③ 공갈못 생성에 관한 이야기는 구전되기는 했지만 문헌에는 기록되지 못하였다.
④ 일본의 역사서와 달리 우리나라의 역사서는 설화에 대한 기록을 의도적으로 배제하였다.

16 다음 글에 대한 이해로 적절하지 않은 것은?

2007년에 스페인의 정부 부채는 독일보다도 낮았다. 따라서 지난 2008년의 세계 금융 위기 이전까지만 해도 스페인은 모범적으로 재정을 운영한다고 여겨졌다. 스페인은 2002년에 유로화로 통합되면서 유럽의 다른 나라들로부터 자본이 흘러들어와 엄청난 건설 경기 호황과 인플레이션을 경험했다. 다른 유럽 국가들에 비해 상대적으로 높은 물가와 낮은 생산성 때문에 스페인의 수출은 경쟁력을 상실했지만, 건설 경기 덕분에 전반적으로 호황이 유지되었다. 하지만 부동산 거품이 꺼지게 되자 실업률이 치솟는 등 경제가 침체하여 정부 재정은 큰 적자를 기록하게 되었다. 만약 스페인이 유로화를 사용하지 않고 여전히 구(舊)화폐인 페세타를 사용하고 있었더라면, 정부는 팽창적인 통화 정책을 통해 비교적 신속하게 문제를 해결할 수 있었을 것이다. 또 만약 스페인이 정치 통합 없이 화폐 통합을 이룬 유로 지역의 한 나라가 아니라 미국의 한 주(州)였더라면 지금처럼 상황이 악화되지는 않았을 것이다. 호황이었을 때 다른 주로부터 노동자들이 몰려들어 그처럼 과도한 임금 상승이나 물가 상승이 발생하지 않았을 것이고, 위기가 닥쳤다 해도 연방 정부로부터 지원을 받아 실업을 비롯한 여러 가지 어려움이 그처럼 심각한 수준에 처하지 않았을 것이기 때문이다.

① 스페인은 경기 침체가 원인이 되어 재정 적자가 발생하였다.
② 화폐 통합 이후 발생한 스페인의 문제는 스페인의 정치적 상황에 영향을 받았다.
③ 스페인은 화폐 통합 이후 수출과 건설 호황으로 인해 자본이 몰려 물가가 상승하였다.
④ 스페인이 팽창적인 통화 정책을 실시하는 데 더 적합한 화폐는 유로가 아니라 페세타이다.

17 다음 글을 바르게 이해한 것은?

> 반론권은 언론 중재법에 규정되어 있다. 언론 중재법 제16조 1항에 따르면, 사실적 주장에 관한 언론 보도 등으로 인하여 피해를 입은 자는 그 보도 내용에 관한 반론 보도를 언론사 등에 청구할 수 있다. 반론 보도 청구를 위해서는 언론사 등의 고의·과실이나 위법성을 필요로 하지 않는다. 반론 보도 청구권과 구분되는 것이 정정 보도 청구권이다.
>
> 언론 중재법상 정정 보도 청구권은 반론 보도 청구권과 마찬가지로 사실적 주장에 관한 언론 보도 등으로 인하여 피해를 입은 자가 청구하며, 이러한 청구를 하기 위해서는 언론사 등의 고의·과실이나 위법성이 필요하지 않다. 다만 언론 중재법상 정정 보도 청구권은 "사실적 주장에 관한 언론 보도 등이 진실하지 아니함으로 인하여 피해를 입은 자"가 행사할 수 있는 데 반하여, 반론 보도 청구권은 보도 내용의 진실 여부와 상관없이 행사할 수 있다. 전자는 언론 보도의 내용이 허위이거나 부정확한 경우 피해자에게 인정되는 직접적인 권리 구제인 데 반하여, 후자는 언론 보도로 공격을 받은 자가 보도 내용에 대응할 수 있도록 해 주는 반박권이라는 점에서 두 제도는 차이가 있으며, 두 제도의 중심이 되는 법 원리가 다르다.

① 언론 보도의 내용이 진실이라면 반론 보도 청구권을 행사할 수 없다.
② 정정 보도 청구권과 달리 반론 보도 청구권에 대한 규정은 언론 중재법에 제시되어 있다.
③ 반론 보도 청구권이 피해자 권리 구제의 성격을 띠는 반면 정정 보도 청구권은 보도 내용에 반박할 수 있는 권리의 성격을 띤다.
④ 반론 보도 청구권과 정정 보도 청구권 모두 언론사의 위법성이 인정되지 않아도 청구가 가능하다.

18 ㉠과 ㉡에 대한 이해로 적절한 것만을 〈보기〉에서 모두 고르면?

㉠ 상(商)나라는 왕과 귀족, 평민, 그리고 노예로 구성된 사회였다. 당시에는 귀족만 성(姓)을 가질 수 있었기 때문에 그들을 '백성(百姓)'이라고 불렀는데 이들은 조상에게 제사를 지내는 것으로 씨족 사회의 질서를 유지했다. 농업 같은 직접 생산에 참여한 계급은 '소인(小人)'이라고 불렸다. 소인은 일정한 규모의 토지를 점유하고 그 토지를 경작할 수 있었지만 그 대가로 공물을 납부하고 병역의 의무를 졌다. 최하층을 구성하던 계급은 노예였다. 이들은 대부분 전쟁 포로로 잡혀 온 사람들로 '민(民)'이라고 불렸다. '민'은 일종의 재산으로 취급되었고 제사에 희생물로 바쳐지기도 했으며 주인이 사망하면 순장(殉葬)되기도 했다.

상나라를 멸망시킨 ㉡ 주(周)나라에서는 상나라의 '백성'에 해당하는 귀족을 '인(人)', '소인'을 '민(民)', 노예를 '신(臣)'이라고 불렀다. '신'도 상나라와 마찬가지로 전쟁 포로로 구성되었는데 제사나 순장의 희생물로 바쳐지는 사례는 줄었지만 여전히 짐승처럼 취급되었다. 주나라에서는 '인'이 지배층으로서 정치나 제사 등의 정신노동에 종사하는 부류였다면, '민'은 농업 등의 육체노동을 담당했던 피지배층을 가리켰다. 따라서 고대 중국의 문헌에서 '백성'이나 '인'이란 개념을 '민'이라는 개념과 구별하지 못한다면 많은 오해와 혼란이 생길 수 있다.

〈 보기 〉
㉮ ㉠에서 '민'은 피지배층을, ㉡에서는 지배층을 의미했다.
㉯ ㉠의 '백성'과 ㉡의 '인'은 모두 제사를 지내는 역할을 담당했다.
㉰ ㉠의 '민'과 ㉡의 '신'은 모두 제사나 순장의 희생물로 바쳐졌다.
㉱ ㉠과 ㉡에서는 모두 '백성', '인', '민'이라는 용어를 사용했으므로 혼란이 생길 수 있다.

① ㉮, ㉰
② ㉯, ㉰
③ ㉯, ㉱
④ ㉰, ㉱

19 다음 글을 통해 알 수 있는 내용으로 적절한 것은?

> 생명체가 다양한 구조와 기능을 갖는 기관을 형성하기 위해서는 수많은 세포들 간의 상호 작용을 통해 세포의 운명을 결정하는 과정이 필요하다. 사람의 경우 눈은 항상 코 위에, 입은 코 아래쪽에 위치한다. 이렇게 되기 위해서는 특정 세포군이 위치 정보를 획득하고 해석한 후 각 세포가 갖고 있는 유전 정보를 이용하여 자신의 운명을 결정함으로써 각 기관을 정확한 위치에 형성되게 하는 과정이 필수적이다.
>
> 세포의 운명을 결정하는 다양한 방법이 존재하지만, 가장 간단한 방법은 어떤 특정 형태로 분화하게 하는 형태 발생 물질의 농도 구배를 이용하는 것이다. 형태 발생 물질은 세포나 특정 조직으로부터 분비되는 단백질로서 대부분의 경우에 그 단백질의 농도 구배에 따라 주변 세포의 운명이 결정된다. 뇌의 발생 초기 형태인 신경관의 경우, 위쪽에서 아래쪽으로 지붕판 세포, 사이 신경 세포, 운동 신경 세포, 신경 세포, 바닥판 세포가 순서대로 발생하게 되는데, 이러한 서로 다른 세포로의 예정된 분화는 신경관 아래 쪽에 있는 척색에서 분비되는 형태 발생 물질인 Shh의 농도 구배에 의해 결정된다. 척색에서 Shh가 분비되기 때문에 척색으로부터 멀어질수록 Shh의 농도가 점차 낮아지게 되어, 그 농도의 높고 낮음에 따라 척색 근처의 신경관에 있는 세포는 바닥판 세포로, 그다음 세포는 신경 세포 및 운동 신경 세포로 운명이 결정된다.

① 신경관의 경우 사이 신경 세포가 신경 세포보다 늦게 발생하게 된다.
② 바닥판 세포를 결정짓는 Shh의 농도는 운동 신경 세포를 결정짓는 Shh의 농도보다 낮다.
③ 생명체의 각 기관이 정확한 위치에 형성되는 것은 각각의 세포들이 독립적이고 독자적인 의사 결정을 하기 때문이다.
④ 척색에서 분비되는 단백질의 농도 구배에 의해 뇌의 발생 초기 형태인 신경관을 이루는 세포들의 운명이 결정된다.

글의 수정

20 ㉠~㉣의 어색한 부분을 고친 것으로 적절하지 않은 것은?

> 개념 역할 의미론에 따르면, 단어의 의미 이해는 그 단어의 사용 규칙을 따를 줄 아는 능력에 의존한다. 단어의 사용 규칙을 따른다는 것은 단지 그 규칙대로 단어를 사용한다기보다 그 규칙에 대한 이해를 기반으로 사용한다는 것을 의미한다. 그렇다면, 단어의 사용 규칙을 이해하지 못하고 있다는 것은 곧 ㉠ <u>그 규칙대로 단어를 사용하지 못해도 그 단어의 의미는 이해한다는 말이 된다.</u>
>
> 하지만 이 이론을 반박하기 위해 다음 논증이 제기되었다. 가령 '뾰족하다'라는 단어의 의미를 이해하려 한다고 해 보자. 이 이론에 근거할 때, 그 단어의 의미를 이해하려면 그 단어의 사용 규칙을 이해해야 한다. 그런데 그런 이해가 성립하려면, 우선 그 규칙이, 이를테면, "'뾰족하다'는 무언가를 뚫을 수 있는 끝이 매우 가느다란 사물에 적용하라."와 같이 언어적으로 명료하게 표현되어야 할 것이다. 하지만 문제는 이 규칙을 표현하는 데에도 여러 개의 단어가 사용되었다는 것이다. 이 규칙을 이해하려면 그런 ㉡ <u>여러 단어의 의미를 모두 이해하지는 않아도 된다.</u> 예를 들어, 이 규칙에 들어 있는 '뚫다'의 의미를 이해하지 못한다면 이 규칙을 이해할 수 없을 것이다. 그렇다면 '뚫다'의 의미를 이해하기 위해 무엇이 필요한가? 바로 그 단어의 사용 규칙에 대한 이해이다. 그런데 '뚫다'라는 단어의 사용 규칙도 여러 단어로 구성되어 있을 것이고, 그 규칙을 이해하기 위해서는 그 규칙을 표현하는 데 사용된 단어들의 의미를 또 모두 이해해야 할 것이며, ㉢ <u>이러한 퇴행은 여기서 일단락될 것이다.</u> 이런 퇴행이 일어난다는 것은 궁극적으로 우리가 '뾰족하다'라는 단어의 의미를 이해하지 못한다는 뜻이며, 그런 문제는 다른 모든 단어에 똑같이 발생할 것이다. 따라서 개념 역할 의미론을 받아들이면, 우리가 사용하는 ㉣ <u>그 어떤 단어에 대해서도 그 의미를 이해하는 사람은 아무도 없다는</u> 매우 불합리한 결론을 얻게 된다.

① ㉠: 그 단어의 의미를 이해하지 못한다는 말이 된다
② ㉡: 여러 단어의 의미를 모두 이해해야 할 것이다
③ ㉢: 이런 식의 퇴행은 무한히 거듭될 것이다
④ ㉣: 단어의 의미를 이해하는 사람과 이해하지 못하는 사람의 수가 비슷하다는

21 문맥을 고려할 때, ㉠~㉣ 중 잘못 수정한 것은?

1996년 미국, EU 및 캐나다는 일본에서 위스키의 주세율이 소주에 비해 지나치게 높다는 이유로 일본을 WTO에 제소했다. WTO 패널은 ㉠<u>피소국인 일본의 손을 들어 주었다</u>. 이 판정을 근거로 미국과 EU는 한국에 대해서도 소주와 위스키의 주세율을 조정해 줄 것을 요구했는데, 받아들여지지 않자 한국을 WTO에 제소했다. 당시 소주의 주세율은 증류식이 50%, 희석식이 35%였는데, 위스키는 100%였다. 한국에 위스키 원액을 수출하던 EU는 1997년 4월에 한국을 제소했고, 5월에는 미국도 한국을 제소했다. 패널은 1998년 7월에 ㉡<u>한국의 승소를 결정했다</u>. 패널의 판정은, 소주와 위스키가 직접적인 경쟁 관계에 있고 동시에 대체 관계가 존재하므로 ㉢<u>국산품인 소주에 비해 수입품인 위스키에 높은 주세율을 적용하고 있는</u> 한국의 주세 제도가 WTO 협정의 내국민 대우 조항에 위배된다는 것이었다. 따라서 한국은 소주와 위스키 간 주세율의 차이를 해소해야 했다. 결국 ㉣<u>위스키의 주세율은 올리고 소주의 주세율은 내려서</u>, 똑같이 72%로 맞추는 방식으로 2000년 1월 주세법을 개정하여 차이를 해소했다.

① ㉠: 제소국인 미국, EU 및 캐나다의 손을 들어 주었다
② ㉡: 한국의 패소를 결정했다
③ ㉢: 수입품인 위스키에 비해 국산품인 소주에 높은 주세율을 적용
④ ㉣: 위스키의 주세율은 내리고 소주의 주세율은 올려서

22 ㉠~㉣의 어색한 부분을 고친 것으로 적절하지 않은 것은?

우리말의 어휘는 그 기원에 따라 가장 아래에 고유어가 있고, 그 위를 한자어가 덮고 있으며, 맨 위에는 한자어 이외의 외래어가 얹혀 있다. 토박이말이라고도 하는 고유어는 말 그대로 바깥에서 들어온 말이 아닌 한국어 고유의 말이다. 하늘, 아들, 나라 따위의 낱말들이 그 예이다. 고유어는 기초 어휘에 속하는 말들이 많고, 한자어나 외래어에 견주어 정서적 호소력이 크다. 그리고 낱말의 기원이 대부분 분명하지 않은 경우가 많아 ㉠ 그 범위를 엄밀하게 확정할 수 있다는 특징이 있다. 그래서 현실적으로 고유어는 한자어와 외래어를 뺀 나머지 어휘 전체를 범위로 삼는다.

이렇게 느슨하게 정의된 고유어에는 많은 차용어들이 포함된다. 예컨대 보라매의 '보라'는 몽골어에서, '스라소니'는 여진어에서 차용한 것이다. 이보다 더 흔한 것은 한자어에서 차용한 낱말들이다. ㉡ 본디 한자어였던 것이 고유어의 지위를 차지한 것이다. 벼락, 서랍, 썰매 같은 낱말들은 지금은 고유어가 맞지만 처음부터 고유어는 아니었고, 벽력(霹靂), 설합(舌盒), 설마(雪馬) 같은 한자어를 사용하다가 형태가 변한 것들이다. 이런 유형의 낱말 가운데는 괴이하고 흉악하기 짝이 없다는 '괴악(怪惡)하다'에서 온 '고약하다'처럼 ㉢ 그 형태는 물론이고 의미도 그대로인 것들도 있다.

한국어 어휘의 두 번째 층인 한자어는 한자로 표기될 수 있다는 점에서 고유어와 구분된다. ㉣ 한자로 표기할 수 있으므로 모두 중국에서 유래된 것이다. 한자어에는 신체(身體), 처자(妻子)처럼 중국에서 차용한 말들 이외에 철학(哲學), 분자(分子)처럼 일본에서 만들어져 수입된 한자어도 있고, 또 어중간(於中間), 양반(兩班)처럼 우리나라에서 만들어진 한자어도 포함된다.

① ㉠: 그 범위를 엄밀하게 확정하기 힘들다는 문제가 있다
② ㉡: 본디 한자어였으며 고유어의 지위도 얻지 못하게 된 것이다
③ ㉢: 그 형태뿐 아니라 의미가 달라진 것들도 있다
④ ㉣: 한자어가 한자로 표기된다고 해서 모두 중국에서 유래된 것은 아니다

23 ㉠~㉣에서 문맥에 맞지 않는 곳을 찾아 적절하게 수정한 것은?

> 대안재는 ㉠ 판매자보다 소비자에게 더 중요하다. 형태는 달라도 동일한 핵심 기능을 제공하는 제품이나 서비스는 각각 서로의 대체재가 될 수 있다. 이와는 달리 대안재는 기능과 형태는 다르나 동일한 목적을 충족하는 제품이나 서비스를 의미한다. 가령 소비자가 여가 시간을 즐기고자 영화관 또는 카페를 선택해야 하는 상황에서 영화관과 카페는 ㉡ 형태와 기능이 다르지만 같은 목적을 충족해 주는 제품이나 서비스이다. 이와는 다르게 사람들은 회계 작업을 위해 재무 소프트웨어를 구매하여 활용하거나 회계사를 고용해 처리하기도 한다. 회계 작업을 수행한다는 측면에서, ㉢ 형태는 다르지만 동일한 기능을 갖고 있는 두 방법 중 하나를 선택할 수 있다.
> 소비자들은 구매를 결정하기 전에 ㉣ 대안적인 상품들을 놓고 저울질한다. 그러나 어떤 이유에서인지 우리가 파는 사람의 입장이 됐을 때는 그런 과정을 생각하지 못한다. 판매자들은 고객들이 대안적인 상품들 중에서 하나를 선택하게 되는 과정에 주목하지 못한다. 반면에 대체재의 가격 변동, 상품 모델의 변화 등에 대한 새로운 정보는 판매자들에게 매우 큰 관심거리이므로 대체재는 그들의 의사 결정에 중요한 역할을 한다. 그러나 판매자는 대체재만 고민할 것이 아니라, 대안재에 대해서도 관심을 가져야 한다. 즉 판매자는 소비자들에게 제공하는 제품이나 서비스가 소비자에게 대체재인지 대안재인지 고민하여 기획할 필요가 있다.

① ㉠을 '소비자뿐만 아니라 판매자에게도 중요하다'로 수정한다.
② ㉡을 '형태와 기능은 동일하지만 다른 목적을 충족해 주는'으로 수정한다.
③ ㉢을 '기능은 다르지만 동일한 형태를 갖고 있는'으로 수정한다.
④ ㉣을 '대체할 수 있는 상품들을 놓고 저울질한다'로 수정한다.

24 문맥에 따라 ㉠~㉣을 고친 것 중 적절한 것은?

동물의 행동을 선하다거나 악하다고 평가할 수 없는 이유는 동물이 단지 본능적 욕구에 따라 행동할 뿐이기 때문이다. 오직 인간만이 욕구와 감정에 맞서서 행동할 수 있다. 인간만이 이성을 가지고 있다. ㉠ 그러나 인간이 전적으로 이성적인 존재는 아니다. 다른 동물과 마찬가지로 인간 또한 감정과 욕구를 가진 존재다. 그래서 인간은 이성과 감정의 갈등을 겪게 된다.

그러한 갈등에도 불구하고 인간이 도덕적 행위를 할 수 있는 까닭은 이성이 우리에게 도덕적인 명령을 내리기 때문이다. 도덕적 명령에 따를 때에야 비로소 우리는 의무에서 비롯된 행위를 한 것이다. 만약 어떤 행위가 이성의 명령에 따른 것이 아닐 경우 그것이 ㉡ 결과적으로 의무와 부합하기 때문에 의무에서 나온 행위이다. 그렇다면 심리적 성향에서 비롯된 행위가 되는데, 심리적 성향에서 비롯된 행위는 도덕성과 무관하다. 불쌍한 사람을 보고 마음이 아파서 도움을 주었다면 이는 결국 심리적 성향에 따라 행동한 것이다. 그것은 ㉢ 감정과 욕구에 따른 것이기 때문에 도덕적 행위일 수가 없다.

감정이나 욕구와 같은 심리적 성향에 따른 행위가 도덕적일 수 없는 또 다른 이유는, ㉣ 그것이 상대적이기 때문이다. 감정이나 욕구는 주관적이어서 사람마다 다르며, 같은 사람이라도 상황에 따라 변하기 마련이다. 때문에 이는 시공간을 넘어 모든 인간에게 적용될 수 있는 보편적인 도덕의 원리가 될 수 없다. 감정이나 욕구가 어떠하든지 간에 이성의 명령에 따르는 것이 도덕이다. 이러한 입장이 사랑이나 연민과 같은 감정에서 나온 행위를 인정하지 않는다거나 가치가 없다고 평가하는 것은 아니다. 단지 사랑이나 연민은 도덕적 차원의 문제가 아닐 뿐이다.

① ㉠: 그리고 인간은 전적으로 이성적인 존재이다
② ㉡: 결과적으로 의무와 부합할지라도 의무에서 나온 행위는 아니다
③ ㉢: 감정과 욕구에 따른 것이지만 도덕적 행위이다
④ ㉣: 그것이 절대적이기 때문이다

25 ㉠~㉣ 중 어색한 곳을 수정한 것으로 바르지 않은 것은?

해녀들이 고무 잠수복을 받아들일 때 잠수복 바지, 저고리, 모자, 버선은 받아들였으나 흥미롭게도 장갑은 제외하였다. 손은 부피당 표면적이 커서 수중에서 열 손실이 쉽게 일어난다. 보통 손의 온도가 떨어지면 ㉠물속에서의 작업 수행 능률이 높아진다. 그럼에도 겨울철에 일하는 해녀들이 잠수 장갑을 끼지 않는 이유는 무엇일까?

겨울철에 해녀가 작업을 할 때, 장갑을 끼는 경우와 끼지 않는 경우에 손의 열 손실을 측정하였다. 열 손실은 단위 시간당 손실되는 열의 양으로 측정하였다. 입수 초기에는 ㉡장갑을 안 낄 때와 달리 낄 때 손의 열 손실이 증가하는데 장갑을 낄 때보다 안 낄 때 더 빠르게 증가한다. 그런데 입수 초기가 지나면 손의 열 손실은 시간에 따라 점차 감소하는데 ㉢장갑을 낄 때보다 안 낄 때 더 빠르게 감소한다. 그래서 입수 후 약 20분이 지나면 손의 열 손실이 장갑을 낄 때보다 안 낄 때 더 작아지는 기현상이 생긴다.

이러한 현상은 입수 시 나타나는 손의 열 절연도 변화로 설명할 수 있다. 물체의 열 손실은 그 물체의 열 절연도에 의해 좌우되는데 열 절연도가 커질수록 열 손실이 작아진다. 입수 후 손의 열 절연도는 ㉣장갑을 안 낄 때보다 낄 때 더 빠르게 증가하여 입수 후 약 20분이 지나면 손의 열 손실이 장갑을 낄 때보다 안 낄 때 더 작아진다.

① ㉠: 물속에서의 작업 수행 능률이 떨어진다
② ㉡: 장갑을 낄 때나 안 낄 때나 손의 열 손실이 증가
③ ㉢: 장갑을 안 낄 때보다 낄 때 더 빠르게 감소
④ ㉣: 장갑을 낄 때보다 안 낄 때 더 빠르게 증가

개요의 작성 및 수정

26 〈조건〉에 따라 개요를 작성할 때, ㉠~㉣의 수정 및 보완 내용으로 적절하지 않은 것은?

〈 조건 〉
- 서론에는 내용을 적절히 뒷받침할 수 있는 사례를 추가할 것
- 본론의 상위 항목과 하위 항목 간 관련성을 고려하되, 각 장의 하위 항목은 서로 대응하도록 작성할 것
- 결론에는 글의 통일성을 위배하지 않는 내용을 삽입할 것

Ⅰ. 서론: 한옥 마을 조성의 필요성 ·················· ㉠
Ⅱ. 본론
   1. 한옥 마을을 조성하는 이유 ················ ㉡
     가. 한옥 마을 조성에 필요한 행정 절차의 복잡함
     나. 한옥의 유지 및 보수에 많은 관리 비용 소요
   2. 한옥 마을 조성을 위한 방안
     가. 한옥 마을 조성을 위한 행정 절차의 간소화
     나. 다양한 문화 체험 프로그램 개발 ·········· ㉢
Ⅲ. 결론: (　　㉣　　)

---

① ㉠에는 '한옥 마을의 조성을 둘러싼 지역 주민 간의 갈등 사례'를 추가한다.
② ㉡은 '한옥 마을을 조성하기 어려운 이유'로 수정한다.
③ ㉢은 '지방 자치 단체의 재정 확보 및 지원'으로 수정한다.
④ ㉣에는 '한옥 마을 조성을 위한 지방 자치 단체의 관심 및 지원 촉구'를 넣는다.

27 〈조건〉에 따라 개요를 작성할 때 적절하지 않은 것은?

〈 조건 〉
- 서론에는 도시 광산 산업에 대한 기본적인 이해를 돕는 정보를 넣는다.
- 본론은 도시 광산 산업의 문제점, 그 원인과 해결책을 포함하되 원인과 해결책이 일대일로 대응되도록 한다.
- 결론에서는 도시 광산 산업의 활성화에 따른 기대 효과를 언급하고, 정부 정책 수립의 필요성을 강조한다.

제목: 우리나라 도시 광산 산업의 활성화 방안

Ⅰ. 서론
  1. 도시 광산 산업의 개념
  2. (　　　㉠　　　)
Ⅱ. 본론
  1. 우리나라의 도시 광산 산업이 활성화되지 못하고 있음.
  2. 우리나라 도시 광산 산업이 활성화되지 못하는 원인
    가. 원료가 되는 폐전자 제품 확보의 어려움
    나. (　　　㉡　　　)
  3. 우리나라 도시 광산 산업의 활성화 방안
    가. (　　　㉢　　　)
    나. 전문적인 연구 시스템 구축을 통한 도시 광산 산업 기술의 개발
Ⅲ. 결론: (　　　㉣　　　)

① ㉠: 도시 광산 산업의 성장 배경
② ㉡: 선진국에 비해 떨어지는 도시 광산 산업 기술의 수준
③ ㉢: 폐전자 제품의 경제적 가치와 배출 방법에 대한 적극적인 홍보
④ ㉣: 도시 광산 산업이 활성화되면 폐자원으로 전력 생산이 가능해질 수 있다. 그러므로 정부의 폐자원 수거 정책에 적극적으로 참여하는 시민 의식이 필요하다.

28 〈지침〉에 따라 개요를 작성할 때 ㉠~㉣에 들어갈 내용으로 적절하지 않은 것은?

〈 지침 〉
- 서론은 중심 소재의 장점과 중심 소재에 관한 문제 제기를 각각 1개의 장으로 작성할 것
- 본론은 제목에서 밝힌 내용을 2개의 장으로 구성하되 각 장의 하위 항목끼리 대응하도록 작성할 것
- 결론은 기대 효과와 향후 과제를 각각 1개의 장으로 작성할 것

제목: 전동 킥보드 안전사고의 원인과 예방 방법

Ⅰ. 서론
  1. 전동 킥보드의 편리함
  2. (㉠)
Ⅱ. 본론
  1. 전동 킥보드 안전사고의 원인
    가. (㉡)
    나. 운전면허를 취득하지 않은 사람들의 킥보드 이용 증가
  2. 전동 킥보드 안전사고의 예방 방법
    가. KC 마크를 취득한 전동 킥보드의 구매
    나. (㉢)
Ⅲ. 결론
  1. 전동 킥보드의 이용 규칙 강화를 통한 사회 구성원들의 안전 증대
  2. (㉣)

① ㉠: 전동 킥보드의 이용 증가에 따른 안전사고의 증가
② ㉡: 전동 킥보드의 KC 마크 취득에 대한 기준 미비
③ ㉢: 전동 킥보드 이용객의 운전면허 소지 여부 단속
④ ㉣: 전동 킥보드 구매 시 유의점과 운행 시 안전 규정에 대한 교육 강화

29 다음은 '한자 교육'에 대한 글을 쓰기 위한 개요이다. 〈조건〉에 따라 개요를 수정한 방안으로 적절하지 않은 것은?

〈 조건 〉
- 서론에서는 한자 교육의 실태와 문제점을 밝힌다.
- 본론에서는 한자 교육의 필요성과 개선 방안을 제시한다. 한자 교육의 필요성은 두 가지 차원에서, 개선 방안은 두 가지 이상을 언급하며 세부 내용은 상위 항목에 부합하도록 한다.
- 결론은 본론의 내용을 바탕으로 하되 한자 교육의 의의와 나아갈 방향을 밝힌다.

Ⅰ. 서론 ·· ㉠
  1. 초등 교육에 부는 한자 교육 열풍
  2. 한자 능력 검정 시험 지원자의 증가
Ⅱ. 본론
  1. 한자 교육의 필요성
    (1) 한국어의 특수성 차원
      가.《표준국어대사전》의 58.5%를 차지하는 한자어
      나. 한자로 변별되는 다수의 동음이의어
    (2) 교육적 효과 차원
      가. 두뇌 발달을 촉진하는 표의 문자
      나. 우리 한자와 다른, 중국의 실용 한자 ············ ㉡
  2. 한자 교육의 개선 방안 ························ ㉢
    (1) 지적 발달 단계에 맞는 교재 개발
Ⅲ. 결론
  1. 세계화 시대에 새로운 의의를 가지는 한자 교육
  2. 한자 문화권의 저력이 발휘될 21세기 ············ ㉣

---

① ㉠에는 '상업화된 한자 조기 교육'을 추가한다.
② ㉡은 '언어 능력 검정 시험의 중요성 제고'로 바꾼다.
③ ㉢에는 '실생활에 활용 가능한 한자 교육 마련'을 하위 항목으로 추가한다.
④ ㉣은 '한자 교육을 통한 언어 능력의 향상'으로 바꾼다.

문장·문단의 배열

30 ㉠~㉣의 전개 순서로 가장 적절한 것은?

> ㉠ 즉, 물가가 올라가면 동일한 액면가의 화폐의 실질 구매력이 감소하고, 반대로 물가가 내려가면 실질 구매력은 증가한다.
> ㉡ 이렇듯 가변적인 가치를 가진 화폐를 사람들은 종종 불변의 구매력을 가진 것으로 생각하는 경향이 있는데, 이를 화폐 환각이라고 한다.
> ㉢ 화폐는 본질적으로 물가 변동률에 따라 그 실질적인 교환 가치가 변화한다.
> ㉣ 노동자들이 흔히 '화폐 임금(액수)'의 인하에는 크게 반대하지만 물가 지수 등을 감안한 '실질 임금(체감 가치)'의 절하에는 별다른 반응을 보이지 않는 이유는 화폐 환각 때문이다.

① ㉢-㉠-㉡-㉣
② ㉢-㉡-㉠-㉣
③ ㉣-㉠-㉡-㉢
④ ㉣-㉢-㉡-㉠

31 ㉠~㉤의 전개 순서로 가장 자연스러운 것은?

> 엘륄은 자율적 기술론의 관점에서 현대 기술의 특징에 주목하여 기술이 사회를 어떻게 지배하고 있는가를 보여 주었다.
> ㉠ 이와 달리 엘륄은 기술이 인간의 통제를 벗어나 자율적인 것이 되어 버렸다고 주장한다.
> ㉡ 이는 자율적인 기술 앞에서 인간의 자율성은 존재하지 않게 되며 전통적 의미에서 주체와 객체의 관계였던 인간과 기술의 관계가 역전되었음을 의미한다.
> ㉢ 자율적 기술론은 도구적 기술론과 대비된다.
> ㉣ 도구적 기술론에서 기술은 가치 중립적인 것으로, 인간이 정한 목적을 달성하기 위한 수단으로 취급된다.
> ㉤ 기술은 오직 효율성이라는 기준에 의해서만 움직이므로, 기술의 발달은 인간의 선택이 아니라 기술 자체의 효율성을 바탕으로 자동적이며 자율적으로 이루어진다는 것이다.

① ㉡-㉠-㉣-㉢-㉤
② ㉡-㉤-㉠-㉣-㉢
③ ㉢-㉣-㉠-㉤-㉡
④ ㉢-㉤-㉡-㉠-㉣

32 ㉠~㉤을 가장 자연스럽게 배열한 것은?

㉠ 분리막은 유입부와 감지부를 분리하는 장치로, 간섭 가스 필터로부터 보내진 가스는 정확한 측정을 위해 분리막을 통해 감지부로 유입된다.
㉡ 공기 중에 가스가 누출되어 센서의 유입부로 들어오면, 우선 먼지나 물 등 기체가 아닌 불순물들은 먼지 필터에 의해 걸러지고, 기체 상태인 가스만 간섭 가스 필터로 보내진다.
㉢ 먼저, 유입부는 가스가 센서로 들어오면 검지하고자 하는 가스 이외의 불순물을 걸러 주는 기능을 담당하며 먼지 필터, 간섭 가스 필터, 분리막으로 구성되어 있다.
㉣ 이후 간섭 가스 필터에서는 특정 가스를 검지하는 데 방해가 되는 가스들은 필터에 흡착시키고, 검지하려는 가스만 통과시켜 분리막으로 보내게 된다.
㉤ 전기 화학식 가스 센서는 유입부, 감지부로 구성된다.

① ㉠-㉡-㉣-㉢-㉤
② ㉡-㉤-㉢-㉣-㉠
③ ㉤-㉡-㉢-㉠-㉣
④ ㉤-㉢-㉡-㉣-㉠

33 ㉠~㉤을 논리적 순서에 맞게 나열한 것은?

일반적으로 해석을 통하여 법문의 의미를 구체화할 때에는 입법자의 의사나 법률 그 자체의 객관적 목적까지 참조하기도 한다.
㉠ 나아가 입법자의 의사나 법률 그 자체의 객관적 목적을 고려한 해석은 법문의 의미를 구체화하는 데 머물지 않고 종종 법문의 한계를 넘어서는 방편으로 활용되어 남용의 위험에 놓이기도 한다.
㉡ 더욱 심각한 문제는 그것까지 고려해서 법이 요구하는 바가 무엇인지 파악할 것을 법의 전문가가 아닌 여느 국민에게 기대할 수는 없다는 점이다.
㉢ 그러나 이러한 해석 방법은 언뜻 타당한 것처럼 보이지만, 실제로 이에 대해서는 많은 비판이 제기되고 있다.
㉣ 법률의 명확성이 말하고 있는 바는 법문의 의미를 구체화하는 작업이 국민의 이해 수준의 한계 내에서 이루어져야 한다는 것이지, 구체화한 만큼 실제로 국민이 이해할 것이라고 추정할 수 있다는 것은 아니기 때문이다.
㉤ 우선 입법자의 의사나 법률 그 자체의 객관적 목적이 과연 무엇인지를 확정하는 작업부터 녹록하지 않을 것이다.

① ㉢-㉠-㉤-㉣-㉡
② ㉢-㉤-㉡-㉣-㉠
③ ㉤-㉡-㉠-㉢-㉣
④ ㉤-㉣-㉡-㉢-㉠

34 가~라를 맥락에 맞추어 가장 적절하게 나열한 것은?

> 가 탄소 농업이란 대기 중의 탄소를 토양과 작물 뿌리, 나무 등에 격리해 최종적으로 탄소를 땅으로 되돌리는 것을 목표로 하는 다양한 농업 방법의 명칭이다. 탄소 농업의 목표는 대기 중 탄소의 순손실을 만들어 탄소가 토양과 식물 재료로 격리되는 속도를 높이는 것이다.
>
> 나 대부분 산업화된 지금의 농업에서는 토양의 탄소를 대기로 내보내는 '경운 방식'이 선호될 뿐만 아니라 토양의 탄소를 점점 더 감소하게 만드는 수확 방법으로 인해 토양의 탄소 비중은 날이 갈수록 부족해져만 가는 실정이다.
>
> 다 농경을 위한 트랙터 사용, 한정된 공간에서 과도한 수의 가축 사육, 산림 개간 역시 온실가스 배출을 촉진하고 있다. 이제 농업은 온실가스의 주요 배출원이 된 것이다.
>
> 라 따라서 최근 유럽을 중심으로 이러한 농업에 대한 자성의 목소리가 커지면서 탄소 배출을 줄이고, 광합성으로 만들어진 탄소를 토양에 격리하고 저장하는 농업인 탄소 농업과 관련된 논의가 활발하게 이루어지고 있다.

① 가 - 다 - 나 - 라
② 가 - 라 - 나 - 다
③ 나 - 다 - 라 - 가
④ 나 - 라 - 가 - 다

35 다음 글의 순서로 가장 적절한 것은?

가 파스퇴르는 라세미산에서 생긴 다른 모양의 결정들을 각각 분리한 다음, 그것으로 용액을 만들어 편광을 비추었다. 그러자 한 용액은 편광면을 시계 방향으로 구부러뜨리는 데 반해, 다른 용액은 반시계 방향으로 구부러뜨렸고, 두 용액을 반반씩 혼합한 것은 편광면을 구부러뜨리지 않았다.

나 19세기까지 화학자들은 타르타르산과 라세미산은 다른 물질에 똑같은 방식으로 반응하고, 물리적 특징도 다르지 않다는 점에서 같은 화합물이라고 생각했다. 그런데 편광을 비추면 타르타르산은 편광면을 구부러뜨리지만 라세미산은 그렇지 않은 이유에 대해서는 누구도 설명하지 못했다.

다 그리고 현미경으로 결정을 관찰했더니 라세미산에는 왼손과 오른손 관계와 같이 서로 거울상인 결정들이 똑같은 양으로 들어 있었다. 그러나 타르타르산에는 같은 형태의 결정뿐이었고, 그것은 라세미산에서 생긴 결정 중 한 가지와 모양이 똑같았다.

라 파스퇴르는 편광이 각각의 입자들을 통과하는 방식 때문에 편광면의 구부러짐에 차이가 난다고 생각했다. 그리고 그는 타르타르산의 분자가 비대칭 형태이며, 서로 거울상 관계에 있는 두 종류의 분자가 있다고 추론했다.

마 이를 처음으로 관찰하고 설명한 과학자는 저온 살균법으로 유명한 파스퇴르다. 그는 타르타르산과 라세미산의 용액을 다른 비커에 넣고 결정을 키웠다.

① 가 - 나 - 마 - 다 - 라
② 가 - 라 - 다 - 나 - 마
③ 나 - 다 - 라 - 가 - 마
④ 나 - 마 - 다 - 가 - 라

36 다음 글의 전개 순서로 가장 자연스러운 것은?

> **가** 정보 통신 기술의 발달과 네트워크의 등장으로 시민 단체와 범죄 집단 모두 전례 없는 기회를 얻었다. 그러므로 앞으로는 시민 사회 단체들의 긍정적인 측면을 최대한 끌어내 정부의 기능을 보완, 견제하고 테러 및 범죄 조직의 발흥을 막을 수 있는 시스템을 구축하는 것이 시대의 과제가 될 것이다.
>
> **나** 인터넷과 통신 기술과 같은 첨단 기술의 발달은 정교한 형태의 네트워크 유지에 필요한 비용을 크게 줄여 놓았다. 이 때문에 세계의 수많은 시민 단체, 범죄 조직, 그리고 테러 단체들이 과거에는 상상할 수 없었던 힘을 발휘하게 되었으며, 정치, 외교, 환경, 범죄에 이르기까지 사회의 모든 부문에 영향력을 미치고 있다.
>
> **다** 이러한 변화는 두 얼굴을 가진 야누스이다. 인권과 민주주의, 그리고 평화의 확산을 위해 애쓰는 시민 사회 단체들은 네트워크의 힘을 바탕으로 기존의 국가 조직이 손대지 못한 영역에서 긍정적인 변화를 이끌어 낼 것이다.
>
> **라** 반면 테러 및 범죄 조직 역시 네트워크를 통해 국가의 추적을 피해 가며 전 세계로 그 활동 범위를 넓혀 나갈 것이다.
>
> **마** 이렇듯 네트워크를 활용하는 비국가 행위자들의 영향력이 확대되면서 국가가 사회에서 차지하는 역할의 비중이 축소되었다. 반면 비국가 행위자들은 정보 통신 기술의 힘을 얻은 네트워크를 통해 그동안 억눌렸던 자신들의 목소리를 낼 수 있게 되었다.

① 가 - 나 - 라 - 다 - 마
② 가 - 다 - 나 - 마 - 라
③ 나 - 라 - 다 - 가 - 마
④ 나 - 마 - 다 - 라 - 가

화법·대화 분석

37 다음 대화를 분석한 내용으로 적절하지 않은 것은?

> 갑: 우리 학교 학생들의 저조한 도서관 이용률 문제를 해결할 수 있는 방법에 대해 이야기해 보자.
> 을: 친구들 말이 도서관에 추리 소설이나 판타지 소설 같은 흥미를 끄는 책이 없다고 하더라.
> 병: 도서관 장서 목록을 본 적 있는데, 추리 소설과 판타지 소설이 총 500여 권이나 있던걸.
> 정: 맞아. 학생들이 도서관에 흥미로운 책이 없어서 안 오는 게 아니라, 그런 책이 있는지 몰라서 안 오는 거지.
> 갑: 그럼 우리가 더욱 적극적인 도서 안내 방법을 마련해야겠네. 뭐 좋은 방법이 없을까?
> 을: 학교 식당 안에 도서 게시판을 설치해서 새로 들어온 책이나 좋은 책을 안내하는 것은 어때?
> 병: 게시판에는 책에 대한 간략한 정보만을 제시하게 되어 있잖아. 어떤 내용의 책인지 알려 줘야 학생들이 책을 찾아 읽으려고 할 거야.
> 정: 그럼 식당 게시판에 있는 도서 목록을 학교 홈페이지에 올리면서 흥미로운 책의 내용을 소개하자. 그러면 도서관에 찾아오는 학생들이 많아질 거야.

① 화제를 제시하고 추가적인 정보를 요청하는 사람이 있다.
② 이전에 들은 정보를 근거로 상대의 의견에 동조하는 사람이 있다.
③ 구체적인 수치를 들어 다른 사람의 의견에 반대하는 사람이 있다.
④ 다른 사람들의 의견을 종합한 제3의 주장을 제시하는 사람이 있다.

38 다음 대화를 분석한 내용으로 적절하지 않은 것은?

> A: 최근 도서, 영화 등을 요약하거나 재가공하는 요약 콘텐츠가 엄청난 인기를 끌고 있대. 나도 유명한 책을 요약한 영상을 시청했는데, 500쪽이 넘는 책을 10분 만에 요약해 줘서 책을 읽는 데 들이는 시간을 절약할 수 있었어.
> B: 내가 본 기사에서도 요약 콘텐츠를 시청하는 가장 큰 이유가 효율성이라고 했어. 또 요약 콘텐츠의 인기 배경이 대중문화 콘텐츠 시장의 성장이라고 하더라.
> C: 대중문화 콘텐츠 시장의 성장이 요약 콘텐츠의 인기 현상과 어떤 연관이 있는 거야?
> B: 최근 대중문화 콘텐츠가 쏟아지는 상황에서 요약 콘텐츠를 시청하면 많은 작품을 빠르게 접할 수 있으니까 인기가 있다는 거야.
> A: 한 작품을 요약하는 게 좋지만은 않은 것 같아. 원작을 요약하고 해석하는 과정에서 원작 내용을 과장하고 비약하는 부분이 생기잖아.
> C: 그건 요약 콘텐츠 제작자의 해석의 자유라고 봐야 하지 않을까?
> A: 요약 콘텐츠 제작자에게 해석의 자유가 있다는 건 맞아. 하지만 그 해석의 자유 때문에 원작의 메시지가 왜곡된다는 게 문제야. 또 이렇게 원작의 메시지가 왜곡된 요약 콘텐츠를 시청하고 그 해석을 원작에 대한 유일한 해석이라고 생각하는 것이 정말 문제라고 생각해.

① 대화의 흐름을 화제 대상의 장점에서 단점으로 전환하는 사람이 있다.
② 상대의 경험을 자신의 경험으로 재진술하여 중심 화제의 의의를 강조하는 사람이 있다.
③ 상대의 발언에 대해 추가 설명을 요청하는 사람이 있다.
④ 상대의 반박 견해에 따라 자신의 견해를 수정하는 사람이 있다.

39 다음 대화에 대한 설명으로 가장 적절한 것은?

> 혜리: 민수야, 부채 박물관 다녀왔다면서, 어땠어?
> 민수: 응, 아주 좋았어. 평소에 부채는 단순하게 더위를 식혀 주는 도구쯤으로 생각했었는데, 박물관에 가서 직접 보니 그게 아니더라. 종류도 많고 부채에 담긴 의미도 다양했거든.
> 혜리: 그래? 제일 기억에 남는 부채 하나만 이야기해 줄래?
> 민수: 음, 나는 '벽온선'이라는 부채가 제일 기억에 남았는데, 너네 혹시 벽온선이라는 부채 아니?
> 지희: 어, 단오 때 서로에 대한 애정의 표시로 부채를 교환했다고 들었어. 남원 지방에서 이몽룡과 춘향이가 서로 주고받은 것에서 유래되었대.
> 민수: 그래? 내가 아는 것과 다르네.
> 혜리: 그럼 네가 박물관에서 알게 된 내용은 뭔데?
> 민수: 내가 박물관에서 알게 된 사실은 벽온선이 병을 옮기고 다니는 귀신을 쫓을 수 있는 부채라는 것이었어. 그런데 넌 그 설명을 어디서 들었어?
> 지희: 다른 반 친구 기현이한테 들었어.

① 상대방의 말을 요약해서 정리하는 사람이 있다.
② 상대가 자신의 말을 제대로 이해했는지 질문을 통해 확인하는 사람이 있다.
③ 자신의 설명이 더 타당하다며 서로 논박하는 사람들이 있다.
④ 같은 대상에 대한 정보를 다르게 말한 사람에게 그 출처를 묻는 사람이 있다.

40 토론자들의 말하기 방식에 대한 설명으로 적절하지 않은 것은?

> **최 선생**: 최근 중·고등학생과 학부모들을 대상으로 학교 폭력의 심각성에 대해 설문 조사를 한 결과, 학생과 학부모 대부분이 학교 폭력이 심각하다고 응답했습니다. 이것은 학교 폭력이 더 이상 방치되어서는 안 될 만큼 심각하다는 것을 보여 줍니다.
> **박 선생**: 물론 저도 학교 폭력 문제가 심각하다는 것에 동의합니다. 하지만 '학교 경찰 제도'가 최선의 해결 방법인지는 의문입니다.
> **최 선생**: 오늘날 학교 폭력은 조직화되어 학교 자체에서 해결하기 어렵습니다. '학교 경찰 제도' 도입과 관련하여 실시한 설문 조사 결과가 있는데요, 학생의 72.5%, 학부모의 82.2%가 이에 찬성을 하고 있습니다. 이것은 학교 폭력을 해결하기 위해서는 '학교 경찰 제도'와 같은 특단의 조치가 필요하다는 것을 의미하는 것 아니겠습니까?
> **박 선생**: 제가 소위 비행 청소년들을 상담하는 과정에서 살펴본 바로는요, 교칙이나 법에 의한 제재로 청소년 문제가 해결되는 경우는 거의 없었습니다. 오히려 학교나 가정에서 그 학생들의 생활이나 생각의 이면을 이해하여 그들과 깊은 유대를 형성하면서 그들을 선도하였을 때, 바람직한 방향으로 문제가 해결되는 것을 여러 차례 보았습니다. 저는 학교 폭력도 가능한 한 이런 방향으로 해결되어야 한다고 생각합니다.

① 상대의 견해에 일부 동의하면서도 이에 대해 의문을 제기하는 사람이 있다.
② 객관적 수치를 들어 주장의 타당성을 말하는 사람이 있다.
③ 자신의 다양한 경험을 사례로 들어 여러 가지 해결책을 다방면으로 제안하는 사람이 있다.
④ 상대가 제기한 의문에 답변하며 상대의 견해를 반박하는 사람이 있다.

41 다음 대화에 대한 설명으로 적절하지 않은 것은?

> 갑: 홍보용 안내 게시물은 임직원들의 행사 참여도를 높이는 게 목적이잖아? 그러니까 임직원들이 봄맞이 사내 이벤트에 대한 정보를 쉽게 파악할 수 있도록 형식부터 결정해 게시물을 만들어야 해.
> 을: 게시물의 형식부터 결정하면 게시물에 들어갈 내용이 제한될 수 있을 것 같아. 그러니까 내용부터 정하자.
> 병: 지난 '밤샘 독서' 행사 때에도 오랫동안 토의하면서 게시물의 내용을 정했지만, 그 형식이 뒤늦게 정해지는 바람에 내용 선정 토의를 다시 해야 했잖아? 이런 수고로움을 줄이려면 형식부터 정해야 해.
> 갑: 그럼 이번 안내 게시물은 광고 포스터 형식으로 하는 것은 어때? 개최 시기, 장소는 반드시 들어가야겠지?
> 을: 지난번 행사가 끝난 후에 실시한 설문 조사에서 행사의 취지와 참가 방법을 몰라서 참여를 못 했다는 의견이 많았어. 이 외에도 게시물에 꼭 들어가야 하는 내용이 있는지 살펴봐야 해.
> 병: 개최 시기, 장소, 행사 취지, 참가 방법만으로도 광고 포스터 형식에 다 반영하기는 어려울 것 같은데……. 그럼 필요한 내용부터 정해 보자.

① 대화를 통해 자신의 입장을 바꾸는 사람이 존재한다.
② 과거의 경험을 주장의 근거로 제시하는 사람이 존재한다.
③ 대립하는 의견 중 특정 의견을 지지해 주는 사람이 존재한다.
④ 자신이 제안한 의견의 장점과 단점을 모두 언급하는 사람이 존재한다.

42 다음 대화에 대한 분석으로 적절하지 않은 것은?

> A: 〈허생의 처〉에서 허생의 아내는 빈곤한 형편에 놓인 자신의 처지를 한탄하며 독서에만 전념하는 허생과 갈등하잖아. 그렇다면 허생의 아내가 추구하는 행복의 조건은 무엇이었을까?
> B: 행복의 조건은 지혜나 도덕적 선과 같은 내적 조건과 부나 명예와 같은 외적 조건으로 나눌 수 있잖아. 허생의 아내는 가난한 형편 때문에 행복하지 않았으니까 외적 조건인 부를 추구하는 사람이라고 볼 수 있어.
> C: 허생의 아내는 생존을 위한 기본적 요건을 충족하고자 한 것인데, 부를 추구하는 사람이라고 볼 수 있을까?
> A: 맞아. 허생의 아내는 홀로 가정의 생계를 꾸려야 하는 부담을 일방적으로 강요받고 있잖아. 이것 때문에 허생의 아내는 행복하지 않다고 느끼는 것 같아.
> C: "나는 내 남편이 하는 일을 모르고, 남편은 제 아내인 나를 모르고…"라고 허생의 아내가 남편에 대해 한탄하는 대목을 볼 때 허생의 아내는 가족 간의 소원한 관계도 행복하지 않은 이유로 여기는 것 같아.
> B: 허생의 아내는 강요된 희생과 소원한 가족 관계라는 두 가지 이유 때문에 행복하지 않았던 거니까 가족 구성원 간의 바람직한 관계를 행복의 조건으로 추구했다고 볼 수 있겠구나.

① 다른 사람의 의견을 수용하면서 새로운 견해를 드러낸 사람이 있다.
② 주장을 뒷받침하는 구체적 근거를 제시하지 않은 사람이 있다.
③ 질문을 통해 다른 사람의 의견에 반박하는 사람이 있다.
④ 다른 사람의 말을 요약하여 재진술한 사람이 있다.

43 다음 대화를 분석한 내용으로 가장 적절한 것은?

> **갑**: 난자 기증은 상업적이 아닌 이타주의적인 이유에서만 이루어져야 합니다. 난자만을 매매하거나 거래하는 것은 불법화해야 합니다. 물론 상업적인 대리모도 금지해야 하고요.
>
> **을**: 인간은 각자 본연의 가치가 있으므로 시장에서 값을 매길 수 없습니다. 또한 난자 등과 같은 신체의 일부를 금전적인 대가 지불의 대상으로 만들어선 안 됩니다.
>
> **병**: 불임 부부가 아기를 가질 기회를 박탈해선 안 됩니다. 그런데 젊은 여성들이 자발적으로 난자를 기증하는 것을 기대하기는 현실적으로 어렵지요. 난자 기증은 여러 가지 부담을 감수해야 하기에 보상 없이 이루어지기에는 한계가 있습니다. 결과적으로 난자 제공에 대한 금전적 대가 지불을 허용하지 않을 경우에 난자를 얻을 수 없을 것이고, 불임 여성들은 원하는 아기를 가질 수 없게 될 것입니다.
>
> **정**: 난자를 채취하는 것은 매우 복잡하고 어려운 일이며 위험을 감수해야 하는 경우도 있습니다. 예컨대, 과배란을 유도하기 위해 여성들은 한 달 이상 매일 약을 먹어야 합니다. 그 다음에는 가늘고 긴 바늘을 난소에 찔러 난자를 뽑아 내는 과정을 거쳐야 합니다. 한 여성 경험자는 난소에서 난자를 뽑아 낼 때마다 '누가 그 부위를 발로 차는 것 같은' 느낌을 받았다고 보고하였습니다. 이처럼 난자 제공은 고통과 위험을 감수해야 하는 일입니다.

① 갑과 병이 주장하는 바는 서로 유사하다.
② 병은 갑의 주장에는 반박하지만 을의 주장은 지지한다.
③ 난자 제공에 대한 금전적 대가 지불을 지지하는 병의 주장을 정의 주장으로 뒷받침할 수 있다.
④ 병과 정은 난자 기증이 가능한 젊은 여성들에 대한 평가는 유사하지만 불임 부부에 대한 생각은 서로 다르다.

내용 추론

44 다음 글에서 추론한 내용으로 적절하지 않은 것은?

> 카노는 제품의 품질에 대한 고객의 욕구와 만족도를 설명하는 모형을 개발하였다. 카노는 일반적으로 고객이 세 가지 욕구를 가지고 있으며, 그것을 각각 기본적 욕구, 정상적 욕구, 감동적 욕구라고 지칭했다. 기본적 욕구는 고객이 가지고 있는 가장 낮은 단계의 욕구로서, 그들이 구매하는 제품이나 서비스에 당연히 포함되어 있을 것으로 기대되는 특성들이다. 만약 이런 특성들이 결여되어 있다면, 고객은 예외 없이 크게 불만족스러한다. 그러나 이 욕구가 충족된다고 고객이 만족감을 느끼는 것은 아니다. 정상적 욕구는 고객이 직접 요구하는 욕구로, 이 욕구가 충족되지 못하면 고객은 불만족스러워하고, 이 욕구가 충족될수록 고객은 만족을 더 많이 느끼게 된다. 감동적 욕구는 가장 높은 단계의 욕구로서, 고객이 기대하지는 않는 욕구이다. 이 욕구가 충족되면 고객은 큰 감동을 느끼지만 충족되지 않아도 상관없다고 생각한다.
>
> 제품이나 서비스에 대한 고객의 기대는 시간이 지남에 따라 바뀐다. 즉 감동적 욕구를 충족시킨 제품이나 서비스의 특성은 시간이 지나면 정상적 욕구를 충족시키는 특성으로, 시간이 더 지나면 기본적 욕구만을 충족시키는 특성으로 바뀐다. 또한 고객의 욕구는 일정한 단계를 지닌다. 고객의 기본적 욕구를 충족시키지 못하는 제품은 고객의 정상적 욕구를 절대로 충족시킬 수 없다. 마찬가지로 고객의 정상적 욕구를 충족시키지 못하는 제품은 고객의 감동적 욕구를 충족시킬 수 없다.

① 기본적 욕구를 충족시키지 못하는 제품은 고객의 감동적 욕구도 충족시킬 수 없다.
② 단순히 끼니를 때우기 위해 들어간 식당의 음식 맛이 훌륭했을 때 만족감을 느끼는 이유는 감동적 욕구가 채워졌기 때문일 것이다.
③ 식당은 위생적이어야 한다고 생각하는 사람이, 식당의 그릇이 깨끗하다고 감동을 느끼는 경우는 없을 것이다.
④ 고객의 기본적 욕구를 충족시킨 제품의 특성은 시간이 흐름에 따라 정상적 욕구, 감동적 욕구의 대상으로 변한다.

45 다음 글에서 추론할 수 없는 것은?

> 장기 이식에 필요한 의료 시설이나 경제 수준, 교육 수준, 종교 등에 차이가 있지만 같은 유럽 내에서도 나라마다 실제 장기 기증에 현격한 차이를 보인다. 오스트리아, 벨기에, 프랑스 등의 장기 기증 비율은 덴마크, 영국, 독일과 비교하면 월등하게 높다. 장기 기증 서약률에서 이 두 그룹의 국가들 사이에 거의 60퍼센트 이상의 차이가 나고 있다.
>
> 장기 기증 비율이 높은 국가들의 경우 정책상 모든 국민이 자동적으로 장기 기증자가 된다. 본인이 원하는 경우에 한해, 장기 기증을 원치 않는다는 서류 절차를 밟으면 기증을 하지 않아도 된다. 그러나 기증 비율이 낮은 나라의 경우, 본인이 원할 때만 서류 절차를 거쳐 장기 기증자가 된다. 즉, 기증 비율이 높은 나라는 아무런 의사 표현을 하지 않아도 자동적으로 장기 기증자가 되고, 기증 비율이 낮은 나라에서는 특별한 절차를 거쳐야만 장기 기증자가 되는 것이다.
>
> 이 두 가지 정책을 각각 '탈퇴하기'와 '가입하기'라고 한다. 만약 어떤 사람이 장기 기증에 대한 강렬한 의지를 갖고 있다면, 선택의 문제가 어떻게 설정되어 있든 상관없이 장기 기증을 할 것이라고 생각할 수도 있다. 같은 원리로 장기 기증에 거부감을 갖고 있는 사람이라면 정책의 틀에 상관없이 장기 기증을 하지 않을 것이라고 가정할 수 있다. 그러나 이 두 정책은 사람들에게 아주 다른 생각의 틀을 가지도록 유도함으로써 실제 행동에 현격한 차이를 만들어 낸다.

① 유럽 내에서 나라 간 장기 기증 비율에 차이가 나는 것은 정책 차이 때문일 수도 있다.
② 탈퇴하기 정책을 시행하면 장기 기증을 거부하는 사람은 특별한 서류 절차를 거쳐야 한다.
③ 탈퇴하기와 가입하기 정책은 모두 설정된 서류 절차를 거치는 사람보다 그렇지 않은 사람이 더 많을 것이다.
④ 가입하기 정책을 시행하면 장기 기증에 대해 거부감을 갖게 되는 사람보다 가입 의지를 갖게 되는 사람이 더 많아질 것이다.

46 다음 글에서 추론한 내용으로 가장 적절한 것은?

독일의 통계학자 A는 가계 지출을 음식비, 피복비, 주거비, 광열비, 문화비(교육비, 공과금, 보건비, 기타 잡비)의 5개 항목으로 구분해 분석했다. 그 결과 소득의 증가에 따라 총 가계 지출 중 음식비 지출 비중은 점차 감소하는 경향이 있지만, 피복비 지출은 소득의 증감에 비교적 영향을 받지 않는다는 사실을 발견했다. 또 주거비와 광열비에 대한 지출 비중은 소득 수준에 관계없이 거의 일정하고, 문화비 지출 비중은 소득 증가에 따라 급속하게 증가한다는 것도 알아냈다. 이러한 사실을 모두 아울러 'A의 법칙'이라고 한다. 특히 이 가운데서 가계 지출 중 음식비 지출 비중만을 따로 떼어내어 'A 계수'라고 한다. A 계수는 총 가계 지출에서 차지하는 음식비의 비중을 백분율로 표시한 것으로, 소득 수준이 높을수록 낮아지고, 소득 수준이 낮을수록 높아지는 경향을 보인다. 가계 지출 중 자녀 교육비의 비중을 나타낸 수치를 'B 계수'라고 한다. 지난 1분기 가계 소득 하위 20% 가구의 월 평균 교육비 지출액은 12만 원으로 가계 지출의 10%였다. 반면 가계 소득 상위 20% 가구의 월 평균 교육비 지출액은 72만 원으로 가계 소득 하위 20% 가구의 6배에 달했고 가계 지출에서 차지하는 비중도 20%였다.

① A 계수와 달리 B 계수는 가계 소득이 많아지면 높아질 것이다.
② B 계수에 따르면 가계 소득이 낮을수록 자녀에 대한 교육열이 높을 것이다.
③ A의 연구 결과에 따르면 전체 가계 지출은 소득의 높고 낮음과 관계가 없을 것이다.
④ A의 법칙에 따르면 소득이 많은 사람은 적은 사람보다 의식주에 돈을 적게 쓸 것이다.

47 다음 글에서 추론한 내용으로 적절하지 않은 것은?

> 정보의 일반적 정의는 '올바른 문법 형식을 갖추어 의미를 갖는 자료'이다. "정보를 준다는 것이 반드시 그 내용이 참이라는 것을 의미하지는 않는다."라는 진술은 이런 관점을 대변하는 진리 중립성 논제를 표현한다. 이 논제의 관점에서 보자면, 올바른 문법 형식을 갖추어 의미를 해석할 수 있는 자료는 모두 정보의 자격을 갖는다. 그 내용이 어떤 사태를 표상하든, 참을 말하든, 거짓을 말하든 상관없다. 그러나 철학자 플로리디는 전달된 자료를 정보라고 하려면 그 내용이 참이어야 한다고 주장한다. 즉 정보란 올바른 문법 형식을 갖춘, 의미 있고 참인 자료라는 것이다. 이를 진리성 논제라고 한다. 거짓 '정보'는 저급한 종류의 정보가 아니다. 그것은 아예 정보가 아니기 때문이다.

① 진리성 논제에 적합한 정보의 수가 진리 중립성 논제에 적합한 정보의 수보다 많을 것이다.
② '대한민국의 수도는 경기도이다.'라는 자료는 진리 중립성 논제에 따르면 정보이고, 진리성 논제에 따르면 정보가 아니다.
③ 진리성 논제에 따르면 올바른 문법 형식을 갖추지 못한 자료는 정보로 볼 수 없다.
④ 사실과 다른 자료를 정보라고 주장하는 사람은 플로리디의 견해를 지지하지 않을 것이다.

48 다음 글의 내용으로 추론할 수 없는 것은?

> 두부의 주재료는 대두(大豆)라는 콩이다. 50여 년 전만 해도, 모내기가 끝나는 5월쯤 대두의 씨앗을 심어 벼 베기가 끝나는 10월쯤 수확했다. 두부를 만들기 위해서 먼저 콩을 물에 불리는데, 겨울이면 하루 종일, 여름이면 반나절 정도 물에 담가 두어야 한다. 콩을 적당히 불린 후 맷돌로 콩을 간다. 물을 조금씩 부어 가며 콩을 갈면 맷돌 가운데에서 하얀색의 콩비지가 거품처럼 새어 나온다. 이 콩비지를 솥에 넣고 약한 불로 끓인다. 맷돌에서 막 갈려 나온 콩비지에서는 식물성 단백질에서 나는 묘한 비린내가 나는데, 익히면 이 비린내는 없어진다. 함지박 안에 삼베나 무명으로 만든 주머니를 펼쳐 놓고, 끓인 콩비지를 주머니에 담는다. 콩비지가 다 식기 전에 주머니의 입을 양쪽으로 묶고 그 사이에 나무 막대를 꽂아 돌리면서 마치 탕약 짜듯이 콩물을 빼낸다. 이 콩물을 두유라고 한다. 콩에 함유된 단백질은 두유에 녹아 있다.
>
> 두부는 두유의 식물성 단백질을 응고시키는 원리의 음식이다. 두유의 응고를 위해 응고제가 필요한데, 예전에는 응고제로 간수를 사용했다. 간수의 주성분은 염화 마그네슘이다. 두유에 간수를 넣고 잠시 기다리면 응고된 하얀 덩어리와 물로 분리된다. 하얀 덩어리는 주머니에 옮겨 담는다. 응고가 아직 다 되지 않았기 때문에 덩어리를 싼 주머니에서는 물이 흘러나온다. 함지박 위에 널빤지를 올리고 그 위에 입을 단단히 묶은 주머니를 올려놓는다. 또 다른 널빤지를 주머니 위에 얹고 무거운 돌을 올려놓는다. 이렇게 한참을 누르고 있으면 주머니에서 물이 빠져나오고 덩어리는 굳어져 두부의 모양을 갖추게 된다.

① 두유에 함유된 식물성 단백질은 염화 마그네슘을 만나면 응고된다.
② 1970년대 초반에는 가을걷이가 끝날 즈음에 해콩을 얻을 수 있었다.
③ 단백질 보존을 위해 끓인 콩비지가 식기 전에 짜서 두유를 얻어야 한다.
④ 두유에 간수를 넣고 만들어진 덩어리가 단단해지기 위해서는 수분을 최대한 제거해 주어야 한다.

49 다음 글을 통해 추론할 수 있는 것은?

> 음식의 온도에 따라서 우리가 느끼는 맛에는 차이가 생긴다. 일반적으로 사람의 혀는 20~40℃에서 가장 민감한데, 음식의 온도에 따라 각각의 맛을 느끼는 정도가 변한다. 단맛은 사람의 체온과 비슷한 35℃에서 가장 달게 느껴지지만 이 온도보다 높거나 낮으면 그다지 달게 느껴지지 않는다. 아이스커피나 뜨거운 커피에 설탕을 넣어도 좀처럼 달콤해지지 않는 것은 이 때문이다. 짠맛은 온도가 높을 때에는 그다지 강하게 느껴지지 않지만, 온도가 낮을수록 강하게 느껴진다. 쓴맛도 짠맛과 마찬가지로 온도가 낮을수록 강하게 느껴진다. 일반적으로 식은 요리가 맛이 없다고 느끼는 이유는 쓴맛이 강하게 느껴지기 때문이다. 특이하게도 신맛은 온도와는 상관이 없다. 온도가 높건 낮건 신맛이 나는 것은 마찬가지이다.

① 짠맛을 느끼는 정도는 음식의 온도와 비례한다.
② 뜨거운 초콜릿 음료는 고형 초콜릿보다 더 달게 느껴질 것이다.
③ 사람이 느끼는 모든 미각은 음식의 온도 변화와 관련이 있다.
④ 가루약을 따뜻한 물과 함께 먹으면 찬물과 먹었을 때보다 쓴맛을 덜 느낄 수 있을 것이다.

50 다음 글을 통해 추론할 수 있는 사실로 적절하지 않은 것은?

> 동양인들의 생각에, 우주는 정적인 곳이 아닌 역동적이고 변화 가능한 곳이다. 우주는 끊임없이 변화하기 때문에 대립, 역설, 변칙이 늘 발생하며, 신구·선악·강약이 모든 사물 안에 동시에 존재한다. 대립은 사실상 서로를 완성시키고 보완하는 기능을 한다. 도교에서는, 모순 관계에 있는 두 주장들이 역동적인 조화의 상태로 존재하며, 서로 대립적인 동시에 서로 연결되어 상호 통제한다고 생각한다.
> 서양 사고의 기본 원리 중 하나인 '동일률'은 상황이 변해도 달라지지 않는 일관성을 강조한다. 즉, A는 맥락에 관계없이 A인 것이다. 또한 '모순율'은 한 명제와 그 명제의 부정이 동시에 참일 수 없음을 강조한다. 즉, A이면서 동시에 A가 아닌 것은 있을 수 없다.
> 물론 현대의 동양인들이 서양인들의 논리학 원리를 모르는 것은 아니다. 그러나 동양인들은 순전히 형식 논리상 모순된다는 이유로 결론을 부정하는 것은 잘못된 판단으로 이어질 수 있다고 믿는다. 그들은, 개념이란 단지 사물의 반영에 불과하기 때문에, 반대인 것처럼 보이는 두 개념을 동시에 참이라고 받아들이는 것이 현명하다고 생각한다.

① 서양인들은 모순이 되는 두 주장을 동시에 받아들이지 않았다.
② 동양인들은 형식 논리상 모순이 되는 결론을 부정하지 않았다.
③ 동양인들은 대립되는 두 요소가 서로 연결되어 하나의 통일된 의미를 도출한다고 보았다.
④ 동양인들은 '상황의 다변성'을, 서양인들은 '상황과 상관없는 일관성'을 바탕으로 하여 사고하였다.

51 다음 글에서 추론할 수 있는 바로 적절하지 않은 것은?

> 우리에게 입력된 감각 정보는 모두 저장되는 것이 아니라 극히 일부분만 특정한 메커니즘을 통해 단기간 또는 장기간 저장된다. 신경 과학자들은 장기 또는 단기 기억의 저장 장소가 뇌의 어디에 존재하는지 연구해 왔고, 그 결과 두 기억은 모두 대뇌 피질에 저장된다는 것을 알아냈다.
>
> 여러 감각 기관을 통해 입력된 감각 정보는 대부분 대뇌 피질에서 인식된다. 인식된 일부 정보는 해마와 대뇌 피질 간에 이미 형성되어 있는 신경 세포 간 연결이 일시적으로 변화하는 과정에서 단기 기억으로 저장된다. 해마와 대뇌 피질 간 연결의 일시적인 변화가 대뇌 피질 내에서 새로운 연결로 교체되어 영구히 지속되면 그 단기 기억은 장기 기억으로 저장된다. 해마는 입력된 정보를 단기 기억으로 유지하고 또 새로운 장기 기억을 획득하는 데 필수적이지만, 기존의 장기 기억을 유지하거나 변형하는 부위는 아니다.
>
> 걷기, 자전거 타기와 같은 운동 기술은 반복을 통해서 학습되고, 일단 학습되면 잊히기 어렵다. 자전거 타기와 같은 기술에 관한 기억은 뇌의 성장과 발달에서 보이는 신경 세포들 간에 새로운 연결이 이루어지는 메커니즘을 통해서 장기 기억이 된다. 반면에 전화번호, 사건, 장소를 단기 기억할 때는 새로운 연결이 생기는 대신 대뇌 피질과 해마 간에 이미 존재하는 신경 세포의 연결을 통한 신호 강도가 높아지고 그 상태가 수분에서 수개월까지 유지됨으로써 가능하다. 이처럼 신경 세포 간 연결 신호의 강도가 상당 기간 동안 증가된 상태로 유지되는 '장기 상승 작용' 현상은 해마 조직에서 처음 밝혀졌으며, 이 현상에는 흥분성 신경 전달 물질인 글루탐산의 역할이 중요하다는 것이 추가로 밝혀졌다.

① 대뇌 피질에 손상을 입은 사람은 단기 기억과 장기 기억 모두를 저장할 수 없다.
② 수영 선수의 수영 기술은 이미 만들어진 신경 세포들의 메커니즘을 통해 장기 기억이 된 것이다.
③ 1시간 뒤에 있을 중고 거래를 위한 약속 장소를 기억할 때는 신경 세포 간 연결의 장기 상승 작용이 필요하다.
④ 3년 간 운전을 하지 않았던 운전자가 다시 운전을 하기 위해서 해마 기능의 활성화가 반드시 필요한 것은 아니다.

52 다음 글을 바탕으로 추론한 내용으로 적절하지 않은 것은?

우리는 흔히 행위를 윤리적 관점에서 '해야 하는 행위'와 '하지 말아야 하는 행위'로 구분한다. 그리고 전자에는 '윤리적으로 옳음.'이라는 가치 속성을, 후자에는 '윤리적으로 그름.'이라는 가치 속성을 부여한다. 그런데 윤리적 담론의 대상이 되는 행위 중에는 윤리적으로 권장되는 행위나 윤리적으로 허용되는 행위도 존재한다.

윤리적으로 권장되는 행위는 자선을 베푸는 것과 같이 윤리적인 의무는 아니지만 윤리적으로 바람직하다고 판단되는 행위를 의미한다. 윤리적으로 허용되는 행위는 윤리적으로 그르지 않으면서 정당화 가능한 행위를 의미한다. 가령 응급 환자를 태우고 병원 응급실로 달려가던 중 신호를 위반하고 질주하는 행위는 맥락에 따라 윤리적으로 정당화 가능한 행위라고 판단될 것이다. 우리가 윤리적으로 권장되는 행위나 윤리적으로 허용되는 행위에 대해 윤리적 가치 속성을 부여한다면, 이 행위들에는 윤리적으로 옳음이라는 속성이 부여될 것이다.

이런 점에서 '윤리적으로 옳음.'이란 매우 포괄적인 용어임에 유의할 필요가 있다. '윤리적으로 옳은 행위가 무엇인가?'라는 질문에 답할 때, 윤리적으로 해야 하는 행위, 즉 적극적인 윤리적 의무에 대해서만 주목하는 경향이 있다. 하지만 구체적인 행위에 대해 '윤리적으로 옳은가?'라는 질문을 할 때에는 해당 행위가 해야 하는 행위인지, 권장되는 행위인지, 혹은 허용되는 행위인지 따져 볼 필요가 있다.

① 윤리적 담론의 대상이 되는 행위 중에는 윤리적으로 그른 행위가 존재한다.
② 독거 어른신들을 위해 무료 급식 봉사를 하는 행위는 윤리적으로 권장되는 행위이자, 윤리적으로 옳은 행위이다.
③ 윤리적으로 그른 행위도 상황에 따라 정당화된다면 윤리적으로 허용되는 행위가 될 수 있다.
④ 윤리적으로 해야 하는 행위는 윤리적으로 옳지만, 윤리적으로 옳다고 해서 윤리적으로 해야 하는 행위인 것은 아니다.

53 ㉠의 관점을 추론한 것으로 보기에 어려운 것은?

㉠'새로운 과학[new science]'은 네트워크식 사고와 썩 잘 어울리는 가설과 원리를 내세운다. 이전의 과학은 자연을 대상으로 보는 데 반해, 새로운 과학은 자연을 관계로 본다. 이전의 과학은 분리·착취·절단·환원으로 설명할 수 있지만, 새로운 과학은 참여·보충·통합·전체론이 특징이다. 이전의 과학은 자연을 압도할 수 있는 힘을 찾는 데 반해, 새로운 과학은 자연과 제휴를 모색한다. 이전의 과학은 자연으로부터의 자율성을 강조하는 데 반해, 새로운 과학은 자연에 다시 합세하는 것을 중요시한다. 새로운 과학은 자연을 강탈하고 노예로 삼아야 할 적으로 보는 식민지적 관점을 버리고, 양육해야 할 공동체로 품는 새로운 비전을 제시한다. 자연을 일종의 재산으로 보아 착취하고 이용하고 소유했던 권리는, 이제 품위를 지켜 주고 존중하고 대접하고 보호해야 할 의무로 순화된다.

① 개체의 하위 네트워크와 개체들이 형성하고 있는 더 큰 공동체와의 관계를 강조한다.
② 자연을 착취하고 파괴해야 할 대상으로 보는 대신 보듬고 돌보아야 할 대상으로 본다.
③ 자율성을 추구하는 존재로 자연을 바라본 과거와 달리, 자연을 인간과 통합하여 합리적으로 활용할 수 있는 존재로 본다.
④ 개별 유기체에 대한 이해는 개체를 구성하는 부분들에 대한 분절적 이해에서 나아가 개체가 속한 더 큰 네트워크에 어떻게 참여하고 통합되는지를 이해할 때 가능하다.

54 다음 글을 읽고 〈보기〉에 대해 설명한 것으로 적절한 것은?

　무엇을 단어로 보느냐는 문법가에 따라서 견해가 다르다. 가령, '철수가 동화를 읽었다.'라는 문장을 예로 들어 보자. ㉠ 주시경 등의 초기 문법가들은 이 문장이 '철수, 가, 동화, 를, 읽, 었다'의 6개의 단어로 짜인 것으로 보았다. ㉡ 정렬모와 이숭녕 등의 역사 문법가들은 '철수가, 동화를, 읽었다'의 셋으로 분석하였다. 자립 형태소에 붙는 의존 형태소까지 단어로 보지 않았으니 이는 곧 어절을 단어로 보는 관점이다. 반면에 ㉢ 최현배 등 한글 맞춤법의 제정에 참여했던 학자들은 '철수, 가, 동화, 를, 읽었다'의 다섯 가지로 보았다. '가, 를'과 달리 '었'과 같은 의존 형태소는 '읽'과 같이 자립성이 없는 말에 붙기 때문에 단어로 보지 않았다.
　현재 국어 문법에서는 최현배 등 〈한글 맞춤법〉의 제정에 참여했던 학자들의 견해를 따라 단어를 정립하고 있다. 예문에서 '철수, 동화, 읽었다'가 단어가 되는 것은 자립성이 있기 때문이다. 자립성을 띠었다는 것은 앞뒤에 숨의 끊어짐, 곧 휴지(休止)가 올 수 있음을 의미한다.
　예문의 '가, 를'은 자립성이 없는 의존 형태소임에 틀림없지만 단어로 인정하였다. '읽었다'의 '었다'와 달리 '가, 를'이 붙는 실질 형태소의 구조적 양상이 다르다는 점을 중시하여 달리 처리한 것이다. 곧 '가, 를'이 붙는 말은 자립 형태소인데 대해 '었다'가 붙는 말은 의존 형태소이다. '읽'은 '었다'와 결합되어야만 자립성을 발휘할 수 있으나 '철수, 동화'는 그 자체로도 자립할 수 있다. '가, 를'은 의존 형태소이지만 앞의 말과 쉽게 분리될 수 있는 것이다. 이러한 분리성은 '철수만이 동화를 읽었다. / 철수가 동화까지를 읽었다.'와 같이 그 앞에 다른 조사가 개입될 수 있다는 점에 의해서도 분명해진다. 요컨대 ㉣ 현재 국어 문법에서의 단어의 정립 기준은 자립성과 분리성이라고 말할 수 있다.

〈 보기 〉
　강아지 네 마리가 산책을 하고 있었다.

① ㉠은 〈보기〉가 9개의 단어로 이루어진 문장이라고 본다.
② ㉡은 〈보기〉가 5개의 단어로 이루어진 문장이라고 본다.
③ ㉢은 〈보기〉의 '네'는 단어로 보지만 '고'는 단어로 보지 않는다.
④ ㉣은 〈보기〉의 '마리'와 '가'가 자립성을 지녔기 때문에 단어라고 판단할 것이다.

55 다음 글에서 추론한 내용으로 가장 적절한 것은?

> 개구리와 같은 양서류는 곤충과 같은 1차 소비자를 포식하고, 조류와 포유류와 같은 상위 포식자의 먹이원이 되는 등 먹이 사슬의 중간자적 자리에 위치하여 생태계의 균형을 유지한다. 또한 전 생활사에 걸쳐 수생 및 육상 생활을 하는 분류군으로 환경 변화에 민감하게 반응하기 때문에 환경 오염과 교란을 평가하는 지표종으로 이용된다. 더욱이 피부 호흡, 귀소성, 제한된 이동성 등을 보이는 양서류는 생존에 있어서 기후 변화로 인한 많은 피해를 받기 때문에 전 세계적으로 멸종 위험에 처한 분류군으로 간주되고 있다. 특히, 양서류 중 도롱뇽과에 속한 종들은 다른 분류군들에 비해 낮은 이동성으로 분산 능력이 극히 제한되기 때문에 기후 변화에 매우 취약하다. 도롱뇽과에 속한 종들을 대상으로 기후 변화에 따른 분포 변화를 예측하는 것은 다양한 동·식물들의 기후 변화에 따른 위험을 예측할 수 있는 지표로 이용 가능하며, 나아가 생태계를 안정적으로 유지하고, 보전 및 관리하는 데 중요한 역할을 할 수 있다.

① 양서류가 멸종하면 기후의 변화는 더욱 커질 것이다.
② 도롱뇽과에 속한 종들은 동물 중에서 이동성이 가장 떨어진다.
③ 양서류가 기후 변화에 민감한 이유는 생리적·생태적 특성 때문이다.
④ 도롱뇽 서식지에서 도롱뇽이 사라졌다면 그곳에서 다른 동물도 볼 수 없을 것이다.

56 '콰인'의 논리를 읽고 추론한 내용으로 적절하지 않은 것은?

콰인은 분석 명제와 종합 명제로 지식을 엄격히 구분하는 대신, 경험과 직접 충돌하지 않는 중심부 지식과, 경험과 직접 충돌할 수 있는 주변부 지식을 상정한다. 경험과 직접 충돌하여 참과 거짓이 쉽게 바뀌는 주변부 지식과 달리 주변부 지식의 토대가 되는 중심부 지식은 상대적으로 견고하다. 그러나 이 둘의 경계를 명확히 나눌 수 없기 때문에, 콰인은 중심부 지식과 주변부 지식을 다른 종류라고 하지 않는다. 수학적 지식이나 논리학 지식은 중심부 지식의 한가운데에 있어 경험에서 가장 멀리 떨어져 있지만 그렇다고 경험과 무관한 것은 아니라는 것이다. 그런데 주변부 지식이 경험과 충돌하여 거짓으로 밝혀지면 전체 지식의 어느 부분을 수정해야 할지 고민하게 된다.

주변부 지식을 수정하면 전체 지식의 변화가 크지 않지만 중심부 지식을 수정하면 관련된 다른 지식이 많기 때문에 전체 지식도 크게 변화하게 된다. 그래서 대부분의 경우에는 주변부 지식을 수정하는 쪽을 선택하겠지만 실용적 필요 때문에 중심부 지식을 수정하는 경우도 있다. 그리하여 콰인은 중심부 지식과 주변부 지식이 원칙적으로 모두 수정의 대상이 될 수 있고, 지식의 변화도 더 이상 개별적 지식이 단순히 누적되는 과정이 아니라고 주장한다.

① 논리학 지식은 절대적으로 견고한 지식이다.
② 주변부 지식과 수학적 지식은 모두 수정 대상이 될 수 있다.
③ 수학적 지식은 중심부 지식이지만 경험과 무관하지 않다.
④ 주변부 지식을 수정하는 것은 논리학 지식을 수정하는 것보다 전체 지식의 변화에 미치는 영향이 적다.

57 다음 글에서 추론한 내용으로 가장 적절한 것은?

정극인의 문집 《불우헌집》에 전하는 가사 작품인 〈상춘곡〉은 사적 위치의 문제와 작자의 문제가 제기되어 학계의 논란을 불러일으켰다. 전자는 이 가사가 종전의 학설대로 가사 문학의 효시라고 볼 수 없다는 것인데, 그것은 최초의 작품으로서는 그 형식이 너무 정제되어 있다는 점을 들고 있다. 때문에 이병기·정병욱 등은 고려 말 나옹화상(懶翁和尙)의 작으로 알려진 〈서왕가〉를 가사 작품의 효시로 추정하기도 한다. 다음 작자에 대하여는 임진왜란 전후의 문헌적 방증이 없음, 구사된 시어들이 정극인의 다른 시문에서는 찾아볼 수 없음, 〈상춘곡〉의 사상과 정극인의 사상과는 일치하지 않음, 정극인은 〈상춘곡〉을 창작할 만한 능력이 없음, 언어적 표현이 조선 초기의 것이 아님 등을 들어 정극인 작자설에 의문을 제기하고 있다.

그러나 이에 대하여 ㉠ 신중론을 펴는 견해와 ㉡ 종전의 설을 그대로 고수하려는 견해도 있다. 전자는 문헌상으로나 자료 면에서 정극인 작이 아니라는 증거가 없는 한, 아직 그 작자나 제작 연대에 대해서 속단을 내리는 것은 삼가야 할 것이라고 하고, 후자의 경우는 〈상춘곡〉의 내용은 《불우헌집》의 행장과 시문에 부합되고, 제작 당시 1470년(성종 1), 즉 작자 70세 때 치사환향 때의 귀거래사적 심정과 그 사의(詞意)가 어울리며, 《불우헌집》의 사료적 신빙성도 충분하다고 하여 종래 정극인의 제작설을 재확인하고 있다.

① 〈상춘곡〉의 작자가 정극인이 아니라는 게 밝혀지면 〈상춘곡〉과 관련한 학계의 논란은 없어질 것이다.
② 〈상춘곡〉보다 형식적으로 더 정제되어 있는 가사 작품이 발굴된다면 그 작품이 가사 문학의 효시가 될 것이다.
③ 새로운 자료가 추가적으로 발견되지 않는다면 ㉠과 ㉡은 모두 〈상춘곡〉의 작자가 정극인이라고 주장할 것이다.
④ 〈상춘곡〉에 나타난 언어적 표현이 조선 초기 자료에도 사용되었음을 밝혀낸다면 〈상춘곡〉의 작자가 정극인으로 확정될 것이다.

논증 평가 - 강화·악화

58 다음 글에 대한 평가로 적절한 것만을 〈보기〉에서 모두 고르면?

범죄는 왜 발생하는가. 계몽주의의 영향을 받은 고전주의 범죄학은 개인의 자유 의지를 먼저 꼽는다. 이탈리아 형법학자 베카리아가 주장하는 것처럼 범죄를 저지르고 안 저지르고는 모두 개인의 의지에 달렸다는 것이다. 반면 '근대 범죄학의 아버지'라 불리는 이탈리아 범죄학자 롬브로소는 그의 저서 《범죄인론》에서 '생래적 범죄인설'을 주장했다. 범죄인은 범죄 소질을 타고난다는 것이다. 《자살론》의 저자인 프랑스 사회학자 뒤르켐의 시각은 또 다르다. 범죄의 원인이 개인의 이기적인 행위나 내재적 결함에 있기보다는 사회적 분업이 발달하면서 생기는 무규범 상태[anomie] 등 사회적 환경과 구조에 있다고 주장했다. 이런 그의 분석은 오늘날 사회학적 범죄학의 기초가 됐다. 사회학적 범죄학은 범죄 발생의 원인을 하위 문화·빈곤·실업 등 경제적·문화적 환경 요소에 있다고 주장한다.

〈 보기 〉

㉠ 인간은 욕구 충족이나 문제 해결을 위해 범죄 또는 범죄 이외의 방법을 선택한다는 주장은 베카리아의 견해를 약화한다.
㉡ 정상인과 범죄자의 동일한 두개골 부위를 측정했을 때 범죄자만의 유전적 특징이 있다는 사실은 롬브로소의 견해를 강화한다.
㉢ 나쁜 짓을 일삼는 무리에 휩쓸리다 보면 흰 색깔이 같이 검게 물든다는 의미의 "까마귀 노는 곳에 백로야 가지 마라."라는 말은 뒤르켐의 견해를 강화한다.

① ㉠, ㉡
② ㉠, ㉢
③ ㉡, ㉢
④ ㉠, ㉡, ㉢

59 〈보기〉 중 다음 글에 나타난 견해를 강화하는 것만을 모두 고른 것은?

신약의 효능이나 독성을 검사할 때 동물 실험을 하는 것이 일반적이다. 이때 반드시 짚고 넘어가야 할 문제가 있다. 그것은 동물 실험 결과를 인간에게 적용할 수 있는가 하는 문제이다. 동물과 인간의 생리적 특성이 달라 동물 실험의 결과를 인간에게 적용할 수 없는 경우가 있기 때문이다. 따라서 임상 시험에 들어가기 전 동물 실험을 통해 효능이나 독성 검사를 하는 것이 과연 얼마나 의미가 있는지에 대한 물음이 제기되고 있다.

이와 관련한 대표적인 사례인 '탈리도마이드 사건'을 살펴보자. 탈리도마이드는 1954년 독일 회사가 합성해 4년 후부터 안정제로 판매되기 시작했다. 동물 실험 결과 이 약은 그 안전성을 인정받았다. 생쥐에게 엄청난 양(몸무게 1kg당 10g 정도까지 실험)을 투여해도 생명에 지장이 없었다. 그래서 입덧으로 고생하는 임산부들까지 이를 복용했고, 그 결과 1959년부터 1961년 사이에 팔다리가 형성되지 않은 기형아가 1만여 명이나 태어났다. 반대의 사례도 있는데, 항생제로 지금까지도 널리 사용되는 페니실린은 일부 설치류에게 치명적인 독성을 나타낸다.

이에 따라 기존에 동물 실험이나 임상 시험에서 독성이 나타나 후보 목록에서 제외되었던 물질이 최근 들어 재조명되는 사례가 늘고 있다. 동물에게 독성이 나타나더라도 사람에게 독성이 없는 것으로 판명되거나, 일부 사람에게는 독성이 나타나더라도 이에 내성이 있는 사람에게는 투여 가능한 경우도 있기 때문이다.

〈 보기 〉

㉠ 개인적 신념에 따라, 동물 실험을 하지 않거나 동물성 원료를 사용하지 않는 'cruelty free' 화장품을 사용하는 사람들이 늘고 있는 현상
㉡ 안과 질환이 있는 사람에게만 독성을 나타낸다는 이유로 투여가 중단되었던 치매 치료제를 선별적으로 투여할 필요성이 있다는 견해
㉢ 동물에게 투여해서 안전한 치료제는 사람에게도 안전하다는 견해

① ㉡
② ㉠, ㉡
③ ㉠, ㉡, ㉢
④ 없음

60 ㉠에 대한 평가로 적절한 것만을 〈보기〉에서 모두 고른 것은?

찍개는 초기 인류부터 사용했으며 세계 곳곳에서 발견되었다. 반면 프랑스의 아슐에서 처음 발견된 주먹 도끼는 전기 구석기의 대표적인 석기로, 양쪽 면을 갈아 만든 거의 완벽에 가까운 좌우 대칭 형태의 타원형 도구이다. 이는 그동안 동아시아에서는 발견되지 않았다. 학계가 주먹 도끼에 주목했던 것은 그것이 찍개에 비해 복잡한 가공 작업을 거쳐 만든 것이므로 인류의 진화 과정을 풀 열쇠라고 보았기 때문이다. 아동 심리 발달 단계에 따르면 12세 정도가 되면 형식적 조작기에 도달하게 되는데, 주먹 도끼처럼 3차원적이며 대칭적인 물건을 만들 수 있으려면 이런 형식적 조작기 수준의 인지 능력, 즉 추상적 개념에 대하여 논리적·체계적·연역적으로 사고할 수 있을 정도의 인지 능력을 갖추어야 한다. 더 나아가 형식적 조작 능력을 갖추었을 때 비로소 언어적 지능이 발달하게 된다.

㉠<u>모비우스 학설</u>은 주먹 도끼가 발견되지 않은 인도 동부를 기준으로 모비우스 라인이라는 가상선을 긋고, 그 서쪽 지역인 유럽이나 아프리카는 주먹 도끼 문화권으로, 그 동쪽인 동아시아는 찍개 문화권으로 구분하였다. 이를 근거로 모비우스 라인 동쪽 지역은 서쪽 지역보다 인류의 지적·문화적 발전 속도가 뒤떨어졌다고 하였다.

〈 보기 〉

㉮ 인도 동부의 동쪽에 위치한 국가에서 발굴된 좌우 대칭 형태의 타원형 석기가 전기 구석기 시대의 유적으로 확증된다면 ㉠은 강화된다.
㉯ 전기 구석기 시대의 인류가 형식적 조작기에 도달했음을 보여 주는 도구가 동아시아에서 추가 발굴된다면 ㉠은 약화된다.
㉰ 찍개를 만들어 사용한 인류보다 주먹 도끼를 만들어 사용한 인류가 더 많다는 사실이 밝혀지면 ㉠은 강화된다.

① ㉮
② ㉯
③ ㉯, ㉰
④ ㉮, ㉯, ㉰

61 ㉠을 평가한 내용으로 적절한 것만을 〈보기〉에서 고른 것은?

> 1996년 석가탑 해체 보수 작업은 뜻밖에도 엄청난 보물을 발견하는 계기가 되었다. 이때 발견된 다라니경은 한국뿐만 아니라 전 세계의 이목을 끌었다. 이 놀라운 발견 이전에는 770년에 목판 인쇄된 일본의 불경이 세계사에서 최고의 현존 인쇄본으로 여겨졌다. 그러나 ㉠ <u>이 한국의 경전을 조사한 결과, 일본의 것보다 앞서 만들어진 것으로 밝혀졌다.</u>
>
> 불국사가 751년에 완공된 것이 알려져 있으므로 석가탑의 축조는 같은 시기이거나 그 이전일 것임에 틀림없다. 이 경전의 연대 확정에 도움을 준 것은 그 문서가 측천무후가 최초로 사용한 12개의 특이한 한자를 포함하고 있다는 사실이었다. 측천무후는 690년에 제위에 올랐고 705년 11월에 죽었다. 측천무후가 만든 한자들이 그녀의 사후에 중국에서 사용된 사례는 발견되지 않았다. 그러므로 신라에서도 그녀가 죽은 뒤에는 이 한자들을 사용하지 않았을 것이라는 추정이 가능하다.

〈 보기 〉

㉮ 다라니경이 인쇄된 시기는 705년을 넘지 않는다는 학자들의 연구 결과는 ㉠을 강화하지 않는다.
㉯ 측천무후의 사후에 측천무후가 만든 한자들이 사용된 적이 없음을 보여 주는 역사적 사료는 ㉠을 약화한다.
㉰ 700~704년 경 신라에서 제작된 문서들의 종이 질이 다라니경의 종이 질과 같다는 사실은 ㉠을 강화한다.

① ㉮ ② ㉰
③ ㉮, ㉯ ④ ㉯, ㉰

62 〈보기〉에서 맞는 추론만을 모두 고른 것은?

> 고대 사회를 정의하는 기준 중의 하나로 '생계 경제'가 사용되고는 한다. 생계 경제 사회란 구성원들이 겨우 먹고살 수 있는 정도의 식량만을 확보하고 있어서 식량 자원이 줄어들게 되면 자동적으로 구성원 전부를 먹여 살릴 수 없게 되고, 심하지 않은 가뭄이나 홍수 등의 자연재해에 의해서도 유지가 어렵게 될 수 있는 사회를 의미한다. 그러므로 고대 사회에서의 삶은 근근이 버텨 가는 것이고, 그 생활은 기아와의 끊임없는 투쟁이다. 왜냐하면 그 사회에서는 기술적인 결함과 그 이상의 문화적인 결함으로 인해 잉여 식량을 생산할 수 없기 때문이다.
>
> 고대 사회에 대한 이러한 견해보다 더 뿌리 깊은 오해도 없다. 소위 생계 경제의 성격을 지닌 것으로 간주되는 많은 고대 사회들, 예를 들어 남아메리카에서는 종종 공동체의 연간 필요 소비량에 맞먹는 잉여 식량을 생산했다는 점에 주의를 기울일 필요가 있다. 기아와의 끊임없는 투쟁을 의미하는 생계 경제가 고대 사회를 특징짓는 개념이라면 오히려 프롤레타리아가 기아에 허덕이던 19세기 유럽 사회야말로 고대 사회라고 할 수 있을 것이다. 사실상 생계 경제라는 개념은 서구의 근대적인 이데올로기의 영역에 속하는 것으로 결코 과학적 개념 도구가 아니다. 민족학을 위시한 근대 과학이 이토록 터무니없는 기만에 희생되어 왔다는 것은 역설적이며, 더군다나 산업 국가들이 이른바 저발전 세계에 대한 전략의 방향을 잡는 데 기여했다는 사실은 두렵기까지 하다.

〈 보기 〉

㉠ 고대 사회는 생계 경제 체제를 통해 잉여 식량을 생산할 수 있었을 것이다.
㉡ 유럽의 산업 국가들에 의한 문명화 과정을 통해 저발전된 아프리카의 생활 여건이 개선되었다는 것은 이 글의 견해를 약화하지 않는다.
㉢ 고대 사회에서 존재했던 축제는 경제적인 잉여를 해소하는 기제로 작용했다는 것은 이 글의 견해를 강화한다.

① ㉠
② ㉢
③ ㉡, ㉢
④ ㉠, ㉡, ㉢

63 ㉠과 ㉡에 대한 평가로 가장 적절한 것은?

> 경마식 보도는 경마 중계를 하듯 지지율 변화나 득표율 예측 등을 집중 보도하는 선거 방송의 한 방식이다. 흥미를 돋우는 데 치중하는 경마식 보도는 경쟁 결과에 초점을 맞춰 선거의 공정성을 저해할 수 있다. 이러한 한계를 보완하는 방책 중 하나가 선거 방송 토론회인데, 이 토론회에 참여할 수 있는 초청 대상자는 5인 이상의 국회의원을 가진 정당이나 직전 선거에서 3% 이상 득표한 정당이 추천한 후보자 등으로 한정된다. 이러한 규정이 선거 운동의 기회균등 원칙을 침해하는지에 대해 헌법 재판소는 위헌이 아니라고 결정했다. ㉠다수 의견은 방송 토론회의 효율적 운영을 고려할 때 초청 대상 후보자 수가 너무 많으면 제한된 시간 안에 심층적인 토론이 이루어지기 어렵고, 유권자들도 관심이 큰 후보자들의 정책 및 자질을 직접 비교하기 어렵다는 점을 지적하며, 이 규정은 합리적 제한이라고 보았다. 반면 ㉡소수 의견은 이 규정이 가장 효과적인 선거 운동의 기회를 일부 후보자에게서 박탈하며, 유권자에게도 모든 후보자를 동시에 비교하지 못하게 하고, 초청 대상 후보자 토론회에 참여한 후보자와 그렇지 못한 후보자를 차별적으로 인식하게 만든다고 지적하였다. 이 규정을 소수 정당이나 정치 신인 등에 대한 자의적이고 차별적인 침해라고 본 것이다.

① 선거 방송 토론회는 경마식 보도에 비해 공정하다는 사실은 ㉠의 견해를 약화한다.
② 선거 방송 토론회를 통해 모든 후보자들의 정책 및 자질을 판단하길 바라는 유권자들의 기대감은 ㉠의 견해를 강화한다.
③ 선거 방송 토론회에 참여하지 못하는 것을 후보자의 정치 역량 부족으로 유권자들이 인식한다는 사실은 ㉡의 견해를 약화한다.
④ 선거 방송 토론회의 참여 이후 초청 대상자들의 지지율이 모두 상승했다는 사실은 ㉡의 견해를 강화한다.

64 다음 글에 대한 평가로 옳은 것만을 〈보기〉에서 모두 고른 것은?

A: 유물이 가지고 있는 인지 가능한 형태적 특질을 검토하여 그룹을 지을 수 있다. '형식'이라는 용어로 개념화되는 본질적이고 형태적인 특징, 혹은 중심적 경향을 찾으면 이를 바탕으로 하나의 '유형'이 만들어진다. 이 작업은 특정한 하나의 형식을 공통으로 가진 여러 유물 가운데, 원형이 되는 유물을 확인하고 이 유물을 이상적인 기준으로 삼아 다른 유물들과 비교하는 과정을 거쳐 이루어진다. 각각의 유형 안에는 개별 유물 간의 차이, 즉 변이가 있기 마련이지만 그것이 새 유형을 설정할 수 있을 정도로 본질적이라고 판단되지 않는 한, 그것은 편차 정도일 뿐 설명할 가치가 없다.

B: 유물의 본질적 특징은 중심적인 경향 또는 경험적 관찰의 결과일 뿐이다. 특히 중심적인 경향은 유물의 수와 기준에 따라 언제든지 바뀔 수 있다. 유형은 유물 자체에 고유한 본질에 따라 존재하는 것이 아니라, 관찰을 통해 추론된 것이며 연구자가 자신의 연구 목적에 따라 고안한 도구일 뿐이다. 존재하는 것은 사물의 상태를 의미하는 상과 변이뿐이다. 따라서 변이에 관심을 집중해야 한다. 이 변이는 다양하게 나타나는데, 최초로 등장한 이후 점차적으로 많아지다가 서서히 소멸해 간다. 즉 변이의 빈도는 시·공간에 따라 다르게 나타나며, 변화는 변이들이 시·공간에 따라 얼마나 분포되어 있는지에 의해 결정된다.

〈 보기 〉

㉠ 다양한 문화권에 동일하거나 유사한 무덤 형식이 반복적으로 나타난다는 사실은 A를 약화한다.
㉡ 청동기 유물 중 가장 많이 출토되는 단검의 다양한 변이형에 주목해야 한다는 주장은 B를 강화한다.
㉢ 유물의 특정 속성에 지나치게 치중하면 물질문화 변이의 역동성을 왜곡할 수 있다는 주장은 A를 약화하고, B를 강화한다.

① ㉠
② ㉠, ㉡
③ ㉡, ㉢
④ ㉠, ㉡, ㉢

65 A~D의 견해에 대한 평가로 옳은 것만을 〈보기〉에서 모두 고른 것은?

> A: 디지털 전환 등 미래 기술 변화로 인해 일자리를 통한 소득 기회가 감소할 수 있으므로 이에 대비하기 위해서는 국민 누구에게나 개별적으로 조건 없이 동일한 금액을 지급하는 기본 소득 제도의 도입이 필요하다.
>
> B: 기본 소득은 모든 사람에게 일정 금액을 제공하기 때문에 빈곤층을 해소하는 것처럼 보이지만, 재정 여건이 허락하는 범위에서 지급하는 기본 소득은 그 급여 수준이 너무 낮아 사각지대 해소에 실효성이 없다.
>
> C: 기존의 복지 제도를 정리하고 공공 부문을 개혁하면 기본 소득의 재원 확보가 가능하다. 모든 사람이 기본 소득을 받게 되면 양극화가 완화될 것이다.
>
> D: 빈곤층의 생계를 지원하는 기초 생활 보장 제도 등 기존의 사회 복지 제도를 더 강화하는 것이 기본 소득을 주는 것보다 양극화 문제에 더 효과적인 대안이다.

〈 보기 〉

ㄱ. 4차 산업 혁명으로 막대한 일자리가 사라지지만 이를 초과하는 일자리가 창출돼 결과적으로 일자리가 늘어난다면 A의 견해는 약화된다.
ㄴ. 현재 사회 복지 시스템의 복지 수여 대상자 누락으로 인한 사각지대가 없어진다면 B의 견해는 약화된다.
ㄷ. 기존 복지 제도가 양극화 해소에 미친 긍정적 영향을 정리한 통계 자료를 제시한다면 C의 견해는 약화되지만, D의 견해는 강화된다.

① ㄱ, ㄴ   ② ㄱ, ㄷ
③ ㄴ, ㄷ   ④ ㄱ, ㄴ, ㄷ

66 다음 글에 대한 평가로 적절한 것만을 〈보기〉에서 모두 고른 것은?

> 우리는 어떤 행위를 그것이 가져올 결과가 좋다는 근거만으로 허용할 수는 없다. 예컨대 그 행위 덕분에 더 많은 수의 생명을 구할 수 있다는 사실만으로 그 행위를 허용할 수는 없다는 것이다. 어떤 행위든 무고한 사람의 죽음 자체를 의도하는 것은 언제나 그른 행위이고 따라서 도덕적으로 허용될 수 없다. 여기서 의도란 단순히 자기 행위의 결과가 어떨지 예상하고 그 내용을 이해한다는 것을 넘어서, 그 행위의 결과 자체가 자신이 그 행위를 선택하게 된 이유임을 의미한다. 예를 들어 우리가 제한된 의료 자원으로 한 명의 환자를 살리는 것과 다수의 환자를 살리는 것 사이에서 선택을 해야만 할 경우, 비록 한 명의 환자가 죽게 되더라도 다수의 환자를 살리는 것이 도덕적으로 허용될 수도 있다. 이때 그의 죽음은 피치 못할 부수적인 결과였기 때문이다. 하지만 만일 그 한 명의 환자를 치료하지 않은 이유가 그가 죽은 후 그의 장기를 장기 이식을 기다리는 다른 여러 사람에게 이식하기 위한 것이었다면 그 행위는 허용될 수 없다.

〈보기〉

㉠ F국은, 조직 A가 F국의 한 도시에 대규모 테러를 계획 중이라는 첩보를 입수했다. F국이 A의 수장이 은신해 있는 마을에 폭탄을 떨어뜨려 결과적으로 무고한 민간인들까지 희생되었으므로, 이 행위는 도덕적으로 허용될 수 없다.
→ 글쓴이의 견해를 강화한다.

㉡ 간 이식 전문으로 이름난 의사인 W의 아들이 교통사고를 당해 간 이식이 급박해졌다. W가 아들을 살리기 위해 간 이식 대기자의 순서를 무시하고 아들의 이식부터 진행한 행위는 도덕적으로 허용될 수 없다.
→ 글쓴이의 견해를 약화한다.

㉢ 소도시 B에서 방사능 피해로 사망하는 노약자들이 속출하면, 전 국민적인 위험을 초래할 노후 원전 C를 철거하라는 여론이 형성될 것이다. 이러한 기대감 때문에 정부가 B에 방사능을 의도적으로 유출한 행위는 도덕적으로 허용할 수 없다.
→ 글쓴이의 견해를 강화하지 않는다.

① ㉠
② ㉠, ㉡
③ ㉠, ㉢
④ 없음

사례 비교·평가

67 ㉠의 사례로 적절하지 않은 것은?

> 조선 시대 시문(詩文)에는 ㉠<u>세 가지 형태의 '동음이의 현상'</u>이 나타난다. 조선 시대 시문의 창작에서는 주제나 정서를 효과적으로 전달하기 위해서 기표*와 기의*의 복합적인 결합 관계에 의한 의미 분화 현상을 활용하였다.
> 　첫째, 하나의 기표와 복수의 기의를 복합적으로 결합하는 경우이다. 가령 배[腹]가 아플 때 먹는 약을 배[舟]를 고칠 때 사용한다는 것은 동음이의 현상을 일상적인 언어 활동에서 사용한 것이다. 이는 어원적으로 연관성이 없는 두 단어를 발음의 유사성에서 착안한 것이다. 다음으로 '가자 가자'라는 민요의 '가자 가자 감나무야 / 오자 오자 옷나무야 / 방구뽕뽕 뽕나무 / 바람솔솔 솔나무'에서처럼 유사한 청각 영상의 연상을 활용하여 이중의 의미를 표현하고 있는 동음이의 현상이 확인된다. 마지막으로는 하나의 문장이나 어구에 동일한 청각 영상을 반복하여 사용함으로써 특정한 낱말에 새로운 의미를 부가하거나 작품 전체의 분위기를 일정한 방향으로 이끌고 나가는 경우이다. 가령 '말ᄒ기 죠타 ᄒ고 ᄂᆞᆷ의 말을 마롤 거시 / ᄂᆞᆷ의 말 내 ᄒ면 ᄂᆞᆷ도 내말 ᄒᄂᆞ 거시 / 말로셔 말이 만흐니 말 마롬이 죠해라'에서는 '말'이라는 기표를 반복하는 동음이의 현상을 활용한 까닭에 장황하게 설명하지 않고서도 언어 사용에 대단히 신중했던 당대 사회를 효과적으로 보여 줄 수 있었던 것이다.
>
> *기표(記標): 소쉬르의 기호 이론에서, 귀로 들을 수 있는 소리로써 의미를 전달하는 외적(外的) 형식을 이르는 말
> *기의(記意): 소쉬르의 기호 이론에서, 말에 있어서 소리로 표시되는 의미를 이르는 말

① 깊어지는 밤에 밤을 먹었다.
② 노래 삼긴 사ᄅᆞᆷ 시름도 하도 할샤
③ 미암이 밉다 울고 쓰르람이 쓰다 우니
④ 물을 물 쓰듯 하면 물 부족으로 고통받게 됩니다.

68 다음 글의 '대립 과정 이론'에서 추론할 수 없는 것은?

대립 과정 이론이란 한 자극에 의해서 처음 만들어지는 반응(상태 A)이 끝나게 되면, 그 후에는 이와 상반되는 제2의 반응(상태 B)이 나타나게 된다는 것이다. 이때 처음 만들어지는 반응인 상태 A와 그 이후에 대립되는 반응인 상태 B는 몇 가지 차이점이 있다. 먼저 상태 A는 외부 자극에 의해 생성되는 것이지만, 상태 B는 외부 자극이 아니라 처음 반응(상태 A) 때문에 생성되는 것이다. 따라서 상태 A는 매우 빨리 형성되며 외부 자극이 사라지면 반응도 재빨리 사라진다. 하지만 상태 B는 상태 A에 의해서 만들어지는 것이기 때문에 천천히 감소하게 되며, 상태 A가 제거되어도 어느 정도 지속된다. 또한 상태 A를 만드는 자극을 반복해서 제시한다고 해도 상태 A의 강도에는 아무런 영향이 없다. 그러나 상태 B를 반복해서 일으키면 상태 B는 증강되고, 상태 B의 활성화는 상태 A의 강도를 감소시킨다. 이러한 대립 과정 이론은 약물 중독과 스릴 추구 행동을 잘 설명해 준다. 약물을 하는 이유는 첫 경험인 쾌감을 원하는 것이고, 스릴 추구 행동은 그 이후에 오는 편안함과 이완을 원하는 것이라고 이해할 수 있다.

① 일탈 행동 후 죄책감을 느낀 사람이 일탈 행동을 반복하는 이유를 설명할 수 있다.
② 금단 현상이 일어난 사람에게 약물을 투약할수록 긍정적 반응은 감소하고, 부정적 반응은 증가할 것이다.
③ 큰 프로젝트를 성공적으로 완수하여 기쁨을 느낀 이후에 허무함을 느꼈다면, 기쁨보다 허무함이 더 오래 남는다.
④ 번지점프로 공포감을 느꼈다가 즐거움을 느낀 사람이 번지점프를 반복하면, 공포감은 커지지만 즐거움은 줄어든다.

69 ㉠의 사례로 가장 적절한 것은?

갈등은 두 가지 이상의 상반되는 욕구, 요소, 기회 또는 목표에 당면했을 때 일어나며, 한 가지 욕구를 만족시키기 위해서는 다른 한 가지 욕구를 포기해야 한다. 이때 어떤 기준을 가지고 대안을 선택하는 것을 '의사 결정'이라고 한다. 우리가 겪는 갈등에는 먼저 동일한 가치를 지닌 매력적인 목표 사이에서 선택할 때 나타나는 '접근 – 접근' 갈등이 있다. 반대로 동일한 크기의 불쾌한 목표 사이에서 선택해야 할 때의 '회피 – 회피' 갈등도 있다. 이런 갈등은 강렬한 스트레스이면서 쉽사리 해결되지도 않는다. 또 어떤 한 가지 목표가 매력적인 것과 불쾌한 것을 동시에 가지고 있는 '접근 – 회피' 갈등의 경우에도 해결이 만만치 않다. 매력적인 쪽에 접근할수록 불쾌한 쪽에 대한 두려움이 커지기 때문이다. 마지막으로 각각의 목표가 매력적인 것과 불쾌한 것을 동시에 가지고 있다면 ㉠'이중 접근 – 회피' 갈등 상황이 생긴다.

① 피자를 먹고 싶은데 뱃살이 나올까 봐 걱정되어 망설일 때
② 비싼 7성급 호텔에서 독방을 써야 할지 싼 도미토리에서 공용 룸을 사용해야 할지 고민일 때
③ 먹방도 보고 싶고 주식 강의도 보고 싶은데 라이브 방송 시간이 겹칠 때
④ 미국 법인의 주재원으로 발령이 났는데 미국에 가기도 싫고 직장을 그만두기도 싫을 때

선재 쌤's Point

생략된 정보의 추론 — 접속어 · 단어 · 어구

70 ㉠~㉢에 들어갈 말을 바르게 짝 지은 것은?

> 　건축물을 짓고자 하는 사람은 건축 허가를 받을 수 있는지를 행정 기관에 사전에 확인할 것이다. (㉠) 허가를 받을 수 있다는 공식적인 답변을 행정 기관으로부터 받으면 그 답변을 믿고 건축을 진행할 것이다. 이처럼 행정 기관의 어떤 조치가 실행될 것이라는 데 대한 국민의 믿음을 신뢰라고 하며 국민에게 신뢰를 주는, 행정 기관의 말이나 행위를 행정 기관의 선행 조치라 한다. (㉡) 행정 기관의 선행 조치가 행해진 이후 선행 조치에 법적 하자가 발견되면, 행정 기관은 선행 조치에 반하는 다른 조치를 취하게 되고, 이 경우 국민의 권익이 침해당할 수 있다. (㉢) 행정 기관의 선행 조치에 법적 하자가 있더라도 일정한 요건을 충족한다면 행정에 대한 국민의 정당하고 합리적인 신뢰는 보호받아야 함을 행정법상의 원칙으로 삼고 있는데, 이를 신뢰 보호 원칙이라 한다. 행정 기관이 신뢰 보호 원칙에 위배되는 처분을 내릴 경우, 그 처분은 위법한 것이며 취소 또는 무효의 대상이 된다.

	㉠	㉡	㉢
①	또한	이를테면	즉
②	반면	그러나	그래서
③	그리고	그런데	따라서
④	하지만	그러므로	더구나

71 ㉠~㉢에 들어갈 말로 바르게 짝 지어진 것은?

> 인간을 인간답게 만드는 것, 즉 인간에게 존엄성을 부여하는 것은 인간이 갖고 있는 개별적인 요소들이 아니라 이것들이 모여 만들어 내는 복잡한 전체이다. 또한 인간 본성이라는 복잡한 전체를 구성하고 있는 하부 체계들은 상호 간에 극단적으로 밀접하게 연관되어 있다. (㉠) 그중 일부라도 인위적으로 변경하면, 이는 불가피하게 전체의 통일성을 무너지게 한다. 이 때문에 과학 기술을 이용해 인간 본성을 인위적으로 변경하여 지금의 인간을 보다 향상된 인간으로 만들려는 시도는 금지되어야 한다. 이런 시도를 하는 사람들은 인간이 가져야 할 훌륭함이 무엇인지 스스로 잘 안다고 생각하며, 거기에 부합하지 않는 특성들을 선택해 이를 개선하고자 한다. (㉡) 인간 본성의 '좋은' 특성은 '나쁜' 특성과 밀접하게 연결되어 있기 때문에, 후자를 개선하려는 시도는 전자에 대해서도 영향을 미칠 수밖에 없다. (㉢) 우리가 질투심을 느끼지 못한다면 사랑 또한 느끼지 못하게 된다는 것이다. 사랑을 느끼지 못하는 인간들이 살아가는 사회에서 어떤 불행이 펼쳐질지 우리는 가늠조차 할 수 없다. (㉣) 인간 본성을 선별적으로 개선하려 들면, 복잡한 전체를 무너뜨리는 위험성이 불가피하게 발생하게 된다.

	㉠	㉡	㉢	㉣
①	따라서	그러나	예를 들어	즉
②	그러나	또한	가령	하지만
③	그래서	게다가	하물며	다시 말해
④	그리고	하지만	그럼에도 불구하고	오히려

72 ㉠~㉢에 들어갈 말을 적절하게 나열한 것은?

회슬레의 철학 장르론에 따르면, 철학적 진술은 어떤 개성을 지닌 저자가 어떤 입장에서 어떤 주제에 집중하건, 결국 객관적 대상에 관한 진술, 그 대상을 마주하는 주체에 관한 진술, 또는 주체들끼리의 관계에 관한 진술 중 적어도 하나에 속한다. 이러한 철학적 진술은 각각 문제의 주제를 전면에 내세워 다루는 방식, 주제에 대한 자신의 내면적 사유의 흐름을 기술하는 방식, 문제를 둘러싼 여러 주장들을 직접 대결시켜 보는 방식으로 전개될 수 있는데, 이를 각각 '객관성의 장르', '주관성의 장르', '간주관성의 장르'라고 부른다.

가령 데카르트의 《성찰》에서 대부분의 문장은 1인칭 단수의 동사나 대명사로 구성되어 있다. 이러한 텍스트를 통해 독자는 저자의 사유 과정을 생생하게 따라가며 확인할 수 있는데, 이는 (㉠)를 보여 준다. 또 다른 예인 《논리학》에서 저자인 헤겔은 결코 그 자신에 관해 말하지 않거니와, 이 저작은 철저히 개념들의 논리적 규정 및 그것들 간의 이행 관계 등에 대한 기술로만 구성된다. 이는 (㉡)를 보여 준다. 끝으로 플라톤의 《국가》와 같은, (㉢)의 전형인 대화편에서는 저자 개인뿐 아니라 타인 또한 명시적 발화 주체로 등장하여 주장들은 좀 더 생생하게 전달될 뿐 아니라 그것들 간의 대립 및 친화 관계도 잘 드러난다.

	㉠	㉡	㉢
①	객관성의 장르	주관성의 장르	간주관성의 장르
②	객관성의 장르	간주관성의 장르	주관성의 장르
③	주관성의 장르	간주관성의 장르	객관성의 장르
④	주관성의 장르	객관성의 장르	간주관성의 장르

73 ㉠~㉢에 들어갈 말로 적절한 것은?

'공공 미술'의 역사는 세 가지 서로 다른 패러다임의 변천으로 설명할 수 있다. 첫 번째는 (㉠) 패러다임으로, 1960년대 중반부터 1970년대 중반까지 대부분의 공공 미술이 그에 해당한다. 이것은 미술관이나 갤러리에서 볼 수 있었던 미술 작품을 공공장소에 설치하여 공중이 미술 작품을 접하기 쉽게 한 것이다. 두 번째는 (㉡) 패러다임으로, 공공 미술 작품의 개별적인 미적 가치보다는 사용 가치에 주목하고 공중이 공공 미술을 더 가깝게 느끼고 이해할 수 있도록 미술과 실용성 사이의 구분을 완화하려는 시도이다. 이에 따르면 미술 작품은 벤치나 테이블, 가로등, 맨홀 뚜껑과 같은 공공 편의 시설물을 대신하면서 공공장소에 완전히 동화된다. 세 번째인 (㉢) 패러다임은 사회적인 쟁점과 직접적 접점을 만들어 냄으로써 사회 정의와 공동체의 통합을 추구하는 활동이다. 세 번째 패러다임은 사회 변화를 위한 공적 관심의 증대를 목표로 하고 있어서 공공 공간을 위한 미술이라기보다는 공공적 쟁점에 주목하는 미술이다. 이 미술은 해당 주제가 자신들의 삶에 중요한 쟁점이 되는 특정한 공중 일부에게 집중한다.

① ㉠: 공공 공간으로서의 미술
　㉡: 공적인 관심을 증진하는 미술
　㉢: 공공장소 속의 미술
② ㉠: 공공의 이익을 위한 미술
　㉡: 공공장소 속의 미술
　㉢: 공적인 관심을 증진하는 미술
③ ㉠: 공공장소 속의 미술
　㉡: 공공 공간으로서의 미술
　㉢: 공적인 관심을 증진하는 미술
④ ㉠: 공적인 관심을 증진하는 미술
　㉡: 공공의 이익을 위한 미술
　㉢: 공공 공간으로서의 미술

74 ㉠~㉣에 들어갈 말이 바르게 짝 지어진 것은?

신체의 운동이 뇌에 의해 통제되고 조절된다는 것은 당연하게 여겨지지만, 여전히 뇌의 어느 부위가 어떤 운동 기능을 담당하는지는 정확하게 이해되고 있지 않다. 이는 뇌의 여러 부분이 동시에 신체 운동에 관여하기 때문이다. 신체 운동에 관여하는 중요한 뇌의 부위에는 운동 피질, 소뇌, 기저핵이 있다. 대뇌에 있는 운동 피질은 의지에 따른 운동을 주로 조절한다. 소뇌와 기저핵은 숙달되어 생각하지 않아도 일어나는 운동들을 조절한다. 평균대 위에서 재주를 넘는 체조 선수의 섬세한 몸동작은 반복된 훈련을 통하여 생각 없이 자동으로 이루어지는데 이러한 일은 주로 소뇌가 관여하여 일어난다. 기저핵의 두 부위인 선조체와 흑색질은 서로 대립적으로 신체 운동을 조절한다. (㉠)는 신체 운동을 억제하고, (㉡)은 신체 운동을 유발하는 역할을 한다. 뇌의 이상으로 발생하는 운동 장애로 헌팅턴 무도병과 파킨슨병이 있다. 이 두 질병은 그 증세가 서로 대조적이다. 전자는 신체의 근육들이 제멋대로 움직여서 거칠고 통제할 수 없는 운동을 유발한다. 반면에 파킨슨병은 근육의 경직과 떨림으로 움직이려 하여도 근육이 제대로 움직여 주지 않는다. 이러한 대조적인 증세는 대립적으로 작용하는 기저핵의 두 부위에서 일어난 손상으로 인하여 발생한다. 선조체가 손상을 입으면 헌팅턴 무도병에 걸리고 흑색질에 손상을 입으면 파킨슨병에 걸린다. 따라서 흑색질의 기능을 향상시키는 약을 쓰면 (㉢)의 증세가 완화되고 흑색질의 기능을 억제하는 약을 쓰면 (㉣)의 증세가 완화된다.

	㉠	㉡	㉢	㉣
①	선조체	흑색질	파킨슨병	헌팅턴 무도병
②	선조체	흑색질	헌팅턴 무도병	파킨슨병
③	흑색질	선조체	헌팅턴 무도병	파킨슨병
④	흑색질	선조체	파킨슨병	헌팅턴 무도병

생략된 정보의 추론 — 문장형·복합형

75 ㉠에 들어갈 말로 가장 적절한 것은?

근육 수축의 종류 중 근육 섬유가 수축함에 따라 전체 근육의 길이가 변화하는 것을 '등장 수축'이라 하는데, 등장 수축은 근육 섬유 수축과 함께 전체 근육의 길이가 줄어드는 '동심 등장 수축'과 전체 근육의 길이가 늘어나는 '편심 등장 수축'으로 나뉜다. 반면에 (㉠)을 '등척 수축'이라고 한다. 예를 들어 아령을 손에 들고 팔꿈치의 각도를 일정하게 유지하고 있는 상태에서 위팔의 이두근 근육 섬유는 끊임없이 수축하고 있지만, 이 근육에서 만드는 장력이 근육에 걸린 부하량, 즉 아령의 무게와 같아 전체 근육의 길이가 변하지 않기 때문에 등척 수축을 하는 것이다. 등척 수축은 골격근의 주변 조직과 근육 섬유 내에 있는 탄력 섬유의 작용에 의해 일어난다. 근육에 부하가 걸릴 때, 이 부하를 견디기 위해 탄력 섬유가 늘어나기 때문에 등척 수축이 일어날 수 있다.

① 근육 섬유가 이완함에 따라 탄력 섬유의 길이가 길어지는 수축
② 근육 섬유가 이완함에 따라 전체 근육의 길이가 변하지 않는 수축
③ 근육 섬유가 수축함에도 불구하고 탄력 섬유의 길이가 변하지 않는 수축
④ 근육 섬유가 수축함에도 불구하고 전체 근육의 길이가 변하지 않는 수축

76 ( ) 안에 들어갈 결론으로 가장 적절한 것은?

소셜 미디어의 사용으로 인한 디지털 중독은 우리를 외롭게 만드는 중독이다. 그러나 물론 모든 경우에 그런 것은 아니다. 일부 사람들에게는 가상 대화가 직접 만나는 주변 사람과의 대화보다 나을 수 있다. 미국 아이다호주의 소도시에 사는 청소년은 트위터에서 만난 멀리 사는 새 친구들 덕분에 그다지 혼자라고 느끼지 않으며, 필리핀 출신 이주 노동자는 매일 페이스북으로 고향의 자녀와 연락을 하며, 낭포성 섬유증 환자는 자신이 사는 지역에서 같은 병을 앓는 이를 한 명도 알지 못하지만 온라인 지지 모임에서 위안을 얻는다. 이렇게 소셜 미디어는 (   ). 그리고 때때로 누군가에게 구명줄이 되어 주며 고립을 조금 더 견딜 만하게 해 준다.

① 사람들 간 소통과 연대를 가능하게 하여 디지털 중독이라는 부작용을 해결한다
② 일부 사람들에게 소셜 미디어가 아니었다면 만나지 못했을 공동체를 제공한다
③ 대면으로 이루어지는 대화보다 온라인상의 대화가 관계 형성에 더 효과적임을 보여 준다
④ 디지털 중독을 겪는 사람들이 타인과 친밀한 관계를 맺을 수 있도록 도와준다

77 ㉠에 들어갈 내용으로 가장 적절한 것은?

> 각 나라의 정부는 자국의 산업을 보호하고 육성하기 위해 수입을 규제할 수 있다. 수입 규제 수단 가운데 대표적인 것은 관세와 수입 수량 할당이다. 관세란 수입 상품에 부과하는 세금을 말한다. 관세가 부과되면 해당 상품의 국내 가격이 상승하여 수요가 감소하게 되고 그렇게 되면 수입량도 감소한다. 예를 들어 우리나라가 농산물을 관세 없이 자유롭게 수입하다가 정부에서 농산물에 관세를 부과하였다고 하자. 그러면 수입 농산물의 국내 가격은 관세를 더한 만큼 높아져 소비자들의 수요량은 감소한다.
>
> 수입 수량 할당은 일정 기간의 수입량을 일정 수준으로 제한하는 것이다. 자유 무역에서는 국내 생산이 수요를 충족하지 못할 경우, 부족한 만큼을 수입할 수 있다. 이때의 시장 가격은 수요와 공급이 만나는 지점에서 형성되고 시장 거래량은 수요량과 일치한다. 그런데 수입 수량을 제한할 경우에는 수입이 자유로운 경우보다 수입량이 감소하게 된다. 예를 들어 포도주의 국내 생산이 수요를 충족하지 못한다면 생산량을 늘리거나 초과 수요만큼 수입을 해야 한다. 그런데 국내 생산량에 변함이 없고 수입도 일정량만 할 수 있다면 수요에 비해 공급이 부족한 상황이 된다. 그러면 국내에서의 수입 포도주의 가격이 상승하게 되고 이것은 수요량 감소로 이어지게 된다.
>
> 즉 관세와 수입 수량 할당은 모두 (㉠   )는 공통점이 있다.

① 수입량을 줄여 소비자들의 수요량을 감소시킴으로써 자국의 산업을 보호하고 육성한다
② 수입량보다 국내 상품의 공급량을 늘려 수입 상품의 가격을 상승시켜 일시적으로 수입품 소비를 줄인다
③ 수입 상품의 국내 가격 상승으로 수입 상품에 대한 소비를 억제하는 효과를 불러일으킨다
④ 수입 상품에 세금을 부과하여 수입 상품의 국내 가격이 상승하는 시장 원리를 바탕으로 한다

78 문맥을 고려할 때, ( ) 안에 들어갈 내용으로 가장 적절한 것은?

> 증언의 신뢰성은 증언하는 사람과 증언 내용에 의해서 결정된다. 만약 증언하는 사람이 거짓말을 자주 해서 신뢰하기 어려운 사람이라면 그의 말의 신뢰성은 떨어질 수밖에 없고, 증언 내용이 우리의 상식과 상당히 동떨어져 있어 보인다면 증언의 신뢰성은 떨어질 수밖에 없다. 그렇다면 매우 신뢰할 만한 사람이 기적이 일어났다고 증언하는 경우에 우리는 그 증언을 얼마나 신뢰해야 하는가? 이 질문에는 어떤 사람이 거짓 증언을 할 확률이 그 증언 내용이 실제로 일어날 확률보다 작은 경우에만 증언을 신뢰해야 한다는 원칙을 적용해서 답할 수 있다. 먼저 기적이란 자연 법칙을 위반한 사건이다. 여기서 자연 법칙이란 지금까지 우주의 전체 역사에서 일어났던 모든 사건들이 따랐던 규칙이다. 그렇다면 자연 법칙을 위반하는 사건, 즉 기적은 아직까지 한 번도 일어나지 않은 사건이다. 한편 우리는 충분히 신뢰할 만한 사람이 자신의 의지와 무관하게 거짓을 말하는 경우를 이따금 관찰할 수 있다. 따라서 ( ). 결국 우리는 기적이 일어났다는 증언을 신뢰해서는 안 된다.

① 기적이 일어날 확률은 신뢰할 만한 사람이 거짓 증언을 할 확률보다 낮다
② 증언하는 사람이 거짓말을 할 확률은 기적이 실제 일어날 확률보다 낮다
③ 증언하는 사람의 말과 달리 기적은 실제 일어날 가능성이 있다
④ 증언하는 사람은 기적이 실제 일어날 확률을 단언할 수 없다

79 ㉠~㉢에 들어갈 말로 가장 적절한 것은?

주파수 영역의 뇌파는 뇌의 활동 상태에 따라 각각 α파(8~13Hz), β파(14~26Hz), θ파(4~7Hz) 및 δ파(0~3Hz)의 형태로 나타난다. 의학적으로 정상인의 뇌파는 9~10Hz 주파수대의 α파가 대부분을 차지하고 있다. α파는 두뇌의 좌우에 관계없이 전 범위에 걸쳐 나타나는데, 두뇌 활동이 집중되거나 정서적인 자극이 가해지면, 진폭이나 주파수의 변화가 나타나거나 β파, θ파 등이 발생하게 된다. 특히 외부로부터의 자극이 비호의적인 자극이라면 θ파의 출현이 잦아진다. 또한 심리적으로 불안하거나 부정적인 정서를 지니고 있을 때도 역시 θ파가 나타난다. β파는 정신적으로 긴장하거나 신경이 예민해질 때, 흥분할 때 발생하는 뇌파다. 즉, 외부로부터의 자극이 (㉠) 자극이라면 α파의 활동 범위가 넓어지게 되는 것이다.

음악에 의한 뇌파의 반응은 개인적인 차원에서 달라질 수 있다. 그러나 일반적으로 보통의 속도와 음량을 지닌 음악이 자극으로 작용하는 경우에는 정상적인 α파의 활동이 활발하며, 속도가 빨라지거나 음량이 커질수록 β파의 활동이 활발해진다. 화음에 의한 자극 반응 역시 불협화음의 음악이 제시될 경우는 (㉡)가 주로 발생하고, 협화음이 제시될 경우에는 (㉢)가 발생하는 비율이 높아지게 된다.

① ㉠: 호의적인 것이든지 안정적인 정서를 유도하는
　㉡: α파
　㉢: β파나 θ파
② ㉠: 부정적인 것이든지 과민한 상태를 유도하는
　㉡: α파
　㉢: β파나 θ파
③ ㉠: 호의적인 것이든지 안정적인 정서를 유도하는
　㉡: β파나 θ파
　㉢: α파
④ ㉠: 부정적인 것이든지 과민한 상태를 유도하는
　㉡: β파나 θ파
　㉢: α파

80 ㉠과 ㉡에 들어갈 말로 가장 적절한 것은?

> 원인이 그 결과를 위해 필요조건이면서 충분조건인 경우, 원인의 예를 통해 결과를 연역적으로 추론할 수도 있고 그 반대로 결과에서 원인을 추론할 수도 있는 것이다. 어떤 경우에는 원인이 그 결과를 위한 (㉠)도 있는데, 이런 경우에는 결과로부터 원인을 추론할 수는 있지만 그 역은 불가능하다. 대부분의 질병은 그러한 예에 해당된다. 예를 들어 폐결핵에 걸렸다면 폐결핵 균을 가지고 있다고 추론할 수 있지만, 폐결핵 균만 가지고 있다고 반드시 폐결핵 증상이 나타난다고 볼 수는 없다. 그러나 원인이 그 결과에 대한 (㉡)도 있다. 많은 사람들이 흡연을 즐기면서도 폐암에 걸리지 않았고 폐암에 걸린 사람이라고 다 흡연 경험이 있는 것은 아니다. 그렇다고 해서 원인과 결과가 서로 무관한 것은 아니다. 만일 원인이 충분조건 아니면 필요충분조건이라는 용어로 정의되어야만 한다면 우리는 결코 폐암의 원인을 발견할 수 없을 것이다.

① ㉠: 필요조건이지만 충분조건은 아닌 경우
  ㉡: 필요조건도, 충분조건도 아닌 경우
② ㉠: 충분조건이지만 필요조건은 아닌 경우
  ㉡: 필요조건도, 충분조건도 아닌 경우
③ ㉠: 충분조건이지만 필요조건은 아닌 경우
  ㉡: 필요조건이면서 충분조건인 경우
④ ㉠: 필요조건이지만 충분조건은 아닌 경우
  ㉡: 필요조건이면서 충분조건인 경우

생략된 결론의 추론

81 ( ) 안에 들어갈 결론으로 가장 적절한 것은?

원래 텔레비전은 우리가 멀리서도 볼 수 있도록 해 주는 기기로 인식됐다. 하지만 조만간 텔레비전은 멀리에서 우리를 보이게 해 줄 것이다. 오웰의 〈1984〉에서 상상한 것처럼, 우리가 텔레비전을 보는 동안 텔레비전이 우리를 감시할 것이다. 우리는 텔레비전에서 본 내용을 대부분 잊어버리겠지만, 텔레비전에 영상을 공급하는 기업은 우리가 만들어 낸 데이터를 기반으로 하여 알고리즘을 통해 우리 입맛에 맞는 영화를 골라 줄 것이다.

그들의 답이 늘 옳지는 않을 것이다. 그것은 불가능하다. 데이터 부족, 프로그램 오류, 삶의 근본적인 무질서 때문에 알고리즘은 실수를 범할 수밖에 없다. 하지만 완벽해야 할 필요는 없다. 평균적으로 우리 인간보다 낫기만 하면 된다. 그 정도는 그리 어려운 일이 아니다. 왜냐하면 대부분의 사람은 자신을 잘 모르기 때문이다. 사람들은 인생의 중요한 결정을 내리면서도 끔찍한 실수를 저지를 때가 많다. 데이터 부족, 프로그램 오류, 삶의 근본적인 무질서로 인한 고충도 인간이 알고리즘보다 훨씬 더 크게 겪는다.

우리는 알고리즘을 둘러싼 많은 문제들을 열거하고 나서, 그렇기 때문에 사람들은 결코 알고리즘을 신뢰하지 않을 거라고 결론 내릴 수도 있다. 하지만 그것은 민주주의의 모든 결점들을 나열한 후에 '제정신인 사람이라면 그런 체제는 지지하려 들지 않을 것'이라고 결론짓는 것과 비슷하다. 처칠의 유명한 말이 있지 않은가? "민주주의는 세상에서 가장 나쁜 정치 체제다. 다른 모든 체제를 제외하면." 알고리즘에 대해서도 마찬가지로 다음과 같은 결론을 내릴 수 있다. ( ).

① 알고리즘보다 더 이상적인 답을 인간에게 제시해 줄 수 있는 체제를 찾아야 한다
② 실수가 없지는 않지만 현실적으로 알고리즘보다 더 신뢰할 만한 대안을 찾기는 어렵다
③ 이제껏 발견되지 않았던 알고리즘의 새로운 결점 때문에 알고리즘의 신뢰성은 점차 떨어질 것이다
④ 알고리즘이 우리에게 최선의 선택을 제시할 수 있도록 알고리즘의 결점을 제거해야 한다

82 (   ) 안에 들어갈 결론으로 적절하지 않은 것은?

맥길 대학의 연구 팀은, 많이 핥아 주는 어미 쥐가 돌본 새끼들은 인색하게 핥아 주는 어미 쥐가 돌본 새끼들보다 외부 스트레스에 무디게 반응하고, 많이 안 핥아 주는 친어미에게서 새끼를 떼어 내어 많이 핥아 주는 양어미에게 두어 핥게 하면, 새끼의 스트레스 반응 정도는 양어미의 새끼 수준과 비슷해짐을 발견했다. 이들의 연구에 따르면, 어미가 누구든 많이 핥인 새끼는 그렇지 않은 새끼보다 뇌의 특정 부분, 특히 해마에서 글루코르티코이드 수용체들, 곧 GR들이 더 많이 생겨났다. 이렇게 생긴 GR의 수는 성체가 되어도 크게 바뀌지 않았다. GR의 수는 GR 유전자의 발현에 달려 있다. 이 쥐들의 GR 유전자는 차이는 없지만 그 발현 정도에는 차이가 있을 수 있다. 이 발현을 촉진하는 인자 중 하나가 NGF 단백질인데, 많이 핥인 새끼는 그렇지 못한 새끼에 비해 NGF 수치가 더 높다. 스트레스 반응 정도는 코르티솔 민감성에 따라 결정되는데 GR이 많으면 코르티솔 민감성이 낮아지게 하는 되먹임 회로가 강화되어 스트레스에 무디게 반응하게 된다. 이를 바탕으로 연구 팀은 '(   ).'라는 결론을 내렸다.

① 후천적인 요소가 유전자의 발현에 영향을 미칠 수 있다
② NGF 수치는 GR의 수와 정비례 관계, 스트레스 반응과 반비례 관계이다
③ 어렸을 적 어미의 돌봄 여부가 성인의 스트레스 반응 정도에 영향을 미친다
④ 어미에게 많이 핥인 새끼가 그렇지 않은 새끼에 비해 NGF와 코르티솔 민감성 수치가 높다

83 ㉠에 들어갈 글의 결론으로 가장 적절한 것은?

천재성에 대해서는 두 가지 서로 다른 직관이 존재한다. 개별 과학자의 능력에 입각한 천재성과 후대의 과학 발전에 끼친 결과를 고려한 천재성이다. 개별 과학자의 천재성은 일반 과학자의 그것을 뛰어넘는 천재적[1]인 지적 능력을 의미한다. 후자의 천재성은 과학적 업적을 수식한다. 이 경우 천재적[2]인 과학적 업적이란 이전 세대의 과학을 혁신적으로 바꾼 정도나 그 후대의 과학에 끼친 영향의 정도를 의미한다.

실제로 많은 나라에서 영재 학교를 운영하고 있으며, 이들 학교에는 정도의 차이는 있지만 평균보다 탁월한 지적 능력을 보이는 학생들이 많이 있다. 그러나 이들 가운데 단순히 뛰어난 과학적 업적이 아니라 과학의 발전 과정을 혁신적으로 바꿀 혁명적 업적을 내는 사람은 매우 드물다. 또한 과학적 업적을 남긴 사람임이 분명한 코페르니쿠스나 멘델은 모두 뛰어난 지적 능력을 갖추었지만, 그 당시 사람들을 압도할 만한 능력을 갖춘 사람은 아니었다. 그러므로 (㉠   ).

① 천재적[1]인 능력과 천재적[2]인 업적은 서로 구분할 수가 없다
② 천재적[1]인 능력과 천재적[2]인 업적 간에 절대적 상관관계가 없다
③ 천재적[2]인 업적을 세우려면 천재적[1]인 능력의 소유가 필수 조건이다
④ 천재적[1]인 능력과 천재적[2]인 업적에 대한 평가는 시간의 흐름에 따라 변화한다

84 ㉠에 들어갈 결론으로 가장 적절한 것은?

> 물체가 전자기파를 방출하는 현상을 열복사라고 하며, 모든 물체는 열복사를 통해 전자기파를 방출한다. 물체는 온도가 높을수록 파장이 짧은 전자기파를 더 많이 방출한다. 물체는 자신의 온도에 따라 독특한 파장의 전자기파를 표면에서 방출한다. 물체의 온도에 따라 방출하는 파장과 파장에 따른 에너지의 세기와의 관계는 흑체 복사 곡선에서도 확인할 수 있다. 흑체란 외부의 빛을 완벽하게 흡수하여 반사되는 빛이 없는 이상적인 물체로, 이 물체가 빛을 방출하기 위해서는 반드시 열에너지가 필요하다. 일정한 온도에 따라 흑체가 복사하는 파장의 분포를 나타낸 것을 흑체 복사 곡선이라고 한다. 흑체 복사 곡선은 흑체를 구성하는 물질의 성질이나 크기와는 상관이 없고, 흑체의 온도에만 영향을 받는다. 온도가 높을수록 그래프의 면적은 넓어지고, 에너지 세기의 최고점이 높아지면서 파장이 짧은 쪽으로 이동한다. 흑체에서 방출하는 빛의 색이 온도에 따라 다른 것은 온도에 따라 에너지 세기가 가장 높은 지점의 파장이 다르기 때문이다.
>
> 흑체 복사 곡선을 이용해서 우리는 별의 온도를 추정할 수 있다. 태양의 파장 분포는 흑체 복사 곡선에서 5,000K*의 파장 분포와 매우 흡사하므로 태양의 표면 온도는 약 5,000K이라 할 수 있다. 그런데 어떤 별들은 태양보다 파장이 더 짧은 영역에 해당하는 하얀색~파란색을 띤다. 우리는 (㉠) 추정할 수 있다.
>
> *K(켈빈): 절대 온도의 단위

① 이런 별들의 표면 온도를 5,000K보다 높다고
② 이런 별들의 표면 온도를 5,000K보다 낮다고
③ 이런 별들의 전자기파는 태양보다 적게 방출될 것이라고
④ 이런 별들의 파장 분포와 태양의 파장 분포는 매우 흡사할 것이라고

85 (   ) 안에 들어갈 결론으로 적절하지 않은 것은?

명예는 인간으로서의 존엄성에 근거한 고유한 인격적 가치를 의미하는 내적 명예, 실제 이 사람이 가진 사회적·경제적 지위에 대한 사회적 평판을 의미하는 외적 명예, 인격적 가치에 대한 자신의 주관적 평가 내지는 감정으로서의 명예 감정으로 구분된다. 악성 댓글, 즉 악플에 의한 인터넷상의 명예 훼손이 통상적 명예 훼손보다 더 심하기 때문에 통상의 명예 훼손 행위에 비해서 인터넷상의 명예 훼손 행위를 가중해서 처벌해야 한다는 주장이 일고 있다. 이에 대해 법학자 A는 다음과 같이 주장하였다.

인터넷 기사 등에 악플이 달린다고 해서 즉시 악플 대상자의 인격적 가치에 대한 평가가 하락하는 것은 아니므로, 내적 명예가 그만큼 더 많이 침해되는 것으로 보기 어렵다. 또한 만약 악플 대상자의 외적 명예가 침해되었다고 하더라도 이는 악플에 의한 것이 아니라 악플을 유발한 기사에 의한 것으로 보아야 한다. 오히려 악플로 인해 침해되는 것은 명예 감정이라고 보는 것이 마땅하다. 다만 인터넷상의 명예 훼손 행위는 그 특성상 해당 악플의 내용이 인터넷 곳곳에 퍼져 있을 수 있어 명예 감정의 훼손 정도가 피해자의 정보 수집량에 좌우될 수 있다는 점을 간과해서는 안 될 것이다. 구태여 자신에 대한 부정적 평가를 모을 필요가 없음에도 부지런히 수집·확인하여 명예 감정의 훼손을 자초한 피해자에 대해서 국가가 보호해 줄 필요성이 없다는 점에서 명예 감정을 보호해야 할 법익으로 삼기 어렵다. 결과적으로 법학자 A는 (   )고 본 것이다.

① 인터넷상의 명예 훼손이 통상적 명예 훼손보다 더 심하다고 보기 어렵다
② 악플 피해자의 명예 훼손 정도는 피해자의 정보 수집 행동에 영향을 받는다
③ 명예 훼손의 가중 처벌 판단 시, 내적·외적 명예 훼손을 명예 감정 훼손보다 더 중시해야 한다
④ 인터넷상의 명예 훼손에 대한 처벌 대상에 악플을 쓴 사람뿐만 아니라 기사를 쓴 기자가 포함될 수 있다

자료 분석·평가

86 다음 자료를 활용하여 글을 쓰려고 할 때, 적절하지 않은 것은?

〈자료 1〉

　한 취업 관련 앱에서 대학생과 대학교를 졸업한 지 2년 미만인 사람들을 대상으로 진행한 조사에서 63.4%가 대학 진학을 한 번이라도 후회한 적이 있다고 응답했다. 대학 진학의 이유로는 '취업 등의 이유로 졸업장이 필요해서'가 36.0%를 차지했으며, '부모 혹은 주변인들의 권유나 시선 때문에'가 18.1%를 차지했다. 그러나 응답자들은 '취업이 안 되어서(혹은 안 될 것 같아서)(22.6%)', '대학 수업 내용이 불만족스러워서(19.8%)' 등의 이유로 대학 진학을 후회한다고 답했다.

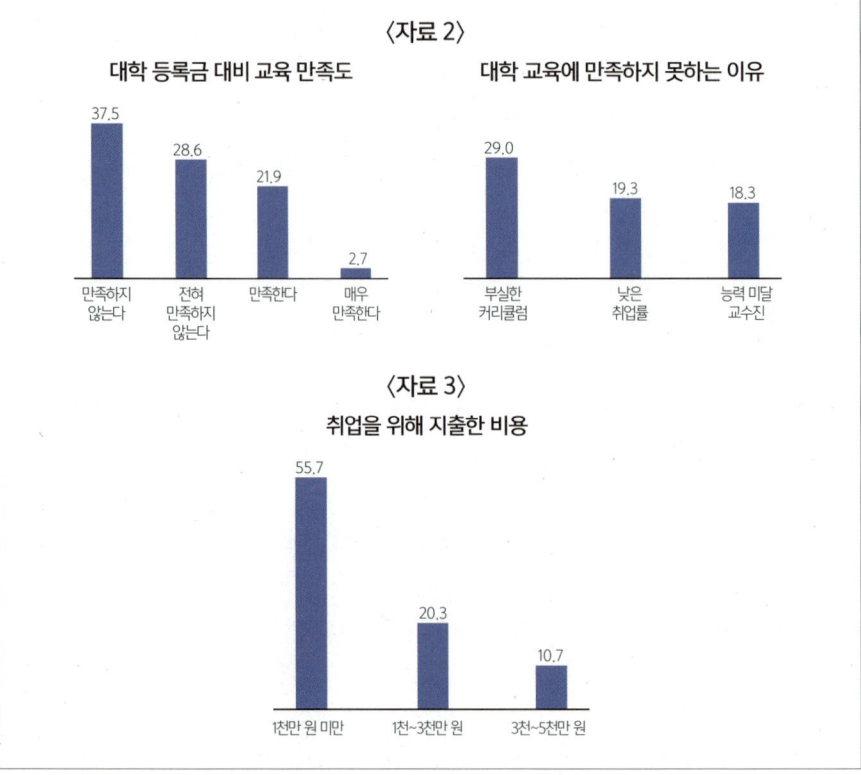

① 〈자료 1〉을 활용해 취업이나 타인의 요구에 부응하기 위함이 대학 진학의 동기가 되는 현실을 언급한다.
② 〈자료 1〉과 〈자료 2〉를 활용해 취업이 대학 진학의 동기인 동시에 진학 후의 불안 요소로 작용하고 있음을 강조한다.
③ 〈자료 2〉를 활용해 대학 교육에 대한 만족도를 높이기 위한 방안으로 등록금 인하를 제안한다.
④ 〈자료 3〉을 활용해 대학 교육 외에 취업을 위해 지출해야 하는 비용도 부담이 될 수 있음에 우려를 표시한다.

87 다음은 최근 몇 년의 뉴스 이용 현황을 조사한 자료이다. 자료 ㉮~㉰를 분석한 내용으로 적절하지 않은 것은?

㉮ 미디어별 뉴스 이용률 추이

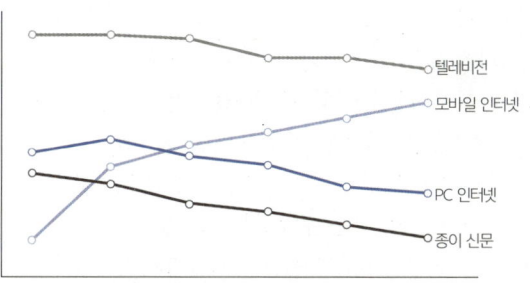

㉯ 한 조사에 따르면, 20대와 30대의 모바일 인터넷 뉴스 이용률은 90%를 훨씬 넘어섰다. 그런데 눈여겨볼 것은 65세 이상의 모바일 인터넷 뉴스 이용률도 현재 30%를 상회하고 있으며 이 수치는 해마다 조금씩 늘고 있다는 사실이다.

㉰ 결합 열독률*

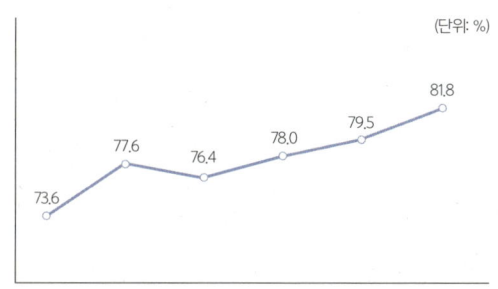

* **결합 열독률**: 지난 일주일간 신문 기사를 다섯 가지 경로(종이 신문, 모바일 인터넷, PC 인터넷 등) 중 한 가지 이상에서 읽었다는 응답 비율

① 모바일 인터넷 뉴스 이용자들이 급격히 늘어나면서 신문 기사를 읽는 사람들은 점차 줄어들고 있다.
② 모바일 인터넷으로 뉴스를 이용하는 비율과 PC 인터넷으로 뉴스를 이용하는 비율은 역전되었다.
③ 모바일 뉴스 이용률에서 노년층의 비율은 증가 추세에 있지만 젊은 층의 비율에는 훨씬 못 미친다.
④ 종이 신문이나 TV와 같이 전통적인 방식으로 뉴스를 이용하는 비율은 꾸준히 감소하고 있다.

복합 문제

88~89 다음 글을 읽고 물음에 답하시오.

　　사람들은 수컷 공작새의 꼬리 깃털을 파란색과 녹색으로 인식한다. 대부분의 척추동물은 멜라닌 색소를 가지고 있다. 이 색소의 양에 따라 피부나 머리카락, 깃털 등의 색깔이 붉은 갈색이나 검은색 등으로 결정되는 것이다. 이처럼 화학 물질인 색소에 의해 나타나는 색을 화학색이라고 ㉠부르는데, 척추동물인 공작의 깃털에는 멜라닌 색소는 있지만 파란색이나 녹색의 색소는 없다.

　　그렇다면 공작의 깃털이 파란색과 녹색으로 보이는 이유는 무엇일까? 그 비밀은 구조색에 있다. 구조색이란 색소의 영향이 아닌 물리적 구조의 영향으로 인해 나타나는 색을 말한다. 공작의 깃털은 아주 작은 구슬 모양의 결정들이 뭉쳐져 만들어진 오팔 구조로 되어 있다. 오팔 구조는 구슬과 구슬 사이에 빈 공간이 있어, 오팔 구조를 갖는 물체에 빛이 들어오게 되면 빛은 구슬과 빈 공간을 통과하며 파장이 변한다. 물체는 빛의 파장의 길이에 따라 다양한 색을 내는데, 공작의 깃털은 오팔 구조에 의해 빛의 파장이 짧아져 파란색 계열로 우리 눈에 보이게 되는 것이다. 구조색은 카멜레온, 모르포 나비와 같은 동물들에도 나타난다. 이러한 구조색의 원리는 위조지폐 방지 기술에도 활용되고 있다.

88 이 글의 내용과 부합하지 않는 것은?

① 공작의 깃털은 화학색을 지니며 구조색의 영향을 받는다.
② 척추동물의 피부나 털의 색깔은 대부분 멜라닌 색소의 양에 의해 결정된다.
③ 구조색의 원리는 범죄 예방책의 하나로 사용되고 있다.
④ 오팔 구조는 빛의 파장을 늘려 공작의 깃털이 푸른빛을 띠게 만든다.

89 ㉠의 문맥적 의미와 가장 가까운 것은?

① 화는 또 다른 화를 <u>부르기</u> 마련이다.
② 저 멀리 푸른 바다가 우리를 <u>부른다</u>.
③ 올해 생일에는 친구들을 집으로 <u>부를</u> 계획이다.
④ 주위 사람들은 그를 불운한 천재라고 <u>불렀다</u>.

90~91 다음 글을 읽고 물음에 답하시오.

'피카레스크 소설'은 스페인만이 ⊙가진 독특한 문학 장르로 하류층의 삶을 소재로 해서 매우 현실적인 내용을 숨김없이 표현한다. 피카레스크 소설에서는 주인공을 '피카로'로 지칭하는데, 피카로는 장난꾸러기, 악동, 악당 등을 뜻하는 스페인어이다. 피카레스크 소설에서 주인공인 피카로는 항상 '나'의 시점에서 자신의 경험을 생생하게 서술한다. 주인공은 뚜렷한 직업이 없는 소년으로 구걸과 도둑질을 일삼으면서 양심의 가책 없이 다른 사람을 희생시켜 살아가다가 오히려 자신의 계략에 희생당하는 인물이다.

피카레스크 소설은 그 배경이 된 시대의 사회상, 특히 여러 계층의 사람들이 살아가는 모습을 생생하게 그려 냄으로써 사실주의적 경향을 극명하게 보여 준다. 피카레스크 소설은 다른 유럽 국가들에도 큰 영향을 끼쳐서 18~19세기에 사실주의 소설이 발전하는 데 이바지했다.

피카레스크 소설 중 가장 대표적인 작품으로는 1554년에 쓰인 작가 미상의 〈라사리요 데 토르메스〉가 있다. 이 소설은 출판되자마자 커다란 성공을 거두었으나, 그 속에 담긴 반교회, 반교권주의적인 내용 때문에 종교 재판소로부터 출판을 금지당하기도 했다.

90 이 글의 내용으로 추론할 수 있는 바가 아닌 것은?

① 피카레스크 소설은 모두 1인칭 주인공 시점을 취했을 것이다.
② '피카로'라는 이름에는 피카레스크 소설 속 주인공의 행적이 담겨 있다.
③ 〈라사리요 데 토르메스〉를 읽고 싶어도 시중에서 구할 수 없었던 때도 있었을 것이다.
④ 18~19세기에는 스페인뿐 아니라 다른 유럽 국가에서도 피카레스크 소설이 유행하였다.

91 ⊙과 바꾸어 쓸 수 있는 말로 가장 적절한 것은?

① 관할(管轄)한　　② 소지(所持)한
③ 획득(獲得)한　　④ 보유(保有)한

[92~94] 다음 글을 읽고 물음에 답하시오.

체험 사업을 운영하는 이들은 아이들에게 다양한 직업의 현장과 삶의 실상, 즉 현실을 체험하게 해 준다고 홍보한다. 그러나 이때의 현실은 아이들의 상황을 ㉠<u>고려해서</u> 눈앞에 보일 만한 것, 손에 닿을 만한 것, 짧은 시간에 마칠 수 있는 것을 잘 계산해서 마련해 놓은 맞춤형 가상 현실이다. 눈에 보이지 않는 구조, 손에 닿지 않는 제도, 장기간 반복되는 일상은 체험 행사에서는 제공될 수 없다.

경험은 타자와의 만남이다. 반면 체험 속에서 인간은 언제나 자기 자신만을 볼 뿐이다. 타자들로 가득한 현실을 경험함으로써 인간은 스스로 변화하는 동시에 현실을 변화시킬 동력을 얻는다. 이와 달리 가상 현실에서는 그것을 체험하고 있는 자신을 재확인하는 것으로 ㉡<u>귀결되기</u> 마련이다. 경험 대신 체험을 제공하는 가상 현실은 실제와 가상의 경계를 ㉢<u>모호하게</u> 할 뿐만 아니라 우리를 현실에 순응하도록 이끈다. 요즘 미래 기술로 ㉣<u>각광받는</u> 디지털 가상 현실 기술은 경험을 체험으로 대체하려는 오랜 시도의 결정판이다. 버튼 하나만 누르면 3차원으로 재현된 세계가 바로 앞에 펼쳐진다. 한층 빠르고 정교한 계산으로 구현한 가상 현실은 우리에게 필요한 모든 것을 눈앞에서 체험할 수 있는 본격 체험 사회를 예고하는 것만 같다.

92 이 글의 글쓴이가 궁극적으로 말하고자 하는 바는?

① 경험과 체험의 차이
② 가상 현실의 문제점
③ 체험 사업이 예고하는 긍정적 미래
④ 타자와의 만남이 주는 경험의 중요성

93 이 글에 대한 이해로 가장 적절한 것은?

① 가상 현실에서는 타자와의 만남을 통해 현실을 변화시킬 동력을 제공한다.
② 체험 행사에서 아이들이 체험하는 것은 자신을 재확인하는 가상 현실이다.
③ 체험 사업은 눈에 보이지 않는 구조를 눈에 보이는 가상 현실로 체험하도록 해 준다.
④ 디지털 가상 현실 기술은 체험을 경험으로 대체하여 인간이 현실에 순응하는 데 일조한다.

94 ㉠~㉣을 풀이한 것으로 적절하지 않은 것은?

① ㉠: 미리 준비해서
② ㉡: 결말에 이르게 되기
③ ㉢: 분명하지 않게
④ ㉣: 사회적 관심을 받는

[95~96] 다음 글을 읽고 물음에 답하시오.

두뇌 연구는 지금까지 사고와 기억 등 두뇌에서 일어나는 모든 현상을 뉴런의 연결망과 뉴런 간의 전기 신호로 설명했다. 그러나 두뇌에는 뉴런 외에도 신경교 세포가 존재한다. 과학자들은 신경교 세포가 단지 두뇌 유지에 필요한 영양 공급과 두뇌 보호를 위한 전기 절연의 역할만을 가진다고 여겼다. A 연구 팀은 신경교 세포가 전체 뉴런을 조정하면서 기억력과 사고력을 향상시킨다고 예상하고서, 이를 확인하기 위해 인간의 신경교 세포를 갓 태어난 생쥐의 두뇌에 주입했다. 쥐가 자라면서 주입된 인간의 신경교 세포도 성장했다. 이 세포들은 쥐의 뉴런들과 완벽하게 결합되어 쥐의 두뇌 전체에 걸쳐 ㉠퍼지게 되었다. 심지어 어느 두뇌 영역에서는 쥐의 뉴런의 숫자를 능가하기도 했다. 뉴런과 달리 쥐와 인간의 신경교 세포는 비교적 쉽게 구별된다. 인간의 신경교 세포는 매우 길고 무성한 섬유질을 가지기 때문이다. 쥐에 주입된 인간의 신경교 세포는 그 기능을 그대로 간직한다. 그렇게 성장한 쥐들은 다른 쥐들과 잘 어울렸고, 다른 쥐들의 관심을 끄는 것에 흥미를 보였다. 이 쥐들은 미로를 통과해 치즈를 찾는 테스트에서 더 뛰어났다. 보통의 쥐들은 네다섯 번의 시도 끝에 올바른 길을 배웠지만, 인간의 신경교 세포를 주입받은 쥐들은 두 번 만에 학습했다.

95 이 글에서 추론한 내용으로 적절하지 않은 것은?

① 쥐의 두뇌에 인간의 뉴런 세포를 주입하면, 쥐의 뉴런과 인간의 뉴런을 완벽히 구분하기는 어려울 것이다.
② 쥐의 두뇌에 인간의 신경교 세포를 주입하면, 그 신경교 세포는 쥐의 뉴런에 전기 신호를 전달할 것이다.
③ 쥐의 두뇌에 주입된 인간의 신경교 세포는 쥐의 두뇌 영역에 따라 서로 다른 분포를 보일 것이다.
④ 쥐의 두뇌에 인간의 신경교 세포를 주입하면 그 세포는 쥐의 사고력 향상에 영향을 미칠 것이다.

96 ㉠과 문맥적 의미가 가장 가까운 것은?

① 하류로 갈수록 강물이 점점 넓게 퍼진다.
② 미리 끓여 놓았던 라면이 퍼져서 탱탱 불었다.
③ 민들레씨는 바람에 날려 전역으로 퍼진다.
④ 산행을 마친 사람들은 목적지에 도착하자 푹 퍼졌다.

97~98 다음 글을 읽고 물음에 답하시오.

현대의 과학사가들과 과학 사회학자들은 지금 우리가 당연시하는 과학과 비과학의 범주가 오랜 시간에 걸쳐 구성된 범주임을 강조하면서 과학자와 대중이라는 범주의 형성에 연구의 시각을 맞출 것을 주장한다. 특히 과학 지식에 대한 구성주의자들은 과학과 비과학의 경계, 과학자와 대중의 경계 자체가 처음부터 고정된 경계가 아니라 오랜 역사적 투쟁을 통해서 만들어진 문화적 경계라는 점을 강조한다.

과학자와 대중을 가르는 가장 중요한 기준은 문화적 능력이라고 할 수 있는데 이것은 과학자가 대중과 구별되는 인지 능력이나 조작 기술을 가지고 있다는 것을 의미한다. 부르디외의 표현을 빌리자면, 과학자들은 대중이 결여한 '문화 자본'을 소유하고 있다는 것이다. 이러한 문화 자본 때문에 과학자들과 대중 사이에 (㉠)이 생겨난다. 여기서 중요한 것은 그 형태와 정도이다.

예를 들어 수리 물리학, 광학, 천문학 등의 분야는 과학자와 대중의 유리된 정도가 상대적으로 컸다. 고대부터 16세기 코페르니쿠스에 이르는 천문학자들이나 17세기 과학 혁명 당시의 수리 물리학자들은 그들의 연구가 보통의 교육을 받은 사람들을 대상으로 한 것이 아니고, 그들과 같은 작업을 하고 전문성을 공유하고 있던 사람들만을 위한 것이라는 점을 분명히 했다. 갈릴레오에 따르면 자연이라는 책은 수학의 언어로 쓰여 있으며 따라서 이 언어를 익힌 사람만이 자연의 책을 읽어 낼 수 있다. 반면 유전학이나 지질학 등은 20세기 중반 전까지 대중 영역과 일정 정도의 (㉡)을 가지고 있었으며 거기서 영향을 받았던 것이 사실이다. 특히 20세기 초 유전학은 멘델 유전학의 재발견을 통해 눈부시게 발전할 수 있었는데 이러한 발전은 실제로 오랫동안 동식물을 교배하고 품종 개량을 해왔던 육종가들의 기여 없이는 불가능했다.

97 이 글에서 추론한 내용으로 적절한 것은?
① 과학과 비과학의 경계가 형성된 시기는 17세기 과학 혁명 이후이다.
② 대중에 쉽게 다가가기 위해서 과학과 비과학의 경계를 없애야 한다.
③ 수학 언어는 수리 물리학자들이 가지고 있는 문화 자본에 해당한다.
④ 천문학자와 달리 지질학자들은 문화 자본을 소유하고 있지 않다.

98 문맥을 고려할 때, ㉠과 ㉡에 들어갈 말로 가장 적절한 것은?

	㉠	㉡
①	반박성(反駁性)	동의성(同意性)
②	불변성(不變性)	가변성(可變性)
③	일치성(一致性)	불일치성(不一致性)
④	불연속성(不連續性)	연속성(連續性)

99~100 다음 글을 읽고 물음에 답하시오.

최근 다도해 지역을 ㉠ 해양사의 관점에서 새롭게 주목하는 논의가 많아졌다. 그들은 주로 다도해 지역의 해로를 통한 국제 교역과 사신의 왕래 등을 거론하면서 해로와 포구의 기능과 해양 문화의 개방성을 강조하고 있다. 한편 다도해는 오래전부터 유배지로 이용되었다는 사실이 자주 언급됨으로써 그동안 우리에게 고립과 단절의 이미지로 강하게 남아 있다. 이처럼 다도해는 개방성의 측면과 고립성의 측면에서 모두 조명될 수 있다. 이는 섬이 바다에 의해 격리되는 한편 그 바다를 통해 외부 세계와 연결되기 때문이다.

다도해의 문화적 특징을 말할 때 흔히 육지에 비해 옛 모습의 문화가 많이 남아 있다는 점이 거론된다. 섬이 단절된 곳이므로 육지에서는 이미 사라진 문화가 섬에는 아직 많이 남아 있다고 여기는 것이다. 또한 섬이라는 특수성 때문에 무속이 성하고 마을굿도 풍성하다고 생각하는 이들도 있다. 이런 견해는 ㉡ 다도해를 고립되고 정체된 곳이라고 생각하는 관점과 통한다. 실제로는 육지에도 무당과 굿당이 많은데도 관념적으로 섬을 특별하게 여기는 것이다.

이런 관점에서 '진도 다시래기'와 같은 축제식 장례 풍속을 다도해 토속 문화의 대표적인 사례로 드는 경우도 있다. 지금도 진도나 신안 등지에 가면 상가(喪家)에서 노래하고 춤을 추며 굿을 하는 것을 볼 수 있는데, 이런 모습은 고대 역사서의 기록과 흡사하므로 그 풍속이 고풍스러운 것은 분명하다. 하지만 기존 연구에서 밝혀졌듯이 진도 다시래기가 지금의 모습을 갖추게 된 데에는 육지의 남사당패와 같은 유희 유랑 집단에서 유입된 요소들의 영향도 적지 않다. 결국 (   ).

99 ㉠과 ㉡에 대한 평가로 적절하지 않은 것은?

① '바다를 지배하는 자가 무역을 지배하고, 세계의 부를 지배하며, 결국 세계를 지배한다.'라는 견해는 ㉠을 강화하고, ㉡을 약화한다.
② 섬은 대륙과 구별되는 특징을 가지며, 일반적으로 바다에 의해 분리되는 지형적 특성을 가지고 있다는 견해는 ㉡을 강화한다.
③ 한국인에게 '독도'는 한국 그 자체이며, 한국의 혼을 지닌다는 점에서 섬은 가장 강력한 상징성을 지닌다는 견해는 ㉠을 강화하고, ㉡을 약화한다.
④ 섬을 바닷길의 거점이자 징검다리로 활용했다는 고려 시대의 자료는 ㉠을 강화하고, 섬을 사람이 살 수 없는 공간으로 보았다는 조선 시대의 자료는 ㉡을 강화한다.

100 문맥을 고려할 때, (   ) 안에 들어갈 내용으로 가장 적절한 것은?

① 다도해의 문화적 특징을 논의할 때 개방성의 측면을 간과해서는 안 된다
② 옛 모습을 많이 간직한 다도해의 문화를 보존하고 계승해야 한다
③ 육지와 섬을 다리로 연결할 때 고립된 다도해가 개방될 수 있다
④ 다도해를 해양사의 관점에서 이해하려면 섬을 특별하게 여기지 말아야 한다

PART 2
사고의 힘 논리

PART 2 사고의 힘 논리

| 학습 전략 |

- 명제 논리, 정언 논리, 양화 논리의 체계를 이해한다.
- 타당한 결론을 도출하기 위해 기호화하는 방식을 익히고 문제에 적용한다.

논리 문제에 접근하는 올바른 방식

올바른 추론의 방법은 물고기를 잡는 방법에 비유할 수 있습니다. **명제 논리**는 덩어리가 큰 물고기를 잡을 때 쓰는 그물, 즉 튼튼하지만 성긴 그물코를 가진 그물과 같습니다. **양화 논리**는 이것보다 훨씬 촘촘한 그물코를 가지고 있어서, 웬만한 물고기는 다 잡을 수 있는 촘촘한 그물과 비슷하고요. 또한 양식장에서 물고기를 잡을 때 쓰는 낚싯대처럼 일정한 조건을 갖춘 곳에서 유용하게 쓰이는 도구도 있는데, **다이어그램이나 삼단 논법** 등이 여기에 해당됩니다.

지금부터 우리는 큰 그물코를 지닌 명제 논리부터 섬세한 양화 논리까지, 다양한 논리적 도구를 사용하는 방식을 익힐 것입니다. 즉 **문제 유형에 따라 가장 알맞은 도구를 선택하는 방법**부터 이 도구를 사용하여 논증의 타당성을 판단하는 방법까지 학습할 것입니다.

이번 인사 혁신처의 예시 문제에서는 명제 논리, 타당한 결론 도출하기, 생략된 전제 찾기의 세 가지 유형의 문제가 나왔습니다. 《예상 기출서 1》에는 이번 문제뿐만이 아니라 앞으로 출제될 문제까지 대비할 수 있도록 **핵심적인 논리 이론들이 체계적으로 정리**되어 있습니다. 이 내용만 잘 학습해도, 기본적인 문제들은 충분히 풀 수 있을 것입니다. 다만 처음에 논리를 접하는 수험생들에게는 외계어처럼 들릴 수 있기 때문에, 꼭 **선재 쌤의 강의와 병행하여 학습**하시기 바랍니다.

인혁처 예시 문제

연역 추리 — 명제 논리의 이해

01 다음 진술이 모두 참일 때 반드시 참인 것은?

- 오 주무관이 회의에 참석하면, 박 주무관도 참석한다.
- 박 주무관이 회의에 참석하면, 홍 주무관도 참석한다.
- 홍 주무관이 회의에 참석하지 않으면, 공 주무관도 참석하지 않는다.

① 공 주무관이 회의에 참석하면, 박 주무관도 참석한다.
② 오 주무관이 회의에 참석하면, 홍 주무관은 참석하지 않는다.
③ 박 주무관이 회의에 참석하지 않으면, 공 주무관은 참석한다.
④ 홍 주무관이 회의에 참석하지 않으면, 오 주무관도 참석하지 않는다.

| 개념 확인 |

2025년부터 새롭게 출제되는 논리 영역의 첫 번째 문제로, 명제 논리 영역에서 출제가 되었습니다. **명제 논리**란 명제의 배열 형식과 관계에 따라 타당성이 결정되는 논증 체계를 말하는데요. 제시된 세 개의 명제가 모두 가정적 조건문이므로, 추론 규칙 중 가언 삼단 논법과 대우 규칙을 활용하여 결론을 도출해야 합니다.
기본적인 형식 논리를 알면 쉽게 풀 수 있는 문제이며, 삼단 논법과 대우 규칙은 기존 공무원 수업에서도 배우는 내용이기 때문에 정답률이 상대적으로 높게 나왔습니다.

| 풀이 전략 |

이 문제를 풀기 위해서는 먼저 조건문과 가언 삼단 논법을 알아야 합니다. 가언 삼단 논법(p이면 q이다. - q이면 r이다. - p이면 r이다.)에 따라, 첫 번째 진술과 두 번째 진술을 통해 '오 주무관이 회의에 참석하면, 홍 주무관도 참석한다.'를 도출할 수 있습니다.
그 다음에는 대우 규칙을 적용해야 하는데요. 조건문 'p이면 q이다.'의 대우(q가 아니면 p가 아니다.)는 항상 참입니다. 따라서 '홍 주무관이 회의에 참석하지 않으면, 오 주무관도 참석하지 않는다.'라는 진술은 반드시 참이라는 것을 도출할 수 있죠. 따라서 정답은 ④입니다.

* **대우 규칙**: p → q ≡ ~q → ~p

정답률 49% 정답 ④

연역 추리 — 타당한 결론의 도출

02 (가)와 (나)를 전제로 할 때 빈칸에 들어갈 결론으로 가장 적절한 것은?

> (가) 노인 복지 문제에 관심이 있는 사람 중 일부는 일자리 문제에 관심이 있는 사람이 아니다.
> (나) 공직에 관심이 있는 사람은 모두 일자리 문제에 관심이 있는 사람이다.
> 따라서 _____.

① 노인 복지 문제에 관심이 있는 사람 중 일부는 공직에 관심이 있는 사람이 아니다
② 공직에 관심이 있는 사람 중 일부는 노인 복지 문제에 관심이 있는 사람이 아니다
③ 공직에 관심이 있는 사람은 모두 노인 복지 문제에 관심이 있는 사람이 아니다
④ 일자리 문제에 관심이 있지만 노인 복지 문제에 관심이 없는 사람은 모두 공직에 관심이 있는 사람이 아니다

| 개념 확인 |

이 문제를 푸는 방식으로는, **1. 삼단 논법의 형식적 특성을 이용하기, 2. 다이어그램을 이용하기, 3. 정언 명제를 기호화하여 추론 규칙 이용하기** 등이 있습니다. 이 중에서 수험에서 가장 많이 사용하는 방식은 바로 양화 논리에서 배우는 3.의 방식입니다. (자세한 내용은 **핵심 개념** 에서 학습하시기를 바랍니다.)

| 풀이 전략 |

먼저 (가)와 (나)의 표준 정언 명제를 기호화하면 다음과 같습니다.

(가) ($\exists$) 노인 복지m $\land$ ~일자리m
(나) ($\forall$) 공직 → 일자리

(나)를 대우 법칙에 따라 정리하면 '~일자리 → ~공직'입니다. 그런데 (가)와 (나)에는 공통적으로 '~일자리'가 있으므로, 이를 토대로 '노인 복지m'과 '~공직'의 관계가 밝혀지지요. 즉 노인 복지에 관심이 있는 어떤 사람은 일자리에 관심이 없는데, 일자리에 관심이 없는 사람은 모두 공직에도 관심이 없으니, 노인 복지에 관심이 있고 공직에는 관심이 없는 사람이 적어도 한 명은 존재하는 것입니다. 따라서 정답은 ①입니다.

정답률 45% 정답 ①

연역 추리 — 생략된 전제 찾기

03 다음 글의 밑줄 친 결론을 이끌어 내기 위해 추가해야 할 것은?

> 문학을 좋아하는 사람은 모두 자연의 아름다움을 좋아하는 사람이다. 자연의 아름다움을 좋아하는 어떤 사람은 예술을 좋아하는 사람이다. 따라서 예술을 좋아하는 어떤 사람은 문학을 좋아하는 사람이다.

① 자연의 아름다움을 좋아하는 사람은 모두 문학을 좋아하는 사람이다.
② 문학을 좋아하는 어떤 사람은 자연의 아름다움을 좋아하는 사람이다.
③ 예술을 좋아하는 어떤 사람은 자연의 아름다움을 좋아하는 사람이다.
④ 예술을 좋아하지만 문학을 좋아하지 않는 사람은 모두 자연의 아름다움을 좋아하는 사람이다.

| 개념 확인 |

신유형인 논리 문제 중 수험생들이 가장 어려워했던 문제인 동시에, 전체 오답률 1위인 문제입니다. 이 문제는 다양한 풀이 방식으로 풀 수 있는데 그중에서 가장 많이 쓰이는 두 가지 방법을 소개합니다. 선재국어의 《수비니겨 논리》 수업을 들으면 쉽게 풀 수 있는 문제이니, 지금 이해하기 힘들다고 해도 너무 걱정하지 마세요.

| 풀이 전략1 | 정언 명제를 기호화하여 푸는 방식

[전제 1]　(∀) 문학 → 자연
[전제 2]　(ㅋ) 자연m ∧ 예술m
[결론]　　(ㅋ) 예술m ∧ 문학m

교환 법칙에 따라 연언지의 순서를 바꾸면 결론은 '(ㅋ) 문학m ∧ 예술m'이므로, 전제에서 결론을 도출하기 위해서는 '자연'과 '문학' 개념의 관계가 밝혀지면 됩니다. [전제 2]에 '자연m ∧ 예술m'이 있으므로, '자연 → 문학'을 추가하면 '예술m ∧ 문학m'이라는 결론이 도출될 수 있지요. 즉 어떤 사람이 자연을 좋아하고 예술을 좋아하는데, 자연을 좋아하면 모두 문학을 좋아하기 때문에, 예술을 좋아하면서 문학을 좋아하는 사람이 적어도 한 명은 있게 되는 것이지요. 따라서 추가해야 할 전제는 '자연의 아름다움을 좋아하는 사람은 모두 문학을 좋아하는 사람이다.'입니다.

| 풀이 전략2 | 삼단 논법의 형식적 오류를 이용하여 문제를 푸는 방식

삼단 논법은 세 쌍의 개념 중 하나의 개념을 매개념으로 하여 결론을 도출하는 대표적인 연역 추론입니다. 이때 매개념은 반드시 적어도 한 번은 주연(周延, distribution)되어야 하는데, 이 논증은 대전제에 위치한 매개념과 소전제에 위치한 매개념인 '자연(을 좋아하는 사람)'이 모두 주연되지 않죠(긍정문과 특칭은 주연되지 않습니다.). 즉 '매개념 부주연의 오류'가 있는 논증입니다. 따라서 매개념을 주연시킨 ①이 정답입니다.

정답률 32%　정답 ①

PART 2 논리
논리적 사고를 위한 핵심 개념

핵심 개념 1 개념의 구성

논리학에서 사유의 기본 단위는 개념이며, 이를 구성하는 두 가지 요소는 내포와 외연이다.

개념의 **내포**란 개념이 담고 있는 대상의 특수한 속성을 말하고, **외연**이란 개념이 반영하고 있는 대상의 범위를 말한다. 이러한 개념의 내포와 외연은 반비례 관계를 지닌다. 즉 외연이 클수록 내포는 적고, 외연이 작을수록 내포는 많게 된다.

예 과일 : 사과 : 빨간 사과 → 외연은 '과일'이 가장 크지만, 내포는 가장 적다.

논리학은 개념 간의 모든 관계를 연구하는 것이 아니라 **개념의 외연의 측면으로부터 개념 간의 관계를 연구**한다. 따라서 두 개념 간의 관계는 외연의 범주에 따라 동일 관계, 상하 관계, 반대 관계, 모순 관계 등으로 나눌 수 있다.

핵심 개념 2 논증의 구성과 유형

논증은 결론과 이를 뒷받침하는 전제로 구성되어 있다.

1. 연역 논증 [deductive argument]

전제가 참일 때 결론이 필연적으로 참이 도출되는 논증을 말한다. 결론의 내용은 전제의 내용 속에 이미 함축되어 있으므로, 연역 논증에서는 전제가 참이라면 결론도 필연적으로 참이 도출된다.

즉 전제가 모두 참인데 결론이 거짓이 되는 경우는 존재하지 않는다.

2. 귀납 논증 [inductive argument]

전제가 참이라고 해도 결론이 필연적으로 참으로 도출되지 못하는 논증, **개연적 가능성이 있는 논증**을 말한다. 전제들이 모두 참이라고 하더라도 결론은 참이 도출될 개연성이 높은 것이지, 필연적으로 참이 도출되지는 않는다.

핵심 개념 3 명제 논리

명제 논리란 명제의 배열 형식과 관계에 따라 타당성이 결정되는 논증 체계를 말한다. 이때 명제를 알파벳 대문자를 사용하여 기호화하여 표현하기 때문에 기호 논리 체계라고도 한다.

* **명제 논리의 구성 요소**: 단순 명제, 논리 연결사, 괄호

① **단순 명제**란 다른 명제나 논리 연결사를 포함하지 않는 명제로, 명제 논리의 가장 기본적인 단위이다.
② **복합 명제**란 단순 명제와 논리 연결사가 연결된 명제로, 일상 언어로 설명하자면 이어진문장과 부정문이 이에 해당한다.
③ 논리 연결사에는 '∧, ∨, →, ≡, ~'의 다섯 개가 있다.

핵심 개념 4 명제의 기호화와 논리 연결사

논리 연결사	복합 명제	논리 기능	일상적 표현	기호화
∧	연언문	연언	A 그리고(그러나, 그런데, 그럼에도 불구하고, 또한) B	A ∧ B
∨	선언문	선언	A이거나(또는, 혹은) B	A ∨ B
→	조건문	단순 함축	· 만약 A라면 B이다. · 단지 B인 경우에만 A이다.	A → B · A는 B이기 위한 충분조건이다. · B는 A이기 위한 필요조건이다.
≡	쌍조건문	단순 동치	만약 A라면 그리고 오직 그런 경우에만 B이다.	A≡B A는 B이기 위한 필요충분조건이다.
~	부정문	부정	· A는 거짓이다. · A는 사실이 아니다.	~A

- 철수는 학생이다(단순 명제). ⇒ 기호화 방식: A
- 선재는 국어 강사이다(단순 명제). ⇒ 기호화 방식: B

ㄱ. 철수는 학생이고, 선재는 국어 강사이다(복합 명제). ⇒ A ∧ B
ㄴ. 철수는 학생이거나 선재는 국어 강사이다(복합 명제). ⇒ A ∨ B
ㄷ. 철수가 학생이고 선재는 국어 강사라는 것은 거짓이다(복합 명제). ⇒ ~(A ∧ B)

핵심 개념 5 명제 논리의 타당성 – 진리표[truth-table]

명제 논리에서 복합 명제의 진릿값은 단순 명제들의 진릿값에 의해 결정된다. 따라서 진리표를 사용하면 논리 연결사의 의미가 정확하게 나타나서 명제의 참과 거짓을 보다 명료하게 파악할 수 있다.

단순 명제		복합 명제				
P	Q	P ∧ Q	P ∨ Q	P → Q	P ≡ Q	~P
T	T	T	T	T	T	F
T	F	F	T	F	F	F
F	T	F	T	T	F	T
F	F	F	F	T	T	T

1. 연언문(p ∧ q)의 진리표

p	q	p ∧ q
T	T	T
T	F	F
F	T	F
F	F	F

① '선재는 강사이다.'가 참이고 '철수는 학생이다.'가 참이면, '선재는 강사**이고** 철수는 학생이다.'는 **참**이다.

② '선재는 강사이다.'가 참이고 '철수는 학생이다.'가 거짓이면, '선재는 강사**이고** 철수는 학생이다.'는 **거짓**이다.

2. 선언문(p ∨ q)의 진리표

p	q	p ∨ q
T	T	T
T	F	T
F	T	T
F	F	F

① '선재는 강사이다.'가 참이고 '철수는 학생이다.'가 참이면, '선재는 강사**이거나** 철수는 학생이다.'는 **참**이다.

② '선재는 강사이다.'가 참이고 '철수는 학생이다.'가 거짓이면, '선재는 강사**이거나** 철수는 학생이다.'는 **참**이다.

3. 조건문(p → q)의 진리표

p	q	p → q
T	T	T
T	F	F
F	T	T
F	F	T

① '선재는 강사이다.'가 참이고 '철수는 학생이다.'가 참이면, '선재가 강사**이면** 철수는 학생이다.'는 **참**이다.

② '선재는 강사이다.'가 참이고 '철수는 학생이다.'가 거짓이면, '선재가 강사**이면** 철수는 학생이다.'는 **거짓**이다.

명제 논리의 조건문은 **단순 함축[material implication]의 기능**을 지니고 있다. 즉 전건이 참이면서 후건이 거짓인 경우에만 조건문은 거짓이 된다는 것이다.

4. 쌍조건문(p ≡ q)의 진리표

p	q	p ≡ q
T	T	T
T	F	F
F	T	F
F	F	T

① '선재는 강사이다.'가 참이고 '철수는 학생이다.'가 참이면, '선재는 강사**이고, 그리고 오직 그러한 경우에만** 철수는 학생이다.'는 **참**이다.

② '선재는 강사이다.'가 참이고 '철수는 학생이다.'가 거짓이면, '선재는 강사**이고, 그리고 오직 그러한 경우에만** 철수는 학생이다.'는 **거짓**이다.

5. 부정문(~ p)의 진리표

p	~p
T	F
F	T

① '선재는 강사이다.'가 **참**이면 '선재가 강사**라는 것은 거짓이다**.'는 거짓이다.

② '선재는 강사이다.'가 **거짓**이면, '선재가 강사**라는 것은 사실이 아니다**.'는 참이다.

핵심 개념 6 | 함축 규칙 — 타당한 논증 형식

함축 규칙이란 타당한 논증 형식을 통해 전제들로부터 함축된 결론을 이끌어 내는 규칙을 말한다. 이 추리 규칙이란 우리의 일상적 사고방식을 형식화한 것으로, 매우 직관적인 추리 방식이다.

① 전건 긍정식 제거	② 후건 부정식	③ 가언 삼단 논법
$p \to q$ p ∴ q	$p \to q$ $\sim q$ ∴ $\sim p$	$p \to q$ $q \to r$ ∴ $p \to r$
④ 연언지 단순화 제거	⑤ 연언화 도입	⑥ 선언 삼단 논법(선언지 제거법)
$p \land q$ $p \land q$ ∴ p ∴ q	p q ∴ $p \land q$	$p \lor q$ $\sim p$ ∴ q
⑦ 선언지 첨가법 도입	⑧ 단순 양도 논법	⑨ 흡수 규칙
p $p \lor q$	$p \lor q$ $p \to r$ $q \to r$ ∴ r	$p \to q$ ∴ $p \to (p \land q)$

◆ **우선적으로 알아야 하는 기본 함축 규칙**

① **전건 긍정식[modus ponens]: 조건언 제거**

$p \to q$ p ∴ q	만약 비가 온다면, 땅이 젖을 것이다. 비가 온다. ∴ 땅이 젖을 것이다.	전건 긍정 결론: 타당함

② **후건 부정식[modus tollens]**

$p \to q$ $\sim q$ ∴ $\sim p$	만약 비가 온다면, 땅이 젖을 것이다. 땅이 젖지 않았다. ∴ 비가 오지 않았을 것이다.	후건 부정 결론: 타당함

③ **가언 삼단 논법[hypothetical syllogism]**

$p \to q$ $q \to r$ ∴ $p \to r$	만약 비가 온다면, 땅이 젖을 것이다. 만약 땅이 젖는다면, 길이 미끄러울 것이다. ∴ 만약 비가 온다면, 길이 미끄러울 것이다.

④ **연언지 단순화[simplification]**

$p \land q$ ∴ p	철수는 국어를 잘하고 영어를 잘한다. ∴ 철수는 국어를 잘한다. (철수는 영어를 잘한다.)

⑤ 연언화[conjunction]

p	철수는 국어를 잘한다.
q	철수는 영어를 잘한다.
∴ p ∧ q	∴ 철수는 국어를 잘하고, 영어를 잘한다.

⑥ 선언 삼단 논법[disjunctive syllogism](선언지 제거법)

p ∨ q	오늘은 비가 오거나 눈이 올 것이다.
~ p	오늘은 비가 오지 않았다.
∴ q	∴ 오늘은 눈이 올 것이다.

⑦ 선언지 첨가법[addition]

| p | 오늘은 비가 온다. |
| ∴ p ∨ q | ∴ 오늘은 비가 오거나 눈이 온다. |

⑧ 단순 양도 논법[constructive dilemma]

p ∨ q	공무원 논리 시험은 쉽게 나오거나 어렵게 나올 것이다.
p → r	철수는 논리 시험이 쉽게 나와도 공부를 한다.
q → r	철수는 논리 시험이 어렵게 나와도 공부를 한다.
∴ r	∴ 철수는 공부를 한다.

핵심 개념 7 대치 규칙(논리적 동치 규칙)

논리적 동치는 각 명제의 진릿값이 모든 경우에 일치하는 명제들의 관계를 말한다. 즉 진릿값이 모든 경우에 똑같기 때문에 언제든지 바꾸어 사용할 수 있는 명제들을 말한다.

① 이중 부정	② 동어 반복(한마디법)	③ 교환 법칙(치환)
~~p ≡ p	㉠ p ≡ (p ∧ p) ㉡ p ≡ (p ∨ p)	㉠ (p ∧ q) ≡ (q ∧ p) ㉡ (p ∨ q) ≡ (q ∨ p)
④ 결합 법칙	⑤ 분배 법칙	⑥ 수출입 법칙(전건 규칙)
㉠ (p ∧ q) ∧ r ≡ p ∧ (q ∧ r) ㉡ (p ∨ q) ∨ r ≡ p ∨ (q ∨ r)	㉠ p ∧ (q ∨ r) ≡ (p ∧ q) ∨ (p ∧ r) ㉡ p ∨ (q ∧ r) ≡ (p ∨ q) ∧ (p ∨ r)	(p ∧ q) → r ≡ p → (q → r)
⑦ 드모르간 법칙	⑧ 대우 규칙	⑨ 단순 함축(조건문의 정의)
㉠ ~(p ∧ q) ≡ ~p ∨ ~q ㉡ ~(p ∨ q) ≡ ~p ∧ ~q	p → q ≡ ~q → ~p	p → q ≡ ~(p ∧ ~q) ＊ 단순 함축(조건문 ≒ 선언문) p → q ≡ ~p ∨ q
⑩ 쌍조건문(단순 동치)		
p ↔ q ≡ (p → q) ∧ (q → p)		

◆ 우선적으로 알아야 하는 기본 동치 규칙

① 이중 부정[double negation]

| ~~p ≡ p | 철수가 공무원이 아니라는 것은 거짓이다.
≡ 철수는 공무원이다. |

③ 교환 법칙[commutativity]

| ㉠ (p∧q) ≡ (q∧p) | 철수는 결혼을 하고, 아이를 낳았다
≡ 철수는 아이를 낳고, 결혼을 하였다. |
| ㉡ (p∨q) ≡ (q∨p) | 철수는 밥을 먹었거나 빵을 먹었다.
≡ 철수는 빵을 먹었거나 밥을 먹었다. |

⑦ 드모르간 법칙[De Morgan's rule]

| ㉠ ~(p ∧ q) ≡ ~p ∨ ~q | 철수가 월요일과 화요일에 모두 쉰다는 것은 거짓이다.
≡ 철수는 월요일에 쉬지 않거나 화요일에 쉬지 않는다. |
| ㉡ ~(p ∨ q) ≡ ~p ∧ ~q | 철수가 월요일 또는 화요일에 쉰다는 것은 거짓이다.
≡ 철수는 월요일에 쉬지 않고 화요일에도 쉬지 않는다. |

⑧ 대우 규칙[transposition]

| p → q ≡ ~q → ~p | 비가 오면 땅이 젖는다.
≡ 땅이 젖지 않았다면 비가 오지 않았을 것이다. |

⑨ 단순 함축[material implication](조건문의 정의)

| p → q ≡ ~(p ∧ ~q) | 비가 오면 땅이 젖는다.
≡ 비가 오면서 땅이 젖지 않았다는 것은 거짓이다. |

핵심 개념 8 정언 논리의 개념

정언 논리[categorical logic]란 명제를 구성하는 단어들의 관계와 배열을 살펴보는 논리 체계를 말한다.

1. 정언 명제[categorical proposition]의 구성

정언 명제란 주어, 술어, 연결사, 양화사로 구성된다. 이때 주어(S)는 판단의 대상을, 술어(P)는 판단의 성질을 나타낸다. 연결사는 사물과 성질의 관계를 표시하는 것으로, 긍정과 부정(이다/아니다)을 나타낸다. 양화사는 주어의 수량이나 범위를 나타낸다.

주부: 양(전칭, 특칭)	술부: 질(긍정, 부정)
(모든/어떤) S는	P(이다/아니다)
양화사 주어	술어 연결사

2. 정언 명제의 종류

표준 형식	양/질	명제 유형	
모든 S는 P이다.	전칭 긍정	A	* affirmo (긍정)
모든 S는 P가 아니다.	전칭 부정	E	* nego (부정)
어떤 S는 P이다.	특칭 긍정	I	* affirmo (긍정)
어떤 S는 P가 아니다.	특칭 부정	O	* nego (부정)

- A 명제: **전칭 긍정 명제** 예 모든 사람은 죽는 존재이다.
- E 명제: **전칭 부정 명제** 예 모든 사람은 무생물이 아니다.
- I 명제: **특칭 긍정 명제** 예 어떤 사람은 공무원이다.
- O 명제: **특칭 부정 명제** 예 어떤 사람은 공무원이 아니다.

핵심 개념 9 정언 명제들의 진리 관계 ① — 대당 사각형

대당 사각형이란 네 가지 형식의 정언 명제(A, E, I, O)를 도식화하여, 각 정언 명제들의 논리적 관계를 직관적으로 파악할 수 있게 한다.

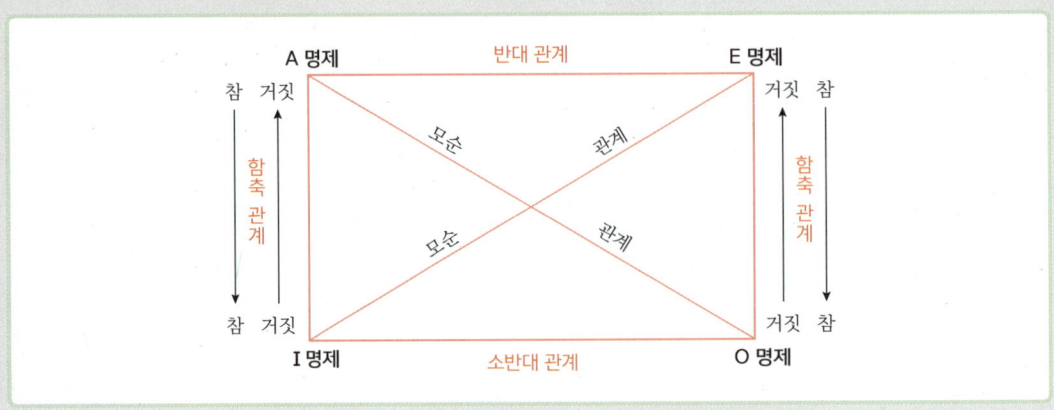

1. **모순[contradictory] 관계**: 두 명제가 서로 상반된 진릿값을 지닌다.

> 예)
> - 모든 공무원은 성실한 사람이다(A). ⟷ 어떤 공무원은 성실한 사람이 아니다(O).
> - 모든 공무원은 성실한 사람이 아니다(E). ⟷ 어떤 공무원은 성실한 사람이다(I).
>   **모순 관계**
>   : 동시에 참과 거짓이 안 됨. 참이면 거짓, 거짓이면 참

2. **반대[contrary] 관계**: 두 명제가 동시에 참일 수는 없다.

> 예) 모든 공무원은 성실한 사람이다(A). ⟷ 모든 공무원은 성실한 사람이 아니다(E).
>   **반대 관계**
>   : 동시에 참은 불가능, 동시에 거짓은 가능

3. **소반대[sub-contrary] 관계**: 두 명제가 동시에 거짓일 수는 없다.

> 예) 어떤 공무원은 성실한 사람이다(I). ⟷ 어떤 공무원은 성실한 사람이 아니다(O).
>   **소반대 관계**
>   : 동시에 참은 가능, 동시에 거짓은 불가능

4. **함축[imply, entail] 관계**: 전칭 명제의 참은 특칭 명제의 참을 함축하고, 특칭 명제의 거짓은 전칭 명제의 거짓을 함축한다.

> 예)
> - 모든 공무원은 성실한 사람이 아니다(E). ⟷ 어떤 공무원은 성실한 사람이 아니다(O).
>   **함축 관계**
>   : 전칭이 참일 때, 특칭은 무조건 참 / 전칭이 거짓이면 특칭은 알 수 없음.
> - 어떤 공무원은 성실한 사람이 아니다(O). ⟷ 모든 공무원은 성실한 사람이 아니다(E).
>   **함축 관계**
>   : 특칭이 참일 때, 전칭은 알 수 없음. / 특칭이 거짓이면 전칭은 무조건 거짓

TIP 대당 사각형의 논리적 관계

① **모순 관계**: 동시에 참도, 동시에 거짓도 안 됨.
② **반대 관계**: 동시에 참은 안 되지만, 동시에 거짓은 됨.
③ **소반대 관계**: 동시에 참은 되지만, 동시에 거짓은 안 됨.
④ **함축 관계**: 전칭이 참이면 특칭은 무조건 참, 특칭이 거짓이면 전칭은 무조건 거짓

핵심 개념 10 | 정언 명제들의 진리 관계 ② — 다이어그램

정언 명제들 간의 진위 관계를 파악하기 위해서 다이어그램을 이용하기도 한다. 시험에서 가장 많이 응용될 수 있는 다이어그램은 **벤 다이어그램**이다. (라이프니츠 다이어그램은 보조적인 수단으로 사용될 수 있다.)

1. 벤 다이어그램으로 나타내기

* 이 책에서는 전통적 관점(존재 함축을 인정함.)의 입장에서 다이어그램을 사용한다. 빗금은 비어 있는 자리를 나타낸다는 점에 주의한다.

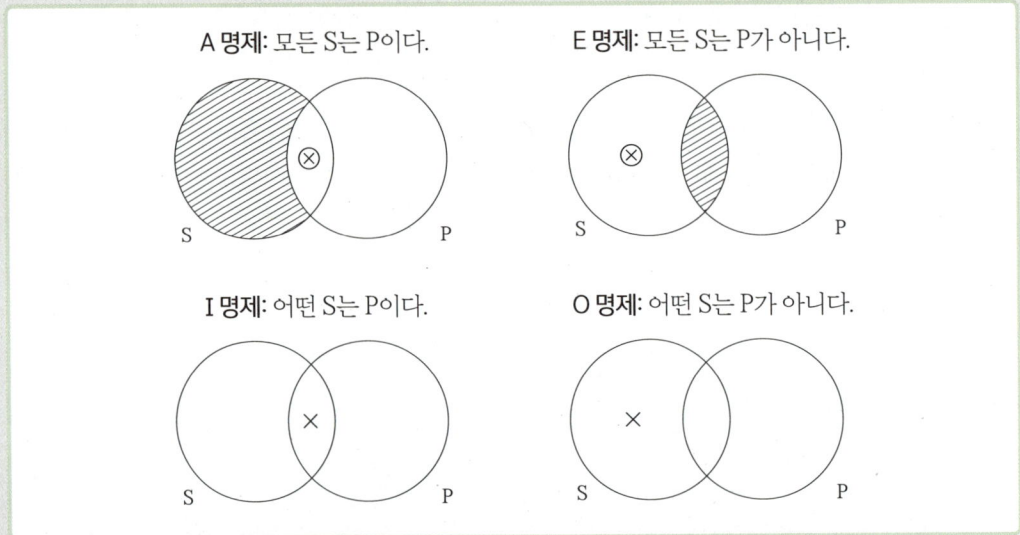

2. 라이프니츠 다이어그램으로 나타내기

S와 P의 포함과 배제 관계를 선분을 사용하여 매우 직관적으로 나타낸다. 정언 명제의 형식을 통해 간단한 결론을 도출하는 문제를 풀 때나, 선택지의 내용을 검토할 때 사용하면 효율적이다.

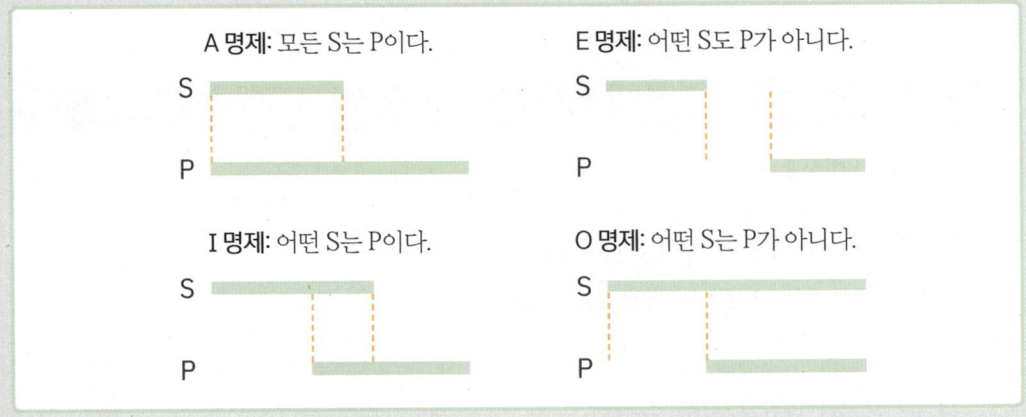

핵심 개념 11 정언 삼단 논법

정언 삼단 논법이란 대전제와 소전제에서 결론을 이끌어 내는 연역 논증의 유형이다. 정언 삼단 논법은 세 개의 정언 명제로 이루어져 있으며, 각기 다른 단어(개념) 세 개가 등장한다.

대전제(대개념 포함)		모든/어떤	P(대개념)는	M이다/아니다.
소전제(소개념 포함)		모든/어떤	S(소개념)는	M이다/아니다.
결론	그러므로	모든/어떤	S(소개념)는	P(대개념)이다/아니다.

예)
어떤 공무원은 경찰이다.   어떤 P는 M이다.
              매개념
모든 경찰은 애국자이다.   모든 M은 S이다.

따라서 어떤 애국자는 공무원이다.   따라서 어떤 S는 P이다.
      소개념   대개념   소개념   대개념

핵심 개념 12 양화 논리 체계 — 개별 사례와 일반화의 관계

어떤 논증의 타당성은 명제의 배열과 단어의 배열을 모두 고려해서 판단해야 한다. 술어 논리[predicate logic]는 이를 위해 고안된 논리 체계로, 여기서는 프레게와 러셀 등에 의해서 개발된 **양화 논리**[quantification logic]를 학습한다.

양화 논리에서는 일반 명제가 뜻하는 바가 분석된 논리적 구조 속에서 그대로 드러날 수 있도록 양화의 방법을 도입한다. 개별 사례를 일반화하는 방법은 두 가지가 있다.

1. '철수, 영희, 민선……' 등의 개별 사례가 모두 공시생임을 주장하는 일반화가 있는데, 이것이 바로 **보편 일반화**[universal generalization]이며, 이를 통해 얻어 낸 문장을 보편 명제라고 한다. 즉 'x는 공시생이다.'의 x 자리에는 무엇이 들어가도 모두 '공시생'이라는 술어의 성격을 갖게 된다.

    따라서 'S는 모두 P이다.'라는 문장은 '만약 S라면 그것이 무엇이든 모두 P이다.'라는 의미이므로, 이것은 '$(\forall)(Sx \rightarrow Px)$'로 기호화할 수 있다.

2. 이와 달리 **존재 일반화**[existential generalization]란 '철수, 영희, 민선……' 등의 개별 사례 중 적어도 하나는 공시생임을 주장하는 일반화이며, 이를 통해 얻어 낸 문장을 존재 명제라고 한다. 즉 x의 자리에 어떤 한 사람을 넣었을 때, 적어도 하나는 성립한다는 것을 나타낸다.
    따라서 'S이면서 P인 것이 있다.'라는 주장은 '$(\exists)(Sx \wedge Px)$'로 나타낼 수 있다.

문장	일반화	예문	수험적 기호화
S는 모두 P이다.	보편 일반화	모든 공시생은 성실하다.	공시생 → 성실
· 어떤 S는 P이다. · S이면서 P인 것이 있다.	존재 일반화	· 어떤 공시생은 성실하다. · 공시생이면서 성실한 사람이 있다.	공시생m ∧ 성실m

핵심 개념 13 다양한 형태의 보편 주장을 기호화하기

문장	기호화	수험적 기호화
S는 모두 P이다.	(∀) (Sx → Px)	국어를 좋아하는 학생들은 모두 영어를 좋아한다. 예) 국어 → 영어
S는 모두 P가 아니다.	(∀) (Sx → ~ Px)	국어를 좋아하는 사람은 모두 영어를 좋아하지 않는다. 예) 국어 → ~ 영어
S가 아닌 것은 모두 P가 아니다.	(∀) (~Sx → ~ Px)	국어를 좋아하지 않는 사람은 모두 영어를 좋아하지 않는다. 예) ~ 국어 → ~ 영어
S이면서 P인 것은 모두 R이다.	(∀) ((Sx ∧ Px) → Rx)	국어를 좋아하면서 영어를 좋아하는 사람은 모두 국사를 잘한다. 예) (국어 ∧ 영어) → 국사
S이거나 P인 것은 모두 R이다.	(∀) ((Sx ∨ Px) → Rx)	국어를 좋아하거나 영어를 좋아하는 사람은 모두 국사를 잘한다. 예) (국어 ∨ 영어) → 국사

핵심 개념 14 다양한 형태의 존재 주장을 기호화하기

문장	기호화	수험적 기호화
· 어떤 S는 P이다. · S이면서 P인 것이 있다.	(∃) (Sx ∧ Px)	철수는 국어를 좋아하고 영어도 좋아한다. 예) 국어m ∧ 영어m
S이면서 P가 아닌 것이 있다.	(∃) (Sx ∧ ~ Px)	국어를 좋아하면서 영어는 좋아하지 않는 사람이 있다. 예) 국어m ∧ ~ 영어m

＊ 다음의 문장은 모두 '(∃) (Sx ∧ Px)'로 기호화할 수 있다.
  · 어떤 S는 P이다. / S이면서 P인 것이 있다.
  · S 가운데 일부는 P이다.
  · (논의 세계에서) S이면서 P인 것이 적어도 하나는 있다.

핵심 개념 15 양화 논리의 추론 규칙

1. 양화 논리는 명제 논리의 확장이다. 따라서 명제 논리에서 학습한 추론 규칙과 파생 규칙을 그대로 사용할 수 있다.

2. 보편 명제의 부정은 존재 명제와 동치이고, 존재 명제의 부정은 보편 명제와 동치이다.
   ① (∀) (Sx → Px) ≡ ~ (∃) (Sx ∧ ~ Px)
      예) 국어를 좋아하는 수험생들은 모두 영어를 좋아한다.
         ≡ 국어를 좋아하면서 영어를 좋아하지 않는 수험생은 존재하지 않는다.
   ② (∀) (Sx → ~ Px) ≡ ~ (∃) (Sx ∧ Px)
      예) 국어를 좋아하는 수험생들은 모두 영어를 좋아하지 않는다.
         ≡ 국어를 좋아하면서 영어를 좋아하는 수험생들은 존재하지 않는다.

3. 존재 양화사 제거 규칙과 보편 양화사 도입 규칙을 사용할 때, 전제에 존재 명제와 보편 명제가 함께 있을 경우에는 존재 명제를 우선적으로 활용한다.
4. 전제에 여러 개의 존재 명제가 나온다면, 각각의 존재 명제를 활용하기 위한 임의의 이름을 각기 다르게 잡아야 한다.

핵심 개념 16 | 충분조건과 필요조건

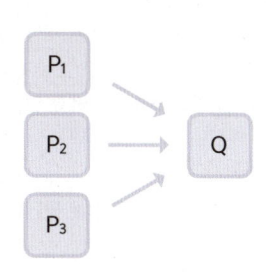

p이면 q이다.
- p를 충족하면 q가 성립하므로 p는 q이기 위한 충분조건이다.
- p를 입증하려면 q가 필요하므로 q는 p이기 위한 필요조건이다.

예) 비가 오면 땅이 젖는다.
→ 비가 온다는 조건은 땅이 젖기에 충분한 것이고, 땅이 젖었다는 것은 비가 오는 것을 입증하기 위해 필요한 조건이다.

1. 충분조건

전건 p가 존재한다면 후건 q가 필연적으로 존재할 때, 'p는 q의 충분조건'이라고 한다. 그런데 전건 p가 존재하지 않는다면, 후건 q는 존재할 수도 있고 존재하지 않을 수도 있다.

2. 필요조건

후건 q가 존재하지 않는다면 필연적으로 전건 p도 존재하지 않을 때, 'q는 p의 필요조건'이라고 한다.

3. 필요충분조건

만일 p가 존재하면 q도 존재하고, 만일 p가 존재하지 않으면 q도 존재하지 않게 되는 경우에 '전건 p를 후건 q의 필요충분조건'이라고 한다.

핵심 개념 17 | 오류의 유형

전건 부정의 오류	전건을 부정하여 후건 부정의 결론을 도출하는 오류
	예) ┌ 연기가 나는 곳에는(전건) 불이 있다(후건).
	    └ 그 지하실에서는 연기가 나지 않는다. – 전건 부정
	    → 그러므로 그 지하실에는 불이 없다.: 후건 부정의 결론 도출 → 오류

후건 긍정의 오류	후건을 긍정하여 전건 긍정의 결론을 도출하는 오류
	예) ┌ 비가 오면(전건) 땅이 젖는다(후건).
	    └ 땅이 젖었다. – 후건 긍정
	    → 그러므로 비가 왔다.: 전건 긍정의 결론 도출 → 오류

은밀한 재정의의 오류	단어의 사전적인 의미에 자의적인 뜻을 마음대로 덧붙여 재정의함으로써 생기는 오류 예) 미친 사람은 정신 병원에 수용되어야 해. 요즘 세상에 뇌물을 받지 않다니, 그 사람은 미쳤음이 틀림없어. 그 사람은 정신 병원에 보내 버려야 해.
성급한 일반화의 오류	불충분한 통계 자료, 제한된 정보, 대표성을 결여한 자료 등을 부당하게 이용하여 특수한 사례를 일반화한 오류 예) 하나를 보면 열을 안다고 했어. 이번에 한 네 실수를 보니, 넌 정말 신용할 수 없구나.
잘못된 인과 관계의 오류	두 사건 사이에 인과 관계가 없음에도 단순히 시간상으로 선후 관계인 것을 인과 관계로 잘못 판단하는 오류 예) 난 이번 시험을 잘 보기 위해 손톱을 깎지 않았어. 왜냐하면 손톱을 깎으면 시험 성적이 안 좋거든.
흑백 사고의 오류	논의되는 집합의 원소가 두 개밖에 없다고 판단하는 오류. 논의되는 대상은 세 가지 이상으로 나뉠 수 있는데 두 개밖에 인정하지 않아서 발생한다. 예) 네가 나를 좋아하지 않는다고? 그럼 나를 싫어한다는 거야?
합성의 오류 (결합의 오류)	각각의 원소들이 개별적으로 어떤 성질을 지니고 있다는 내용의 전제로부터, 그 원소들을 결합한 집합 전체도 역시 그 성질을 지니고 있다는 결론을 도출하는 오류 예) 우리 구단의 선수는 모두 뛰어나. 그러므로 우리 구단은 훌륭한 구단이다.
분할의 오류 (분해의 오류)	집합이 어떤 성질을 지니고 있다는 내용의 전제로부터 그 집합의 각각의 원소들 역시 개별적으로 그 성질을 지니고 있다는 결론을 도출하는 오류 예) 물은 액체이다. 물은 수소와 산소로 구성되어 있다. 따라서 수소와 산소는 액체이다.
무지에 호소하는 오류	증명할 수 없거나 알 수 없는 사실을 근거로 들어 자신의 주장을 정당화하는 오류. 반증(反證)을 제시하지 못했다고 하여 그 논제가 참이라고 단정하는 것이다. 예) 당신은 이 범죄와 관련이 없다는 것을 증명하지 못했다. 그러므로 당신이 바로 범인이다.
잘못된 유비 추리 (기계적 유비 추리의 오류)	유비 추리(유추)를 적용할 때 서로 다른 사물의 우연하고 비본질적인 속성을 비교하여 결론을 이끌어 내는 오류. 본질적인 유사성을 결여한 일부분의 유사성을 바탕으로 나머지 유사성을 추론하는 것이다. 예) 컴퓨터와 사람은 비슷한 점이 많다. 그러므로 컴퓨터도 인간처럼 감정을 지녔음에 틀림없다.
순환 논증의 오류	증명하고자 하는 결론이 참인 근거는 전제에 의존하고, 그 전제가 참인 근거는 결론에 의존하여 순환적으로 논증하게 되는 오류. 같은 내용을 말만 바꾸어 되풀이하게 된다. 예) 신은 존재한다. 왜냐하면 성경에 쓰여 있기 때문이다. 성경에 쓰여 있는 것은 모두 진리라고 신이 말했기 때문에 우리는 이를 믿어야 한다.
대중(다수)에 호소하는 오류	논지를 따르는 대중의 규모에 비추어 참을 주장하거나, 대중의 편견 등을 자극하여 자신의 주장을 받아들이게 하는 오류 예) 이 영화는 정말 훌륭해. 벌써 관객이 백만 명을 넘었으니까 말이야.
부적합한 권위에 호소하는 오류	논지와 관계없는 분야에 있는 전문가의 의견을 빌려 와 논지가 참임을 주장하는 오류 예) 여기는 유명한 개그맨이 맛있다고 한 식당이니까 당연히 정말 맛있을 거야.

PART 2 논리 예상 문제

추론 규칙의 이해

01 다음 중 부당한 추론은 무엇인가?

① 만약 민수가 기독교인이라면, 민수는 교회에 다닐 것이다. 따라서 민수가 교회에 다닌다면 민수는 기독교인일 것이다.
② 외교 관계가 불안정하면 경제 성장률은 상승하지 않을 것이다. 그러나 경제 성장률이 상승했으므로 외교 관계가 안정되었음이 틀림없다.
③ 농구 선수가 달리기 속도가 빠르지 않거나 높은 점프가 불가능하면 경기에서 이길 수 없다. 농구 선수가 경기에서 이겼다. 그러므로 농구 선수는 점프를 높게 할 수 있을 것이다.
④ 아빠의 말이 사실이라면 엄마의 말도 사실이다. 왜냐하면 아빠의 말이 사실이라면 동생의 말도 사실이기 때문이다. 또한 엄마의 말이 사실이 아니라면 동생의 말이 사실이 아니기 때문이다.

02 다음 진술과 논리적으로 동등한 것은?

> 만일 내일 비가 오면 그 가게는 문을 열 것이고, 만일 내일 비가 오지 않아도 그 가게는 문을 열 것이다.

① 내일 비가 오지 않아야 그 가게는 문을 열 것이다.
② 내일 비가 오든 비가 오지 않든 그 가게는 문을 열 것이다.
③ 그 가게가 문을 열면, 내일 비가 오거나 오지 않을 것이다.
④ 내일 비가 오거나 비가 오지 않으면 그 가게는 문을 열지 않을 것이다.

03 다음 진술과 논리적으로 동등한 것은?

> 논리를 좋아하고 문제 풀이를 좋아하는 사람이면 국어 성적이 낮지 않을 것이다.

① 논리를 좋아하지 않거나 문제 풀이를 좋아하지 않는 사람이면 국어 성적이 낮을 것이다.
② 국어 성적이 낮은 사람이면 논리를 좋아하지 않고 문제 풀이도 좋아하지 않을 것이다.
③ 논리를 좋아하거나 문제 풀이를 좋아하는 사람이면 국어 성적이 낮지 않을 것이다.
④ 국어 성적이 낮은 사람이면 논리를 좋아하지 않거나 문제 풀이를 좋아하지 않을 것이다.

04 다음 중 갑과 을의 진술이 논리적으로 동등한 관계가 아닌 것은?
① 갑: 팀장이 회의에 참석하고 부장은 참석하지 않았다는 것은 거짓이다.
   을: 팀장이 회의에 참석하지 않고 부장은 참석한다.
② 갑: 그는 대학원생이다.
   을: 그가 대학원생이 아니라는 것은 거짓이다.
③ 갑: 훈민이 인사하면 정음도 인사한다.
   을: 훈민이 인사하지 않거나 정음이 인사한다.
④ 갑: 비가 오고 번개가 치면 태풍이 온다.
   을: 비가 오는 경우, 번개가 치면 태풍이 온다.

05 다음 글이 참이라고 할 때, 〈보기〉의 진술 중 반드시 참인 것을 모두 고르면?

실시간 정보 전달과 전문가의 인터뷰 두 가지가 모두 충족된다면, 질 좋은 뉴스를 만들어 낼 수 있다. 질 좋은 뉴스는 뉴스에 대한 시청자들의 신뢰를 상승시킬 것이다. 기자들은 이미 실시간으로 정보를 전달하고 있다.

〈 보기 〉

㉠ 전문가 인터뷰가 없다면, 질 좋은 뉴스를 만들어 낼 수 없다.
㉡ 뉴스에 대한 시청자들의 신뢰가 상승한다면, 질 좋은 뉴스가 만들어질 것이다.
㉢ 질 좋은 뉴스를 만들지 못한다면, 전문가의 인터뷰가 없었을 것이다.

① ㉠
② ㉢
③ ㉡, ㉢
④ ㉠, ㉡, ㉢

정언 명제의 관계 — 대당 관계

06 ㉠~㉢ 중 ㉠이 참이라면, ㉡과 ㉢은 각각 참인가, 거짓인가?

㉠ 모든 예술가는 낭만주의자가 아니다.
㉡ 어떤 예술가는 낭만주의자가 아니다.
㉢ 모든 예술가는 낭만주의자이다.

	㉡	㉢		㉡	㉢
①	알 수 없다	참	②	참	알 수 없다
③	알 수 없다	거짓	④	참	거짓

07 '마크 트웨인'이 수정한 명제가 무엇을 의미하는지를 올바르게 설명한 사람은?

> 미국의 저명한 작가 **마크 트웨인**은 한 연회석상에서 기자의 질문에 '미국 국회의 어떤 의원은 썩어 빠진 사람이다.'라고 답했다. 그 기자는 마크 트웨인의 말을 그대로 신문에 발표해서 큰 파장을 일으켰다. 워싱턴 정가의 국회 의원들은 크게 화를 내며 마크 트웨인에게 잘못을 인정하는 성명을 신문에 발표하지 않으면 명예 실추 등을 이유로 법률적인 제재를 가하겠다고 위협했다. 며칠 후 마크 트웨인은 이 요구를 받아들여 《뉴욕 타임즈》에 정정 성명을 게재했다. 그 내용은 다음과 같다.
>
> "며칠 전에 나는 ㉠'미국 국회의 어떤 의원은 썩어 빠졌다.'라고 말했다. 그 후 어떤 사람들은 나에게 잘못을 인정하라고 나를 계속 위협했다. 그래서 나는 다시 이 내용을 생각해 보았는데, 그 결과 내가 한 말은 그리 타당한 표현이 아니었다. 그러므로 나는 오늘 특별히 성명을 발표하여 나의 말을 다음과 같이 수정한다. '㉡ 미국 국회의 어떤 의원은 썩어 빠지지 않았다.'"

① 훈: ㉠을 ㉡이라고 수정하면 의미가 모순이 되므로, 자신의 말을 정정하고 있군.
② 민: ㉠을 ㉡이라고 수정하면 ㉠을 부정하게 되므로, 자신의 말을 사과하고 있군.
③ 정: ㉠을 ㉡이라고 수정해도 동시에 참은 될 수 있으므로, 여전히 국회 의원들을 비판하고 있군.
④ 음: ㉠을 ㉡이라고 수정해도 동시에 거짓이 될 수 있으므로, 여전히 국회 의원들을 비판하고 있군.

명제 논리의 이해

08 다음 진술이 모두 참일 때 반드시 참인 것은?

> ㉠ 김 사원이 인사처에 배정되지 않으면, 민 사원도 배정되지 않는다.
> ㉡ 민 사원이 인사처에 배정되지 않으면, 박 사원도 배정되지 않는다.
> ㉢ 박 사원이 인사처에 배정되면, 황 사원도 배정된다.

① 김 사원이 인사처에 배정되면, 박 사원은 배정되지 않는다.
② 황 사원이 인사처에 배정되지 않으면, 민 사원도 배정되지 않는다.
③ 박 사원이 인사처에 배정되면, 김 사원도 배정된다.
④ 민 사원이 인사처에 배정되지 않으면, 황 사원도 배정되지 않는다.

09 다음 조건에 따를 때 문을 연 곳을 모두 고르면?

> ㉠ 은행이 문을 열지 않았다.
> ㉡ 병원이 문을 열었다면, 은행도 문을 열었다.
> ㉢ 병원이 문을 열지 않았다면, 약국은 문을 열었다.
> ㉣ 경찰서가 문을 열지 않았다면, 약국도 문을 열지 않았다.

① 약국
② 병원, 경찰서
③ 약국, 경찰서
④ 병원, 약국, 경찰서

10 다음 진술이 모두 참일 때 반드시 참인 것은?

> ㉠ 경제 사업이 추진되면, 외교 사업이 추진된다.
> ㉡ 교육 사업이 추진되지 않으면, 과학 사업은 추진된다.
> ㉢ 과학 사업이 추진되면, 외교 사업은 추진되지 않는다.

① 과학 사업이 추진되면, 경제 사업이 추진된다.
② 경제 사업이 추진되지 않으면, 과학 사업도 추진되지 않는다.
③ 교육 사업이 추진되지 않으면, 경제 사업이 추진된다.
④ 외교 사업이 추진되면, 교육 사업이 추진된다.

생략된 전제와 결론의 추론

11 ㉠과 ㉡을 전제로 할 때 (　) 안에 들어갈 결론으로 가장 적절한 것은?

> ㉠ 수학에 자신이 없는 어떤 사람도 재무제표 분석을 좋아하지 않는다.
> ㉡ 재무제표 분석을 좋아하는 어떤 사람은 경영학 전공자이다.
> 따라서 (　　　　　　　　　　　).

① 재무제표 분석을 좋아하지 않는 사람은 모두 수학에 자신이 없다
② 경영학을 전공한 사람은 모두 수학에 자신이 있다
③ 수학에 자신이 있고 경영학을 전공한 사람은 모두 재무제표 분석을 좋아한다
④ 수학에 자신이 있는 사람 중 일부는 경영학 전공자이다

12 ㉠과 ㉡을 전제로 할 때 (　) 안에 들어갈 결론으로 가장 적절한 것은?

> ㉠ 자유 민주주의 가치를 중시하는 모든 사람은 헌법 가치를 중시하는 사람이다.
> ㉡ 법질서의 안정을 중시하지 않는 모든 사람은 헌법 가치를 중시하지 않는 사람이다.
> 따라서 (　　　　　　　　　　　).

① 자유 민주주의 가치를 중시하는 사람 중에 법질서의 안정을 중시하지 않는 사람이 있다
② 헌법 가치를 중시하는 모든 사람은 자유 민주주의 가치를 중시하는 사람이다
③ 자유 민주주의 가치를 중시하는 모든 사람은 법질서의 안정을 중시하는 사람이다
④ 법질서의 안정을 중시하면서 자유 민주주의 가치를 중시하지 않는 사람이 있다

13 결론 ㉢이 항상 참일 때, 전제 ㉡에 들어갈 내용으로 가장 적절한 것은?

> ㉠ 비가 내리는 어떤 날은 번개가 치는 날이다.
> ㉡ (   ).
> ㉢ 따라서 구름이 많이 끼는 어떤 날은 비가 내리는 날이다.

① 구름이 많이 끼는 모든 날은 번개가 치는 날이다
② 번개가 치는 날은 모두 구름이 많이 끼는 날이다
③ 번개가 치는 날 중에 구름이 많이 끼는 날이 있다
④ 비가 내리지 않은 어떤 날은 구름이 많이 끼는 날이다

14 다음 글의 밑줄 친 결론을 이끌어 내기 위해 추가해야 할 것은?

> 월요일에 출근하는 직원 중 몇 명은 수요일에 출근한다.
> 화요일에 출근하는 직원은 모두 목요일에 출근한다.
> 따라서 <u>월요일에 출근하는 직원 중 몇 명은 목요일에 출근한다.</u>

① 화요일에 출근하지 않는 직원은 아무도 수요일에 출근하지 않는다.
② 목요일에 출근하는 사람 중 몇 명은 수요일에 출근한다.
③ 수요일에 출근하는 모든 직원은 월요일에 출근한다.
④ 수요일에 출근하지 않는 직원 중 몇 명은 화요일에 출근하지 않는다.

15 다음 결론을 도출하기 위해 '전제 1'에 들어갈 내용으로 가장 적절한 것은?

> 전제 1. (   ).
> 전제 2. 업무 능력이 탁월한 어떤 지원자는 채용된다.
> 결론. 성실한 어떤 지원자는 업무 능력이 탁월하다.

① 성실한 어떤 지원자는 채용된다
② 업무 능력이 탁월한 지원자는 모두 성실하다
③ 성실한 지원자는 모두 채용된다
④ 성실하지 않은 지원자는 모두 채용되지 않는다

타당한 결론의 도출

16 삼단 논법 중 타당한 것을 고르면?

① 춤추는 것을 즐기는 사람은 모두 음악 감상을 좋아하는 사람이다. 그런데 도서관을 자주 가는 사람은 모두 춤추는 것을 즐기는 사람이 아니다. 그러므로 도서관을 자주 가는 모든 사람은 음악 감상을 좋아하는 사람이 아니다.

② 복지에 관심이 많은 어떤 공직자는 문화 지원에 관심이 많다. 교육에 관심이 많은 어떤 공직자는 복지에 관심이 많다. 따라서 문화 지원에 관심이 많은 공직자 가운데 교육에 관심이 많은 공직자도 있다.

③ 문학을 좋아하는 어떤 사람은 예술을 좋아한다. 자연의 아름다움을 좋아하는 모든 사람은 문학을 좋아하는 사람이 아니다. 따라서 자연의 아름다움을 좋아하는 어떤 사람은 예술을 좋아한다.

④ 진화론을 믿는 어떤 사람은 신을 믿는 사람이 아니다. 진화론을 믿는 모든 사람은 실증주의자이다. 어떤 실증주의자는 신을 믿는 사람이 아니다.

17 선재는 화요일부터 금요일까지, 다음 조건에 따라 공부할 예정이다. 선재가 공부할 요일을 모두 고르면?

> ㉠ 선재는 화요일에 공부하지 않는다.
> ㉡ 선재는 화요일에 공부하거나 목요일에 공부한다.
> ㉢ 선재가 수요일에 공부하지 않는다면 금요일에 공부한다.
> ㉣ 선재가 목요일에 공부한다면 수요일에 공부하지 않는다.

① 목요일
② 수요일, 금요일
③ 목요일, 금요일
④ 수요일, 목요일, 금요일

18 철수는 펜싱, 양궁, 배구, 테니스 중에서 관람할 종목을 정하기 위해 다음과 같은 기준을 세웠다. 이를 따를 때 반드시 참이라고는 할 수 없는 것은?

> ㉠ 펜싱을 관람하면, 양궁을 관람한다.
> ㉡ 배구를 관람하면, 테니스를 관람한다.
> ㉢ 펜싱이나 배구 가운데 적어도 한 종목은 관람한다.

① 펜싱을 관람하지 않으면, 배구와 테니스만 관람한다.
② 테니스를 관람하지 않으면, 양궁을 관람한다.
③ 적어도 두 종목은 관람한다.
④ 양궁을 관람하지 않으면, 배구를 관람한다.

19 다음과 같은 조건이 주어졌을 때, 반드시 참인 진술은?

> ㉠ 학원에는 오전반과 오후반, 두 개의 반만 있다.
> ㉡ 오전반에서 자습을 하지 않는 사람은 모두 도시락을 싸 온다.
> ㉢ 오후반에서 자습을 하지 않는 사람은 모두 커피를 먹지 않는다.
> ㉣ 민지는 학원에 다니며, 자습하지 않는다.

① 민지는 도시락을 싸 온다.
② 만약 민지가 커피를 먹으면, 민지는 도시락을 싸 온다.
③ 민지는 도시락을 싸 오지 않고, 커피를 먹지도 않는다.
④ 만약 민지가 오후반에 다니면, 민지는 커피를 먹는다.

20 ㉠~㉣에 대한 평가로 적절한 것을 〈보기〉에서 모두 고른 것은?

> ㉠ 어떤 신입생은 어학연수를 간다.
> ㉡ 어학연수를 가는 모든 사람은 봉사 활동에 참여한다.
> ㉢ 어학연수를 가지 않는 모든 사람은 봉사 활동에 참여하지 않는다.
> ㉣ 어떤 신입생은 봉사 활동에 참여한다.

〈 보기 〉
㉮ ㉠과 ㉡이 참일 경우 ㉣은 반드시 참이다.
㉯ ㉠과 ㉢이 참일 경우 ㉣은 반드시 참이다.
㉰ ㉢과 ㉣이 참일 경우 ㉠은 반드시 참이다.

① ㉮
② ㉯
③ ㉮, ㉰
④ ㉯, ㉰

오류의 유형

21 '술고래'의 말에 나타난 논리적 오류에 해당하는 것은?

> "왜 술을 마시지요?"
> 왕자가 물었다.
> "잊어버리려고 마시는 거야."
> **술고래**가 대답했다.
> "무엇을 잊으려고 하세요?"
> 왕자는 물었다. 그는 벌써 그가 불쌍한 생각이 들었다.
> "내가 부끄러워하는 것을 잊는 거야."
> 술고래는 교수대에서 고백하는 것처럼 말했다.
> "무엇이 부끄러워요?"
> 어린 왕자는 그를 도와주고 싶어 계속 물었다.
> "술 마시는 것이 부끄럽지!"
> 술고래는 이 말을 끝으로 하고는 아무 말도 없었다.
>
> – 생텍쥐페리, 〈어린 왕자〉

① 모든 사람은 권력욕을 지닌다. 왜냐하면 권력에 대한 욕구는 인간 구성원 전체에 나타나는 보편적인 특성이기 때문이다.

② 지금이 몇 시니? 어제 늦게까지 안 자고 컴퓨터 게임하더니 오늘 지각하려고 일부러 그런 게 분명하네.

③ 내가 우리나라 축구 경기를 보면 우리나라가 지더라. 그래서 나는 오늘 있을 축구 경기를 보지 않을 생각이야.

④ A 씨에게 실형을 내리는 것은 너무 가혹한 행위입니다. 그에게는 아직 어린 아들이 둘이나 있습니다.

22 다음에 사용된 논증의 오류가 나타난 것은?

> 구내식당 북엇국이 너무 싱거워서 소금을 쳤더니 좀 나아졌는데, 우리 정 과장님처럼 싱거운 사람도 소금을 좀 치면 나아지려나?

① 국어 시험에서 30점을 받은 걸 보니 민수는 공부에 소질이 없는 아이구나.
② 매사에 깬 사람이 되라는 말씀에 따르면, 매일 숙취 해소제를 먹어야겠군요.
③ 전 초등학교 선생님이 되고 싶지, 교직에 종사하고 싶지는 않아요.
④ 우리 반 급훈이 '형제처럼 지내자'이잖아. 형제들은 옷을 서로 공유하는 사이를 말하니, 네 옷을 내가 다 입어도 되지?

23 논증의 오류와 그 유형이 잘못 짝 지어진 것은?

① 27은 홀수이다. 27은 20과 7이 합쳐진 수이므로 20과 7도 홀수일 것이다. → 분할의 오류
② 할아버지: 학생, 지하철 안에서 햄버거를 먹으면 어떡하나? 냄새가 나잖아.
  고등학생: 지하철 안에서 음식을 먹은 건 잘못했어요. 그런데 왜 초면에 반말을 하세요?
  → 논점 일탈의 오류
③ 온라인에서 물건을 구매할 때는 무조건 구매자 수가 많은 상품을 선택해야 해. 많은 사람들이 그 물건을 구매했다는 것은 그 상품의 품질이 우수하다는 증거이니까.
  → 부적합한 권위에 호소하는 오류
④ 허락을 받지 않고 남의 집에 들어가는 행위는 주거 침입죄에 해당한다. 따라서 집에 화재가 났다는 이유로 방화벽을 뚫고 옆집에 간 A는 주거 침입죄로 벌을 받아야 한다. → 우연의 오류

논리 응용 – 독해

24 '앤서니 기든스'의 주장에 나타난 논증 방식과 가장 가까운 것은?

> 앤서니 기든스는 서구식 근대화가 내포한 한계를 넘어서기 위한 이론적 노력을 기울였다. 기든스가 말하는 '제3의 길'은 '제1의 길'과 '제2의 길'을 넘어서려는 새로운 정치적 프로그램이다. 제1의 길이 '요람에서 무덤까지'로 일컫는 북유럽 국가의 사회 민주주의 기획이라면, 제2의 길은 시장에서의 자유를 극대화하고 국가의 간섭을 최소화하려는 미국식 신자유주의 개혁이다. 제3의 길은 유럽의 복지 국가에서 시장의 효율성을 강조하고, 미국과 같은 신자유주의 국가에서 사회적 평등을 부각하는 전략으로 제1의 길과 제2의 길에 대한 통합을 모색하고 있다. 기든스는 국가가 개인의 역할을 대신해 주는 전통적 사회 민주주의도 반대하지만, 연대와 평등의 개념이 없는 신자유주의의 개인주의도 반대한다. '제3의 길'이란 경제적 효율의 달성과 사회적 약자 보호를 동시에 지향하자는 것이다.

① 철근이 고층 건물을 지탱하는 힘을 제공하듯 뼈는 우리 몸의 체중과 운동에 따른 하중을 견뎌 낸다. 철골 사이를 잇는 콘크리트 벽과 바닥, 지붕이 건물 안에 방을 만들어 많은 사람이 그 속에서 안전하게 활동할 수 있게 하듯, 뼈가 만드는 공간은 중요한 장기들을 보호한다.

② 현대 사회는 이성적인 인간을 요구해 왔다. 이로 인해 인류는 놀라운 문명의 발전을 이룰 수 있었다. 이성을 바탕으로 한 세상에서 감성이 자리를 빼앗기자 세상은 갈수록 각박해지고 냉혹해졌다. 지금 우리 사회가 감성과 이성을 적절히 조절할 수 있는 인간을 요구하는 이유가 여기에 있다.

③ 기업이 성장하기 위해서는 명확한 목표를 설정하고, 기업의 변화를 위한 구성원들의 노력이 있어야만 한다. 그러나 이를 실천하는 기업은 많지 않다. 그러므로 우리나라 기업의 성장에 대한 확신을 갖기가 어렵다.

④ 대한민국 국민은 나라의 주인으로서 투표권을 통해 주권을 행사할 의무가 있다. 올해 대학에 입학한 19세 청년들은 대한민국의 국민이다. 따라서 그들은 이번 선거에 투표권을 행사하여 나라를 운영할 대표자를 뽑아야 하는 의무가 있다.

25 다음 글에 나타난 논증 방식과 가장 유사한 것은?

> 흄의 도덕 철학에 의하면 고대 철학자들이나 근대 연구자들 모두 도덕의 기원을 이성이나 지성에서 찾는 '오류'를 범했다. 덕은 이성에 부합하는 것이고 악덕은 이성에 어긋나는 것이라는 주장은 잘못된 것이다. 도덕적 구별은 이성의 산물이 아니라 감정에 의한 것이다. 이처럼 흄은 도덕에서 이성의 역할을 부정하고 감정이 도덕의 참된 근원이며, 감정과 공감이 없는 인간에게는 도덕이 존재하지 않는다고 주장한다. 사이코패스는 흄의 도덕 감정론을 지지하는 강력한 근거가 된다. 사이코패스는 타인의 고통과 쾌락에 공감할 수 있는 정서적 능력이 없다. 그러므로 사이코패스에게 도덕은 존재하지 않는다.

① 운동선수가 아무리 훈련하더라도 어느 정도의 수준까지 가면 그 이상의 발전을 기대하기 어렵다. 국민의 의식 수준을 높이는 문제도 비슷하다. 한꺼번에 높은 수준으로 뛰어오를 수도 없으며, 완전히 이상적인 인간상에까지 도달하기도 어렵다.

② 다크 패턴은 소비자를 속이기 위한 상술이다. 무료 서비스를 유료로 전환해 계약을 자동 갱신하는 것도 다크 패턴이다. 따라서 무료 서비스를 기습적으로 유료로 전환하여 계약을 자동 연장하는 일부 쇼핑몰의 행태는 소비자를 속이기 위한 상술이다.

③ 출생 코호트의 규모가 급격하게 변하면, 한 사회의 근간이 되는 다양한 제도에 균열이 생기게 된다. 한국의 출생 코호트 규모는 빠르게 줄고 있다. 따라서 한국 사회의 제도적 불균형은 확대될 것이다.

④ 5세기 중엽 반달족의 로마 침략과 문화 파괴로부터 러시아의 폭격에 초토화된 우크라이나의 오래된 성당까지 침략과 전쟁은 문화유산의 파괴를 동반했다. 따라서 인류 문화유산의 최대 파괴자는 인간이다.

26 다음 글에 나타난 논증 방식과 가장 가까운 것은?

> 농작물도 인공 불빛의 피해를 입는다. 벼는 낮이 길 때 광합성 작용을 활발히 해서 영양분을 최대한 저장했다가 낮이 짧아지는 시기에 이삭을 만든다. 그런데 밤에도 계속 빛을 쬐면 이삭이 제대로 여물지 못한다. 인공 불빛의 피해는 사람에게도 이어진다. 우리나라의 도시에 사는 아이들은 시골 아이들보다 안과를 자주 찾는다. 불빛 아래에서 잠이 드는 데 걸리는 시간인 수면 잠복기가 길어지고 뇌파도 불안정해지기 때문이다. 이와 같이 인공 불빛의 빛 공해로 많은 생물체가 피해를 입고 있다. 생물체가 건강하게 살아가려면 햇빛 못지않게 어둠과 고요의 시간도 반드시 필요하다.

① 무리하게 다이어트를 하면 건강을 해치게 된다. 하루 한 끼로 식사를 줄인 영희는 빈혈이 생겼고, 한 가지 음식만 먹는 원 푸드 다이어트를 한 철수도 체중 감량 후에 체력을 회복하지 못한 것을 보면 알 수 있다.
② 비타민 C는 강력한 항산화 작용으로 멜라닌 합성을 억제하여 피부색을 밝게 해 줍니다. 저희 회사에서 이번에 출시한 화장품에는 비타민 C가 포함되어 있습니다. 그러므로 이 화장품을 꾸준히 바르시면 미백 효과를 얻으실 수 있을 것입니다.
③ 중국이 경제를 개방한다면 경제는 발전할 수 있지만 사회적 혼란은 피할 수 없다. 이를 막기 위해 폐쇄적 경제 체제를 유지한다면 경제 발전은 지체된다. 중국의 개방과 폐쇄의 결합이라는 독특한 경제 체제는 이러한 상황에서 비롯된 것이다.
④ 태풍이 오면 비행기가 뜨지 않을 것이다. 기상청에서는 내일 전국이 태풍의 영향권에 들 것이라고 예보하였다. 따라서 내일 비행기는 결항될 것이다.

27 다음 글에서 추론한 내용으로 가장 적절한 것은?

> 우리나라에서 가장 흔한 치매로는 알츠하이머병에 의한 치매(50~60%)와 혈관성 치매(20~30%)가 있다. 알츠하이머병은 20대 중반부터 독성 물질이 뇌에 쌓이기 시작하며 발생한다. 즉 20대부터 건강한 생활을 하는 것이 치매 예방에 중요하다. 술·담배를 멀리하고 꾸준히 운동하며 건강한 식생활을 하고 우울증 관리도 잘하는 등 올바른 생활 습관을 들여야 한다. 혈관성 치매는 뇌경색이나 뇌출혈 등 뇌혈관에 문제가 생겨 발생하는 것으로 고혈압, 당뇨, 고지혈증 등 뇌혈관 질환을 불러일으키는 위험 요인을 미리 차단하면 예방할 수 있다.
>
> 치매 예방 교육과 함께 치매 예비군에게는 진단법과 증상을 알려 주는 것도 필요하다. 치매가 의심되면 누구나 검사를 받으러 부담 없이 보건소로 갈 수 있어야 한다. 그러려면 치매를 두려워하거나 부끄러워하지 말아야 한다. 다음으로는 환자와 가족에게 치매 대처법을 교육해야 한다. 그러기 위해서는 치매 가족을 위한 상설 교육이 필요하다. 만일 치매 환자를 간병하는 방법과 기술을 교육해 주는 상설 기관이 있다면 치매 가족은 물론 우리 사회 전반의 긍정적 변화를 가져올 수 있다. 무엇보다 중요한 것은 국가가 치매 대응의 가장 강력한 주체라는 점이다. 일본이나 미국, 프랑스 등의 선진국들은 국책 사업으로서 치매에 대응하고 있다. 그에 비해 우리나라는 산발적인 대응 수준에 머무르고 있다. 국가가 적극적으로 치매 대응에 나서서 하루 빨리 선진적 형태의 중장기 대책을 마련해야 할 것이다.

① 우리나라는 다른 선진국과 달리 국가가 아닌 개인이 개별적으로 치매에 대응하고 있다.
② 혈관성 치매와 달리 알츠하이머병에 의한 치매는 20대 때부터 증상이 시작될 수 있다.
③ 혈관성 치매의 예방 방법으로는 뇌혈관 질환을 유발하는 위험 요인을 미리 차단하는 것밖에 없다.
④ 치매 가족을 위한 상설 교육 기관의 존재는 치매 가족에게 긍정적 변화를 가져오기 위한 충분조건이다.

28 다음 글에서 추론한 내용으로 적절하지 않은 것은?

언제나 그렇듯이 천재는 극소수이다. 천재가 존재하기 위해서는 그들이 성장할 수 있는 토양이 있어야만 한다. 다시 말해 자유로운 분위기만 갖추었다고 천재의 존재를 보장할 수는 없지만 천재는 자유로운 분위기 속에서만 살아갈 수 있다. 천재는 천재이기 때문에 다른 사람보다 개성이 강하다. 천재들은 사회가 제시하는 제한된 몇 가지 유형에 적응하기 어려우며, 만약 그 유형에 적응하려고 하면 다른 사람들보다 더 큰 압박감을 느낄 것이다. 천재들이 소심하게 행동하여 강제적인 틀에 적응하는 것에 동의한다면, 그래서 자신의 재능이 억압되는 데 동의한다면, 사회는 그 천재들로부터 혜택을 별로 받지 못할 것이다. 만약 그들이 강한 성격을 소유하여 사회의 강제적인 틀에 적응하지 못한다면, 그들은 자신들을 보통 사람으로 축소시키는 데 실패한 사회에 의해 요주의 인물로 지목되어 '난폭한 사람', '괴팍한 사람'이라는 엄중한 경고를 받게 될 것이다. 이는 나이아가라 폭포에게 왜 네덜란드 운하처럼 둑 사이를 온순하게 흐르지 않느냐고 불평하는 것과 같다.

① 사회가 자유로운 분위기를 갖추는 것은 천재가 존재하기 위한 필요조건이다.
② 천재들이 사회로부터 큰 압박감을 느끼고 있다면 그들은 사회가 제시한 틀에 적응하려 한 상황일 것이다.
③ 어떤 사회가 천재들로부터 혜택을 별로 받고 있지 못한 원인 중 하나로 천재들이 자의로 사회의 강제적인 틀에 적응한 것을 들 수 있다.
④ 천재들이 사회로부터 요주의 인물로 지목되지 않았다는 것은 천재들이 사회의 강압적인 틀에 적응했다는 뜻이다.

29 다음 글과 부합하지 않는 내용은?

> 비행 중 조종사는 인체 평형 기관의 감각을 그대로 받아들이게 되어 있어 비행 시 작용하는 여러 가속도로 인해 일상생활에서는 경험할 수 없는 착각을 경험하게 된다. 이러한 비행 착각은 공간상에서 비행기의 위치, 자세, 움직임 등과 관련된 인지가 부족한 상태를 일컫는다. 대표적인 예시로 바다 위를 비행할 때 자세를 착각하여 바다를 하늘로 착각하고 거꾸로 날거나, 같은 고도에서 회전할 때 속도를 높이면 상승하고 반대로 속도를 낮추면 하강하는 것처럼 느껴지는 것과 같은 착각이 일어날 수 있다. 비행 착각은 비행 중에 조종사들이 인체 평형 기관의 감각을 그대로 받아들이고 그 감각에 의존하여 비행하려고 할 때 쉽게 나타난다. 시각 정보가 제한되어 외부 환경을 확인할 수 없는 경우에는 인체의 평형 기관이 정확한 자세나 방향을 인지할 능력이 없기 때문이다.

① 비행을 할 때 발생하는 가속도는 조종사의 비행 착각에 영향을 준다.
② 비행 착각 때문에 속도에 따른 비행 고도의 관계를 오인할 수 있다.
③ 시각 정보의 충분한 제공은 인체의 평형 기관이 정확한 자세나 방향을 인지하는 데 필수적이다.
④ 일상생활 중에도 제한된 시각 정보 때문에 비행 착각과 유사한 감각을 경험할 수 있다.

30 다음 글에서 추론한 내용으로 적절한 것은?

> 아스파탐은 현재 가장 인기 있는 인공 감미료로, '당뇨, 비만을 일으키지 않는 건강한 단맛'을 내세워 감미료 시장의 절대 강자가 되었다. 아스파탐은 메탄올에 아미노산인 페닐알라닌과 아스파르트산이 결합한 합성 화학 물질이다. 페닐알라닌은 뇌와 신경 세포 사이의 신경 전달 물질로, 체내 농도가 올라가면 두통·발작·기억 상실 등을 일으키는 것으로 알려졌다. 메탄올은 체내 대사 작용을 거쳐 포름산과 포름알데히드로 분해되는데, 이 중 포름알데히드는 발암 성분으로 알려져 있다.
>
> 2005년 이탈리아 볼로냐 암 센터에서 실험 쥐 1,800마리를 두 그룹으로 나눠 한쪽에만 아스파탐을 먹인 결과, 다른 그룹보다 림프종과 백혈병이 훨씬 많이 발현됐다. 어린이와 청소년의 뇌종양·편두통의 원인이 아스파탐이라는 논문도 적지 않다.
>
> 아스파탐 옹호론자들은 과일 등 자연 식품에도 메탄올·페닐알라닌은 들어 있다며 아스파탐의 유독성이 걱정된다면 과일부터 끊으라고 반박한다. 또 아스파탐과 암 발병 사이의 연관성은 태양이 암을 유발한다는 주장만큼 비약적이라고 강변한다.

① 아스파탐을 구성하고 있는 신경 전달 물질 때문에 아스파탐은 발암 가능 물질군으로 분류될 수 있다.
② 아스파탐과 과일은 모두 체내 대사 작용을 거치면 포름산과 포름알데히드가 발생할 수 있다.
③ 볼로냐 암 센터의 실험 결과는 아스파탐 옹호론자들의 주장을 뒷받침하는 데 활용할 수 있다.
④ 페닐알라닌의 체내 농도 상승은 두통, 발작, 기억 상실 등을 유발하는 필수적 요건이다.

PART 3
개념 중심 국어 문법

PART 3 개념 중심 국어 문법

학습 전략

- 지문을 정확하게 읽기 위해, 문법의 핵심 개념을 학습한다.
- 지문의 개념을 선택지에 적용하여 시간을 단축한다.

문법 제재 문제에 접근하는 올바른 방식

오른쪽의 문제는 2023년 인사 혁신처의 문법 영역 예시 문제입니다. **정답률이 34%밖에 안 나온, 전체 문항 중 오답률 2위를 차지했던 문제**이기도 하지요. 그렇다면 이런 문법 제재 문제는 어떻게 접근해야 할까요.

인사 혁신처의 예시 문항은 지문을 제시하고 있기 때문에 지문을 근거로 하여 정답을 도출해야 합니다. 따라서 단순히 지엽적인 지식을 암기하는 것은 문제를 풀 때 그다지 도움이 되지 않습니다. 반면 이 문제를 순수한 독해 방식으로 접근하면, 이번에는 시간을 너무 잡아먹게 됩니다. 따라서 우리는 다음과 같은 방식으로 문제를 풀어야 합니다.

1. 지문 독해에 필요한 핵심 개념을 학습한다.

지문은 정답을 도출하는 전제의 역할을 합니다. 그런데 이러한 문법 제재의 지문은 핵심 개념을 익혀 두지 않으면, 시간 내에 읽는 것이 매우 어렵습니다. 따라서 '**지문을 이해하기 위한 문법의 핵심 개념**'을 반드시 학습해야 합니다. 이후 이 개념이 서술된 문법 제재의 지문을 꾸준히 독해하는 연습을 병행해야 됩니다.

2. 선택지의 예시를 빠르게 적용하여 시간을 단축한다.

다음으로, 지문에서 체크한 개념의 특성을 선택지의 예시에 적용하는 연습을 해야 합니다. 이때 문법적 형태의 공통적인 특성과 대조적인 특성을 주의 깊게 살펴보는 것이 중요합니다. '**개념 학습 – 지문 독해 – 선택지 변별**'의 과정을 연습하다 보면 문법 풀이 시간은 혁신적으로 단축될 것입니다.

문법은 단순 암기만으로 학습할 수 있는 영역이 아닙니다. **이해를 바탕으로 한 개념 학습**은 문제 풀이 속도를 높이는 데 결정적인 역할을 한다는 것을, 잊지 마세요.

인혁처 예시 문제

형태론 - 단어의 형성

01 다음 글에서 추론한 내용으로 적절하지 않은 것은?

> '밤하늘'은 '밤'과 '하늘'이 결합하여 한 단어를 이루고 있는데, 이처럼 어휘 의미를 띤 요소끼리 결합한 단어를 합성어라고 한다. 합성어는 분류 기준에 따라 여러 방식으로 나눌 수 있다. 합성어의 품사에 따라 합성 명사, 합성 형용사, 합성 부사 등으로 나누기도 하고, 합성의 절차가 국어의 정상적인 단어 배열법을 따르는지의 여부에 따라 통사적 합성어와 비통사적 합성어로 나누기도 하고, 구성 요소 간의 의미 관계에 따라 대등 합성어와 종속 합성어로 나누기도 한다.
>
> 합성 명사의 예를 보자. '강산'은 명사(강) + 명사(산)로, '젊은이'는 용언의 관형사형(젊은) + 명사(이)로, '덮밥'은 용언 어간(덮) + 명사(밥)로 구성되어 있다. 명사끼리의 결합, 용언의 관형사형과 명사의 결합은 국어 문장 구성에서 흔히 나타나는 단어 배열법으로, 이들을 통사적 합성어라고 한다. 반면 용언 어간과 명사의 결합은 국어 문장 구성에 없는 단어 배열법인데 이런 유형은 비통사적 합성어에 속한다. '강산'은 두 성분 관계가 대등한 관계를 이루는 대등 합성어인데, '젊은이'나 '덮밥'은 앞 성분이 뒤 성분을 수식하는 종속 합성어이다.

① 아버지의 형을 이르는 '큰아버지'는 종속 합성어이다.
② '흰머리'는 용언 어간과 명사가 결합한 합성 명사이다.
③ '늙은이'는 어휘 의미를 지닌 두 요소가 결합해 이루어진 단어이다.
④ 동사 '먹다'의 어간인 '먹'과 명사 '거리'가 결합한 '먹거리'는 비통사적 합성어이다.

| 개념 확인 | 지문 이해에 필요한 핵심 개념을 체크한다

이 문제의 지문은 통사적 합성어와 비통사적 합성어의 특성을 설명하고 있습니다. 지문을 이해하기 위해서는 합성어, 통사적 합성어, 비통사적 합성어 등의 핵심 개념을 알고 있어야 합니다. 특히 어간과 어미의 특성, 즉 어간에는 반드시 어미가 결합해야 한다는 특성과 함께 **관형사형 어미에 대한 지식**이 있어야 지문을 정확하게 읽을 수 있습니다.

지문에서는 통사적 합성어를 설명하면서 '젊은이'를 예로 들고 있는데요. 이 단어를 제시문의 개념을 사용해서 '젊(어간) + 은(관형사형 어미) + 이(명사)'라고 분석하며 독해를 하는 것이 필요합니다.

| 풀이 전략 | 개념과 선택지의 예시를 빠르게 비교, 검토한다

다음으로, 지문에서 체크한 개념의 특성을 선택지의 예시에 적용합니다. 이때 공통적인 특성과 대조적인 특성을 빠르게 파악하는 것이 필요합니다. ②의 '흰머리' 역시 '젊은이'처럼 '희(어간) + ㄴ(관형사형 어미) + 머리(명사)'의 형태로 구성되어 있네요. 즉 관형사형 어미의 형태가 '-ㄴ'이라는 것을 빠르게 체크해야 하는 거죠. 그러므로 '흰머리'를 관형사형 어미를 빼고 '용언 어간과 명사가 결합한' 합성어라고 분석한 ②가 틀린 답으로 도출됩니다.

왜 이 문제의 정답률이 34%밖에 안 나왔는지, 그 이유를 아시겠죠? 이 문제는 사실 통사적 합성어, 어간과 어미, 특히 관형사형 어미에 대한 **개념을 학습해야** 정확하고 빠르게 풀 수 있었던 것입니다.

정답률 34% 정답 ②

통사론 — 높임 표현

02 다음 글의 ㉠의 사례가 포함되어 있지 않은 것은?

> 존경 표현에는 주어 명사구를 직접 존경하는 '직접 존경'이 있고, 존경의 대상과 긴밀한 관련을 가지는 인물이나 사물 등을 높이는 ㉠'간접 존경'도 있다. 전자의 예로 "할머니는 직접 용돈을 마련하신다."를 들 수 있고, 후자의 예로는 "할머니는 용돈이 없으시다."를 들 수 있다. 전자에서 용돈을 마련하는 행위를 하는 주어는 할머니이므로 '마련한다'가 아닌 '마련하신다'로 존경 표현을 한 것이다. 후자에서는 용돈이 주어이지만 할머니와 긴밀한 관련을 가진 사물이라서 '없다'가 아니라 '없으시다'로 존경 표현을 한 것이다.

① 고모는 자식이 다섯이나 있으시다.
② 할머니는 다리가 아프셔서 병원에 다니신다.
③ 언니는 아버지가 너무 건강을 염려하신다고 말했다.
④ 할아버지는 젊었을 때부터 수염이 많으셨다고 들었다.

| 풀이 전략 | 지문에서 '직접 존경'과 '간접 존경'이라는 핵심 개념을 확인합니다. 특히 간접 존경이란 내가 높이고자 하는 주체와 긴밀한 관련을 지닌 대상에 '-시-'를 붙였다는 내용을 근거로 선택지를 판단합니다. 기본적으로 간접 존경의 개념이나 특히 높임을 나타내는 문법 요소의 형태가 '-시-'라는 점을 알고 있어야 빠르게 문제를 풀 수 있습니다.

정답률 58% 정답 ③

한국어능력시험 문제

01 다음 중 높임법의 설명으로 적절하지 않은 것은? 제69회 KBS 한국어능력시험

① 아버지, 밥 드세요.
  (설명: 듣는 사람을 높이기 위해서 '밥'을 '진지'로 고쳐야 한다.)
② 손님, 이 제품은 5만 원이세요.
  (설명: 주체가 아니라 객체를 높이기 위해서 '5만 원입니다'로 고쳐야 한다.)
③ 주말에 할머니 데리고 단풍놀이 가자.
  (설명: 객체를 높이기 위해서 '데리고'를 '모시고'로 고쳐야 한다.)
④ 내일 부모님께 꼭 물어보고 나에게 전달해 다오.
  (설명: 객체를 높이기 위해서 '물어보고'를 '여쭤보고'로 고쳐야 한다.)
⑤ 병수야, 선생님께서 교무실에 잠깐 들르시라고 하시더라.
  (설명: '들르다'의 주체가 '병수'이므로 '들르라고'로 고쳐야 한다.)

| 풀이 전략 | PSAT이나 LEET 등의 시험에는 문법 영역의 문제가 출제되지 않기 때문에, 공무원 시험에서 문법 문제를 낼 때 참고할 만한 시험은 바로 한국어 능력 시험입니다. 그런데 이 시험에서는 생각보다 문법 지식에 대해 묻는 문제가 많고 선택지를 유추할 만한 근거 지문을 제시하지 않는 경우도 많습니다.
이 문제 역시 지문을 제시하지 않고 높임법에 대한 지식을 묻고 있네요. '-시-'는 주체 높임 선어말 어미입니다. 그런데 ②를 보면, 높여야 할 대상은 말하는 이의 상대인 '손님'이기 때문에, 상대 높임법의 경어체인 '-ㅂ니다'를 사용하여 "손님, 이 제품은 5만 원입니다."로 고쳐야 합니다. 그런데 고쳐야 하는 부분은 제대로 제시했으나 고쳐야 하는 이유에 대한 설명이 적절하지 않습니다. 객체를 높이는 것이 아니라 상대를 높여야 하는 것이므로 ②는 틀린 설명입니다.

정답 ②

선재국어 암기 앱 이용 쿠폰

01. 구글 플레이 스토어 또는 앱스토어에서 [선재국어]를 검색해주세요.

02. [선재국어] 30일 정리 공무원 국어 필수 암기APP을 다운로드 해주세요.

03. 앱 사용 도중 쿠폰 입력란이 나오면 아래의 쿠폰번호 16자리를 입력하세요.

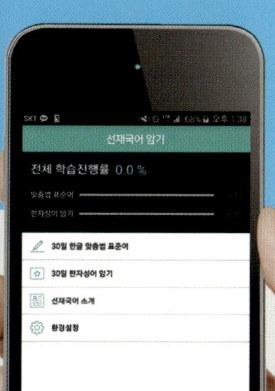

XQU5-E6PR-AN3O-O19V

선재국어
공무원 국어 필수 어휘
30일 암기 앱

✓ **베스트셀러 선재국어와 모바일의 결합!**
선재국어 기본서의 한글 맞춤법과 표준어, 어휘, 주요 한자어, 한자 성어를 수록하였습니다.

✓ **공무원 국어의 빈출 어휘와 한자 엄선!**
공무원 국어 필수 어휘와 한자만을 엄선하였습니다.

✓ **30일만에 끝내는 관리 시스템!**
일별로 제공되는 퀴즈와 관리 시스템을 통해 학습 효율을 높여줍니다.

**QR코드를 스캔하시면
바로 다운로드가 가능합니다**

대학수학능력시험 문제

01 〈보기〉를 바탕으로 'ㅎ' 말음 용언의 활용 유형을 탐구한 내용으로 적절하지 않은 것은? 2024학년도 대학수학능력시험

〈 보기 〉

다음은 어간의 말음이 'ㅎ'인 용언이 '-아/-어'로 시작하는 어미와 만날 때 보이는 활용의 유형을 정리한 것이다. 이들은 활용의 규칙성뿐만 아니라 모음 조화 적용 여부나 활용형의 줄어듦 가능 여부에 따라 그 유형이 구분된다.

불규칙 활용 유형		규칙 활용 유형	
㉠-1	노랗- + -아 → 노래	㉢-1	닿- + -아 → 닿아 (→ *다)
㉠-2	누렇- + -어 → 누레	㉢-2	놓- + -아 → 놓아 (→ 놔)
㉡	어떻- + -어 → 어때		

'*'은 비문법적임을 뜻함.

① '조그맣-, 이렇-'은 '조그매, 이래서'로 활용하므로 ㉠-1과 활용의 유형이 같겠군.
② '꺼멓-, 뿌옇-'은 '꺼메, 뿌옜다'로 활용하므로 ㉠-2와 활용의 유형이 같겠군.
③ '둥그렇-, 멀겋-'은 '둥그렜다, 멀게'로 활용하므로 ㉡과 활용의 유형이 같지 않겠군.
④ '낳-, 땋-'은 활용형인 '낳아서, 땋았다'가 '*나서, *땄다'로 줄어들 수 없으므로 ㉢-1과 활용의 유형이 같겠군.
⑤ '넣-, 쌓-'은 활용형인 '넣어, 쌓아'가 '*너, *싸'로 줄어들 수 없으므로 ㉢-2와 활용의 유형이 같지 않겠군.

| 개념 확인 |

수능에서 문법 영역의 문제는 주로 지문 제시형으로 출제됩니다. 그런데 수능 문제 역시 문법 개념을 알지 못하면, 지문의 내용을 정확히 이해하기 힘듭니다. 이 문제를 풀기 위해서는 기본적으로 어간, 어미, 규칙 활용, 불규칙 활용, 모음 조화, 축약형에 대한 **문법 개념을 인지**하고 있어야 합니다. 이를 바탕으로 선택지의 예시와 불일치하는 것을 찾아내면 됩니다.

| 풀이 전략 |

먼저 〈보기〉는 'ㅎ' 불규칙 활용의 유형을 활용의 규칙성 여부, 모음 조화의 적용 여부, 축약형의 가능 여부라는 조건으로 정리한 내용입니다. 표가 크게 불규칙 활용과 규칙 활용으로 구별되므로, 그 안의 세부 분류 조건으로 **모음 조화와 축약형의 형태를 비교**하면 됩니다.

㉠-1은 'ㅎ' 종성 체언이 '-아'로 시작하는 양성 어미와 만날 때, 어간 모음 'ㅏ'와 어미 '-아'가 결합되어 '애'로 바뀌는 경우입니다. ①의 '조그맣-'은 '조그마-('ㅎ' 탈락) + -아 → 조그매'로 활용하므로, '불규칙 활용 - 모음 조화 적용'에 부합합니다. 그런데 '이렇-'은 '이러-('ㅎ' 탈락) + -어 → 이레서'가 되지 않고 '이래서'로 활용하므로, 불규칙 활용을 하지만 모음 조화가 적용되지 않습니다. 즉 '이래서'는 '어떻- + -어 → 어때'로 바뀌는 유형, ㉡과 활용의 유형이 같은 것이지요. 그렇기 때문에 답은 ①입니다.

정답 ①

PART 3 국어 문법
지문 이해를 위한 핵심 개념

핵심 개념 1 | 음운과 최소 대립쌍

한 언어 내에서의 음운은 그 수효가 한정되어 있는데 이러한 음운은 **최소 대립쌍**을 통해 파악할 수 있다. 최소 대립쌍이란 의미를 구별하게 하는 음운을 가진 단어들의 쌍으로, 오직 한 가지 요소에 의해서만 의미가 구별된다.

- 밤 — 잠 → ㅂ과 ㅈ의 차이로 뜻이 구별됨.
- 밤 — 봄 → ㅏ와 ㅗ의 차이로 뜻이 구별됨.

핵심 개념 2 | 자음과 모음

자음이란 발음 기관의 장애를 받고 나는 소리를 말한다. **모음**이란 목청을 울려 내는 소리(유성음)로, 장애 없이 순하게 나오는 소리를 말한다. 단모음, 이중 모음, 반모음이 있다.

1. 조음 위치에 따른 분류

입술소리(양순음)	두 입술 사이에서 나는 소리 → ㅂ, ㅃ, ㅍ, ㅁ
잇몸소리(치조음)	혀끝과 윗잇몸이 닿아서 나는 소리 → ㄷ, ㄸ, ㅌ, ㅅ, ㅆ, ㄴ, ㄹ
센입천장소리(경구개음)	혓바닥과 센입천장 사이에서 나는 소리 → ㅈ, ㅉ, ㅊ
여린입천장소리(연구개음)	혀의 뒷부분과 여린입천장 사이에서 나는 소리 → ㄱ, ㄲ, ㅋ, ㅇ
목청소리(후음)	목청 사이에서 나는 소리 → ㅎ

2. 조음 방법에 따른 분류

안울림소리	파열음	공기의 흐름을 일단 막았다가 그 막은 자리를 터뜨리면서 내는 소리 → ㅂ, ㅃ, ㅍ / ㄷ, ㄸ, ㅌ / ㄱ, ㄲ, ㅋ
	마찰음	공기가 통로를 비집고 나오면서 마찰하는 소리 → ㅅ, ㅆ, ㅎ
	파찰음	파열음과 마찰음의 두 가지 성질을 다 가지는 소리 → ㅈ, ㅉ, ㅊ
울림소리	비음	입안의 통로를 막고 코로 공기를 내보내면서 내는 소리 → ㄴ, ㅁ, ㅇ
	유음	혀끝을 윗잇몸에 댄 채 공기를 흘려 내보내면서 내는 소리 → ㄹ

3. 단모음의 종류

혀의 높이 \ 입술의 모양 · 혀의 위치	전설 모음		후설 모음	
	평순 모음	원순 모음	평순 모음	원순 모음
고모음	ㅣ	ㅟ	ㅡ	ㅜ
중모음	ㅔ	ㅚ	ㅓ	ㅗ
저모음	ㅐ		ㅏ	

핵심 개념 3 | 음운 변동

음운 변동이란 어떤 음운이 그것이 놓이는 환경에 따라 다른 음운으로 바뀌어 소리 나는 현상을 말한다. 음운 변동의 종류는 교체, 축약, 탈락, 첨가로 분류할 수 있다.

교체(대치) XaY → XbY	한 음운이 다른 음운으로 바뀌는 현상 예 음절의 끝소리 규칙, 비음화, 유음화, 구개음화, 된소리되기	탈락 XaY → XY	두 음운 중 하나가 없어지는 현상 예 자음군 단순화, ㅎ 탈락, ㄹ 탈락, ㅡ 탈락
축약 XabY → XcY	두 음운이 하나의 음운으로 결합되어 바뀌는 현상 예 자음 축약, 모음 축약	첨가 XY → XaY	음운이 새로 생겨 덧붙는 현상 예 ㄴ 첨가, 사잇소리 현상

* 주요 음운 변동

음운 현상			변화 양상	예시
교체	음절의 끝소리 규칙		끝소리는 'ㄱ, ㄴ, ㄷ, ㄹ, ㅁ, ㅂ, ㅇ'의 7개 대표음으로 실현	부엌[부억]
	자음 동화	비음화	파열음이나 유음이 비음을 만나서 비음인 [ㄴ, ㅁ, ㅇ]으로 발음되는 현상	국물[궁물], 밥만[밤만]
		유음화	'ㄴ'이 'ㄹ'의 앞이나 뒤에서 'ㄹ'로 발음되는 현상	신라[실라]
	구개음화		'ㄷ, ㅌ'인 형태소가 모음 'ㅣ'나 'ㅑ, ㅕ, ㅛ, ㅠ'로 시작되는 형식 형태소와 만나면 'ㄷ, ㅌ'이 구개음인 [ㅈ, ㅊ]으로 변하는 현상	해돋이[해도지]
	된소리되기		대표 유형: ㅂ, ㄷ, ㅈ, ㄱ + ㅂ, ㄷ, ㅈ, ㄱ → [ㅃ, ㄸ, ㅉ, ㄲ]	국밥[국빱]
축약	자음 축약		ㅂ, ㄷ, ㅈ, ㄱ + ㅎ → [ㅍ, ㅌ, ㅊ, ㅋ]	낙하[나카]
	모음 축약		· ㅗ, ㅜ + ㅏ/ㅓ → ㅘ, ㅝ · ㅣ + ㅏ/ㅓ → ㅑ, ㅕ * 교체로 보는 의견도 있음.	보아서 → 봐서 기어서 → 겨서
탈락	자음 탈락	자음군 단순화	음절 말의 겹받침 가운데 하나가 탈락하고 나머지 하나만 발음되는 현상	밝다[박따] 얇다[얄따]
		ㄹ 탈락	특정 어미(ㄴ, ㅅ 등)와 결합할 때 용언 어간의 끝소리인 'ㄹ'이 탈락하는 현상	날 + 는 → 나는
		ㅎ 탈락	뒤에 모음으로 시작되는 어미가 결합하면 'ㅎ'이 발음되지 않음.	낳 + 은[나은] 쌓이다[싸이다]
	모음 탈락	ㅡ 탈락	'ㅡ'가 'ㅏ/ㅓ'로 시작하는 어미 앞에서 탈락하는 현상	따르 + 아 → 따라
		동일 모음 탈락	똑같은 모음이 연속될 때 하나가 탈락	가 + 아서 → 가서
첨가	ㄴ 첨가		합성어와 파생어에서 앞 단어나 접두사의 끝이 자음이고 뒤 단어나 접미사의 첫음절이 '이, 야, 여, 요, 유'인 경우에 'ㄴ'이 첨가되는 현상	한여름[한녀름] 맨입[맨닙]

핵심 개념 4 형태소

형태소란 더 이상 분석하면 뜻을 잃어버리는, 뜻을 지닌 가장 작은 말의 단위를 말한다. 이러한 형태소는 실질적 의미의 유무에 따라 실질 형태소와 형식 형태소로 나뉜다.

이때 형식 형태소란 실질적 의미가 있는 형태소에 붙어서 문법적 기능 등을 나타내는 형태소를 말하며, 조사, 어미, 접사 등이 여기에 속한다.

자립성 유무		실질적 의미의 유무	
자립 형태소	홀로 자립하여 쓰일 수 있는 형태소 예 체언, 수식언, 감탄사 등	실질 형태소	어휘적 의미와 같은 실질적 의미가 있는 형태소 예 자립 형태소, 용언의 어간
의존 형태소	자립하여 쓰일 수 없어 다른 말에 기대어 쓰이는 형태소 예 조사, 용언의 어간과 어미, 접사 등	형식 형태소	실질 형태소에 붙어서 문법적 기능 등을 나타내는 형태소 예 조사, 용언의 어미, 접사 등

핵심 개념 5 조사

조사란 체언 등에 붙어서 다른 말들과의 문법적 관계를 표시하거나 뜻을 더해 주는 단어를 말한다.

나 는 밥 을 먹 었 다
  만 + 은   까지 + 도: 중복 가능, 생략 가능

* 조사의 종류

격 조사	주격 조사	선행 체언에 주어의 자격을 부여하는 조사 예 · 책상이 있다. – 이/가 · 아버지께서 오셨다. – 높임 · 둘이서/혼자서 집에 갔다. – 인원수 · 우리 학교에서 우승했다. / 정부에서 구호품을 지급한다. – 단체
	서술격 조사	'체언 + 이다'의 형태. 활용을 하는 특성을 지닌다. * 부정형인 '아니다'는 형용사이다.
	목적격 조사	타동사의 목적어가 되게 하는 조사. '을/를'이 있다. 예 나는 사과를 좋아한다.
	보격 조사	선행 체언에 보어의 자격을 부여하는 조사. 보어는 서술어 '되다', '아니다' 앞에 놓여 이를 보충하는 문장 성분이다. 예 그는 의사가 되었다. / 영희는 선생이 아니다.
	부사격 조사	선행 체언에 부사어의 자격을 부여하는 조사. 처소, 지향, 대상, 비교 등을 나타내며, '…에(게), …(으)로, …와/과' 등이 있다.
	관형격 조사	후행 체언을 수식하는 조사. '의'가 있다. 예 영희의 책 / 나의 조국
	호격 조사	부름의 자리에 놓여 독립어의 자격을 부여하는 조사 예 하늘이시여 / 임이여 / 주여 / 영철아
보조사		① 격 조사가 오는 자리에 두루 쓰이며, 이에 특별한 의미를 덧붙인다. ② 보조사의 종류: 은/는(대조), 도(동일, 첨가), 만/뿐(단독, 한정), 마다(균일), 부터(출발점) 등
접속 조사		둘 이상의 단어나 구 따위를 같은 자격으로 이어 주는 조사. '와/과, 에, (이)며, (이)랑, 하고' 등이 있다. 예 이번 여름에 산과 바다를 모두 갔다.

핵심 개념 6 | 용언, 어간, 어미, 활용, 기본형

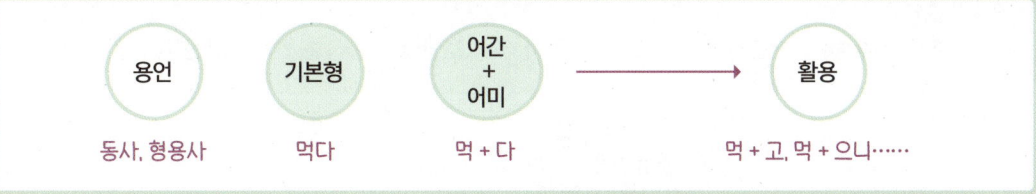

- **용언**이란 문장의 주체를 서술하는 기능을 지닌 말들을 말하며, **동사**와 **형용사**가 있다.
- 동사와 형용사는 **어간**과 **어미**로 구성되는데, 일반적으로 용언의 어미가 변하는 현상을 **활용**이라고 한다. 한국어는 활용을 통해 다양한 문법적 기능을 나타낸다.
- **기본형**이란 어간에 종결 어미 '-다'가 붙은 형태를 말하는데, 사전에는 이 기본형이 등재되어 있다.

핵심 개념 7 | 어미

핵심 개념 8 | 용언의 활용

1. 주요 규칙 활용

ㄹ 탈락	어간의 끝소리 'ㄹ'이 'ㄴ, ㅂ, ㅅ, -오, -ㄹ' 앞에서 탈락함.	하늘을 날 + 는 → 나는
ㅡ 탈락	용언의 어간 'ㅡ'가 어미 '-아'나 '-어' 앞에서 탈락함.	바쁘 + 아 → 바빠

2. 불규칙 활용

어간 변화	ㅅ 불규칙	어간의 끝소리 'ㅅ'이 모음 앞에서 탈락함.	짓 + 어 → 지어
	ㄷ 불규칙	어간의 끝소리 'ㄷ'이 모음 앞에서 'ㄹ'로 바뀜.	싣 + 어 → 실어
	ㅂ 불규칙	어간의 끝소리 'ㅂ'이 모음 앞에서 '오/우'로 바뀜.	곱 + 아 → 고와
	르 불규칙	어간의 끝소리 'ㅡ'가 탈락하면서 'ㄹ'이 덧생김.	흐르 + 어 → 흘러
	우 불규칙	어간의 끝소리 '우'가 모음 앞에서 탈락함.	푸 + 어 → 퍼
어미 변화	여 불규칙	어미의 '-아'가 '-여'로 바뀜.	하 + 아 → 하여
	러 불규칙	어미의 첫소리 '-어'가 '-러'로 바뀜.	이르 + 어 → 이르러
	오 불규칙	'달다'의 명령형 어미가 '-오'로 바뀜.	달 + 아라 → 다오
어간 + 어미 변화	ㅎ 불규칙	어간의 끝 'ㅎ'이 탈락하고 어미 '-아/-어'가 '-애/-에'로 바뀜.	파랗 + 아 → 파래

핵심 개념 9 어근, 접사

어근이란 단어의 실질적 의미를 나타내는 중심 부분을 말한다.
접사란 어근에 붙어 ① 어근의 의미를 보충, 제한하거나 ② 단어의 품사를 변화시키는 역할을 한다.

> 나는   막국수를   많이   먹었다.
>   의미 보충   품사 변화
>   (거친, 품질이 낮은) (형용사 → 부사)

파생어는 접사가 붙어 형성된 단어이므로, 접사를 파악해야 구별이 가능하다. 어근에 붙어 의미를 한정하거나 품사를 변화시키는 역할을 하면 접사이고, 그렇지 않으면 접사가 아니다.

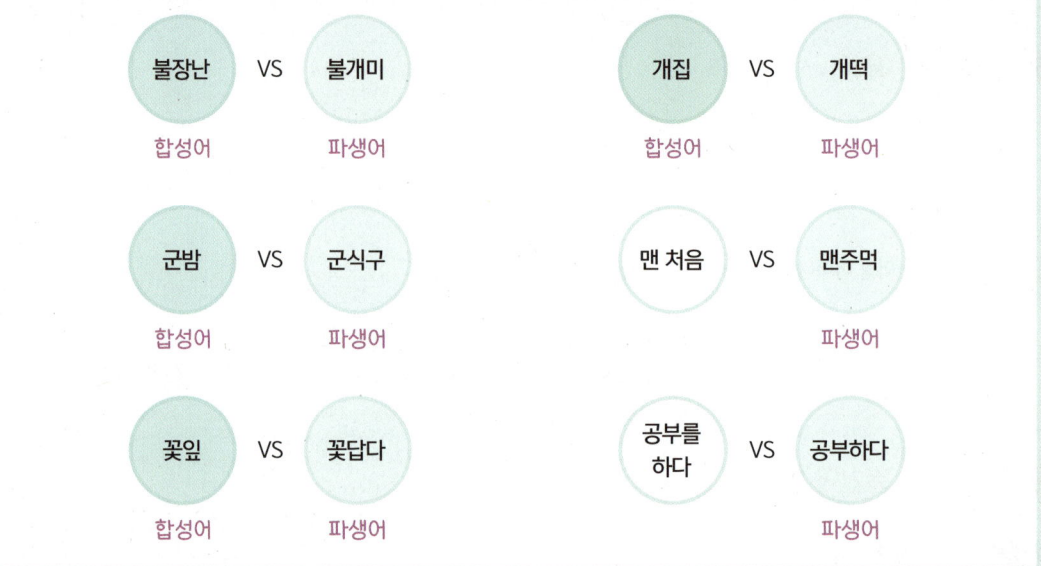

핵심 개념 10 단일어, 합성어, 파생어

단일어란 형태소 하나로 형성된 단어를 말한다.
파생어란 어근에 접사가 결합된 단어이며, 합성어란 어근과 어근이 결합된 단어이다. 이러한 합성어와 파생어를 묶어 복합어라고 한다.

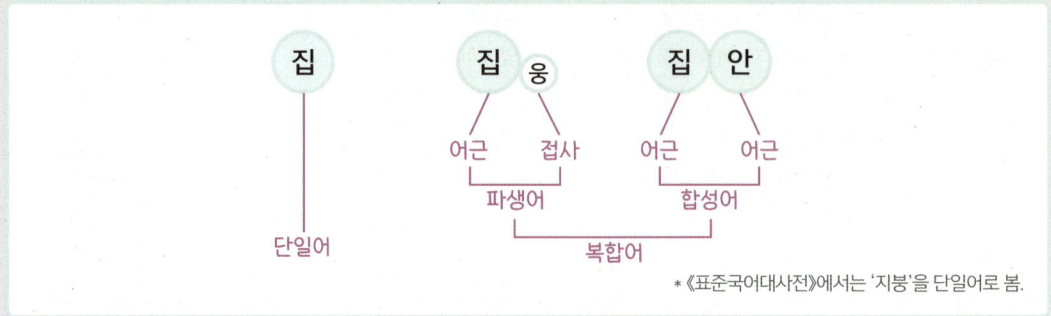

*《표준국어대사전》에서는 '지붕'을 단일어로 봄.

핵심 개념 11 직접 구성 성분

직접 구성 성분[Immediate Constituent]이란 단어를 두 조각으로 한 번만 나누어 나온 구성 요소를 말한다. 직접 구성 성분으로 단어를 분석해 보면, 그 단어가 어떻게 구성되었는지 판단할 수 있으며, 이것이 단어의 종류를 구별하는 기준이 된다.

또한 복잡한 구조의 합성어와 파생어를 분석하는 경우에도 이를 기준으로 구별한다.

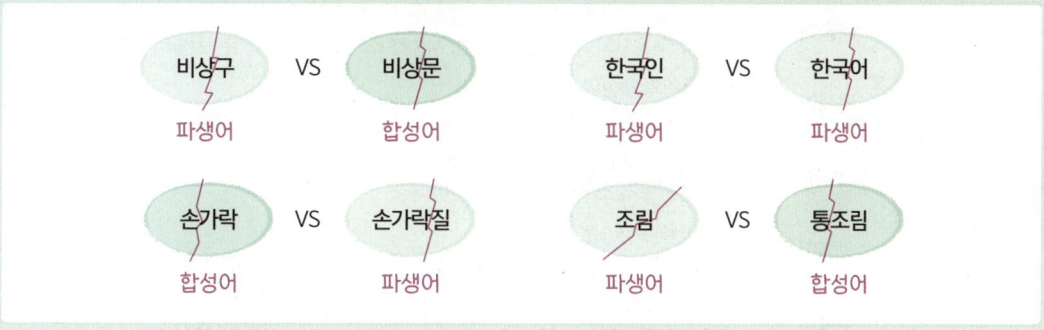

핵심 개념 12 통사적 합성어와 비통사적 합성어

통사적 합성어란 우리말의 일반적인 단어 배열법, 즉 통사적 구성과 일치하는 합성어를 말한다. 명사와 명사가 결합하거나, 조사가 생략된 경우, 체언 앞에 관형어가 오는 경우, 연결 어미로 이어진 경우 등이 이에 해당한다.

비통사적 합성어란 우리말의 일반적인 단어 배열법과 일치하지 않는 합성어를 말한다. 연결 어미가 생략된 경우, 부사가 명사를 수식하는 경우, 한자어에서 우리말과 어순이 다른 경우 등이 이에 해당한다.

통사적 합성어	명사 + 명사	예 집안, 눈물, 논밭, 이슬비
	관형어 + 체언	예 새마을, 첫사랑, 새해, 온종일, 군밤, 뭇매, 늙은이, 어린이, 큰형
	부사 + 부사	예 곧잘, 더욱더, 이리저리
	부사 + 용언	예 잘나다, 그만두다, 못나다
	조사가 생략된 경우	예 힘들다, 값싸다, 본받다, 힘쓰다, 선보다, 애쓰다, 꿈같다, 앞서다
	연결 어미로 이어진 경우(어간 + 연결 어미 + 어간) 예 돌아가다, 알아보다, 뛰어가다, 스며들다, 들어가다, 약아빠지다, 찾아보다, 게을러빠지다	
비통사적 합성어	관형사형 어미의 생략(어근 + 명사): 명사를 꾸미는 관형사형 어미가 생략된 경우 예 검버섯, 접칼, 누비옷, 꺾쇠, 덮밥, 곶감, 감발 등	
	연결 어미의 생략: 용언을 이어 주는 연결 어미(-아/-어, -게, -지, -고)가 생략된 경우 예 뛰놀다, 굳세다, 오르내리다, 날뛰다, 돌보다 등	
	부사 + 명사: 부사가 명사를 직접 꾸미는 경우 예 부슬비, 척척박사, 산들바람 등	
	한자어에서 우리말과 어순이 다른 경우 예 독서(讀書), 급수(汲水), 등산(登山), 귀향(歸鄕) 등	

핵심 개념 13 | 문장 성분의 개념

문장이란 주어와 서술어로 이루어진 진술의 완결 단위이다. 이러한 문장을 구성하는 문장 성분은 **주성분**, **부속 성분**, **독립 성분**으로 구분된다.

주성분	주어	• 문장의 주체가 되는 문장 성분 • 체언 + 주격 조사, 인원수 + 서, 단체 무정 명사 + 에서, 체언 + 보조사
	서술어	• 주어의 동작, 상태, 성질 등을 설명하는 문장 성분 • 동사, 형용사의 종결형과 서술절, 서술격 조사 '이다'로 끝나는 서술어
	목적어	• 서술어의 대상이 되는 문장 성분 • 체언 + 목적격 조사, 체언 + 보조사, 체언 + 보조사 + 목적격 조사
	보어	• '되다, 아니다'의 필수 성분이 되는 문장 성분 • 체언 + 보격 조사(이/가) + 되다/아니다
부속 성분	관형어	• 체언을 수식하는 문장 성분 • 관형사 단독, 체언 + 관형격 조사(의), 체언 단독, 용언의 어간 + 관형사형 어미
	부사어	• 용언, 부사어, 문장 전체 등을 수식하는 문장 성분 • 부사 단독, 체언 + 부사격 조사, 부사 + 보조사, 접속 부사, 부사절
독립 성분	독립어	• 다른 성분과 직접적인 관련이 없는 문장 성분 • 감탄사 단독, 체언 + 호격 조사, 문장의 제시어

핵심 개념 14 | 문장의 유형

1. 홑문장

주어와 서술어의 관계가 한 번만 이루어지는 문장을 말한다.

> 예 • 재욱이와 철수는 영어를 잘한다.: 두 개의 문장으로 분리될 수 있음. → **겹문장**
> • 재욱이는 철수와 길에서 부딪쳤다.: 두 개의 문장으로 분리될 수 없음. → **홑문장**

2. 겹문장

① 이어진 문장

대등하게 이어진 문장	대등적 연결 어미(-고, -며, -나, -지만, -든지, -거나 등)를 사용하여 연결한 문장 예 낮말은 새가 듣고 밤말은 쥐가 듣는다.
종속적으로 이어진 문장	종속적 연결 어미(-아서/-어서, -므로, -니까, -면, -거든, -더라면, -려고, -고자 등)를 사용하여 종속적인 관계를 표시한 문장 예 너를 만나지 못하면 가지 않겠다.

② 안은문장

명사절을 안은 문장	절이 명사의 역할을 하는 문장 예 수진이가 천재임이 밝혀졌다. / 철수는 시험 성적이 잘 나오기만을 바라고 있다.
서술절을 안은 문장	• 절이 서술어의 역할을 하는 문장 • '주어 + (주어 + 서술어)'의 구성 예 토끼는 귀가 길다. / 나는 우리 동네가 좋다. 비교 ┌ 철수는 키가 크다.: 주어 + 주어 + 서술어 → **겹문장** └ 철수는 공무원이 되었다.: 주어 + 보어 + 서술어 → **홑문장**

관형절을 안은 문장	절이 관형어의 역할을 하는 문장 <small>예</small> 이 책은 내가 읽은 책이다. ① 관계 관형절: 관형절 내에 생략된 성분이 있는 문장 　　<small>예</small> 철수가 그린 그림이 참 멋졌다. – 철수가 (그림을) 그리다. ② 동격 관형절: 관형절 내에 생략된 성분이 없는 문장 　　<small>예</small> 낙엽이 지는 광경이 아름답다. – 광경 = 낙엽이 지다.
부사절을 안은 문장	절이 부사어의 역할을 하는 문장 <small>예</small> 비가 소리도 없이 내린다. / 도로가 눈이 와서 매우 미끄럽다.
인용절을 안은 문장	문장에서 인용된 부분 <small>예</small> 철수는 책을 좋아한다고 나에게 속삭였다. / 주인이 "많이 드세요"라고 권한다.

핵심 개념 15 높임 표현의 실현

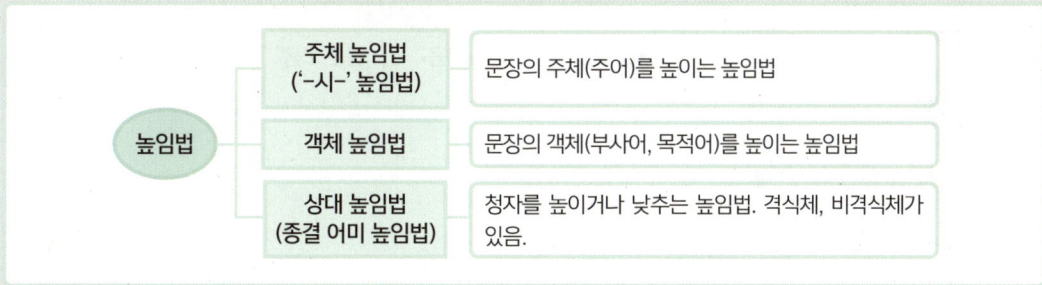

1. 주체 높임법

시	높임의 실현	높임의 어휘나 조사, 선어말 어미 '-시-'를 통해 실현됨. <small>예</small> 아버지께서 진지를 드신다. 　　　조사 어휘　 -시-
시+	간접 높임	주체와 연관이 있는 대상을 높임. '있다'는 직접 높임은 계시다로, 간접 높임은 '있으시다'로 형태가 바뀜. <small>예</small> 용건이 있으신 분, 계세요? 　　　간접 높임　 직접 높임
시-	압존법	가족이나 사제지간 같은 사적 관계에서 적용됨. <small>예</small> 할아버지, 아버지가 왔습니다. → 청자를 고려하여 주어를 낮춤.

2. 객체 높임법

목적어나 부사어가 나타내는 대상을 높이는 방법으로, 조사 '께'와 '뵙다, 드리다, 모시다, 여쭙다' 등의 특수 어휘를 통해 실현된다.

<small>예</small> 나는 할머니께 용돈을 드렸다. → 객체인 '할머니'를 조사와 특수 어휘를 통해 높임.

3. 상대 높임법

청자에 대해 높이거나 낮추어 말하는 표현법으로, 격식체와 비격식체를 나타내는 종결 어미로 표현된다.

PART 3 국어 문법 — 예상 문제

01 〈보기 1〉을 참고할 때, 〈보기 2〉에서 최소 대립쌍을 이용해 추출할 수 있는 음운에 대한 설명으로 적절하지 않은 것은?

〈 보기 1 〉

음운이란 말의 뜻을 구별해 주는 소리의 최소 단위를 말한다. 이러한 음운은 최소 대립쌍을 통해 파악할 수 있는데, 최소 대립쌍이란 의미를 구별하게 하는 음운을 가진 단어들의 쌍을 말한다. 최소 대립쌍은 오직 한 가지 요소에 의해서만 뜻이 구별된다. 가령 최소 대립쌍 '발'과 '불'은 'ㅏ'와 'ㅜ'로 인해 뜻이 달라지는데, 이때의 'ㅏ'와 'ㅜ'는 음운의 자격을 얻게 된다. 이처럼 최소 대립쌍을 이용해 음운들을 추출하면 음운 체계를 수립할 수 있다.

혀의 높이 \ 입술의 모양 \ 혀의 위치	전설 모음		후설 모음	
	평순 모음	원순 모음	평순 모음	원순 모음
고모음	ㅣ	ㅟ	ㅡ	ㅜ
중모음	ㅔ	ㅚ	ㅓ	ㅗ
저모음	ㅐ		ㅏ	

〈 보기 2 〉

밤비, 시장, 모루, 모레, 봄비, 서장

① 추출된 음운 중 고모음은 1개이다.
② 추출된 음운 중에는 2개의 전설 모음과 4개의 후설 모음이 있다.
③ 추출된 음운 중 2개의 원순 모음을 확인할 수 있다.
④ 추출된 음운 중 후설 모음이면서 저모음인 것은 1개이다.

| 개념 확인 |

음운
최소 대립쌍
전설 모음
원순 모음

| 풀이 전략 |

최소 대립쌍에서 의미가 구별되는 음운을 추출해 단모음 체계 표와 비교한다.

02 다음 글에 따라 음운을 분석한 것으로 가장 적절한 것은?

성분 분석은 단어의 의미를 몇 가지 구성 성분으로 쪼갤 수 있다는 생각을 바탕으로 한다. 어떤 언어의 속성이 우리가 일상적으로 인식하는 것보다 더 작은 단위로 쪼개어질 수 있다는 생각은 음운 분석에서 먼저 시작되었다.

조음 위치 조음 방법	입술소리 양순음	잇몸소리 치조음	센입천장 소리 경구개음	여린입천장 소리 연구개음	목청소리 후음
파열음	ㅂ, ㅃ, ㅍ	ㄷ, ㄸ, ㅌ		ㄱ, ㄲ, ㅋ	
파찰음			ㅈ, ㅉ, ㅊ		
마찰음		ㅅ, ㅆ			ㅎ
비음	ㅁ	ㄴ		ㅇ	
유음		ㄹ			

- ㅁ: [+양순음], [+비음]
- ㅍ: [+양순음], [−비음], [+파열음]

즉 'ㅁ'과 'ㅍ'은 [+양순음]이라는 공통적 자질을 가지며 [비음]과 [파열음]이라는 자질의 차이로 서로 구별된다.

① 'ㄷ'과 'ㅅ'은 [+양순음]이라는 공통적 자질을 가지며, [파열음]과 [마찰음]이라는 자질의 차이로 서로 구별된다.
② 'ㄱ'과 'ㅂ'은 [+파열음]이라는 공통적 자질을 가지며, [연구개음]과 [치조음]이라는 자질의 차이로 서로 구별된다.
③ 'ㄴ'과 'ㅌ'은 [+치조음]이라는 공통적 자질을 가지며 [비음]과 [파열음]이라는 자질의 차이로 서로 구별된다.
④ 'ㅇ'과 'ㅋ'은 [+연구개음]이라는 공통적 자질을 가지며 [유음]과 [파열음]이라는 자질의 차이로 서로 구별된다.

| 개념 확인 |

양순음
파열음
치조음
연구개음

| 풀이 전략 |

조음 위치가 공통적이면 조음 방법 면에서 변별적 자질을 찾고, 조음 방법이 공통적이면 조음 위치 면에서 변별적 자질을 찾는다.

03 〈보기〉를 참고할 때, ㉠~㉣의 음운 변동에 대한 설명으로 적절한 것은?

─────〈 보기 〉─────

음운의 변동은 한 음운이 다른 음운으로 바뀌는 교체, 두 음운 중 하나가 없어지는 탈락, 음운이 새로 생겨 덧붙는 첨가, 두 음운이 하나의 음운으로 결합되어 바뀌는 축약으로 구분된다. 한 단어가 발음될 때 이 네 가지 변동 중 둘 이상이 나타나는 경우도 있고 하나의 음운이 두 번 이상의 음운 변동을 겪기도 한다.

㉠ 안팎일   ㉡ 따뜻하다
㉢ 복학생   ㉣ 읊는

① ㉠과 ㉢ 중 ㉠에만 음운의 교체가 일어난다.
② ㉠과 ㉣은 모두 음운의 첨가가 일어난다.
③ ㉡과 ㉢은 모두 음운의 교체와 축약이 일어난다.
④ ㉢과 ㉣은 모두 음운의 탈락이 일어난다.

04 〈보기 1〉을 참고하여 〈보기 2〉를 이해한 것으로 적절하지 않은 것은?

─────〈 보기 1 〉─────

동사는 주체의 움직임이나 변화를 나타내고, 형용사는 주체의 성질이나 상태를 나타낸다. 동사와 형용사는 용언으로서 활용을 한다는 점에서 공통적이다. 하지만 일반적으로 몇 가지 서로 다른 특성을 보이고 있다. 첫째, 동사는 현재 시제의 선어말 어미 '-는-/-ㄴ-'과 결합할 수 있지만, 형용사는 결합할 수 없다. 둘째, 현재 시제의 관형사형 어미의 경우, 동사에는 '-는'이 결합하고 형용사에는 '-ㄴ/-은'이 결합한다. 셋째, 동사는 명령형 어미나 청유형 어미와 결합할 수 있지만 형용사는 그렇지 못하다.

─────〈 보기 2 〉─────

㉠ 어린아이들은 하루가 다르게 키가 쑥쑥 큰다.
㉡ 그 연예인도 사람인지라 늙는 것은 어쩔 수 없구나.
㉢ 나는 찬 것을 많이 먹으면 배탈이 난다.
㉣ *올 한 해도 우리 모두 건강하자.

'*'은 비문법적인 문장임을 나타냄.

① ㉠의 '큰다'는 현재의 상태를 나타내고 있으므로 형용사이다.
② ㉡의 '늙는'은 현재 시제 관형사형 어미 '-는'이 결합했으므로 동사이다.
③ ㉢의 '난다'는 현재 시제 선어말 어미 '-ㄴ-'이 결합했으므로 동사이다.
④ ㉣의 '건강하자'는 청유형 어미 '-자'가 결합할 수 없으므로 형용사이다.

05 밑줄 친 부분의 활용이 ㉠~㉣의 사례로 적절하지 않은 것은?

> 용언의 어간에 어미가 결합하는 것을 활용이라고 한다. 용언의 활용은 크게 ㉠ 규칙 활용과 불규칙 활용으로 나눌 수 있다. 규칙 활용은 '날- + -는 → 나는, 날- + -ㅂ시다 → 납시다'와 같이 동사와 형용사가 활용을 할 때에 어간과 어미의 기본 형태가 바뀌지 않거나 기본 형태가 바뀌는 모습을 일정한 규칙으로 설명할 수 있는 것을 말하고, 불규칙 활용은 용언이 활용할 때 어간 또는 어미의 모습이 바뀌는 것을 말한다. 용언의 불규칙 활용은 크게 '흐르- + -어 → 흘러'와 같이 ㉡ 어간만 불규칙하게 바뀌는 것, '이르- + -어 → 이르러'와 같이 ㉢ 어미만 불규칙하게 바뀌는 것, '파랗- + -아 → 파래'와 같이 ㉣ 어간과 어미 모두가 불규칙하게 바뀌는 것으로 나눌 수 있다.

① ㉠: 물건을 <u>팔기</u>가 쉽지 않다.
② ㉡: 나는 앞으로 <u>구르기</u>를 잘 한다.
③ ㉢: 본시험을 <u>치르기</u> 전에 잠시 쉬었다.
④ ㉣: 옷 색깔이 <u>하얗기</u> 때문에 조심히 입어야 한다.

| 개념 확인 |
어간
어미
규칙 활용
불규칙 활용

| 풀이 전략 |
용언의 기본형을 확인하는 것이 먼저이다. 그 후 활용 형태의 유형을 확인한다.

06 다음 글을 바탕으로 할 때, 밑줄 친 부분이 모두 보조 용언인 것은?

> 용언은 문장에서 서술어의 기능을 하는 동사, 형용사를 통틀어 이르는 말이다. 문장 안에서의 쓰임에 따라 본용언과 보조 용언으로 나뉜다. 본용언은 뚜렷한 의미와 실질적인 뜻을 지닌, 자립성이 있는 용언을 말하고 보조 용언은 홀로 쓰이지 않고 다른 용언 뒤에 붙어서 의미를 더해 주는 용언을 말한다. 다음의 예를 보자. '철수는 밥을 먹고 갔다.'의 경우, '먹고'와 '갔다'는 모두 실질적인 의미가 있는 본용언이다. 반면 '철수는 밥부터 먹고 봤다.'의 경우, '먹고'는 본용언이지만 '보다'는 실질적 의미가 있는 것이 아니라 앞말이 뜻하는 행동을 먼저 하고서 그 뒷일은 나중에 생각함을 나타내고 있으므로 본용언의 문법적 의미를 보충하는 보조 용언이다.

① • 여름철에는 음식을 되도록 익혀 <u>먹어라</u>.
  • 논둑 길에 미끄러져 그만 그릇을 깨 <u>먹었다</u>.
② • 이 난국을 타개할 방법을 생각해 <u>내겠다</u>.
  • 공모전에 그림을 그려서 <u>냈다</u>.
③ • 그는 나를 보자마자 삿대질부터 하고 <u>들었다</u>.
  • 그는 얘기도 듣기 전에 신경질부터 내려고 <u>든다</u>.
④ • 우리는 한 직장에서 30년간 함께 일해 <u>왔다</u>.
  • 너무 서둘다가 중요한 서류를 집에 놓고 <u>왔다</u>.

| 개념 확인 |
본용언
보조 용언

07 〈보기〉를 고려할 때, ㉠~㉢ 중 관형사만을 골라 묶은 것은?

〈 보기 〉

　관형사는 체언 앞에 놓여서, 그 체언의 내용을 자세히 꾸며 주는 품사이다. 체언을 꾸며 주면서도 형태 변화를 하지 않으며 조사도 붙지 않는다. '순 살코기'의 '순'과 같은 성상 관형사, '저 어린이'의 '저'와 같은 지시 관형사, '한 사람'의 '한'과 같은 수 관형사 따위가 있다. 또한 관형사는 주어를 서술하지 않으며, 단순 수식 기능만 갖는다. 예를 들어, '그는 성격이 어떤 사람이니?'라는 문장에서 '어떤'은 '성격이 어떻다'와 같이 주어를 서술하는 기능이 있으므로 용언 '어떻다'의 활용형인 형용사이지만, '어떤 분을 찾아오셨습니까?'라는 문장에서 '어떤'은 수식 기능만 하므로 관형사이다.

- 그는 어려서부터 ㉠ 갖은 고생을 했다.
- 나는 ㉡ 모든 욕심을 버리기로 결심했다.
- 서로 성격이 ㉢ 다른 분야를 병행하기는 어렵다.
- 사정이 ㉣ 그런 걸 어떻게 하겠어요.

① ㉠, ㉡　　② ㉠, ㉢
③ ㉡, ㉣　　④ ㉢, ㉣

| 개념 확인 |

관형사
체언
수식
주어를 서술하는 기능

08 〈보기〉를 바탕으로 할 때, ㉠~㉣에 대해 설명한 내용이 옳지 않은 것은?

〈 보기 〉

'-ㅁ/-음'은 명사형 어미로 쓰이는 경우와, 접미사로 쓰이는 경우가 있다. 명사형 어미는 동사의 어간 뒤에 붙어서 동사를 명사형이 되게 하는 역할을 한다. 동사의 명사형은 부사어의 수식을 받고 서술성이 있어 주어를 서술하며 품사가 변하지 않는다. 접미사는 동사의 어간 뒤에 붙어 동사를 명사로 파생시킨다. 파생된 명사는 서술성이 없고 관형어의 수식을 받는다. 예를 들어, '철수가 무서운 꿈¹을 자주 꿈².'에서 '꿈¹'은 관형어의 수식을 받으므로 파생 명사이고, '꿈²'는 부사어의 수식을 받으므로 동사의 명사형이다.

㉠ 특기란에 '만화를 잘 그림'이라고 썼다.
㉡ 그와의 만남은 10여년 동안 지속되었다.
㉢ 강의를 듣는 학생들이 큰 웃음을 웃었다.
㉣ 나는 깊은 잠¹을 오래 잠²으로써 하루의 피로를 풀었다.

① ㉠: '그림'의 '-ㅁ'은 명사형 어미이므로 '그림'의 품사는 동사이다.
② ㉡: '만남'은 '그와의'의 수식을 받으므로 '만남'의 '-ㅁ'은 접미사이다.
③ ㉢: '웃음'은 동사 '웃다'에 명사형 어미 '-ㅁ'이 붙은 형태이므로 품사는 변하지 않는다.
④ ㉣: '잠¹'의 '-ㅁ'은 접미사이지만 '잠²'의 '-ㅁ'은 명사형 어미이므로, '잠¹'과 '잠²'의 품사는 다르다.

| 개념 확인 |

명사형 어미
접미사
서술성
파생

| 풀이 전략 |

제시된 단어가 문장 내에서 서술성이 있는지, 관형어 또는 부사어의 수식을 받는지를 확인해 본다.

09 〈보기〉를 바탕으로 할 때, ㉠~㉣의 밑줄 친 부분에 대해 이해한 것으로 옳지 않은 것은?

〈 보기 〉

　조사는 그 기능과 의미에 따라 앞에 오는 체언이 문장 안에서 일정한 자격을 갖도록 해 주는 격 조사, 두 단어를 같은 자격으로 이어 주는 구실을 하는 접속 조사, 앞말에 특별한 뜻을 덧붙여 주는 보조사로 나뉜다. 격 조사는 앞에 오는 체언이 문장 안에서 일정한 자격을 가지게 해 준다. '이/가'와 같은 주격 조사도 있고, '을/를'과 같은 목적격 조사, '와/과'와 같은 부사격 조사, '아/야'와 같은 호격 조사 등도 격 조사에 속한다. '이/가'가 '되다', '아니다'와 함께 쓰여 보어가 되게 하는 보격 조사도 있다. 그밖에 접속 조사에는 '와/과', '하고' 등이 있고, 보조사에는 '은/는', '도', '만' 따위가 있다.

㉠ 붓하고 먹을 가져오너라.
㉡ 사과는 먹어도 배는 먹지 마라.
㉢ 철수는 영수와 다르다.
㉣ 영수는 학생이 아니다.

① 훈민: ㉠의 '하고'는 '붓'과 '먹'을 같은 자격으로 이어 주는 접속 조사야.
② 정음: ㉡의 '는'은 모두 '사과'와 '배'가 대조됨을 나타내는 보조사야.
③ 용비: ㉢의 '와'는 부사격 조사이지만, '지우개와 연필이 있다.'의 '와'는 접속 조사야.
④ 어천: ㉣의 '이'나, '달이 밝다.'의 '이'는 모두 앞말이 주어임을 나타내는 주격 조사야.

| 개념 확인 |

체언
보어
보격 조사

| 풀이 전략 |

'이/가'의 경우, 형태가 같더라도 주격 조사로도, 보격 조사로도 쓰일 수 있다는 것을 적용하여 문장에서의 쓰임을 비교해 보아야 한다.

10 ㉠의 사례로 적절하지 않은 것은?

> ㉠품사의 통용이란 하나의 단어가 둘 이상의 품사로 쓰이는 것을 말한다. 예를 들어 '나도 철수만큼 잘할 수 있다.'에서 '만큼'은 체언 뒤에 붙은 조사이지만, '각자 먹을 만큼 먹어라.'에서 '만큼'은 용언의 관형사형의 수식을 받는 의존 명사이다. 즉 단어의 형태가 같더라도 문법적 성질이 다를 수 있으며, 접사나 어미와 형태가 같은 경우도 있다. 따라서 품사는 형태만이 아니라, 문장에서의 기능과 의미를 잘 고려해서 판단해야 한다.

① · 사람이 다섯이나 있는데 벨 소리를 아무도 못 들었니?
  · 작업자 다섯 명이 밖에서 일을 하고 있습니다.
② · 벽지가 밝아서 집 안이 아주 환해 보인다.
  · 모임의 분위기가 밝아서 기분이 좋았다.
③ · 음악 소리가 너무 커서 앞사람의 목소리도 들리지 않았다.
  · 그 기업은 한창 크는 분야라서 지원자가 많았다.
④ · 이 문제는 비교적인 관점에서 분석해야 한다.
  · 중간고사에는 비교적 쉬운 문제만 나왔다.

|개념 확인|
품사
통용

|풀이 전략|
형태가 같더라도 품사는 다를 수 있으므로, 단어의 의미와 위치 등을 먼저 파악해야 한다.

11 ㉠, ㉡에 들어갈 예로 가장 적절한 것은?

> 파생어는 '어근 + 접사'로, 합성어는 '어근 + 어근'으로 이루어진 복합어이다. 복잡한 구조의 합성어와 파생어를 분석할 때에는 직접 구성 성분을 기준으로 판별하는데, 예를 들어 '물걸레질'은 합성어 '물걸레(물 + 걸레)'와 접미사 '-질'이 결합하여 파생어를 이루는 경우이고, '눈웃음'은 파생어 '웃음(웃- + -음)'에 어근 '눈'이 결합한 합성어이다.
> 합성어에 접사가 결합한 파생어로는 (㉠)을 들 수 있고, 파생어에 어근이 결합한 합성어로는 (㉡)을 들 수 있다.

	㉠	㉡		㉠	㉡
①	군것질	돌배나무	②	낮잠	볶음밥
③	손가락질	통조림	④	살얼음	회덮밥

|개념 확인|
어근
접사
복합어
직접 구성 성분

|풀이 전략|
제시문을 토대로 '-질'과 '-ㅁ'은 접사임을 확인하고, 맞는 선택지를 골라야 한다.

12 〈보기〉를 참고할 때, ㉠~㉢에 대한 설명으로 적절한 것은?

| 개념 확인 |

주체
대상
필수 성분

| 풀이 전략 |

'되다', '아니다' 앞에 있는 말의 문장 성분이 무조건 보어가 아님을 〈보기〉의 예를 통해 알 수 있으므로, 반드시 문장 속에서 문장 성분을 확인해야 한다.

〈 보기 〉

　　문장은 문장 안에서 일정한 문법적 기능을 하는 부분들로 이루어지는데, 이들을 문장 성분이라고 한다. 문장에서의 기능에 따라 문장의 주체가 되는 주어(예 꽃이 예쁘다. / 우리 학교에서 우승했다.), 주어의 동작·상태·성질 등을 설명하는 서술어(예 하늘이 푸르다.), 서술어의 대상이 되는 목적어(예 나는 사과를 먹었다.), '되다, 아니다'와 같은 서술어의 필수 성분이 되는 보어(예 이것은 사실이 아니다. / 철수가 공무원이 되었다.), 체언을 수식하는 관형어(예 새 모자 / 시골 풍경), 용언이나 다른 부사어 등을 수식하는 부사어(예 우리 학교에서 축구를 했다. / 얼음이 물로 되었다.), 문장의 어느 성분과도 직접적인 관련이 없는 독립어(예 아, 벌써 봄이구나.)로 나뉜다.

- 고래는 짐승이지 ㉠물고기가 아니다.
- 밤새 바닥에 고인 물이 ㉡얼음으로 되었다.
- 이번 계약은 ㉢홍보부에서 담당하기로 했다.
- ㉣학교 운동장에는 삼색기가 펄럭이고 있었다.

① ㉠: 동작의 주체를 나타내는 주어이다.
② ㉡: 서술어를 보충하는 보어이다.
③ ㉢: 서술어를 수식하는 부사어이다.
④ ㉣: 체언을 수식하는 관형어이다.

13 다음 글을 참고할 때, 밑줄 친 서술어의 자릿수가 다른 하나는?

| 개념 확인 |

서술어의 자릿수
부사어

| 풀이 전략 |

문장 성분을 생략해 보면서 반드시 필요한 문장 성분의 개수를 확인한다.

　　서술어는 성격에 따라서 그것이 가장 반드시 필요로 하는 문장 성분의 숫자가 다른데, 이때 꼭 필요한 문장 성분의 숫자를 '서술어의 자릿수'라고 한다. 예를 들어 '그의 눈동자가 별과 같다.'에서 '같다'는 주어 이외에도 부사어가 반드시 필요하므로 '같다'를 두 자리 서술어라고 한다.

① 아주머니는 높은 선반에 그릇을 얹었다.
② 나이가 드니까 몸이 예전과 다르다.
③ 그녀는 군에 가는 친구와 역에서 이별했다.
④ 그는 모퉁이를 돌다가 낯선 사람과 마주쳤다.

14 〈보기〉의 내용을 바탕으로 할 때, ㉠~㉢을 이해한 것으로 적절한 것은?

〈 보기 〉

　다른 문장 속에 절의 형식으로 안겨 있는 문장을 안긴문장이라고 하고, 이 문장을 포함한 문장을 안은문장이라고 한다. 안긴문장은 하나의 '절'이 되는데, 이는 크게 명사절, 관형절, 부사절, 서술절, 인용절로 나뉜다. 예를 들어, 명사절은 안은문장 안에서 절 전체가 명사의 기능을 하고, 관형절은 절 전체가 관형어의 기능을 한다.

㉠ 나는 그가 고향으로 돌아왔다는 소문을 들었다.
㉡ 우리는 이곳이 교통사고의 현장임을 전혀 몰랐다.
㉢ 철수가 시장에서 산 사과는 값이 비싸다.

① ㉠에는 안긴문장 속에 생략된 문장 성분이 있다.
② ㉡에는 조사와 결합하여 안은문장의 관형어로 쓰이는 명사절이 있다.
③ ㉠과 ㉢에는 모두 관형절 속에 부사어가 있다.
④ ㉡에는 관형절 속에 부사어가 있고, ㉢에는 서술절 속에 부사어가 있다.

| 개념 확인 |
안긴문장
안은문장
절

15 다음 글을 참고할 때, 밑줄 친 관계 관형절의 성격이 다른 하나는?

　관형절은 전체 문장에서 절이 관형어의 기능을 한다. 관형절은 관계 관형절과 동격 관형절로 구분할 수 있다. 관계 관형절은 관형절 내에 생략된 문장 성분이 있지만 동격 관형절은 관형절 내에 생략된 문장 성분이 없다. 따라서 동격 관형절은 관형절 자체가 독립된 문장이 될 수 있다.

① 그가 엄청난 성공을 거두었다는 사실을 나만 알고 있다.
② 철수는 뺨에 흐르는 눈물을 조용히 닦았다.
③ 내가 방금 학교에서 인사한 친구는 중학교 동창이다.
④ 나는 길을 가던 사람을 붙잡고 설문지를 내밀었다.

| 개념 확인 |
생략된 문장 성분
독립된 문장

| 풀이 전략 |
밑줄 친 관형절에 서술어의 자릿수를 바탕으로 생략된 문장 성분이 있는지 파악해야 한다.

16 〈보기〉를 참고할 때, 선어말 어미 '-겠-'의 기능이 다른 하나는?

〈 보기 〉

-겠- 「어미」
('이다'의 어간, 용언의 어간 또는 어미 '-으시-', '-었-' 뒤에 붙어) (다른 어미 앞에 붙어)
「1」 미래의 일이나 추측을 나타내는 어미
「2」 주체의 의지를 나타내는 어미
「3」 가능성이나 능력을 나타내는 어미
「4」 완곡하게 말하는 태도를 나타내는 어미
「5」 헤아리거나 따져 보면 그렇게 된다는 뜻을 나타내는 어미

① 오늘 물건을 발송하면 내일은 받을 수 있<u>겠</u>구나.
② 이 자리에서는 제 이름을 밝히지 않<u>겠</u>습니다.
③ 지금쯤 선생님께서 수업을 시작하셨<u>겠</u>다.
④ 하늘을 보니 비가 쉽게 그치지는 않<u>겠</u>다.

| 풀이 전략 |
제시문에 주어진 의미와 선택지를 비교한다.

17 〈보기 1〉을 바탕으로 하여 〈보기 2〉를 이해한 것으로 옳지 않은 것은?

〈 보기 1 〉

사동 표현은 문장의 주체가 자기 스스로 행하지 않고 남에게 그 행동이나 동작을 하게 함을 의미한다. 주동사의 어간에 사동 접미사 '-이-, -히-, -리-, -기-, -우-, -구-, -추-' 등이 붙어 만들어진 사동사를 쓰거나 용언에 '-게 하다' 등을 붙여 사동문을 만들 수 있다.

〈 보기 2 〉

㉠ 집 안 온도가 낮다. (주동문) → 어머니가 집 안 온도를 낮춘다. (사동문)
㉡ 아이가 밥을 먹었다. (주동문) → 어머니가 아이에게 밥을 먹였다. (사동문)
㉢ 선생님은 학생들에게 단소를 불렸다.
㉣ 할아버지는 재산을 크게 불렸다.

① 훈: ㉠과 ㉡을 보니, 주동문의 주어는 사동문에서 다른 문장 성분으로 나타날 수 있군.
② 민: ㉠과 ㉡을 보니, 사동 접사는 동사뿐만 아니라 형용사와도 결합할 수 있군.
③ 정: ㉠과 ㉡을 보니, 주동문을 사동문으로 바꾸어도 서술어의 자릿수가 변하지 않는군.
④ 음: ㉢과 ㉣을 보니, 형태는 같아도 서로 다른 단어의 사동사일 수 있겠군.

| 개념 확인 |
사동
주동
문장 성분
서술어의 자릿수

18 ㉠과 ㉡이 모두 사용된 문장은?

국어의 높임법에는 선어말 어미 '-시-'나 특수 어휘를 사용해서 문장의 주체를 높이는 주체 높임법, 조사 '께'나 특수 어휘를 사용해서 문장의 객체를 높이는 객체 높임법, 종결 어미 등을 사용해서 청자를 높이거나 낮추는 상대 높임법이 있다. 높임 표현에 쓰이는 어휘들은 '주무시다'와 같이 주체를 높이는 용언, '뵙다'와 같이 ㉠ 객체를 높이는 용언, '연세'와 같이 ㉡ 높여야 할 대상과 관련된 것을 높이는 명사 등으로 분류할 수 있다.

① 그는 선생님께 성함을 여쭈어보았다.
② 할머니께서는 지금 진지를 잡수십니다.
③ 할아버지께서는 지금 댁에 계실 겁니다.
④ 어버이날을 맞아 어머니께 선물을 드렸다.

| 개념 확인 |
선어말 어미
주체
객체
청자

| 풀이 전략 |
먼저 객체 높임법(㉠)이 사용된 문장을 찾고, 그 후 높임말로 쓰이는 명사(㉡)가 사용된 문장을 고른다.

19 다음의 통화 내용 중 A의 말에 나타난 어법 사용의 오류와 가장 유사한 것은?

A: 정성을 다하겠습니다. △△은행 ○○○입니다.
B: 여보세요. 홍길동 부장님 계십니까?
A: 지금 안 계시는데요. 외근 중이십니다.
B: 언제쯤 들어오시나요?
A: 일이 끝나고 바로 본점에서 회의가 있으셔서 아마 오전 중에는 통화가 힘드실 것 같습니다.
B: 대출 관련해서 문의드릴 게 있는데 부장님 대신 설명해 주실 수 있으신가요?
A: 네. 제가 도와드리겠습니다. 먼저 대출에는 선결 조건이 있으신데 말씀드릴까요?
B: 네. 감사합니다.

① 고객님께서 찾으시는 물건은 현재 재고가 없으신데 택배로 보내드려도 될까요?
② □□□ 님 가족은 2번 방으로 들어가실게요.
③ 이번 수학여행 준비에 관해 선생님 말씀이 있으셨니?
④ 철수야, 선생님께서 너 내일 오전에 교무실로 오시라고 하셔.

20 ㉠~㉢에 대한 설명으로 적절하지 않은 것은?

> (구청 민원실에서)
> **공무원**: (민원인을 반갑게 맞이하며) 안녕하세요? ㉠<u>이쪽</u>으로 오십시오.
> **민원인 1**: 잘 지냈어요? 다른 게 아니고 밖에 ○○구 편지 쓰기 공모전 포스터가 붙었길래 ㉡<u>그것</u>에 대해 좀 알아보려고요.
> **공무원**: 네. 안내 팸플릿 드리겠습니다. 잠시만요.
> (앞에서 큰 소리로 떠들고 있는 다른 민원인에게) ㉢<u>죄송하지만 다른 민원인들도 생각해 주시겠습니까?</u>
> **민원인 2**: 아, 죄송합니다.
> **공무원**: 공모전 작품은 이달 말까지 제출하셔야 합니다. ㉣<u>이렇게 말씀드려도</u> 꼭 늦게 내는 분들이 계세요.

① ㉠: 청자보다 화자에게 가까운 곳을 가리킨다.
② ㉡: 앞에서 이미 이야기한 대상을 지시하고 있다.
③ ㉢: 화자가 자신의 의도를 직접적으로 드러낸 표현이다.
④ ㉣: 이미 언급한 내용의 반복을 피하고자 다른 표현으로 대신하고 있다.

| 풀이 전략 |

듣는 이에게 어떤 행동을 요구하면서 '-겠-'을 사용했을 때, 말하는 이가 자신의 의사를 간접적으로 드러낸 표현임을 알아야 한다.

| 언어학 지문 |

21 가와 나의 사례로 적절하지 않은 것은?

> 가 우리가 생각한 것은 거의 대부분 말로 나타낼 수 있지만, 누구든지 가슴속에 응어리진 어떤 생각이 분명히 있기는 한데 그것을 어떻게 말로 표현해야 할지 애태운 경험을 가지고 있을 것이다.
> 　조금만 더 생각해 보자. 우리는 악보를 보고 그 노래를 흥얼거려 본 경험을 가지고 있다. 이때에 처음 보는 악보일 경우, 우리는 노랫말이 있더라도 그것을 무시하고 '랄라랄라' 한다든지 '으응으응' 한다든지 하면서 노랫가락을 따라 흥얼거린다. 이 흥얼거림이 제대로 된다고 생각하면 그다음에는 '도미솔도 도솔미도' 하면서 음계 이름에 따라 또 노랫가락을 연습한다. 말하자면 음악이 말과 일치되는 것은 가사가 있는 노래를 부를 때에 가서야 이루어진다고 하겠다. [중략] 인간의 생각이라는 것은 넓고 큰 그릇이며 말이란 결국 생각의 일부분을 주워 담는 작은 그릇에 지나지 않는다.
>
> 나 우리는 언어와 정신 활동이 상호 의존성을 갖는다고 말할 수 있을 것이다. 하지만 그들 간의 관계가 어느 것이 어느 것을 지배하고 있는지를 잘 식별할 수 없는 정도의 것으로 인식이 되고 나면, 그 사람의 생각은 언어 우위 쪽으로 기울게 마련이다. 왜냐하면 정신은 물과 같은 것이고 언어는 그릇과 같은 것이어서 물그릇에 따라 물의 모양이 달라지듯이 언어의 형태에 따라 정신의 모양이 달라지는 것이라고 생각하는 쪽이 그 반대로 생각하는 것보다 훨씬 더 쉽기 때문이다.

① 가: 조각가가 새로운 작품을 만들고 다듬는 과정에서 말로 표현하지 않고도 수정이 필요하다는 생각과 손놀림이 거의 동시에 일어날 것이다.

② 가: 색이 모두 다른 120개의 색종이를 만들어 그중 하나를 골라 학생들에게 보여 준 뒤 그것을 다시 찾아내게 했을 때, 학생들은 이름을 잘 알고 있는 색깔들을 가장 쉽게 찾아내고 그다음으로는 아직 이름은 없지만 억지로라도 이름을 만들어 붙이기 쉬운 색깔들을 분별해 냈다.

③ 나: 우리는 '미래'를 앞으로 올 때를 뜻하는 말로 인식하기 때문에 '우리 앞에는 밝은 미래가 있다.'라고 표현하면서 앞으로 향하는 손짓을 하는데, 중남미 원주민 언어 화자들의 경우에는 '과거'를 앞 시간을 뜻하는 말로 인식하기 때문에 과거에 대해 이야기할 때 앞으로 향하는 손짓을 한다.

④ 나: 광선이 프리즘을 통과했을 때 나타나는 무지개의 색깔이 일곱 가지라고 생각하는 것은 우리가 색깔을 분류하는 말이 일곱 가지이기 때문이다.

| 개념 확인 |

상호 의존성
식별
우위

| 풀이 전략 |

선택지에서 '사고'와 '언어'에 해당하는 부분을 찾고 어느 것이 우위인지 확인한다.

22 다음 글을 읽고 추론한 것으로 적절하지 않은 것은?

> 기호는 어떠한 상징물[symbol]과 일정한 의미가 결합한 것이다. 소쉬르(F. de Saussure)는 의미를 산출하는 상징물을 '기표[signifiant]'라고 부르고, 산출되는 의미를 '기의[signifié]'라고 불렀다. 인간의 주요한 의사소통 수단인 언어 역시 다른 기호들과 마찬가지로 기표와 기의의 두 요소로 이루어져 있다.
>
> 기호는 도상적 기호[iconic sign], 지표적 기호[indexical sign], 자의적 기호[arbitrary sign]로 나누어 볼 수 있다. 도상적 기호는 일기 예보에 사용되는 기호들과 같이 기표와 기의 사이에 닮음이 있는 기호이다. 지표적 기호는 기의가 기표를 닮은 것은 아니지만 기의와 기표 사이에 자연스러운 관련성이 있는 기호이다. '연기'가 '불'을 암시하는 지표적 기호가 될 수 있다. 자의적 기호는 기의와 기표 사이의 관계가 관습적일 뿐 닮음이나 관련성이 없는 기호이다. 흔히 언어의 특성으로 자의성을 들거니와, 언어는 대표적인 자의적 기호이다. '나무'에 대해 한국인들은 [namu]라는 기표를 사용하고, 미국인들은 [tri:]라는 기표를 사용하는데 두 기표 사이에는 아무런 음성적 유사성이 없다.

① 신호등에서 '빨간불'이라는 기표는 '멈추시오'라는 기의를 가지고 '초록불'이라는 기표는 '가시오'라는 기의를 가지겠군.
② '울다'라는 언어 표현은 실제 우는 모습과 관련이 없지만 이모티콘 'ㅠㅠ'는 눈물을 흘리는 모습을 닮았으므로 도상적 기호의 예로 들 수 있겠군.
③ 아라비아 숫자 '1, 2, 3'과 로마 숫자 'Ⅰ, Ⅱ, Ⅲ'을 비교해 보면 아라비아 숫자는 지표적 기호이고, 로마 숫자는 자의적 기호겠군.
④ 표준어로 '부추'에 상응하는 표현이 '정구지, 솔' 등 지역에 따라 달리 나타나는 현상에서 언어가 자의적 기호라는 점을 알 수 있겠군.

23 다음 글을 읽고 ㉠과 ㉡을 이해한 것으로 적절하지 않은 것은?

언어 기호의 특성으로 언어의 형식과 내용이 전혀 무관하다는 자의성과 대립되는 '도상성(圖像性 iconicity)'이 있다. 이는 언어의 형태와 의미, 또는 구조와 내용 간에 나타나는 유사한 성질을 말한다. 언어 기호의 도상성에는 다음 세 가지가 있다.

첫째, ㉠<u>양적 도상성</u>으로서, 이는 '아이 : 아이들'과 같이 개념의 복잡성 정도가 언어적 재료의 양과 비례하는 경우를 말한다. 단수와 복수, 긍정과 부정, 상태와 상태 변화에서 개념상으로 전자보다 후자가 복잡하며, 따라서 형태상으로도 전자보다 후자의 길이가 길다.

둘째, ㉡<u>순서적 도상성</u>으로서, 사건의 시간 순서가 언어 구조에 비례하는 것을 말한다. 가령 "그는 대문을 열고 집으로 들어갔다."는 사건의 자연스러운 순서와 일치하는 반면, "그는 집으로 들어가고 대문을 열었다."는 사건의 자연적인 순서를 따르지 않았기 때문에 이상한 표현이 되었다.

셋째, 거리적 도상성은 개념적 거리와 언어적 거리가 비례 관계를 형성하는 것을 말한다. 가령 '아버지', '할아버지', '외할아버지'는 화자와의 개념 거리가 멀어짐에 따라 이것이 호칭어의 형태에 반영되어 있음을 알 수 있다.

① 상태를 나타내는 '붉다'보다 상태 변화를 나타내는 '붉어지다'라는 말의 길이가 더 긴 것은 ㉠의 예로 들 수 있다.
② '규칙'보다 부정의 의미가 들어 있는 '불규칙'이 말의 길이가 더 긴 것은 ㉠의 예로 들 수 있다.
③ '어제오늘'은 시간의 선후에 따라 배열된 경우이므로 ㉡의 예로 들 수 있다.
④ '건너뛰다'는 사건의 순서가 언어 구조에 반영된 경우이므로 ㉡의 예로 들 수 있다.

| 개념 확인 |

양적 도상성
순서적 도상성
거리적 도상성

| 풀이 전략 |

시간 순서대로 동작이 연속되어야 한다는 내용을 예로 들었는지 확인한다.

24 〈보기 1〉을 참고하여 〈보기 2〉를 이해한 것으로 적절하지 않은 것은?

〈 보기 1 〉

'하늘'처럼 의미를 가지는 가장 작은 말의 단위를 '형태소'라고 한다. 형태소를 분석할 때는 보다 큰 문법 단위를 보다 작은 문법 단위로 분석할 때 사용하는 '계열 관계'와 '통합 관계'라는 두 기준에 기대는 일이 일반적이다. 계열 관계란 같은 성질을 가지는 다른 말로 바꿀 수 있다는 의미를 가지므로 이를 '대치'라 부르기도 한다. 이에 대해 통합 관계란 어떤 말의 앞이나 뒤에 다른 말이 올 수 있다는 뜻을 가지므로 이를 달리 '결합'이라 부르기도 한다.

가령 '하늘이 푸르다.'라는 문장은 우선 '하늘이'와 '푸르다'라는 두 개의 문법 단위로 분석된다. 이러한 분석이 가능한 것은 '하늘이'라는 자리에 '강물이'라는 말이 대치될 수 있고 '푸르다'라는 자리에 '흐리다'라는 말이 대치될 수 있으므로 계열 관계를 만족하고, '하늘이'의 앞에 '높은'과 같은 말이, '하늘이'와 '푸르다'의 사이에 '더욱'과 같은 말이 끼어들 수 있으므로 통합 관계를 만족하기 때문이다. 그러나 계열 관계와 통합 관계를 통해 분석한 '하늘이'와 '푸르다'는 그 자체로 각각 하나의 형태소라고 할 수 없다. 즉 계열 관계와 통합 관계의 기준에 따라 '하늘'과 '이', '푸르-'와 '-다'가 더 분석되는 것이다. 따라서 '하늘이 푸르다.'라는 문장은 최종적으로 '하늘', '이', '푸르-', '-다'로 분석된다.

〈 보기 2 〉

뒤뜰에 핀 벚꽃이 예쁘다.

① '뒤뜰'은 '뒤' 자리에 '앞'이 대치될 수 있으므로 '뒤-뜰'로 분석될 수 있다.
② '핀' 자리에 '둔'이 대치될 수 있으므로 '핀'은 더 이상 분석되지 않는다.
③ '벚꽃이 예쁘다.'는 '예쁘다' 앞에 '매우'라는 말이 끼어들 수 있으므로 통합 관계를 따르면 '벚꽃이'와 '예쁘다'로 우선 나눌 수 있다.
④ '예쁘다'는 '예쁘-'와 '-다' 사이에 '-었-'이 끼어들 수 있으므로 '예쁘-다'로 분석될 수 있다.

| 개념 확인 |

계열 관계
통합 관계
대치
결합

| 풀이 전략 |

문법 단위를 최종적으로 분석할 때에는 '어간 – 어미' 등으로 분석이 가능한지도 확인해 보아야 한다.

25 〈보기 1〉을 바탕으로, 〈보기 2〉를 이해한 것으로 적절한 것은?

| 개념 확인 |
형태
기능
의미

〈 보기 1 〉

　품사란 단어를 문법적인 특징의 공통성에 따라 나눈 부류이다. 여기서 문법적인 특징이란 형태 및 기능에서의 성질을 말한다. 이밖에 품사 분류의 보조적인 기준으로 의미를 들기도 한다.
　'형태'란 단어의 형태적 특징, 곧 어미에 의한 굴절의 양상을 말한다. 하지만 우리말은 굴절어가 아닌 교착어이므로 형태가 중요한 기준이 되기 어렵다. 굳이 우리말에서 형태를 품사 분류의 기준으로 삼는다면 동사나 형용사와 같이 어간에 어미가 결합하는 부류와 그렇지 않은 부류를 나누는 데 사용할 수 있을 것이다. 즉 형태를 기준으로 나누면 우리말의 단어는 형태가 변하는 가변어와 형태가 변하지 않는 불변어로 나눌 수 있다.
　'기능'이란 한 단어가 문장 안에서 다른 단어와 맺는 문법적 관계를 말한다. '체언, 용언, 수식언, 독립언, 관계언' 등은 주로 기능을 고려하여 품사를 분류한 것이다.
　'의미'를 품사 분류 기준의 하나로 들기도 한다. 여기서 말하는 의미란 개별 단어의 차별적인 의미를 지칭하는 것이 아니라 품사 부류 전체가 가지는 의미를 말한다. 우리가 품사를 정의할 때, 명사는 '사물의 이름을 나타내는 말', 형용사는 '사물의 상태를 나타내는 말'과 같이 표현하는 것은 바로 '의미'에 기준을 두고 분류한 것이다.
　다음의 예를 보자.
　'나는 사과를 먹었다.'라는 문장에서 '사과'는 형태적으로는 불변어이고, 기능적으로는 체언, 의미적으로는 명사이다.

〈 보기 2 〉

나는 새 옷을 작은 가방에 넣었다.

① '나'는 형태가 변하지 않으므로 불변어이고, 의미에 따라 분류하면 사람의 이름을 나타내는 명사겠군.
② '새'는 기능에 따라 분류하면 용언이고, 의미에 따라 분류하면 사물의 상태를 나타내는 형용사겠군.
③ '작은'은 형태가 변하므로 가변어이고, 의미에 따라 분류하면 형용사겠군.
④ '넣었다'는 기능에 따라 분류하면 용언이고, 의미에 따라 분류하면 형용사겠군.

PART 4
실무 중심 실용 규범

PART 4 실무 중심 실용 규범

| 학습 전략 |

- 올바른 한국어의 문장 구조를 학습하고 이를 판별한다.
- 표준 표기를 바탕으로 공문서 등의 실용 문서를 작성하는 법을 연습한다.

실용 규범 문제에 접근하는 올바른 방식

오른쪽 문제는 2023년 인사 혁신처의 예시 문제 중 신유형으로 많은 주목을 받았던 문제입니다. 그 이유는 바로 문법과 규범에 대한 지식을 '공문서 작성 방식'의 틀로 출제했기 때문입니다. 수험 지식과 실제 업무의 연관성을 높이는 방향으로 출제를 하겠다는 인사 혁신처의 출제 기조와 일치하는 유형이기도 했고요.

이런 문제에는 어떻게 접근해야 할까요. **실용 문서는 표준 표기를 바탕으로, 정확하고 명확한 표현을 사용하여 정보를 효율적으로 전달하는 기능이 중요**합니다. 따라서 고려해야 하는 문법적 특성은 다음과 같습니다.

- 〈한글 맞춤법〉에 맞는 표준 표기의 사용
- 모호한 표현을 배제한 명확한 표현
- 올바른 한국어의 구조를 바탕으로 한 문장의 구성

이 문제에서는 <u>모호한 표현의 배제, 올바른 한국어의 문장 구조</u>가 출제되었습니다. 그리고 앞으로는 <u>올바른 맞춤법, 적절한 어휘의 선택, 의사소통을 방해하는 난해한 용어의 순화, 정확한 문장 부호의 표기</u> 등이 출제될 가능성이 있습니다.

단, 인사 혁신처가 분명히 단순 암기를 지양하겠다고 밝혔기에, 이제 더 이상 지엽적이고 잘 쓰이지도 않는 표기를 달달 외울 필요는 없습니다. 어디까지나 **공적 문서에서 의사소통의 명확성을 위해 써야 하는 표준 표기들을 중심으로 학습**하면 되는 것입니다. 선재국어가 그 범위를 정해 드리고, 유형을 알려 드리겠습니다.

📋 인혁처 예시 문제

01 〈공공 언어 바로 쓰기 원칙〉에 따라 〈공문서〉의 ㉠~㉣을 수정한 것으로 적절하지 않은 것은?

〈공공 언어 바로 쓰기 원칙〉
- 중복되는 표현을 삼갈 것
- 대등한 것끼리 접속할 때는 구조가 같은 표현을 사용할 것
- 주어와 서술어를 호응시킬 것
- 필요한 문장 성분이 생략되지 않도록 할 것

〈공문서〉
한국의약품정보원

수신: 국립국어원
(경유)
제목: 의약품 용어 표준화를 위한 자문 회의 참석 ㉠ 안내 알림

1. ㉡ 표준적인 언어생활의 확립과 일상적인 국어 생활을 향상하기 위해 일하시는 귀 원의 노고에 감사드립니다.
2. 본원은 국내 유일의 의약품 관련 비영리 재단 법인으로서 의약품에 관한 ㉢ 표준 정보가 제공되고 있습니다.
3. 의약품의 표준 용어 체계를 구축하고 ㉣ 일반 국민도 알기 쉬운 표현으로 개선하여 안전한 의약품 사용 환경을 마련하기 위해 자문 회의를 개최하니 귀 원의 연구원이 참석해 주시기를 바랍니다.

---

① ㉠: 안내
② ㉡: 표준적인 언어생활을 확립하고 일상적인 국어 생활의 향상을 위해
③ ㉢: 표준 정보를 제공하고 있습니다
④ ㉣: 의약품 용어를 일반 국민도 알기 쉬운 표현으로 개선하여

| 개념 확인 | 근거가 되는 개념을 정리한다

〈공공 언어 바로 쓰기〉 원칙에서 '중복되는 표현'은 잉여적 표현이고, '구조가 같은 표현'은 병렬 관계이고, 나머지는 주술 호응과 문장 성분의 확인이라는 것을 조건으로 제시하고 있군요. 사실, 올바른 문장을 쓰는 요건을 열거한 것이네요.

| 풀이 전략 | 정리된 개념을 선택지에 적용한다

① '안내'는 '어떤 내용을 소개하여 알려 줌'을 뜻하는데 이 뜻이 '알림'과 비슷하네요. 어느 정도의 한자 어휘력이 필요한 항목입니다.
② 대등한 것끼리 접속할 때에는 구조가 같은 표현을 사용해야 합니다. 따라서 '표준적인 언어생활을 확립하고 일상적인 국어 생활을 향상하기 위해'와 같이 '과' 앞뒤의 문장 구조를 맞추어 수정해야 합니다. 따라서 정답은 ②입니다.
③ 주술 호응을 검토하는 선택지입니다. 주어인 '본원은'과 호응할 수 있도록 서술어를 '제공하고'로 적절하게 고쳤습니다.
④ '개선하다'는 '…을 개선하다'의 형태로 쓰이므로 목적어를 넣어 적절하게 수정했습니다.

정답률 41% 정답 ②

한국어능력시험 문제

01 ㉠~㉤에 대한 설명으로 올바르지 않은 것은? 제69회 KBS 한국어능력시험

> 나는 ㉠너만큼 ㉡그 일이 ㉢이루어지도록 하고 싶어도, 몸이 건강하지가 않아서 도저히 ㉣시도해볼 엄두도 ㉤낼 수가 없다.

① ㉠: '만큼'이 조사이므로 '너'와 '만큼'은 반드시 붙여 써야 한다.
② ㉡: 관형사가 명사를 수식하고 있으므로 '그'와 '일이'는 반드시 띄어 써야 한다.
③ ㉢: 동사와 어미가 결합한 구성이므로 '이루어지'와 '도록'은 반드시 붙여 써야 한다.
④ ㉣: 본용언과 보조 용언이 결합되었으므로 '시도해'와 '볼'은 반드시 붙여 써야 한다.
⑤ ㉤: 관형어 '낼'이 의존 명사를 수식하므로 '낼'과 '수가'는 반드시 띄어 써야 한다.

| 풀이 전략 | 한국어능력시험은 규범 문제도 종종 내는데요. **문법 문제와 마찬가지로 규범에 대한 정확한 지식을 묻는 경우**가 많습니다.
이 문제를 풀기 위해서는 조사, 관형사, 명사 등의 품사뿐만 아니라 본용언과 보조 용언 등의 문법 개념을 정확히 알고 있어야 합니다. 여기에 더해, 단어를 띄어 쓰되 형식 형태소인 조사와 어미는 붙여 쓴다는 것까지 알고 있어야 정답을 도출할 수 있습니다.
④는 본용언과 보조 용언의 경우를 묻고 있네요. 이 경우, 본용언이 복합어이면서 3음절 이상이면 너무 길기 때문에 붙여 쓸 수가 없죠. 따라서 '시도해'는 복합어이고 그 활용형이 3음절이므로 '시도해∨볼'과 같이 띄어 써야만 합니다. 따라서 틀린 선택지는 ④입니다.

정답 ④

02 〈보기〉에 대한 설명으로 가장 적절한 것은? 제68회 KBS 한국어능력시험

> 〈 보기 〉
> 닭장[닥짱], 뻗대다[뻗때다], 넓죽하다[넙쭈카다]

① 받침소리 'ㄱ, ㄷ, ㅂ' 뒤에서 일어나는 경음화의 예이다.
② 어간 받침소리 'ㄴ, ㅁ' 뒤에서 일어나는 경음화의 예이다.
③ 한자어의 'ㄹ' 받침소리 뒤에서 일어나는 경음화의 예이다.
④ 관형사형 어미 '-(으)ㄹ' 뒤에서 일어나는 경음화의 예이다.
⑤ 관형격 기능의 사이시옷에 의해 일어나는 경음화의 예이다.

| 풀이 전략 | 표기와 발음을 함께 제시하고, 공통된 발음 현상의 조건을 분류하는 문제입니다. 제시된 단어들은 모두 경음화(된소리되기)가 실현된 경우네요. 그럼 공통적인 문법적 환경을 살펴봐야 하는데요. 세 가지 단어 모두 된소리가 된 음운 앞에 'ㄱ, ㄷ, ㅂ'가 있습니다. 따라서 올바른 설명은 ①입니다.
'경음화'라는 개념을 바탕으로 이것이 실현된 **공통된 문법 조건**을 빠르게 찾아내는 유형의 문제입니다.

정답 ①

대학수학능력시험 문제

01 다음은 준말에 관한 〈한글 맞춤법〉의 일부이다. 이를 적용한 내용으로 적절하지 않은 것은? 2022학년도 대학수학능력시험

> 제34항 [붙임 1] 'ㅐ, ㅔ' 뒤에 '-어, -었-'이 어울려 줄 적에는 준 대로 적는다. ········· ㉠
>
> 제35항 '모음 'ㅗ, ㅜ'로 끝난 어간에 '-아/-어, -았-/-었-'이 어울려 'ㅘ/ㅝ, 왔/웠'으로 될 적에는 준대로 적는다. ········· ㉡
>
> [붙임 2] 'ㅚ' 뒤에 '-어, -었-'이 어울려 'ㅙ, ㅙㅆ'으로 될 적에도 준 대로 적는다. ········· ㉢
>
> 제36항 'ㅣ' 뒤에 '-어'가 와서 'ㅕ'로 줄 적에는 준 대로 적는다. ········· ㉣
>
> 제37항 ㅏ, ㅕ, ㅗ, ㅜ, ㅡ로 끝난 어간에 '-이-'가 와서 각각 'ㅐ, ㅖ, ㅚ, ㅟ, ㅢ'로 줄 적에는 준 대로 적는다. ········· ㉤

① ㉠을 적용하면 '(날이) 개었다'와 '(나무를) 베어'는 각각 '갰다'와 '베'로 적을 수 있다.
② ㉡을 적용하면 '(다리를) 꼬아'와 '(죽을) 쑤었다'는 각각 '꽈'와 '쒔다'로 적을 수 있다.
③ ㉤을 적용할 때, 어간 '(발로) 차-'에 '-이-'가 붙은 '(발에) 차이-'에 '-었다'가 붙으면 '채었다'로 적을 수 있다.
④ ㉤을 적용한 후 ㉢을 적용할 때, 어간 '(벌이) 쏘-'에 '-이-'가 붙은 '(벌에) 쏘이-'에 '-어'가 붙으면 '쐐'로 적을 수 있다.
⑤ ㉤을 적용한 후 ㉣을 적용할 때, 어간 '(오줌을) 누-'에 '-이-'가 붙은 '(오줌을) 누이-'에 '-어'가 붙으면 '뉘여'로 적을 수 있다.

풀이 전략 모음 축약의 다양한 형태를 정리한 〈한글 맞춤법〉 조항들입니다. 수능의 지문 제시형 문제를 풀 때는 예시 형태와의 비교가 매우 중요합니다. 그런데 이에 더해 문제 풀이의 속도를 높이기 위해서는, 기본적인 축약형을 미리 학습하는 것도 필요합니다.

⑤를 제시문과 형태를 비교하며 풀어 볼까요. '누- + -이- + -어'는 ㉤에 따라 '뉘어'로 적을 수 있으며 ㉣에 따라 '누여'로 적을 수도 있습니다. 그러나 ㉤을 적용한 '뉘어'에 다시 ㉣을 적용하여 '뉘여'로 적을 수 있다는 설명은 적절하지 않으므로, 이는 틀린 선택지입니다.

더 빨리 푸는 방식은, '뉘여'라는 표기가 틀렸다는 것을 학습하는 것입니다. '뉘여'는 '누- + -이- + -이- + -어'로 풀어 쓸 수 있지요? 그러면 '-이-'가 중복되었다는 것을 금방 알 수 있을 것입니다. 그렇기 때문에 ⑤는 틀린 표기이고, 결과적으로 표기가 틀렸으므로 근거는 검토할 필요가 없습니다.

정답 ⑤

국립국어원 공문서 작성 문제

01 다음은 공문서의 일부이다. ㉠~㉣을 수정한 것으로 적절하지 않은 것은?

수 신 자	수신자 참조
(경 유)	
제 목	전문가 초청 워크숍 참가 안내

1. 우리 원은 문화 예술 관련 기관·단체 소속 실무자와 예술 교육 ㉠ <u>담당자를 위한 문화 예술 전문 역량 강화를 위해</u> 다양한 교육 과정을 기획·운영하고 있습니다.

2. 이러한 사업의 하나로 ○○ 필하모닉 교육 부서와 연계하여 오는 10월 5일에 '예술 교육 음악으로 다가가기'를 주제로 전문가 초청 워크숍을 다음과 같이 개최하오니, 각 기관에서는 최소 1명 이상 참석하여 주시기 바랍니다.

3. 아울러, 정부 중앙 청사에 ㉡ <u>열린 문화 공간 조성 및 근무 환경을 개선하기 위해</u> ㉢ <u>귀 기관으로부터 미술품을 대여하고자</u> 하오니 협조하여 주시기 바랍니다.

   가. **교육명**: ○○ 필하모닉 교육 부서 연계 전문가 초청 워크숍
   나. **교육 목적**: ㉣ <u>한일 과거사와 미래 지향적인 양국 간 관계를 발전시키기 위한</u> 전문가 양성 및 상호 교류
   다. **교육 일시**: 20○○. 10. 5.(월), 15:00~19:00
   라. **교육 대상**: 문화 행정 인력, 정부 부처·지방 자치 단체 공무원
        ※ 접수 인원이 많으면, 문화 관련 업무 담당자 우선 선정 예정
   마. **주최·주관**: 한국 ○○ 진흥원
   바. **후원**: 국민 체육 진흥 공단, ○○ 필하모니오케스트라. 끝.

① ㉠: 담당자의 문화 예술 전문 역량 강화를 위해
② ㉡: 열린 문화 공간을 조성하고 근무 환경을 개선하기 위해
③ ㉢: 귀 기관으로부터 미술품을 대여받고자
④ ㉣: 한일 과거사와 미래 지향적인 양국 간 관계의 발전을 위한

출전 《한눈에 알아보는 공공 언어 바로 쓰기》, 국립국어원, 수정

해설 ㉣은 호응이 어색한 문장이다. 그러나 이를 수정한 '한일 과거사와 ~ 발전을 위한' 역시 호응이 어색하므로, ㉣에는 '한일 과거사를 극복하고 미래 지향적인 양국 간 관계를 발전시키기 위한'과 같이 적절한 서술어를 넣어 주어야 한다.

오답풀이 ① 문장 전체가 '~ 위한 ~ 위해 ~' 구성이어서 자연스럽지 않으므로 '담당자를 위한'을 '담당자의'로 다듬는 것이 자연스럽다.
② 대등하게 연결되는 문장 구조의 앞뒤를 확인하여, 병렬 관계를 살펴보아야 한다. 따라서 '및' 앞뒤의 문장 구조를 맞춰 '열린 문화 공간을 조성하고'로 고쳐 쓴다.
③ '대여하다'는 '빌려주는' 것이므로 이 문장에서는 '대여받다'로 써야 한다.

정답 ④

02 다음 공고문을 어법에 맞게 수정할 때, 옳지 않은 것은?

20○○년도 제2회 기능직 8급 공무원(위생원)
경력 경쟁 채용 시험 시행 계획 공고

　○○ 공무원 교육원 주관 20○○년도 제2회 기능직 8급 공무원(위생원) 경력 경쟁 채용 시험 시행 계획을 다음과 같이 공고합니다.

20○○. 12. 15.

○○ 공무원 교육원장

1. 선발 예정 직급 및 인원

직급	직렬 및 직종	선발 예정 인원	근무 예정 기관	업무 내용
기능 8급	기능직(위생원)	일반: ○명	○○ 공무원 교육원	구내식당 취사

2. 응시 자격 및 요건

　※ 아래 가항~다항의 요건을 모두 충족하여야 합니다.
　가. 나이(年齡): 18세 이상(20○○. 12. 31 이전 출생자)
　나. 학력[學歷]: 제한 없음.
　다. 아래 조건에 맞는 사람
　　　- 영양사 또는 위생사 자격증 소지자
　　　- 한식 조리 기능사 또는 양식 조리 기능사 자격을 취득 후 관련 분야 2년 이상 경력자

・ 접수가 종료된 후에는 접수 취소와 응시료 환불이 불가능하니 양지하시기 바랍니다.

---

① '나이(年齡)'는 '나이[年齡]'로 고친다.
② '20○○. 12. 31'은 '20○○. 12. 31.'로 고친다.
③ '학력[學歷]'은 '학력(學歷)'으로 고친다.
④ '양지하시기 바랍니다'는 '알려 주시기 바랍니다'로 다듬는다.

출전 《한눈에 알아보는 공공 언어 바로 쓰기》, 국립국어원, 수정
해설 '양지(諒知)하다'는 '살피어 알다'의 의미이므로, 이를 '알려 주시기'로 바꾸는 것은 적절하지 않다.
오답풀이 ① **나이[年齡]**(○): 고유어에 대응하는 한자어를 함께 보일 때에는 대괄호([ ])를 쓴다.
② 20○○. 12. 31.(○): 아라비아 숫자만으로 연월일을 표시할 때에는 마지막 '일'을 나타내는 마침표도 찍어야 한다.
③ **학력(學歷)**(○): 우리말 표기와 원어 표기를 함께 보일 때에는 소괄호(( ))를 쓴다.

정답 ④

PART 4 실용 규범

지문 이해를 위한 핵심 개념

핵심 개념 1 올바른 문장 구조

1. **서술어를 중심으로 문장의 호응을 살펴본다.**
   - 예) 여기서 주의해야 할 점은 일제의 식민지 교육이 민족을 분열시키는 간교한 수단으로 활용되었다.
     → 주의해야 할 점은 ~ 활용되었다는 것이다.
   - 주술 호응의 오류. 주어가 '관형어 + 체언'으로 이루어진 경우, 서술어도 이에 맞추는 것이 좋다.

2. **주어, 목적어, 필수 부사어를 확인하여, 과도하게 생략된 성분이 있는지 살펴본다.**
   - 예) 본격적인 공사가 언제 시작되고 언제 개통될지 모른다.
     → 도로가 언제 개통될지 모른다
   - '개통되다'와 호응하는 주어가 없으므로 적절한 주어를 넣어 주어야 한다.

3. **연결되는 문장 구조의 앞뒤를 확인하여, 병렬 관계를 살펴본다.**
   - 예) 1반 축구팀은 불안한 수비와 문전 처리가 미숙하여 2반 축구팀에 패배하였다.
     → 수비가 불안하고 문전 처리가 미숙하여
   - '와' 앞뒤의 문장 구조를 맞춰 '수비가 불안하고'처럼 고쳐 주는 것이 자연스럽다.

핵심 개념 2 〈한글 맞춤법〉의 원리와 구성

〈한글 맞춤법〉은 한국어의 교착어적 특성을 고려하여 소리와 표기의 관계를 규범화해 놓은 것으로, 전체 57항으로 짜여 있다.

> **제1장 총칙**
>   **제1항** 〈한글 맞춤법〉은 표준어를 소리대로 적되, 어법에 맞도록 함을 원칙으로 한다.
> **제2장** 자모
> **제3장** 소리에 관한 것
> **제4장** 형태에 관한 것
> **제5장** 띄어쓰기
> **제6장** 그 밖의 것

표준어를 소리대로 적되, 어법에 맞게 한다는 것은 무슨 뜻일까. '소리대로' 적는다는 것은 그 표준어를 적을 때 발음에 따라 적는다는 뜻이다. 그러나 '꽃이 – 꽃나무 – 꽃다발'을 소리대로 [꼬치] – [꼰나무] – [꼳따발]로 적는다면 그 뜻이 얼른 파악되지 않고, 따라서 독서의 능률이 크게 저하된다. 그리하여 '어법에 맞도록 한다'는 또 하나의 원칙이 붙은 것인데, 이것은 결국 뜻을 파악하기 쉽도록 하기 위하여 각 형태소의 본 모양을 밝히어 적는다는 말이다. 즉 교착어를 구성하고 있는 의미부와 문법부, 즉 실질 형태소와 형식 형태소를 각각 밝혀 적는다는 것을 말한다.

핵심 개념 3 두음 법칙의 이해

한자음 중 '녀, 뇨, 뉴, 니'와 'ㄹ' 음(랴, 려, 례, 료, 류, 리, 라, 래, 로, 뢰, 루, 르)은

1. 첫소리에 올 수 없다.
2. 첫소리가 아니더라도 자립적인 형태의 두음에 올 수 없다.

女子	-	男女	-	新女性	-	男尊女卑
두음		두음이 아님.		독립된 단위의 두음		합성어(남존 + 여비)
여자		남녀		신여성		남존여비

1. 〈한글 맞춤법〉 두음 법칙 내용 정리

제10항	한자음 '녀, 뇨, 뉴, 니'가 단어 첫머리에 올 적에는 두음 법칙에 따라 '여, 요, 유, 이'로 적는다. 예 여자(女子), 연세(年歲), 익명(匿名) 등
	단어의 첫머리 이외의 경우에는 본음대로 적는다. 예 남녀(男女), 당뇨(糖尿), 결뉴(結紐), 은닉(隱匿) 등
	접두사처럼 쓰이는 한자가 붙어서 된 말이나 합성어에서, 뒷말의 첫소리가 'ㄴ' 소리로 나더라도 두음 법칙에 따라 적는다. 예 신여성(新女性), 공염불(空念佛), 남존여비(男尊女卑) 등
제11항	한자음 '랴, 려, 례, 료, 류, 리'가 단어의 첫머리에 올 적에는 두음 법칙에 따라 '야, 여, 예, 요, 유, 이'로 적는다. 예 양심(良心), 용궁(龍宮), 역사(歷史) 등
	단어의 첫머리 이외의 경우에는 본음대로 적는다. 예 개량(改良), 혼례(婚禮), 쌍룡(雙龍) 등
	다만, 모음이나 'ㄴ' 받침 뒤에 이어지는 '렬, 률'은 '열, 율'로 적는다. 예 선율(旋律), 실패율(失敗率), 백분율(百分率) 등 비교 명중률, 합격률
제12항	한자음 '라, 래, 로, 뢰, 루, 르'가 단어의 첫머리에 올 적에는 두음 법칙에 따라 '나, 내, 노, 뇌, 누, 느'로 적는다. 예 낙원(樂園), 내일(來日), 누각(樓閣) 등
	단어의 첫머리 이외의 경우에는 본음대로 적는다. 예 쾌락(快樂), 광한루(廣寒樓), 가정란(家庭欄) 등
	접두사처럼 쓰이는 한자가 붙어서 된 단어는 뒷말을 두음 법칙에 따라 적는다. 예 내내월(來來 月), 상노인(上老人), 중노동(重勞動) 등

2. '고유어 + 한자어', '구미 외래어 + 한자어'의 경우

첫음절 이외의 한자의 경우	고유어나 외래어에 붙은 한자의 경우
노동량(勞動量), 작업량(作業量), 운량(雲量)	일양, 구름양, 알칼리양(alkali量), 에너지양(energy量)
가정란(家庭欄), 투고란(投稿欄), 독자란(讀者欄)	어머니난, 어린이난, 토픽난(topic欄), 가십난(gossip欄)
합격률(合格率), 명중률(命中率), 적중률(的中率)	서비스율(service率)

핵심 개념 4 사이시옷의 개념과 표기

1. '명사 + 명사'일 것(합성어)
2. 앞 명사는 모음으로 끝나고 뒤의 명사는 된소리, 거센소리가 아닐 것
3. 앞뒤 명사 중 최소한 하나는 순우리말일 것

1. 사이시옷을 표기하는 경우

순우리말로 된 합성어	뒷말의 첫소리가 된소리로 나는 것 예) 나룻배, 댓가지, 부싯돌, 선짓국, 아랫집 등
	뒷말의 첫소리 'ㄴ, ㅁ' 앞에서 'ㄴ' 소리가 덧나는 것 예) 멧나물, 아랫니, 텃마당, 아랫마을, 잇몸 등
	뒷말의 첫소리 모음 앞에서 'ㄴㄴ' 소리가 덧나는 것 예) 도리깻열, 두렛일, 뒷일, 베갯잇, 나뭇잎 등
순우리말과 한자어로 된 합성어	뒷말의 첫소리가 된소리로 나는 것 예) 귓병(-病), 봇둑(洑-), 아랫방(--房), 전셋집(傳貰-), 텃세(-貰/-勢), 햇수(-數) 등
	뒷말의 첫소리 'ㄴ, ㅁ' 앞에서 'ㄴ' 소리가 덧나는 것 예) 제삿날(祭祀-), 훗날(後-), 툇마루(退--), 양칫물(養齒-) 등
	뒷말의 첫소리 모음 앞에서 'ㄴㄴ' 소리가 덧나는 것 예) 가욋일(加外-), 사삿일(私私-), 예삿일(例事-), 훗일(後-) 등
두 음절로 된 합성어	곳간(庫間), 셋방(貰房), 숫자(數字), 찻간(車間), 툇간(退間), 횟수(回數)

2. 사이시옷을 표기하지 않는 경우

합성어가 아닌 말	예) 햇님(×) → 해님(○), 나랏님(×) → 나라님(○)
뒷말이 예사소리가 아닌 된소리나 거센소리로 시작될 때	예) 나룻터(×) → 나루터(○), 뒷뜰(×) → 뒤뜰(○), 윗쪽(×) → 위쪽(○)
한자어와 한자어 사이일 때	예) 갯수(×) → 개수(個數)(○), 기찻간(×) → 기차간(汽車間)(○), 전셋방(×) → 전세방(傳貰房)(○), 촛점(×) → 초점(焦點)(○), 홧병(×) → 화병(火病)(○), 헛점(×) → 허점(虛點)(○)

핵심 개념 5 | 띄어쓰기의 이해

띄어쓰기	· 단어는 띄어 쓰는 것을 원칙으로 한다. · 의존 명사는 단어이므로 띄어 쓴다.
붙여쓰기	조사, 어미, 접사는 붙여 쓴다(조사는 단어이지만 붙여 쓴다.).
둘 다 허용	본용언과 보조 용언은 경우에 따라 둘 다 허용한다.

1. 단어는 띄어 쓴다

① 단어와 구의 구별
하나의 통합적 의미를 지닌 한 단어는 붙여 쓰고, 단어와 단어가 모인 구는 띄어 쓴다.

② 의존 명사의 구별
의존 명사란 자립성이 없어 반드시 관형어의 꾸밈을 받는 명사를 말한다. 의존 명사 역시 명사의 일종이므로, 반드시 띄어 써야 한다.

* 구별해서 써야 하는 의존 명사

대로	예 법대로, 약속대로 이행하라. (조사) VS 약속한 대로 이행한다. (의존 명사)
만큼	예 집을 대궐만큼 크게 짓다. (조사) VS 노력한 만큼 대가를 얻다. (의존 명사)
뿐	예 모인 사람이 셋뿐이다. (조사) VS 철수는 웃을 뿐이다. (의존 명사)
지	예 그가 오는지 모르겠다. (어미) VS 그가 떠난 지 보름이 지났다. (의존 명사)
만	예 공부만 하다. (조사) VS 집 떠난 지 3년 만에 돌아왔다. (의존 명사)
데	예 비가 오는데 어딜 가니? (어미) VS 그를 설득하는 데 며칠이 걸렸다. (의존 명사)
바	예 금강산에 가 본바 과연 절경이더군. (어미) VS 불의에 굴할 바에는 감옥에 가겠다. (의존 명사)
차(次)	예 연구차 / 인사차 (목적을 나타내는 접미사) VS 결혼 10년 차에 내 집을 장만했다. (의존 명사)
판	예 노름판 / 씨름판 (합성어) VS 장기를 세 판이나 두었다. (의존 명사)
중(中)	예 그중 / 은연중 / 무의식중 / 한밤중 (한 단어) VS 영웅 중의 영웅 (의존 명사)
간(間)	예 사흘간 / 며칠간 (접사) VS 부모와 자식 간에도 예의를 지켜야 한다. (의존 명사)

2. 조사, 어미, 접사는 붙여 쓴다

조사는 그 앞말에 붙여 쓴다. 조사가 둘 이상 겹쳐지거나, 조사가 어미 뒤에 붙는 경우에도 붙여 쓴다. 어미와 접사 역시 형식 형태소이므로 붙여 써야 한다.

예
- 집에서처럼 / 나에게만이라도 / 여기서부터입니다 → 조사
- 라일락은 꽃이 예쁠뿐더러 향기도 좋다. → 어미
- 제2 차 세계 대전이 발발하였다. → 접사

핵심 개념 6 중의적 표현

중의적 표현이란 언어 표현이 두 가지 이상의 의미로 해석될 여지가 있는 표현을 말한다.

어휘적 중의성	예 우리들은 정담을 나누었다. – 情談: 정답게 주고받는 이야기 / 鼎談: 세 사람이 마주 앉아 하는 이야기
은유적 중의성	예 그 선생님은 호랑이야. – 호랑이처럼 무섭다. / (연극에서) 호랑이 역을 맡았다.
구조적 중의성	예 · 한결같이 어려운 이웃을 돕는 사람들이 많습니다. · 남편은 나보다 비디오를 더 좋아한다. · 생일잔치에 초대한 친구가 다 오지 않았어요. · 이것은 아버지의 그림이다. · 그는 신발을 신고 있다.

핵심 개념 7 잉여적 표현

의미상 불필요한 말이 사용된 표현으로 의미의 중복, 의미의 중첩이라고도 한다.

예
- 여성 자매, 역전 앞, 남은 여생, 빈 공간
- 근거 없는 낭설, 방학 기간 동안
- 그것은 과반수 이상의 찬성을 얻었다.
- 이번 범죄와의 전쟁을 통해 모든 폭력을 완전히 근절해야 합니다.

핵심 개념 8 공문서에 자주 나오는 문장 부호

마침표(.)	아라비아 숫자만으로 연월일을 표시할 때, 끝까지 찍는다. 예 1919. 3. 1.
물음표(?)	선택적인 물음이 이어질 때는 맨 끝에 한 번만 쓰고, 각 물음이 독립적일 때는 각각의 뒤에 쓴다. 예 너는 중학생이냐, 고등학생이냐? / 언제 왔니? 어디서 왔니?
쌍점(:)	표제 다음에 해당 항목을 들거나 설명을 붙일 때 쓴다. 예 문방사우: 종이, 붓, 먹, 벼루 / 일시: 2014년 10월 9일 10시
큰따옴표(" ")	인용에 쓴다. 단, 인용한 말 안에 있는 인용한 말을 나타낼 때는 작은따옴표(' ')를 쓴다. 예 그는 "여러분! '시작이 반이다.'라는 말 들어 보셨죠?"라고 말했다.
소괄호(( ))	주석이나 보충적인 내용을 덧붙일 때, 우리말 표기와 원어 표기를 아울러 보일 때 쓴다. 예 니체(독일의 철학자) / 자세(姿勢) / 커피(coffee)
대괄호([ ])	괄호를 겹쳐 쓸 때, 바깥쪽의 괄호로 쓴다. 또한 고유어에 대응하는 한자어를 함께 보일 때 쓴다. 예 젊음[희망(希望)의 다른 이름]은 소중하다. / 나이[年歲], 낱말[單語]

PART 4 실용 규범 예상 문제

01 ㉠과 ㉡의 사례로 적절한 것은?

〈한글 맞춤법〉 총칙

제1항 한글 맞춤법은 표준어를 ㉠ 소리대로 적되, ㉡ 어법에 맞도록 함을 원칙으로 한다.

[해설]
 먼저 '표준어를 소리대로 적는다.'는 말에는 한글 맞춤법이 표준어를 대상으로 한다는 뜻이 담겨 있다. 그리고 '소리대로' 적는다는 것은 그 표준어를 적을 때 발음에 따라 적는다는 뜻이다. 이를테면 [나무]라고 소리 나는 표준어는 '나무'로 적고, [달리다]라고 소리 나는 표준어는 '달리다'로 적는다.
 그런데 표준어를 소리대로 적는다는 원칙만으로 충분하지 않은 경우가 있다. 예를 들어 '꽃[花]'이란 단어는 쓰이는 환경에 따라 소리가 달라진다. '꽃'은 '꽃이'일 때는 [꼬치]으로, '꽃만'일 때는 [꼰]으로, '꽃과'일 때는 [꼳]으로 소리 난다. 의미가 같은 하나의 말은 형태를 하나로 고정하여 일관되게 적어야 의미를 파악하기가 쉽다. 즉 '꽃, 꼰, 꼳'보다는 '꽃' 하나로 일관되게 적는 것이 의미를 파악하는 데 효과적이다.
 '어법에 맞도록 한다'는 것은 이와 같이 뜻을 파악하기 쉽도록 각 형태소의 본 모양을 밝혀 적는다는 말이다. 이에 따라 '꽃'은 [꼬치], [꼰], [꼳]의 세 가지로 소리 나는 형태소이지만 그 본 모양에 따라 '꽃' 한 가지로 적고, [꼬치], [꼰만], [꼳꽈]도 '꽃이, 꽃만, 꽃과'로 적게 된다.

	㉠	㉡		㉠	㉡
①	얼루기	따님	②	수캐	얽히고설키다
③	이파리	먹어	④	공염불	여덟이

| 개념 확인 |
표준어
어법
형태소

| 풀이 전략 |
각 단어의 형태소를 먼저 분석하고 형태소의 본 모양이 아니라 소리 나는 대로 적은 것을 찾는다.

02 〈보기〉를 읽고 〈한글 맞춤법〉을 잘못 이해한 사람은?

〈 보기 〉

제19항 어간에 '-이'나 '-음/-ㅁ'이 붙어서 명사로 된 것과 '-이'나 '-히'가 붙어서 부사로 된 것은 그 어간의 원형을 밝히어 적는다. ·············· ㉠
[붙임] 어간에 '-이'나 '-음' 이외의 모음으로 시작된 접미사가 붙어서 다른 품사로 바뀐 것은 그 어간의 원형을 밝히어 적지 아니한다. ·············· ㉡
제20항 명사 뒤에 '-이'가 붙어서 된 말은 그 명사의 원형을 밝히어 적는다. ·············· ㉢
[붙임] '-이' 이외의 모음으로 시작된 접미사가 붙어서 된 말은 그 명사의 원형을 밝히어 적지 아니한다. ·············· ㉣

① 훈: '단어의 뜻을 <u>많이</u> 앎.'에서 '많이'는 ㉠의 규정을 적용하여 표기한 것이군.
② 민: '마감'을 '막암'으로, '마중'을 '맞웅'으로 표기하지 않는 것은 ㉡의 규정을 적용한 것이군.
③ 정: '집집이'는 ㉢의 규정을 적용하여 표기한 것이지만, '다듬이'는 ㉠의 규정을 적용하여 표기한 것이군.
④ 음: '끄트머리'는 ㉣의 규정을 적용하여 표기한 것이지만 '바가지'는 ㉡의 규정을 적용하여 표기한 것이군.

| 개념 확인 |

어간
원형
접미사

| 풀이 전략 |

규정의 예로 제시된 단어가 용언에서 파생된 것인지, 명사에서 파생된 것인지 확인한다.

03 다음은 〈한글 맞춤법〉 제30항의 일부이다. ㉠~㉢에 해당하는 예가 바르게 연결된 것은?

제30항 사이시옷은 다음과 같은 경우에 받치어 적는다.
  1. 순우리말로 된 합성어로서 앞말이 모음으로 끝난 경우
     (1) 뒷말의 첫소리가 된소리로 나는 것 ·············· ㉠
     (2) 뒷말의 첫소리 'ㄴ, ㅁ' 앞에서 'ㄴ' 소리가 덧나는 것 ·············· ㉡
     (3) 뒷말의 첫소리 모음 앞에서 'ㄴㄴ' 소리가 덧나는 것
  2. 순우리말과 한자어로 된 합성어로서 앞말이 모음으로 끝난 경우
     (1) 뒷말의 첫소리가 된소리로 나는 것
     (2) 뒷말의 첫소리 'ㄴ, ㅁ' 앞에서 'ㄴ' 소리가 덧나는 것
     (3) 뒷말의 첫소리 모음 앞에서 'ㄴㄴ' 소리가 덧나는 것 ·············· ㉢

	㉠	㉡	㉢
①	나룻배	텃마당	베갯잇
②	선짓국	냇물	훗일(後日)
③	아랫방(아랫房)	빗물	가욋일(加外일)
④	아랫집	잇몸	제삿날(祭祀날)

| 풀이 전략 |

선택지의 단어가 순우리말로 된 합성어인지 순우리말과 한자어로 된 합성어인지 먼저 파악하고 단어를 발음해 본다.

04 다음은 〈한글 맞춤법〉 규정 중 일부이다. ㉠~㉣을 적용한 내용으로 옳지 않은 것은?

| 풀이 전략 |
기본적인 모음 축약 형태에 대한 지식을 바탕으로, 예시에서 축약 형태가 잘못 적용된 것을 찾는다.

제34항 모음 'ㅏ, ㅓ'로 끝난 어간에 '-아/-어, -았-/-었-'이 어울릴 적에는 준 대로 적는다. ㉠

[해설]
　제34항에서 "어울릴 적에는 준 대로 적는다."라고 한 것은 항상 줄어든 형태로 적는다는 뜻이다. 한편 'ㅅ' 불규칙 용언의 어간에서 'ㅅ'이 줄어든 경우에는 원래 자음이 있었으므로 'ㅏ/ㅓ'가 줄어들지 않는다.

　[붙임 1] 'ㅐ, ㅔ' 뒤에 '-어, -었-'이 어울려 줄 적에는 준 대로 적는다. ㉡

[해설]
　제34항 [붙임 1]에서 "어울려 줄 적에는 준 대로 적는다."라고 한 것은 줄지 않는 경우도 있다는 뜻이며, 따라서 줄어든 경우에만 준 대로 적는다.

제35항 모음 'ㅗ, ㅜ'로 끝난 어간에 '-아/-어, -았-/-었-'이 어울려 'ㅘ/ㅝ, 왔/웠'으로 될 적에는 준 대로 적는다. ㉢
　[붙임 1] '놓아'가 '놔'로 줄 적에는 준 대로 적는다.
　[붙임 2] 'ㅚ' 뒤에 '-어, -었-'이 어울려 'ㅙ, 왰'으로 될 적에도 준 대로 적는다. ㉣

---

① '병이 씻은 듯이 나았다.'라는 문장은, ㉠을 적용하면 '병이 씻은 듯이 났다.'로 고쳐야겠군.

② '날씨가 활짝 개었다.'라는 문장은, ㉡을 적용하면 '날씨가 활짝 갰다.'로 적을 수도 있겠군.

③ '의자에 앉아 다리를 꼬았다.'라는 문장은, ㉢을 적용하면 '의자에 앉아 다리를 꽜다.'로 적을 수도 있겠군.

④ '카페에서 스승님을 뵈었다.'라는 문장은, ㉣을 적용하면 '카페에서 스승님을 뵀다.'로 적을 수도 있겠군.

05 다음의 〈한글 맞춤법〉 규정에 맞는 예로 적절하지 않은 것은?

제57항	다음 말들은 각각 구별하여 적는다.	
㉠	걷잡다	그 사건은 걷잡을 수 없는 상태가 되었다.
	겉잡다	이 일은 겉잡아도 이틀은 걸릴 일이다.
㉡	부치다	우리는 여행 계획을 비밀에 부쳤다.
	붙이다	아이가 요즘 공부에 흥미를 붙였다.
㉢	이따가	이따가 3시에 집 앞으로 오너라.
	있다가	여기에 며칠 더 있다가 갈게.
㉣	하노라고	공부하노라고 밤을 새웠다.
	하느라고	하느라고 한 것이 이 모양이다.

[해설]
㉠ '걷잡다'는 '한 방향으로 치우쳐 흘러가는 형세 따위를 붙들어 잡다. / 마음을 진정하거나 억제하다.'라는 뜻을 나타내며, '겉잡다'는 '겉으로 보고 대강 짐작하여 헤아리다.'라는 뜻을 나타낸다.
㉡ '붙이다'에는 '붙게 하다'의 의미가 있는 반면, '부치다'에는 그런 의미가 없다.
㉢ '이따가'는 '조금 지난 뒤에'라는 뜻을 나타내는 부사이고, '있다가'는 '있다'의 어간 '있-'에 어떤 동작이나 상태가 끝나고 다른 동작이나 상태로 옮겨지는 뜻을 나타내는 어미 '-다가'가 붙은 형태이다.
㉣ '-노라고'는 자기 나름대로 꽤 노력했음을 나타내고, '-느라고'는 앞의 내용이 뒤에 오는 내용의 목적이나 원인이 됨을 나타낸다.

① ㉠ ② ㉡
③ ㉢ ④ ㉣

| 풀이 전략 |
[해설]에 제시된 단어의 뜻풀이를 바탕으로 문장에서의 쓰임이 어색한 것을 찾는다.

06 다음의 〈한글 맞춤법〉 규정을 근거로 할 때, 밑줄 친 부분의 띄어쓰기가 옳지 않은 것은?

> **제41항** 조사는 그 앞말에 붙여 쓴다.
> **제42항** 의존 명사는 띄어 쓴다.
>
> [해설]
> (1) '들'이 체언, 부사어 등에 붙어 그 문장의 주어가 복수임을 나타내는 경우에는 조사이므로 앞말에 붙여 쓰지만, 두 개 이상의 사물을 열거하는 구조에서 '그런 따위'라는 뜻을 나타내는 경우에는 의존 명사이므로 앞말과 띄어 쓴다.
> (2) '뿐', '대로', '만큼'이 체언 뒤에 붙을 경우에는 조사로 다루어 붙여 쓰지만 용언의 관형사형 뒤에 나타날 경우에는 의존 명사이므로 띄어 쓴다.
> (3) '만'이 한정 또는 비교의 뜻을 나타내는 경우에는 조사이므로 붙여 쓰지만 시간의 경과나 횟수를 나타내는 경우에는 의존 명사이므로 띄어 쓴다.

① ・<u>건강만큼은</u> 확실히 지키도록 노력하세요.
　・방 안은 숨소리가 <u>들릴∨만큼</u> 조용했다.
② ・그녀는 <u>사흘만에</u> 집에 돌아왔다.
　・그와 결혼을 결심한 것은 만난 지 <u>다섯∨번∨만이다</u>.
③ ・이제 믿을 것은 오직 <u>실력뿐이다</u>.
　・그는 <u>웃고만∨있을∨뿐이지</u> 싫다 좋다 말이 없다.
④ ・다들 돌아가고 친구 <u>몇몇만</u> 남았다.
　・과일에는 <u>사과,∨배,∨감∨들이</u> 있다.

| 개념 확인 |

의존 명사
체언
관형사형

| 풀이 전략 |

제시된 띄어쓰기 규정의 근거와 예시가 일치하는지 확인한다.

07 다음의 〈표준어 규정〉을 바탕으로 할 때, 표기에 대한 설명이 바르지 않은 것은?

> **제7항** 수컷을 이르는 접두사는 '수-'로 통일한다.
>   다만 1. 다음 단어에서는 접두사 다음에서 나는 거센소리를 인정한다. 접두사 '암-'이 결합되는 경우에도 이에 준한다.
>   다만 2. 다음 단어의 접두사는 '숫-'으로 한다.
>
> [해설]
>   'ㅎ'은 현대의 단어들에도 그 발음의 흔적이 많이 남아 있는데, '수ㅎ'에 '개, 닭, 병아리'가 결합하면 각각 '수캐, 수탉, 수평아리'가 되는 언어 현실을 존중하였다. 또한 '수'와 뒤의 말이 결합할 때, 발음상 [ㄴ(ㄴ)] 첨가가 일어나거나 뒤의 예사소리가 된소리가 되는 경우 사이시옷과 유사한 효과를 보이는 것이라 판단하여 '수'에 'ㅅ'을 붙인 '숫'을 표준어형으로 규정하였다. 이러한 예로는 '숫양, 숫쥐, 숫염소'만을 인정한다.
>
> **제12항** '웃-' 및 '윗-'은 명사 '위'에 맞추어 '윗-'으로 통일한다.
>   다만 1. 된소리나 거센소리 앞에서는 '위-'로 한다.
>   다만 2. '아래, 위'의 대립이 없는 단어는 '웃-'으로 발음되는 형태를 표준어로 삼는다.

① '수ㅎ'에 '개'가 결합해서 '수캐'가 된 걸 보니, '암캐'라는 표기도 맞겠군.
② '숫양'과 달리 '숫놈'은 인정되지 않으므로, '수놈'이라고 표기해야겠군.
③ '윗입술'이나 '윗변'과 달리, '위층'이나 '위쪽'은 'ㅅ' 받침을 쓰지 않겠군.
④ '웃'은 명사 '위'에 맞추어 '윗-'으로 쓰는 걸 보니, '윗어른', '윗돈'으로 표기해야겠군.

| 풀이 전략 |
제시된 〈표준어 규정〉의 근거와 예시가 일치하는지 확인한다.

08 〈보기 1〉의 규정에 따라 〈보기 2〉의 ㉠~㉣을 발음한다고 할 때, 적절하지 않은 것은?

― 〈 보기 1 〉 ―

제10항 겹받침 'ㄳ', 'ㄵ', 'ㄼ', 'ㄽ', 'ㄾ', 'ㅄ'은 어말 또는 자음 앞에서 각각 [ㄱ, ㄴ, ㄹ, ㅂ]으로 발음한다.

제11항 겹받침 'ㄺ, ㄻ, ㄿ'은 어말 또는 자음 앞에서 각각 [ㄱ, ㅁ, ㅂ]으로 발음한다.

제12항 받침 'ㅎ'의 발음은 다음과 같다.
 1. 'ㅎ(ㄶ, ㅀ)' 뒤에 'ㄱ, ㄷ, ㅈ'이 결합되는 경우에는, 뒤 음절 첫소리와 합쳐서 [ㅋ, ㅌ, ㅊ]으로 발음한다.

제23항 받침 'ㄱ(ㄲ, ㅋ, ㄳ, ㄺ), ㄷ(ㅅ, ㅆ, ㅈ, ㅊ, ㅌ), ㅂ(ㅍ, ㄼ, ㄿ, ㅄ)' 뒤에 연결되는 'ㄱ, ㄷ, ㅂ, ㅅ, ㅈ'은 된소리로 발음한다.

― 〈 보기 2 〉 ―

· 학생 열 명 중 ㉠<u>여덟만</u> 책을 구입했다.
· 책을 ㉡<u>읽다</u> 보면 하루가 다 간다.
· 건강이 좋지 않아 일을 ㉢<u>놓고</u> 있다.
· 어둠을 ㉣<u>뚫고</u> 거센 물소리가 들려온다.

① ㉠은 제10항 규정에 따라 [여덜만]으로 발음하겠군.
② ㉡은 제11항과 제23항 규정에 따라 [익따]로 발음하겠군.
③ ㉢은 제12항 1.의 규정에 따라 [노코]로 발음하겠군.
④ ㉣은 제12항 1.과 제23항 규정에 따라 [뚤코]로 발음하겠군.

| 개념 확인 |

겹받침
어말
된소리

| 풀이 전략 |

겹받침의 발음에 관한 규정의 근거와 예시가 일치하는지 확인한다.

09 〈보기〉를 참고할 때, ㉠~㉣의 밑줄 친 부분에 대한 설명으로 적절하지 않은 것은?

〈 보기 〉

〈외래어 표기법〉

제1항 외래어는 국어의 현용 24 자모만으로 적는다.

제2항 외래어의 1 음운은 원칙적으로 1 기호로 적는다.

제3항 받침에는 'ㄱ, ㄴ, ㄹ, ㅁ, ㅂ, ㅅ, ㅇ'만을 쓴다.

제4항 파열음 표기에는 된소리를 쓰지 않는 것을 원칙으로 한다.

㉠ 3D 환타지(fantasy) 영화 '용의 전설', 필름(film) 어워드 대상 수상!
㉡ 수입 와인 전문점 오픈 기념 이벤트
  - 선착순 10분께 프랑스 빠리(Paris) 직수입 꼬냑(←cognac) 증정
㉢ 감성 커피숖(coffee shop) '굿 이브닝(Good evening)'
㉣ 까페(café) ○○○
  - 주말에는 스탠딩 코미디·콩트(conte) 공연 무료

① ㉠: '환타지'는 '판타지'로 고치고, '필름'은 그대로 둔다.
② ㉡: '빠리'는 '파리'로, '꼬냑'은 '코냑'으로 고친다.
③ ㉢: '커피숖'은 '커피숍'으로, '굿 이브닝'은 '굳 이브닝'으로 고친다.
④ ㉣: '까페'는 '카페'로 고치고, '콩트'는 그대로 둔다.

| 풀이 전략 |

제시된 〈외래어 표기법〉 규정과 예시의 내용이 일치하는지 확인한다.

10 〈보기〉를 참고할 때, ㉠~㉣ 중 로마자 표기가 옳은 것을 모두 고른 것은?

〈 보기 〉

〈로마자 표기법〉의 주요 내용

- 'ㅢ'는 'ㅣ'로 소리 나더라도 'ui'로 적는다.
- 'ㄱ, ㄷ, ㅂ'은 모음 앞에서는 'g, d, b'로, 자음 앞이나 어말에서는 'k, t, p'로 적는다.
- 'ㄹ'은 모음 앞에서는 'r'로, 자음 앞이나 어말에서는 'l'로 적는다. 단, 'ㄹㄹ'은 'll'로 적는다.
- 자음 사이에서 동화 작용이 일어나는 경우, 구개음화가 되는 경우에는 변화의 결과에 따라 적는다.
- 된소리되기는 표기에 반영하지 않는다.

훈민: 정음아, 제주도 여행은 잘 다녀왔어?
정음: 응, 부모님하고 ㉠ 한라산(Hanrasan) 등반을 하고, 일출봉에서 ㉡ 해돋이(haedoji)도 보고 왔지.
훈민: 정말 좋았겠다. 나는 지난 주말에 ㉢ 광희문(Gwanghuimun)에서 광화문까지 걸어갔다가 ㉣ 경복궁(Gyeongbokggung) 야간 개장을 보고 왔어.

① ㉠, ㉡
② ㉠, ㉢
③ ㉡, ㉢
④ ㉡, ㉣

| 개념 확인 |

어말
동화 작용
된소리되기

| 풀이 전략 |

제시된 규정과 단어의 표준 발음에 따른 로마자 표기가 일치하는지 확인한다.

공문서 바로 쓰기

11 다음은 공문서의 일부분이다. ㉠~㉢을 수정한 것으로 적절하지 않은 것은?

> 1. ○○처에서 시행하는 일반 경쟁 입찰 참가 자격 등록은 수시로 가능하며, 제안서나 안내서는 ㉠ <u>입찰 참가자에게 한하여</u> 교부합니다.
> 2. 입찰자는 사전에 ㉡ <u>제한 사항 확인 및</u> 입찰 등록 장소에 비치되어 있는 입찰 유의 사항, 계약서 등을 열람한 후 응찰하시기 바라며 이를 확인하지 못한 책임은 입찰자에게 있습니다.
> 3. 입찰 보증금에 해당하는 금액은 국고에 ㉢ <u>납부하셔야</u> 합니다.
> 4. 잔금 연체 시에는 연 25%의 ㉣ <u>연체 이자율이</u> 부과됩니다.

① ㉠: 입찰 참가자에 한하여
② ㉡: 제한 사항을 확인하고
③ ㉢: 수납하셔야
④ ㉣: 연체 이자가

12 다음은 공문서의 일부분이다. 잘못된 부분을 어법에 맞게 수정하는 방안으로 적절하지 않은 것은?

> 1. 우리 부에서는 ㉠ <u>시민의 건강과 쾌적한 실내 분위기를 조성하기 위해</u> 귀사에 의뢰하여 복지 회관 공사를 진행하고 있습니다. ㉡ <u>공사하는 기간 동안</u> 안전사고가 일어나지 않도록 유의해 주십시오.
> 2. 공사와 관련하여 귀사로부터 시설 공사비 납부 안내서(2024. 3. 15.)를 받았습니다만, 동 안내서에 첨부된 납부 영수증상의 청구 내용명을 변경해 줄 것을 유선으로 요청(2024. 4. 16.)하였습니다. 그러나 ㉢ <u>익일</u> 귀사 담당자로부터 청구 내용명의 변경이 불가능하므로 나중에 ○○광역시와 직접 협의하여 ㉣ <u>적의 조치하겠다는</u> 의사를 전달받은 바 있습니다.
> 3. 귀사는 제반 법률적·행정적 조치 기한을 충실하게 준수하되, ㉤ <u>가능한 신속히</u> 공사를 마치도록 노력해 주시기 바랍니다.

① ㉠은 문장 구조를 맞춰 '시민의 건강 조성과 쾌적한 실내 분위기를 위해'로 고친다.
② ㉡은 '기간'과 '동안'의 의미가 중복되므로 '공사하는 동안'으로 고친다.
③ ㉢과 ㉣은 각각 '다음 날'과 '적절히 조치하겠다는'으로 다듬는다.
④ ㉤은 수식 관계를 고려하여 '가능한 한 신속히'로 고친다.

풀이 전략
대등하게 연결되는 문장의 연결 부위 앞뒤를 확인하여, 병렬 구조가 제대로 되어 있는지 파악한다.

13 다음 〈보도 자료〉의 ㉠~㉣을 수정한 것으로 적절하지 않은 것은?

| 풀이 전략 |
조사나 어미를 어법에 맞게 사용했는지 확인한다.

보도 자료

○○부는 온정적인 조직 문화와 고발자에 대한 신분상 불이익 우려 때문에 미온적으로 운영되어 온 ㉠ 청렴 신문고 제도의 운영 방법을 개선시키기로 하였다. 또한 교육 전문직과 교장·교감 간의 ㉡ 순환 인사 체계를 대대적으로 개편함으로서 이를 중심으로 한 고질적인 인사 비리의 고리를 끊겠다는 각오이다. ○○부는 최근 발생하고 있는 일련의 부정·비리들을 관련자 개인의 문제를 넘어서는 구조적인 문제로 진단하고, ㉢ 비리 당사자의 강력한 징계와 전체적인 업무 추진 과정의 투명성을 높일 수 있는 근본적인 제도 개선 방안을 마련할 계획이다. ○○부 ○○○ 장관은 "시설 공사의 수주, 방과 후 학교 업체의 선정 등 학교 운영상에서 연달아 발생하고 있는 각종 비리 문제의 해결 없이는 ㉣ 우리 교육이 한 발도 앞으로 나아갈 수 없다." 라고 말하고 이러한 비리가 교육 현장에서 사라질 때까지 ○○부, 시·도 교육청 등을 비롯한 모든 교육 주체들이 협력할 것을 강조했다.

---

① ㉠: 청렴 신문고 제도의 운영 방법을 개선하기로
② ㉡: 순환 인사 체계를 대대적으로 개편함으로써
③ ㉢: 비리 당사자를 강력하게 징계하고 전체적인 업무 추진 과정의 투명성을 높일 수 있는
④ ㉣: 우리 교육이 한 발도 앞으로 나아갈 수 없다."고 말하고

14 ㉠~㉥을 수정한 것으로 적절하지 않은 것은?

| 풀이 전략 |
서술어의 필수 성분 중 생략된 것이 있는지 확인한다.

○○청 사칭, 이메일에 속지 마세요
— 첨부 파일 내려받지 말고 전자 우편 삭제하세요 —

▫ 최근 ○○청 업무를 사칭한 여러 종류의 악성 전자 우편이 유포되고 있으므로 주의해야 합니다.
  • 제목과 본문에 '피고인 심문에 대한 소환 안건', '미지급 세금 계산서' 등의 ㉠<u>의심스런</u> 문구가 포함되어 있는 전자 우편을 열어 첨부된 파일을 내려받을 경우 ㉡<u>생각지 못하게</u> 금품 요구 악성 프로그램 등과 같은 악성 코드에 감염될 수 있으므로 주의하시기 바랍니다. 금품 요구 악성 프로그램은 컴퓨터의 문서 파일이나 그림 파일 등을 암호화하여 정상적으로 쓰지 못하도록 만든 뒤 ㉢<u>볼모로 잡고</u> 금전을 요구합니다.

▫ ○○청 사칭이 ㉣<u>의심되어지는</u> 전자 우편을 수신하여 피해를 입지 않도록 철저히 대비하시기 바랍니다.
  • 백신 프로그램을 설치하고 최신 ㉤<u>버젼</u>으로 유지해야 합니다. 또한 출처가 불분명한 전자 우편 또는 첨부 파일은 주의하여 실행하고, 보낸 사람으로 적시된 회사의 ㉥<u>고객 센타</u>에 신고한 다음 해당 전자 우편을 삭제하시기 바랍니다.

① ㉠과 ㉡은 어문 규범에 맞게 각각 '의심스러운'과 '생각치 못하게'로 수정한다.
② ㉢은 생략된 문장 성분을 넣어 '이를 볼모로 잡고'로 수정한다.
③ ㉣은 피동 표현을 중복하여 사용한 것이므로 '의심되는'으로 수정한다.
④ ㉤과 ㉥은 외래어 표기법에 맞게 각각 '버전'과 '고객 센터'로 수정한다.

15 다음 〈안내문〉의 ㉠~㉤을 어법에 맞게 수정하기 위한 방안으로 적절하지 않은 것은?

| 풀이 전략 |
기본적인 문장 부호 사용법에 대한 이해를 바탕으로 예시에서 잘못된 표기 형태를 찾아야 한다.

동네 일꾼 찾아보기[지방 선거 안내문]

▷ 우리 동네 후보자, 선거 벽보 살펴보기
- 선거 벽보에는 소속 정당명(무소속 후보자는 무소속), 후보자 사진, 기호, 경력, 학력 등이 나와 있습니다.
- 선거 벽보는 후보자의 ㉠ 기호(記號) 순에 따라 거리 등 사람이 많이 오가는 곳에 ㉡ 6.1(금)까지 부착할 예정입니다.
  ※ 정당한 사유 없이 ㉢ 훼손하거나 철거하면 「공직 선거법」에 따라 ㉣ 처벌될 수 있습니다.

▷ 선거 공보 꼼꼼히 살펴보기
- 매 세대에 법정 홍보물인 선거 공보가 ㉤ 발급됩니다. 선거 공보에는 정당과 후보자의 정보가 나와 있습니다.
- 선거 공보의 두 번째 면에는 '후보자 정보 공개 자료'가 나와 있습니다.
- 이 자료에는 후보자를 선택할 때 꼭 필요한 후보자의 인적 사항은 물론 재산, 병역, 납세, 전과 기록 등의 정보가 나와 있습니다. 유권자는 이 정보를 참고하여 투표할 후보자를 선택할 수 있습니다.

---

① 어문 규범에 따라 ㉠은 '기호[記號]'로, ㉡은 '6. 1.(금)까지'로 수정한다.
② ㉢은 필수 성분을 넣어 '선거 벽보를 훼손하거나 철거하면'으로 수정한다.
③ ㉣은 적절하지 못한 표현이므로 '처벌을 받습니다'로 수정한다.
④ ㉤은 맥락상 적절하지 못한 단어이므로 '발송됩니다'로 수정한다.

PART 5
유추의 힘 어휘

PART 5 유추의 힘 어휘

학습 전략

- 문맥적 의미를 유추하여 적절한 단어와 어구를 선택하는 힘을 기른다.
- 중요한 한자 어휘를 비롯하여 고급 독해에 필요한 어휘를 학습한다.

어휘 문제에 접근하는 올바른 방식

어휘력은 모든 독해력의 바탕이라고 할 수 있는, 가장 기본적이면서도 중요한 국어 능력입니다. 어휘력은 독해 훈련을 통해 강화될 수 있습니다. 선재국어의 독해 훈련 프로그램인 《독해야 산다》를 통해 꾸준히 학습하면, 독해 실력은 물론 문맥에서 단어의 뜻을 유추하는 힘도 기를 수 있습니다.

그렇다면 이렇게 **지문 독해를 통해 꾸준히 어휘력을 높이는 방법** 외에, 단기간에 어휘 영역을 대비하는 방법은 없을까요. 먼저 자주 출제되는 문제 유형을 확인하고 이를 집중적으로 훈련하는 것이 필요합니다. 특히 **단어의 문맥적 의미**, **동음이의어와 다의어의 변별** 등은 출제율이 높은 유형이니, 이러한 유형을 우선적으로 연습해야 합니다.

이와 함께 **일상에서 자주 사용하지만 정확하게 뜻을 알지 못했던 어휘**들, 특히 **한자 어휘**를 집중적으로 학습하는 것도 필요합니다. 이러한 단어들은 문맥을 유추해서 풀기에는 한계가 있으므로 좋은 자료를 통해 미리 학습하는 것이 효율적인 방법입니다.

지금부터 이 책에 수록된 한자 어휘부터 벼락치기로 익히세요. 지문 독해에도 매우 유용할뿐더러, 한국어능력시험과 같은 유형의 단답형 문제가 나와도 풀 수 있는 힘을 길러 줄 것입니다.

물론 그 이후에는 **문맥을 통해 단어의 뜻을 유추하는 훈련**을 꾸준히 해야 한다는 것, 잊지 마세요.

인혁처 예시 문제

01 ㉠~㉣과 바꿔 쓸 수 있는 유사한 표현으로 적절하지 않은 것은?

한국 신화에 보이는 신과 인간의 관계는 다른 나라의 신화와 ㉠<u>견주어</u> 볼 때 흥미롭다. 한국 신화에서 신은 인간과의 결합을 통해 결핍을 해소함으로써 완전한 존재가 되고, 인간은 신과의 결합을 통해 혼자 할 수 없었던 존재론적 상승을 이룬다.

한국 건국 신화에서 주인공인 신은 지상에 내려와 왕이 되고자 한다. 천상적 존재가 지상적 존재가 되기를 ㉡<u>바라는</u> 것인데, 인간들의 왕이 된 신은 인간 여성과의 결합을 통해 자식을 낳음으로써 결핍을 메운다. 무속 신화에서는 인간이었던 주인공이 신과의 결합을 통해 신적 존재로 ㉢<u>거듭나게</u> 됨으로써 존재론적으로 상승하게 된다. 이처럼 한국 신화에서 신과 인간은 서로의 존재를 필요로 한다는 점에서 상호 의존적이고 호혜적이다. [중략]

히브리 신화에서 피조물인 인간은 자신을 창조한 유일신에 대해 원초적 부채감을 지니고 있으며, 신이 지상의 모든 일을 관장한다는 점에서 언제나 인간의 우위에 있다. 이러한 양상은 북유럽이나 바빌로니아 등에 ㉣<u>퍼져</u> 있는 신체 화생 신화에도 유사하게 나타난다.

① ㉠: 비교해 ② ㉡: 희망하는
③ ㉢: 복귀하게 ④ ㉣: 분포되어

| 풀이 전략 | 이 문제는 단어의 문맥적 의미를 파악하고, 이를 다른 어휘로 교체하는 능력을 묻는 문제입니다. 그런데 바꾸어 쓰인 단어들, '비교(比較)하다, 희망(希望)하다, 복귀(復歸)하다, 분포(分布)하다'가 모두 한자 어휘이네요.

이 문제는 정답률이 98%가 나올 정도로 매우 쉬웠던 문제지만, 교체된 어휘를 어려운 단어로 바꾸면 아마 정답률은 많이 떨어질 거예요. 그러니까 항상 **단어의 문맥적 의미를 유추하여 푸는 것과 함께, 한자 어휘에 대한 학습**을 게을리하지 마세요.

㉢의 '거듭나다'는 '원죄 때문에 죽었던 영이 예수를 믿음으로 해서 영적으로 다시 새사람이 되다 / 지금까지의 방식이나 태도를 버리고 새롭게 시작하다'의 의미입니다. 이러한 단어의 사전적 의미를 모르더라도, 문맥적인 의미에서 어떠한 존재가 다른 존재로 바뀐다는 것을 유추할 수 있지요. 따라서 ㉢을 '본디의 자리나 상태로 되돌아가다'의 의미인 '復歸(돌아올 복, 돌아올 귀)하다'로 바꿔 쓰는 것은 적절하지 않습니다.

정답률 98% 정답 ③

02 문맥상 ㉠의 의미와 가장 가까운 것은?

> '크로노토프'는 그리스어로 시간과 공간을 뜻하는 두 단어를 결합한 것으로, 시공간을 통합적으로 이해하기 위한 개념이다. 크로노토프의 관점에서 보면 고소설과 근대 소설의 차이를 명확하게 파악할 수 있다.
> 고소설에는 돌아가야 할 곳으로서의 원점이 존재한다. 그것은 영웅 소설에서라면 중세의 인륜이 원형대로 보존된 세계이고, 가정 소설에서라면 가장을 중심으로 가족 구성원들이 평화롭게 공존하는 가정이다. 고소설에서 주인공은 적대자에 의해 원점에서 분리되어 고난을 겪는다. 그들의 목표는 상실한 원점을 회복하는 것, 즉 그곳에서 향유했던 이상적 상태로 ㉠돌아가는 것이다. 주인공과 적대자 사이의 갈등이 전개되는 시간을 서사적 현재라 한다면, 주인공이 도달해야 할 종결점은 새로운 미래가 아니라 다시 도래할 과거로서의 미래이다. 이러한 시공간의 배열을 '회귀의 크로노토프'라고 한다.

① 전쟁은 연합군의 승리로 돌아갔다.
② 사과가 한 사람 앞에 두 개씩 돌아간다.
③ 그는 잃어버린 동심으로 돌아가고 싶었다.
④ 그녀는 자금이 잘 돌아가지 않는다며 걱정했다.

| 풀이 전략 | 문맥을 살펴보면, '돌아가다'의 의미는 '상실한 원점을 회복하는 것'이며, 바로 앞에서 서술된 '그곳에서 향유했던 이상적 상태'를 회복하는 것이라고 볼 수 있습니다. 따라서 '상실한 곳'과 '회복'이라는 의미를 지닌 단어를 고르면 되겠네요. 이것과 가장 일치하는 것은 ③입니다.

정답률 99% 정답 ③

한국어능력시험 문제

01 밑줄 친 부분의 문맥상 의미가 ㉠과 가장 가까운 것은? 제76회 KBS 한국어능력시험

> 빛의 속도인 광속은 약 30만km/초라고 알려져 있다. 광속은 정확하게는 29만 9792.458km/초이며 이 속도는 1초에 지구를 7바퀴 반을 돌 수 있는 속도이다. 옛날에는 빛이 너무나 빨라 그 속도가 무한이라 생각했으나 고대 그리스의 과학자였던 엠페도클레스는 빛은 사물처럼 움직이며 모든 사물이 움직일 때와 마찬가지로 이동하는 데 걸리는 시간이 필요하다고 주장했다.
> 광속을 유한하다고 ㉠보고 이를 측정하려는 인류의 처음 시도인 17세기의 갈릴레이의 실험은 빛의 너무 빠른 속력 때문에 성공하지 못하였다.

① 그는 입사하여 회계에 관련한 업무를 보고 있다.
② 굳이 손해를 보면서 물건을 팔 사람은 많지 않다.
③ 기회를 봐서 그 아이에게 말하는 게 좋을 것 같다.
④ 경제력을 보고 그 사람을 선택하는 것은 옳지 않다.
⑤ 나는 그가 반복하고 있는 행동을 실수로 볼 수 없다.

| 풀이 전략 | 문맥적 의미를 유추하여 푸는 문제입니다. 빛의 속도인 광속의 특성을 유한하다고 '보고', 즉 대상을 평가한다는 의미를 지니고 있네요. 이렇게 정리된 단어의 의미를 각각의 선택지에 대입해 봤을 때, 가장 자연스럽게 어울리는 문장이 바로 답입니다. '대상을 평가하다'라는 의미를 넣어 봤을 때, '그의 행동을 실수로 평가하다'라는 ⑤의 문장이 가장 자연스럽네요. 그러니까 정답은 ⑤입니다.

정답 ⑤

대학수학능력시험 문제

01 문맥상 ㉠~㉤과 바꾸어 쓰기에 적절하지 않은 것은? 2023학년도 대학수학능력시험

> **가** 중국에서 비롯된 유서(類書)는 고금의 서적에서 자료를 수집하고 항목별로 분류, 정리하여 이용에 편리하도록 편찬한 서적이다. [중략]
>
> 고려 때 중국 유서를 수용한 이후, 조선에서는 중국 유서를 활용하는 한편, 중국 유서의 편찬 방식에 ㉠따라 필요에 맞게 유서를 편찬하였다. [중략] 전문 유서 가운데 편찬자가 미상인 유서가 많은데, 대체로 간행을 염두에 두지 않고 기존 서적에서 필요한 부분을 발췌, 기록하여 시문 창작, 과거 시험 등 개인적 목적으로 유서를 활용하고자 하였기 때문이었다.
>
> 이 같은 유서 편찬 경향이 지속되는 가운데 17세기부터 실학의 학풍이 하나의 조류를 형성하면서 유서 편찬에 변화가 나타났다. 실학자들의 유서는 현실 개혁의 뜻을 담았고, 편찬 의도를 지식의 제공과 확산에 두었다. 또한 단순 정리를 넘어 지식을 재분류하여 범주화하고 평가를 더하는 등 저술의 성격을 드러냈다. [중략] 주자학의 지식을 ㉡이어받는 한편, 주자학이 아닌 새로운 지식을 수용하는 유연성과 개방성을 보였다. 광범위하게 정리한 지식을 식자층이 ㉢쉽게 접할 수 있어야 한다고 생각했고, 객관적 사실 탐구를 중시하여 박물학과 자연 과학에 관심을 기울였다.
>
> **나** 17세기의 이수광은 주자학뿐 아니라 다른 학문에 대해서도 열린 태도를 가지고 있었다. 주자학에 기초하여 도덕에 관한 학문과 경전에 관한 학문 등이 주류였던 당시 상황에서, 그는 《지봉유설》을 통해 당대 조선의 지식을 망라하여 항목화하고 자신의 견해를 덧붙였을 뿐 아니라 사신의 일원으로 중국에서 접한 서양 관련 지식을 객관적으로 소개했다. 이에 대해 심성 수양에 절실하지 않을뿐더러 주자학이 아닌 것이 ㉣뒤섞여 순수하지 않다는 일부 주자학자의 비판이 있었지만, 그가 소개한 서양 관련 지식은 중국과 큰 시간 차이 없이 주변에 알려졌다.
>
> 18세기의 이익은 서학 지식 자체를 《성호사설》의 표제어로 삼았고, 기존의 학설을 정당화하거나 배제하는 근거로 서학을 수용하는 등 서학을 지적 자원으로 활용하였다. 특히 그는 서학의 세부 내용을 다른 분야로 확대하며 상호 참조하는 방식으로 지식을 심화하고 확장하여 소개하였다. 서학의 해부학과 생리학을 그 자체로 수용하지 않고 주자학 심성론의 하위 이론으로 재분류하는 등 지식의 범주를 ㉤바꾸어 수용하였다. 또한 서학의 수학을 주자학의 지식 영역 안에서 재구성하기도 하였다.

① ㉠: 의거(依據)하여
② ㉡: 계몽(啓蒙)하는
③ ㉢: 용이(容易)하게
④ ㉣: 혼재(混在)되어
⑤ ㉤: 변경(變更)하여

| 풀이 전략 | 인사 혁신처의 예시 문제와 유사한 유형, 즉 **문맥적 의미를 파악한 뒤 이를 한자 어휘로 바꾸는 문제**입니다. 어려운 한자 어휘가 나오면 난도가 크게 올라갈 수 있는데 이런 문제를 잘 풀기 위해서는 한자 어휘 실력이 뒷받침되어야 합니다.

'이어받다'는 '어떤 일이나 정신 따위를 전하여 받다, 계승하다'의 의미인데, '계몽하다'는 '가르쳐서 깨우치다'의 의미입니다. 그러므로 바꾸어 쓰기에 적절하지 않죠.

나머지 한자 어휘들도 살펴볼까요. ① '의거하다'는 '어떤 사실이나 원리 따위에 근거하다 / 어떤 힘을 빌려 의지하다'라는 의미입니다. ③ '용이하다'는 '어렵지 아니하고 매우 쉽다'라는 의미입니다. ④ '혼재되다'는 '뒤섞이어 있다'라는 의미이고, ⑤ '변경하다'는 '다르게 바꾸어 새롭게 고치다'라는 의미입니다.

정답 ②

PART 5 어휘
벼락치기 한자 어휘

독해 지문에 잘 나오는 한자 어휘

001	각광 脚光	사회적 관심이나 흥미
002	각축 角逐	서로 이기려고 다투며 덤벼듦.
003	간과 看過	큰 관심 없이 대강 보아 넘김.
004	간극 間隙	사물 사이의 틈 / 시간 사이의 틈 / 두 가지 사건, 두 가지 현상 사이의 틈
005	간발 間髮	아주 잠시 또는 아주 적음을 이르는 말
006	간주 看做	상태, 모양, 성질 따위가 그와 같다고 봄. 또는 그렇다고 여김.
007	개전 改悛	행실이나 태도의 잘못을 뉘우치고 마음을 바르게 고쳐먹음.
008	견지 堅持	어떤 견해나 입장 따위를 굳게 지니거나 지킴. / 굳게 지지함.
009	경위 經緯	직물(織物)의 날과 씨를 아울러 이르는 말 / 일이 진행되어 온 과정
010	경주 傾注	물 따위를 기울여 붓거나 쏟음. / 힘이나 정신을 한곳에만 기울임. / 강물이 쏜살 같이 바다로 흘러 들어감.
011	경질 更迭/更佚	어떤 직위에 있는 사람을 다른 사람으로 바꿈.
012	경청 傾聽	귀를 기울여 들음.
013	계륵 鷄肋	닭의 갈비라는 뜻으로, 그다지 큰 소용은 없으나 버리기에는 아까운 것을 이르는 말 / 몸이 몹시 약한 사람을 비유적으로 이르는 말
014	계제 階梯	사다리라는 뜻으로, 일이 되어 가는 순서나 절차를 비유적으로 이르는 말 / 어떤 일을 할 수 있게 된 형편이나 기회
015	관건 關鍵	문빗장과 자물쇠를 아울러 이르는 말 / 어떤 사물이나 문제 해결의 가장 중요한 부분
016	관철 貫徹	어려움을 뚫고 나아가 목적을 기어이 이룸.
017	괄목 刮目	눈을 비비고 볼 정도로 매우 놀람.
018	괴리 乖離	서로 어그러져 동떨어짐.
019	구가 謳歌	여러 사람이 입을 모아 칭송하여 노래함. / 행복한 처지나 기쁜 마음 따위를 거리낌 없이 나타냄. 또는 그런 소리
020	굴지 屈指	무엇을 셀 때, 손가락을 꼽음. / 매우 뛰어나 수많은 가운데서 손꼽힘.
021	귀감 龜鑑	거울로 삼아 본받을 만한 모범
022	근절 根絕	다시 살아날 수 없도록 아주 뿌리째 없애 버림.

023	기우 杞憂	앞일에 대해 쓸데없는 걱정을 함. 또는 그 걱정
024	기함 氣陷	기력이 없어서 가라앉음. / 갑작스레 몹시 놀라거나 아프거나 하여 소리를 지르면서 넋을 잃음.
025	나락 那落/奈落	벗어나기 어려운 절망적인 상황을 비유적으로 이르는 말
026	낙점 落點	여러 후보가 있을 때 그중에 마땅한 대상을 고름.
027	난마 亂麻	어지럽게 얽힌 삼실의 가닥이라는 뜻으로, 갈피를 잡기 어렵게 뒤얽힌 일이나 세태를 비유적으로 이르는 말
028	남용 濫用	일정한 기준이나 한도를 넘어서 함부로 씀. / 권리나 권한 따위를 본래의 목적이나 범위를 벗어나 함부로 행사함.
029	낭패 狼狽	계획한 일이 실패로 돌아가거나 기대에 어긋나 매우 딱하게 됨.
030	내홍 內訌	집단이나 조직의 내부에서 자기들끼리 일으킨 분쟁
031	노파심 老婆心	필요 이상으로 남의 일을 걱정하고 염려하는 마음
032	농단 壟斷/隴斷	깎아 세운 듯한 높은 언덕 / 이익이나 권리를 독차지함을 이르는 말
033	눌변 訥辯	더듬거리는 서툰 말솜씨
034	답보 踏步	상태가 나아가지 못하고 한자리에 머무르는 일. 또는 그런 상태
035	답습 踏襲	예로부터 해 오던 방식이나 수법을 좇아 그대로 행함.
036	도매금 都賣金	도매로 파는 가격 / 각각의 차이에도 불구하고 여럿이 같은 무리로 취급받음을 비유적으로 이르는 말
037	도야 陶冶	도기를 만드는 일과 쇠를 주조하는 일. 또는 그런 일을 하는 사람 / 훌륭한 사람이 되도록 몸과 마음을 닦아 기름을 비유적으로 이르는 말
038	도외시 度外視	상관하지 아니하거나 무시함.
039	동량 棟梁/棟樑	마룻대와 들보를 아울러 이르는 말 / 마룻대와 들보로 쓸 만한 재목이라는 뜻으로, 집안이나 나라를 떠받치는 중대한 일을 맡을 만한 인재를 이르는 말
040	등용문 登龍門	용문(龍門)에 오른다는 뜻으로, 어려운 관문을 통과하여 크게 출세하게 됨. 또는 그 관문을 이르는 말
041	만연 蔓延/蔓衍	식물의 줄기가 널리 뻗는다는 뜻으로, 전염병이나 나쁜 현상이 널리 퍼짐을 비유적으로 이르는 말
042	망라 網羅	물고기나 새를 잡는 그물이라는 뜻으로, 널리 받아들여 모두 포함함을 이르는 말
043	매도 罵倒	심하게 욕하며 나무람.
044	맹점 盲點	미처 생각이 미치지 못한, 모순되는 점이나 틈
045	명기 明記	분명히 밝히어 적음.
046	모색 摸索	일이나 사건 따위를 해결할 수 있는 방법이나 실마리를 더듬어 찾음.
047	모순 矛盾	어떤 사실의 앞뒤, 또는 두 사실이 이치상 어긋나서 서로 맞지 않음을 이르는 말

048	목도 目睹	눈으로 직접 봄.
049	묵과 默過	잘못을 알고도 모르는 체하고 그대로 넘김.
050	물망 物望	여러 사람이 우러러보는 명망(名望)
051	미봉책 彌縫策	눈가림만 하는 일시적인 계책(計策)
052	미증유 未曾有	지금까지 한 번도 있어 본 적이 없음.
053	반열 班列	품계나 신분, 등급의 차례
054	반추 反芻	한번 삼킨 먹이를 다시 게워 내어 씹음. 또는 그런 일 / 어떤 일을 되풀이하여 음미하거나 생각함. 또는 그런 일
055	발족 發足	어떤 조직체가 새로 만들어져서 일이 시작됨. 또는 그렇게 일을 시작함.
056	발췌 拔萃	책, 글 따위에서 필요하거나 중요한 부분을 가려 뽑아냄. 또는 그런 내용 / 여럿 가운데에서 특별히 뛰어남.
057	백미 白眉	흰 눈썹이라는 뜻으로, 여럿 가운데에서 가장 뛰어난 사람이나 훌륭한 물건을 비유적으로 이르는 말
058	백안시 白眼視	남을 업신여기거나 무시하는 태도로 흘겨봄.
059	백일몽 白日夢	대낮에 꿈을 꾼다는 뜻으로, 실현될 수 없는 헛된 공상을 이르는 말
060	복안 腹案	겉으로 드러내지 아니하고 마음속으로만 생각함. 또는 그런 생각
061	봉착 逢着	어떤 처지나 상태에 부닥침.
062	불후 不朽	썩지 아니함이라는 뜻으로, 영원토록 변하거나 없어지지 아니함을 비유적으로 이르는 말
063	비견 比肩	서로 비슷한 위치에서 견줌. 또는 견주어짐.
064	비조 鼻祖	한 겨레나 가계의 맨 처음이 되는 조상 / 어떤 학문이나 기술 따위를 처음으로 연 사람 / 나중 것의 바탕이 된 맨 처음의 것
065	비호 庇護	편들어서 감싸 주고 보호함.
066	사주 使嗾	남을 부추겨 좋지 않은 일을 시킴.
067	상쇄 相殺	상반되는 것이 서로 영향을 주어 효과가 없어지는 일
068	섭렵 涉獵	많은 책을 널리 읽거나 여기저기 찾아다니며 경험함을 이르는 말
069	소급 遡及	과거에까지 거슬러 올라가서 미치게 함.
070	소정 所定	정해진 바
071	쇄도 殺到	전화, 주문 따위가 한꺼번에 세차게 몰려듦. / 어떤 곳을 향하여 세차게 달려듦.
072	쇄신 刷新	그릇된 것이나 묵은 것을 버리고 새롭게 함.
073	슬하 膝下	무릎의 아래라는 뜻으로, 어버이나 조부모의 보살핌 아래. 주로 부모의 보호를 받는 테두리 안을 이른다.

074	시사 示唆	어떤 것을 미리 간접적으로 표현해 줌.
075	식언 食言	한번 입 밖에 낸 말을 도로 입속에 넣는다는 뜻으로, 약속한 말대로 지키지 아니함을 이르는 말
076	안주 安住	한곳에 자리를 잡고 편안히 삶. / 현재의 상황이나 처지에 만족함.
077	알력 軋轢	수레바퀴가 삐걱거린다는 뜻으로, 서로 의견이 맞지 아니하여 사이가 안 좋거나 충돌하는 것을 이르는 말
078	알선 斡旋	남의 일이 잘되도록 주선하는 일
079	알현 謁見	지체가 높고 귀한 사람을 찾아가 뵘.
080	압권 壓卷	여러 책이나 작품 가운데 제일 잘된 책이나 작품 / 하나의 책이나 작품 가운데 가장 잘된 부분 / 여럿 가운데 가장 뛰어난 것
081	야기 惹起	일이나 사건 따위를 끌어 일으킴.
082	여반장 如反掌	손바닥을 뒤집는 것 같다는 뜻으로, 일이 매우 쉬움을 이르는 말
083	와해 瓦解	기와가 깨진다는 뜻으로, 조직이나 계획 따위가 산산이 무너지고 흩어짐. 또는 조직이나 계획 따위를 산산이 무너뜨리거나 흩어지게 함.
084	왜곡 歪曲	사실과 다르게 해석하거나 그릇되게 함.
085	유기 遺棄	내다 버림. / 어떤 사람이 종래의 보호를 거부하여, 그를 보호받지 못하는 상태에 두는 일
086	유린 蹂躪/蹂躙	남의 권리나 인격을 짓밟음.
087	유명세 有名稅	세상에 이름이 널리 알려져 있는 탓으로 당하는 불편이나 곤욕을 속되게 이르는 말
088	은닉 隱匿	남의 물건이나 범죄인을 감춤.
089	자충수 自充手	바둑에서, 자충이 되는 수 / 스스로 행한 행동이 결국에 가서는 자신에게 불리한 결과를 가져오게 됨을 비유적으로 이르는 말
090	장사진 長蛇陣	많은 사람이 줄을 지어 길게 늘어선 모양을 이르는 말 / 예전의 병법에서, 한 줄로 길게 벌인 군진(軍陣)의 하나
091	저의 底意	겉으로 드러나지 아니한, 속에 품은 생각
092	전가 轉嫁	잘못이나 책임을 다른 사람에게 넘겨 씌움.
093	전도 顚倒	엎어져 넘어지거나 넘어뜨림. / 차례, 위치, 이치, 가치관 따위가 뒤바뀌어 원래와 달리 거꾸로 됨. 또는 그렇게 만듦.
094	전락 轉落	아래로 굴러떨어짐. / 나쁜 상태나 타락한 상태에 빠짐.
095	전복 顚覆	차나 배 따위가 뒤집힘. / 사회 체제가 무너지거나 정권 따위를 뒤집어엎음.
096	정곡 正鵠	과녁의 한가운데가 되는 점 / 가장 중요한 요점 또는 핵심 / 조금도 틀림없이 바로
097	제고 提高	수준이나 정도 따위를 끌어올림.
098	좌시 坐視	참견하지 아니하고 앉아서 보기만 함.

099	좌천 左遷	낮은 관직이나 지위로 떨어지거나 외직으로 전근됨을 이르는 말
100	주선 周旋	일이 잘되도록 여러 가지 방법으로 힘씀.
101	진작 振作	떨쳐 일어남. 또는 떨쳐 일으킴.
102	질곡 桎梏	옛 형구인 차꼬와 수갑을 아울러 이르는 말 / 몹시 속박하여 자유를 가질 수 없는 고통의 상태를 비유적으로 이르는 말
103	질타 叱咤	큰 소리로 꾸짖음.
104	차치 且置	내버려두고 문제 삼지 아니함.
105	참작 參酌	이리저리 비추어 보아서 알맞게 고려함.
106	척결 剔抉	살을 도려내고 뼈를 발라냄. / 나쁜 부분이나 요소들을 깨끗이 없애 버림.
107	천착 穿鑿	구멍을 뚫음. / 어떤 원인이나 내용 따위를 따지고 파고들어 알려고 하거나 연구함. / 억지로 이치에 닿지 아니한 말을 함.
108	철회 撤回	이미 제출하였던 것이나 주장하였던 것을 다시 회수하거나 번복함. / 건물, 시설 따위를 무너뜨려 없애거나 걷어 치움.
109	첨언 添言	덧붙여 말함.
110	첩경 捷徑	멀리 돌지 않고 가깝게 질러 통하는 길 / 가장 쉽고 빠른 방법을 비유적으로 이르는 말 / 어떤 일을 할 때 흔히 그렇게 되기가 쉬움을 이르는 말
111	초래 招來	일의 결과로서 어떤 현상을 생겨나게 함. / 불러서 오게 함.
112	초미 焦眉	눈썹에 불이 붙었다는 뜻으로, 매우 급함을 이르는 말
113	초안 草案	초를 잡아 적음. 또는 그런 글발 / 애벌로 안(案)을 잡음. 또는 그 안
114	초유 初有	처음으로 있음.
115	추대 推戴	윗사람으로 떠받듦.
116	추호 秋毫	가을철에 털갈이하여 새로 돋아난 짐승의 가는 털 / 매우 적거나 조금인 것을 비유적으로 이르는 말
117	췌언 贅言	쓸데없는 군더더기 말
118	탁견 卓見	두드러진 의견이나 견해
119	파경 破鏡	깨어진 거울 / 이지러진 달을 비유적으로 이르는 말 / 부부가 헤어지는 것을 비유적으로 이르는 말
120	파락호 破落戶	재산이나 세력이 있는 집안의 자손으로서 집안의 재산을 몽땅 털어먹는 난봉꾼을 이르는 말
121	파행 跛行	절뚝거리며 걸음. / 일이나 계획 따위가 순조롭지 못하고 이상하게 진행됨을 비유적으로 이르는 말
122	패권 霸權	어떤 분야에서 우두머리나 으뜸의 자리를 차지하여 누리는 공인된 권리와 힘 / 국제 정치에서, 어떤 국가가 경제력이나 무력으로 다른 나라를 압박하여 자기의 세력을 넓히려는 권력

123	편달 鞭撻	채찍으로 때림. / 종아리나 볼기를 침. / 경계하고 격려함.
124	편력 遍歷	이곳저곳을 널리 돌아다님. / 여러 가지 경험을 함.
125	폄하 貶下	가치를 깎아내림.
126	폐단 弊端	어떤 일이나 행동에서 나타나는 옳지 못한 경향이나 해로운 현상
127	풍미 風靡	바람에 초목이 쓰러진다는 뜻으로, 어떤 사회적 현상이나 사조 따위가 널리 사회에 퍼짐을 이르는 말
128	하마평 下馬評	관직의 인사이동이나 관직에 임명될 후보자에 관하여 세상에 떠도는 소문이나 평판
129	함양 涵養	능력이나 품성 따위를 길러 쌓거나 갖춤.
130	해태 懈怠	행동이 느리고 움직이거나 일하기를 싫어하는 태도나 버릇
131	향년 享年	한평생 살아 누린 나이. 죽을 때의 나이를 말할 때 쓴다.
132	호도 糊塗	풀을 바른다는 뜻으로, 명확하게 결말을 내지 않고 일시적으로 감추거나 흐지부지 덮어 버림을 비유적으로 이르는 말
133	호사가 好事家	일을 벌이기를 좋아하는 사람 / 남의 일에 특별히 흥미를 가지고 말하기 좋아하는 사람
134	호전 好轉	일의 형세가 좋은 쪽으로 바뀜. / 병의 증세가 나아짐.
135	혹사 酷使	혹독하게 일을 시킴.
136	회자 膾炙	회와 구운 고기라는 뜻으로, 칭찬을 받으며 사람의 입에 자주 오르내림을 이르는 말
137	획책 劃策	어떤 일을 꾸미거나 꾀함. 또는 그런 꾀
138	효시 嚆矢	예전에, 전쟁 때에 쓰던 화살의 하나 / 어떤 사물이나 현상이 시작되어 나온 맨 처음을 비유적으로 이르는 말
139	흉금 胸襟	앞가슴의 옷깃 / 마음속 깊이 품은 생각
140	힐책 詰責	잘못된 점을 따져 나무람.

PART 5 어휘 — 예상 문제

01 ㉠의 문맥적 의미와 가장 가까운 것은?

> 무(無)·제로(0)·프리(Free)를 전면에 강조하는 제로 마케팅 제품에는 건강상의 이점과 함정이 모두 있다. 제로 슈거와 무지방·무알코올, 글루텐프리·락토프리와 같은 식품 선택은 특정 성분을 피하거나 줄이는 데는 도움이 된다. 하지만 체중 관리와 혈당 조절 같은 건강 관리에도 장기적으로 이득인지는 좀 더 따져 봐야 한다. 제로 마케팅은 소비자가 영양 성분표·원재료를 확인하지 않고 제품을 선택하도록 유도하는 면이 강하다. 영양상으로 신선 식품보다 품질이 ㉠떨어지는 가공식품의 이면을 숨기는 장치일 수 있다.

① 그의 실력은 평균보다 떨어지는 편이다.
② 올해 들어 연일 주가가 떨어지고 있다.
③ 아이가 부모와 떨어져 지내는 것은 힘든 일이다.
④ 곧 너에게 중요한 임무가 떨어질 것이다.

선재 쌤's Point

02 ㉠~㉣에 들어갈 예문으로 적절하지 않은 것은?

> **잊다** 「동사」
> 【…을】
> 「1」 한번 알았던 것을 기억하지 못하거나 기억해 내지 못하다. ㉠
> 「2」 기억해 두어야 할 것을 한순간 미처 생각하여 내지 못하다. ㉡
> 「3」 일하거나 살아가는 데 장애가 되는 어려움이나 고통, 또는 좋지 않은 지난 일을 마음속에 두지 않거나 신경 쓰지 않다. ㉢
> 「4」 본분이나 은혜 따위를 마음에 새겨 두지 않고 저버리다. ㉣

① ㉠: 본 지 오래된 영화라서 그 제목을 잊었다.
② ㉡: 나는 오늘이 그의 생일이라는 걸 깜빡 잊었다.
③ ㉢: 우리는 술을 마시면서 고통스러운 현실을 잠시 잊었다.
④ ㉣: 그는 날마다 어린 손자와 놀면서 시름을 잊었다.

03 제시된 단어의 의미에 맞게 쓴 예문으로 적절하지 않은 것은?

단어	의미	예문
줄다	물체의 길이나 넓이, 부피 따위가 본디보다 작아지다.	㉠
	재주나 능력, 실력 따위가 본디보다 못하게 되다.	㉡
	힘이나 세력 따위가 본디보다 못하게 되다.	㉢
	수나 분량이 본디보다 적어지거나 무게가 덜 나가게 되다.	㉣

① ㉠: 물빨래를 했더니 스웨터가 <u>줄었다</u>.
② ㉡: 달려 나가던 차의 속력이 갑자기 <u>줄었다</u>.
③ ㉢: 나이가 들어 기운도 많이 <u>줄었다</u>.
④ ㉣: 주인이 바뀐 뒤 손님이 눈에 띄게 <u>줄었다</u>.

04 ㉠~㉢에 공통적으로 들어갈 수 있는 단어의 기본형은?

- 소화기는 눈에 잘 띄는 곳에 (㉠) 한다.
- 알리바이가 있는 사람에게 혐의를 (㉡) 안 된다.
- 많은 회사들이 전문 경영인을 대표 이사로 (㉢) 있다.

① 놓다
② 쓰다
③ 두다
④ 가지다

05 ㉠과 다의 관계에 있지 않은 것은?

> 전통적으로 동아시아에서 역법은 연월일시의 시간 규범을 제시하는 일뿐만 아니라 태양, 달 그리고 다섯 행성의 위치 변화를 통해 하늘의 뜻을 이해하는 것이었다. [중략]《서경(書經)》에서 말한 '하늘을 관찰하여 백성에게 시간을 내려 준다.'라는 뜻의 관상수시(觀象授時)는 유교 문화권에서 역법을 어떻게 바라보았는가를 잘 드러낸다. 관상수시는 하늘의 명을 받은 천자에게만 허락된 일이므로 고려 시대에는 중국의 역을 거의 그대로 ㉠따라야 했다. 고려 초에 도입된 선명력은 정확성이 부족하여 고려 말에는 정확성이 높아진 수시력을 도입했다. 수시력은 계산식이 복잡해 익히기가 어려웠기 때문에 일식과 월식, 곧 교식을 추보*할 때는 여전히 선명력이 사용되었다. 이 상황은 조선 건국 직후에도 지속되었다.
>
> *추보(推步): 천체의 운행을 관측함.

① 다들 이야기에 정신이 팔려서 나 혼자 술을 따라 마셔야 했다.
② 우리는 선생님이 보여 주는 동작을 그대로 따라서 했다.
③ 아무도 어머니의 음식 솜씨를 따를 수 없다.
④ 새 사업을 시작하는 데는 많은 어려움이 따르게 될 것이다.

06 ㉠, ㉡과 같은 의미 관계로 짝 지어진 것은?

> • 논 옆에 ㉠길을 내는 공사가 한창이다.
> • 우리는 숲속에서 ㉡길을 잃고 한참을 헤매었다.

① • 커피를 쏟아서 옷에 얼룩이 졌다.
   • 그는 여행용 배낭을 등에 졌다.
② • 그들은 아침마다 배드민턴을 쳤다.
   • 병충해를 막기 위하여 농작물에 농약을 쳤다.
③ • 은행에서 저금했던 돈을 찾았다.
   • 그는 오랜만에 완투 승을 거두면서 자신감을 찾았다.
④ • 여러 번 실패를 경험했지만 언제나 그 맛은 썼다.
   • 아르바이트에 시간을 많이 썼다.

07 의미 관계가 ㉠ : ㉡과 다른 하나는?

제과업계가 수십 년 동안 사랑받아 온 스테디셀러 과자의 맛에 변화를 주고 있다. 시즈닝을 가미하거나 부재료를 추가하면서 기존 제품에 다른 맛을 가미한 스핀오프[파생작] 제품을 잇따라 만드는 것이다. 소비자의 입맛이 갈수록 고급화되면서도 ㉠익숙한 맛을 좋아하는 성향이 공존하는 것도 스핀오프 제품이 늘어나는 이유다. 아예 새로운 맛의 신제품은 개발에 오랜 시간이 걸리고 소비자를 설득하기도 어려워 히트작으로 키우기 더 힘들다. 때문에 스테디셀러를 활용하는 것이 제과업체에는 가장 안전한 방법이다. 업계 관계자는 "기존 제품을 즐겨 찾는 팬이 존재하기 때문에 스핀오프 제품을 활용하면 실패의 부담을 줄일 수 있다."라며 "고객 입장에선 한 번도 먹어 보지 못한 ㉡낯선 과자보다는 좋아하던 과자에 조금 다른 맛을 가미한 것이 도전하기 쉽기 때문"이라고 전했다.

① 갈등(葛藤) : 알력(軋轢)
② 악화(惡化) : 호전(好轉)
③ 희박(稀薄) : 농후(濃厚)
④ 공급(供給) : 수요(需要)

08 《표준국어대사전》에 제시된 '함께'와 '함께하다'의 내용을 이해한 것으로 옳지 않은 것은?

- **함께** 「부사」
  (주로 '…과 함께' 구성으로 쓰여) 한꺼번에 같이. 또는 서로 더불어

- **함께하다** 「동사」
  【(…과) …을】 ('…과'가 나타나지 않을 때는 여럿임을 뜻하는 말이 주어로 온다)
  「1」 경험이나 생활 따위를 얼마 동안 더불어 하다. =같이하다
  「2」 어떤 뜻이나 행동 또는 때 따위를 서로 동일하게 취하다. =같이하다

① 훈: '함께하다'는 다의어이지만 '함께'는 다의어가 아니군.
② 민: '함께하다'의 뜻풀이를 보니 '함께하다 「2」'의 용례로 '그와 생사고락을 함께했다.'를 들 수 있겠군.
③ 정: '함께하다'의 뜻풀이를 보니, '친구와 행동을 함께했다.'는 '친구와 행동을 같이했다.'로 바꿔도 의미가 같겠군.
④ 음: '함께하다'는 두 자리 서술어로 쓰일 수도 있고, 세 자리 서술어로도 쓰일 수 있겠군.

09 ㉠~㉥ 중 〈보기〉에서 활용되지 않은 것으로만 묶인 것은?

- 밭다¹
  「1」 액체가 바싹 졸아서 말라붙다. ㉠
  「2」 몸에 살이 빠져서 여위다. ㉡
  「3」 근심, 걱정 따위로 몹시 안타깝고 조마조마해지다. ㉢

- 밭다²
  건더기와 액체가 섞인 것을 체나 거르기 장치에 따라서 액체만을 따로 받아 내다. ㉣

- 밭다³
  「1」 시간이나 공간이 다붙어 몹시 가깝다. ㉤
  「2」 길이가 매우 짧다. ㉥

〈 보기 〉
- 도저히 젊은이로는 보아 줄 수 없는 밭아 버리고 누렇게 뜬 얼굴이었다.
- 바직바직 간이 밭아 오르고 입안에서는 침이 탔다.
- 심한 가뭄에 샘물까지 밭아 버렸다.
- 바지가 밭아서 발목이 다 보인다.

① ㉠, ㉣   ② ㉡, ㉤
③ ㉢, ㉥   ④ ㉣, ㉤

10 〈보기〉를 참고할 때, ㉠과 ㉡에 해당하는 예로 옳은 것은?

〈 보기 〉
'의미'란 청각 영상과 개념이 결합된 것을 말한다. ㉠ 중심적 의미는 가장 기본적이고, 핵심적인 의미를 말하고, ㉡ 주변적 의미는 문맥이나 상황에 따라 확장되어 다르게 쓰이는 의미를 말한다. 예를 들어 '손'은 '사람의 팔목 끝에 달린 부분'이라는 중심적 의미가 '일을 하는 사람'이라는 주변적 의미로 확장될 수 있다.

	㉠	㉡
①	우리 형은 키가 아주 크다.	집에 비해 가구가 너무 크다.
②	내년에는 불황이 닥칠 가능성이 높다.	그의 소설은 문학적 가치가 높다.
③	우리 집은 학교에서 가깝다.	시계를 보니 벌써 점심때가 가까웠다.
④	중간고사는 시험 범위가 좁다.	셋이 지내기에는 방이 좀 좁다.

11 ㉠~㉣과 바꿔 쓸 수 있는 유사한 표현으로 적절하지 않은 것은?

　능숙한 독자는 어떤 능력과 태도를 지니고 있을까? 능숙한 독자는 글의 의미를 이해하고 재구성하기 위해 배경지식을 효과적으로 활용하는 능력을 지닌다. 그런데 능숙한 독자라도 배경지식이 부족해 내용이 잘 이해되지 않는 부분을 만날 수 있다. 이 경우 능숙한 독자는 글의 읽기를 중단하지 않고 글의 전후 맥락을 ㉠생각하여 글의 의미를 구성한다.

　능숙한 독자는 독서를 준비할 때 읽을 글의 특성을 분석하고 자신의 독서 역량을 점검하는 태도를 지닌다. 그리고 독서 목적의 달성에 필요한 독서 전략을 ㉡세운다. 그런데 막상 독서를 하다 보면 글의 특성이 예상과 다를 수 있고, 독서 환경이 변할 수도 있다. 능숙한 독자는 달라진 독서 상황을 파악하여 그에 적합한 새로운 독서 전략을 적용하고 독서 행위를 ㉢맞춰 나간다. 그리고 독서 후에는 자신이 독서의 목적과 글의 특성에 맞게 독서를 했는지를 깊이 ㉣살피고 평가한다.

① ㉠: 고려(考慮)하여
② ㉡: 수립(樹立)한다
③ ㉢: 조종(操縱)해
④ ㉣: 성찰(省察)하고

12 ㉠~㉣의 뜻풀이로 적절하지 않은 것은?

　인구 고령화는 사회적으로 여러 가지 문제점을 ㉠야기한다. 특히 고령화는 경제 활동 인구와 국가 생산력의 감소로 이어져 사회 보장 제도의 구조적인 재정 위기를 ㉡초래할 수 있다. 과거 선진국의 경험에 비해 ㉢현저히 고령화 진행 속도가 빠른 한국 사회에서 고령화의 진행은 치명적인 위협이 될 수 있다.

　역모기지는 이러한 문제에 시장 기능을 이용한 해결책을 모색함으로써 국가와 시장의 역할 분담을 통한 문제 해결이라는 최근의 정책 경향과 흐름을 같이하고 있다. 그러나 역모기지 도입 시 예상되는 이러한 긍정적인 효과에도 불구하고 민간 시장 단독으로 역모기지 시장을 활성화하는 데에는 한계가 있다. 이런 한계를 해결하기 위해서는 역모기지에 ㉣수반되는 리스크를 정부에서 보증하는 공적 보증 기능을 수행할 필요가 있다.

① ㉠: 사건 따위를 끌어 일으킨다
② ㉡: 생겨나게 할
③ ㉢: 뚜렷이 드러날 정도로
④ ㉣: 받아들여지는

13 ㉠~㉣에 대한 설명으로 옳지 않은 것은?

- 언론에서는 정부의 정책이 ㉠ 미봉책에 불과하다고 지적했다.
- 나라마다 경쟁력을 높이는 데 국력을 ㉡ 경주하고 있다.
- 그의 공적은 정적에 의하여 지나치게 ㉢ 폄하되었다.
- 외국에서 지낸 5년이 그의 인생에 있어 중요한 ㉣ 분수령이 되었다.

① ㉠ 미봉책(彌縫策): 눈가림만 하는 일시적인 계책
② ㉡ 경주(傾注): 정신을 한곳에만 기울임.
③ ㉢ 폄하(貶下): 가치를 깎아내림.
④ ㉣ 분수령(分水嶺): 발전이 최고의 경지에 달한 상태

14 ㉠~㉢에 공통적으로 들어갈 단어로 가장 적절한 것은?

- 그는 정치 자금 수수 의혹에 대해 국민들에게 공개적으로 (㉠)했다.
- 시 의회는 '시의 불법 부당한 처사에 대한 (㉡)을 요구하는 공개 질의서'를 전달하기로 결정했다.
- 사고의 원인은 아직도 명쾌히 (㉢)되지 않았다.

① 변명(辨明)   ② 천명(闡明)
③ 규명(糾明)   ④ 해명(解明)

15 밑줄 친 단어와 바꿔 쓸 수 있는 한자어로 적절하지 않은 것은?

① 생산지에서 물건을 받아서 도시에서 팔면 된다. → 구매(購買)해서
② 그는 대학원에 진학해 석사 학위를 받았다. → 수여(授與)했다
③ 은행은 해당 관청 대신에 시민에게서 공과금을 받는 업무도 한다. → 수납(收納)하는
④ 등기 우편물을 대신 받아 줄 사람이 없어 반송 처리되었다. → 수령(受領)해

16 ㉠~㉣에 들어갈 단어로 적절하지 않은 것은?

대사는 생물체가 몸 밖으로부터 섭취한 영양 물질을 몸 안에서 분해하고, 합성하여 생체 성분이나 생명 활동에 쓰는 물질이나 에너지를 생성하고 필요하지 않은 물질을 몸 밖으로 (㉠)하는 작용이다. 탄수화물, 단백질 지질 등이 체내에서 알맞게 쓰이려면 대사 과정이 필요한데, 이 대사 과정에 효소가 (㉡)한다. 즉, 선천성 대사 이상 질환은 태어날 때부터 효소를 만드는 유전자의 이상으로 인해 특정 효소가 생성되지 않아 발생하는 질환을 말한다. 정상적으로 필요한 최종 물질은 생성되지 않고 과도한 전구물질이 뇌, 심장, 간, 신장 등 중요 장기에 (㉢)되어 지능 장애, 발달 장애와 같은 과잉 증상부터 심하면 영아 돌연사 등을 일으킬 수 있다. 이 중에서도 상염색체 열성 유전 질환이 많다. 상염색체 열성 유전이란 실제 환자는 아니지만 돌연변이 유전자를 보유한 보인자 부모로부터 전달된 유전자가 자녀에게서 (㉣)하는 것이다. 보인자가 자녀를 낳았을 때 자녀가 환자일 확률은 25%이다.

① ㉠: 추출(抽出)
② ㉡: 관여(關與)
③ ㉢: 축적(蓄積)
④ ㉣: 발현(發現)

17 ㉠과 ㉡에 들어갈 한자어로 가장 적절한 것은?

가 철책 안에 갇힌 것은 나였다
　　문득 돌아다보면
　　사방에서 창살 틈으로
　　이방(異邦)의 짐승들이 들여다본다 [중략]

　　무인(無人)한 동물원의 오후 (㉠)된 위치에
　　통곡과도 같은 낙조(落照)가 물들고 있었다
　　　　　　　　　　　　　　　－ 조지훈, 〈동물원의 오후〉

나 겨울 저물녘 광화문 네거리
　　맨몸으로 돌아가 있는 가로수들이
　　일제히 불을 켠다 나뭇가지에
　　수만 개 꼬마전구들이 들러붙어 있다 [중략]

　　한밤중에 이상한 광합성을 하고 있다
　　광화문은 광화문(光化門)
　　뿌리로 내려가 있던 겨울나무들이
　　저녁마다 황급히 올라오고
　　겨울이 (㉡)당하고 있는 것이다
　　　　　　　　　　　－ 이문재, 〈광화문, 겨울, 불꽃, 나무〉

	㉠	㉡		㉠	㉡
①	괴리(乖離)	교란(攪亂)	②	전도(顚倒)	교란(攪亂)
③	괴리(乖離)	박탈(剝奪)	④	전도(顚倒)	박탈(剝奪)

18 ㉠~㉣을 고유어로 바꿔 쓴 것으로 적절하지 않은 것은?

- 물질적 풍요나 출세가 결코 행복에 이르는 ㉠첩경(捷徑)(→ 지름길)은 아니다.
- 그는 결코 친일의 ㉡주구(走狗)(→ 앞잡이)가 될 인물은 아니었다.
- 극이 끝나고 막이 내려지자 관객석에서는 ㉢조소(嘲笑)(→ 쓴웃음) 섞인 야유가 튀어나왔다.
- 인터체인지로 접어들 무렵 그가 갑자기 ㉣노변(路邊)(→ 길가)에 차를 세웠다.

① ㉠
② ㉡
③ ㉢
④ ㉣

19 ㉠~㉣을 활용하여 만든 문장으로 적절하지 않은 것은?

〈구복 여행〉은 주인공이 가난에서 벗어나기 위해 신적인 존재를 찾아가는 도중에 여러 사람의 질문을 부탁받고 신적인 존재로부터 해답을 받아 해결해 줌으로써 그 보답으로 자신도 가난에서 벗어나 잘살았다는 내용의 설화이다. 〈구복 여행〉은 운명에 정해진 가난을 극복했다는 점에 ㉠착안하여 운명이라는 큰 주제와 ㉡결부하여 연구되었거나 공간 이동이나 복 등에 착안하여 ㉢내포되어 있는 설화의 의미가 다각도로 밝혀져 왔다. 주인공이 길을 가면서 여러 가지 질문을 받는데, 그 가운데 하나는 '어떤 남자를 남편으로 맞아야 하는가.'이다. 이는 천생배필을 만나 행복하게 살고자 하는 설화 향유층의 ㉣염원이 잘 드러났다고 볼 수 있다.

① ㉠: 그는 눈의 구조에 착안하여 사진기를 발명하였다.
② ㉡: 김 교수는 언제나 이론을 현실과 결부하여 검토한다.
③ ㉢: 이번 가석방에는 장기수 세 명이 내포되어 있다.
④ ㉣: 우리 민족의 염원은 통일뿐이다.

20 문맥상 ㉠~㉣의 쓰임이 적절하지 않은 것은?

> 979년 송 태종은 거란을 공격하러 가는 길에 고려에 원병을 요청했다. 거란은 고려가 참전할 수도 있다는 염려에 크게 ㉠ 동요(動搖)했다. 하지만 고려는 송 태종의 요청에 응하지 않았다. 이후 거란은 송에 보복할 기회를 엿보는 한편, 송과 다시 싸우기 전에 고려를 압박해 앞으로도 송을 군사적으로 돕지 않겠다는 약속을 받아내고자 했다. [중략]
> 이후 안융진에 있는 고려군에게 패배한 소손녕은 진군을 멈추고 협상을 원한다는 서신을 보내왔다. 이 서신을 받은 성종은 서희를 보내 협상하게 했다. 소손녕은 서희가 오자 "실은 고려가 송과 친하고 우리와는 ㉡ 막역(莫逆)하게 지내고 있어 침입하게 되었다."라고 했다. 이에 서희는 압록강 하류의 여진족 땅을 고려가 지배할 수 있게 묵인해 준다면, 거란과 국교를 맺을 뿐 아니라 거란과 송이 싸울 때 송을 군사적으로 돕지 않겠다는 뜻을 내비쳤다. 이 말을 들은 소손녕은 서희의 요구를 ㉢ 수용(受容)하기로 하고 ㉣ 퇴각(退却)했다. 이후 고려는 북쪽 국경 너머로 병력을 보내 압록강 하류의 여진족 땅까지 밀고 들어가 영토를 넓혔으며, 그 지역에 강동 6주를 두었다.

① ㉠
② ㉡
③ ㉢
④ ㉣

21 글의 통일성을 고려할 때, ㉠에 들어갈 문장으로 가장 적절한 것은?

> "노동자들 살기 너무 힘듭니다. 내년도 최저 임금은 인상해야 합니다." (노동계)
> "기업들 경영이 너무 어렵습니다. 내년도 최저 임금은 삭감해야 합니다." (경영계)
>
> 1일 열린 최저 임금 위원회 회의에서 (㉠   ).
> 신종 코로나바이러스 감염증(코로나19) 창궐이란 미증유의 국난에서 비롯된 경제난 탓에 노측도, 사측도 다 힘들고 어려운 가운데 모두가 동의할 수 있는 안을 도출하기란 애초에 불가능한 것 아닌가 하는 우려가 제기되는 대목이다.
> 내년도 최저 임금에 대한 경영계와 노동계의 입장 차는 컸다. 예년과 마찬가지로 최저 임금 인상률을 둘러싸고 경영계와 노동계의 팽팽한 줄다리기가 이어졌고, 내년도 최저 임금은 전년 대비 1.5% 올리는 것으로 결론이 났다.

① 노동계와 경영계는 탁상공론(卓上空論)에서 벗어나 허심탄회한 대화를 나누었다
② 노동계와 경영계의 동상이몽(同牀異夢)이 여실히 드러났다
③ 노동계와 경영계는 사면초가(四面楚歌)의 상황에 함께 대처할 방안을 논의했다
④ 노동계와 경영계는 불편부당(不偏不黨)한 태도를 보이고 있다

22 다음 글을 통해 알 수 있는 주인의 태도로 가장 적절한 것은?

> 주인이 노비 운(雲)을 시켜 마구간 바닥에 매어 엎드려 있는 말을 끌어 내오게 하고, 말에게 이르기를, [중략]
> "늙은 말아, 너를 장차 무엇에 쓰겠는가. 푸줏간 백정에게 넘겨주어 너의 고기와 뼈를 가르게 하자니 내가 차마 너에게 그렇게는 못하겠고, 장차 시장에 내어다가 팔려 해도 사람들이 무엇을 보고 너를 사겠는가.
> 아, 늙은 말아, 내가 이제 너에게 물린 재갈을 벗겨 주고 너를 얽어맨 굴레를 풀어서 네가 하고자 하는 대로 내버려 둘 테니 너는 가고픈 대로 가겠느냐? 그래, 떠나도록 해라. 나는 너에게 아무것도 취하여 쓸 것이 없다." / 하였다.
> 이때에 말은 마치 무슨 말을 알아듣기라도 하는 듯이 귀를 늘이고, 마치 무슨 하소연이라도 하려는 듯이 머리를 쳐들고는 한참을 주저주저 몸을 펴지 못하더니, 입으로는 말을 하지 못하는지라 가슴속에 쌓여 있는 심정을 억대(臆對)하여 이르기를,
> [중략]
> "그러나 지금 주인께서는 그렇지 않소. [중략] 게다가 재갈과 굴레를 씌워서 채찍으로 치고 때리는가 하면, 굶주리고 기갈(飢渴) 들게 하고 치달리고 달음박질시키느라 나를 쉬지 못하게 한 것이 이제까지 여러 해가 되었소. 비록 내가 나이가 들지 않고 아직 어리다고 한들 나의 기력이 어찌하여 고달프지 않을 수 있겠으며, 나의 힘이 어떻게 쇠하지 않을 수 있겠소."
>
> – 홍우원, 〈노마설〉

① 말과 같이 있을 방법을 찾지 못해 전전긍긍(戰戰兢兢)하는군.
② 늙은 말을 활용할 해결책을 암중모색(暗中摸索)하는군.
③ 말이 늙어 쓸모가 없어지니 토사구팽(兔死狗烹)을 하려는군.
④ 자신이 말을 잘 돌봐 준 것을 자화자찬(自畫自讚)하는군.

23 다음 글을 감상한 내용으로 옳은 것은?

> 유 소사와 두 부인이 상의하며 말했다.
> "매파를 사 씨 집으로 보내 청혼하리라."
> 즉시 매파 주 씨를 보내니, 주 씨가 사 씨 집에 가서 급사 부인께 인사하고 말했다.
> ㉠ "유 소사에게 아들이 있는데 풍채가 세상에 제일인 까닭에 많은 매파가 모여들었지만 혼인을 허락하지 않았사옵니다. 그러는 중 귀댁 소저의 용모가 아름답고 덕이 밝음을 아시고는 혼인을 청하십니다. 소저께서 유 씨 집안과 혼인을 하시면 높은 벼슬아치의 부인이 됨과 동시에 부귀를 누릴 수 있을 것입니다."
> 급사 부인이 이 말을 듣고 주저하다가 딸의 방으로 가서 소식을 알렸다.
> "네 비록 규중 여자지만 총명하니 의견을 듣고자 하노라."
> 소저가 머뭇거리다가 대답했다.
> ㉡ "제가 들은 바로는 유 소사는 현명한 재상이라 하니 그 집안과 혼인을 하는 것이 마땅하옵니다. 그런데 매파의 말을 들으니 부귀와 용모를 따지고 있습니다. 저는 이것이 문제라고 생각합니다. 결국 밝은 덕을 소중하게 간직한 우리 조상을 욕보이는 말이니 혼인이 마땅치 않은 듯하나이다."
> 부인 또한 소저의 말을 바르게 여겨 주 씨에게 말했다.
> ㉢ "유 소사께서 딸의 재주와 용모를 잘못 들으시고 구혼하시는 것이라. 아이가 보잘것없는 집안에서 성장하여 배운 것이 없으니 귀한 집안과 혼인함이 마땅하지 않은지라. 돌아가 이대로 고하라."
> 주 씨가 여러 번 간청했지만 부인은 끝내 허락하지 않았다.
> ─ 김만중, 〈사씨남정기〉

① 훈: ㉠을 보니, 유 소사의 아들은 양상군자(梁上君子)로 이름난 인물이로군.
② 민: ㉠을 보니, 주 씨는 유 씨 집안이 삼순구식(三旬九食) 하는 집안임을 강조하고 있군.
③ 정: ㉡을 보니, 소저는 주 씨의 말에 부화뇌동(附和雷同)하여 대답하고 있군.
④ 음: ㉢을 보니, 급사 부인은 주 씨의 거듭된 간청에도 요지부동(搖之不動)이로군.

24 ㉠에 들어갈 한자 성어로 가장 적절한 것은?

　국내에서 신혼여행지로 유명한 인도네시아 발리의 가까운 미래의 풍경은 에메랄드빛 투명한 바다가 아닐지 모른다. 영국의 한 잠수부가 동영상 공유 사이트에 공개한 발리의 바닷속 모습은 전 세계에 충격을 줬다. 플라스틱 컵·빨대·포장지 등 인류가 버린 온갖 쓰레기로 엉망이었기 때문이다. 발리만의 문제가 아니다. 이미 전 세계 바다는 플라스틱 쓰레기로 극심한 몸살을 앓고 있다. 그 대가는 만만치 않다. 환경 파괴는 물론, 인류의 삶까지 위협할 수 있다는 경고가 나온다. 해양에 버려진 플라스틱은 햇빛이나 파도 등의 영향으로 잘게 쪼개져 미세 플라스틱이 되고, 미세 플라스틱은 바다로 흘러든 디클로로디페닐트리클로로에탄(DDT·살충제)이나 수은 등과 반응해 '독성 물질'로 변한다. 이를 물고기가 섭취하고, 상위 포식자가 그 물고기를 먹는 먹이 사슬을 통해 미세 플라스틱의 독성이 인류의 식탁에도 오를 수 있다는 것이다. 영국 과학청은 최근 발간한 〈바다 미래 통찰〉 보고서에서 누적된 해양 플라스틱 쓰레기 규모가 2015년 5,000만 톤에서 2025년에는 1억 5,000만 톤으로 3배 늘어날 것으로 내다봤다. 미세 플라스틱에 대한 경고가 무색할 정도이다. (㉠)의 처지가 된 인류에게 또 다른 숙제가 주어진 것이다.

① 자가당착(自家撞着)　　② 자승자박(自繩自縛)
③ 자강불식(自強不息)　　④ 자중지란(自中之亂)

25 ㉠과 의미가 가장 유사한 한자 성어는?

　오늘날처럼 나라의 기강이 어지럽고 사회 정의의 지표를 잃은 적은 일찍이 우리의 역사에는 없었을 것이다. 불행한 역사에 누적된 악소(惡素)로서 이제 고질이 된 세상은 마음 있는 사람의 가슴을 아프게 하거니와 무엇보다도 더 한심한 것은 이에 대한 우리 지성인의 무관심과 무성의다. 선비의 기절은 헌신짝처럼 저잣거리에 던져져 있고 선비의 명분은 꼭두각시처럼 소인배의 손아귀에 농락되고 있다는 사실이다. 한때의 명리만을 계산하여 악을 추종하는 타락하는 선비는 늘어 가고 ㉠<u>지성인의 양심을 팔아 권력에 붙어서 무소불위(無所不爲)의 억지를 쓰는</u> 가증한 무리들이 백일(白日) 아래 부끄러움 없이 얼굴을 들고 다니는 세상이 되고 말았다는 말이다. 이 어찌 통탄할 일이 아니겠는가?

① 곡학아세(曲學阿世)　　② 감탄고토(甘呑苦吐)
③ 면종복배(面從腹背)　　④ 후안무치(厚顏無恥)

PART 6
이론과 평론 문학

PART 6 이론과 평론 문학

| 학습 전략 |

- 문학 이론과 평론이 수록된 지문을 독해하는 연습을 한다.
- 지문을 근거로 하여 작품을 분석하는 문제를 대비한다.

문학 문제에 접근하는 올바른 방식

문학 영역 문제는 2023년 인사 혁신처의 예시 문제에 포함되지 않았습니다. 이때 문학 영역 문제라고 하는 것은 문학 이론을 바탕으로 '작품'을 해석하고 개념을 적용하는 문제를 말합니다. 인사 혁신처의 예시 문제는 '작품'이 출제되지 않았다는 점에서, 정확히 말하면 문학 문제가 아니라 문학 지문을 사용한 '독해' 문제입니다.

그렇다면 앞으로 문학 영역은 어떻게 출제될까요. 크게 두 가지로 볼 수 있습니다.
첫째, 문학 평론을 지문으로 하여 '독해' 문제로 출제되는 경우입니다. 이번 인사 혁신처의 예시 문제는 어렵지 않았지만, 인문 철학을 바탕으로 쓴 문학 평론은 사실 읽기에 녹록하지 않은 경우가 많습니다. 따라서 수준 있는 문학 평론이나 이론이 실린 지문으로 독해 연습을 하는 것이 좋습니다.

둘째, 문학의 핵심 이론이나 개념을 제시하고, 이를 작품에 적용하여 정답을 도출하는 유형입니다. 일종의 수능 변형 문제로 출제될 가능성이 있는 것이죠. 이를 위해서는 기본적인 문학 개념어를 익히는 것이 필요합니다. 또한 문학 작품이 출제되지 않더라도 지문의 난도가 높아지는 경우, 개념어 학습은 독해에 큰 도움이 될 수 있습니다.

작품 분석이 나오더라도 근거는 바로 제시문에 있다는 점, 이것을 기억하면서 핵심 개념어를 익히시길 바랍니다.

인혁처 예시 문제

01 이 글에서 추론한 내용으로 가장 적절한 것은?

> '크로노토프'는 그리스어로 시간과 공간을 뜻하는 두 단어를 결합한 것으로, 시공간을 통합적으로 이해하기 위한 개념이다. 크로노토프의 관점에서 보면 고소설과 근대 소설의 차이를 명확하게 파악할 수 있다.
>
> 고소설에는 돌아가야 할 곳으로서의 원점이 존재한다. 그것은 영웅 소설에서라면 중세의 인륜이 원형대로 보존된 세계이고, 가정 소설에서라면 가장을 중심으로 가족 구성원들이 평화롭게 공존하는 가정이다. 고소설에서 주인공은 적대자에 의해 원점에서 분리되어 고난을 겪는다. 그들의 목표는 상실한 원점을 회복하는 것, 즉 그곳에서 향유했던 이상적 상태로 돌아가는 것이다. 주인공과 적대자 사이의 갈등이 전개되는 시간을 서사적 현재라 한다면, 주인공이 도달해야 할 종결점은 새로운 미래가 아니라 다시 도래할 과거로서의 미래이다. 이러한 시공간의 배열을 '회귀의 크로노토프'라고 한다.
>
> 근대 소설 〈무정〉은 회귀의 크로노토프를 부정한다. 이것은 주인공인 이형식과 박영채의 시간 경험을 통해 확인된다. 형식은 고아지만 이상적인 고향의 기억을 갖고 있다. 그것은 박 진사의 집에서 영채와 함께하던 때의 기억이다. 이는 영채도 마찬가지기에, 그들에게 박 진사의 집으로 표상되는 유년의 과거는 이상적 원점의 구실을 한다. 박 진사의 죽음은 그들에게 고향의 상실을 상징한다. 두 사람의 결합이 이상적 상태의 고향을 회복할 수 있는 유일한 방법이겠지만, 그들은 끝내 결합하지 못한다. 형식은 새 시대의 새 인물이 되어야 한다고 생각하며 과거로의 복귀를 거부한다.

① 〈무정〉과 고소설은 회귀의 크로노토프를 부정한다는 점에서 공통적이다.
② 영웅 소설의 주인공과 〈무정〉의 이형식은 그들의 이상적 원점을 상실했다는 공통점을 가지고 있다.
③ 〈무정〉에서 이형식이 박영채와 결합했다면 새로운 미래로서의 종결점에 도달할 수 있었을 것이다.
④ 가정 소설은 가족 구성원들이 평화롭게 공존하는 결말을 통해 상실했던 원점으로의 복귀를 거부한다.

| 풀이 전략 |

이광수의 〈무정〉을 분석한 문학 평론을 지문으로 사용한 '독해' 문제입니다.
이 제시문은 고소설과 현대 소설을 '크로노토프'라는 개념을 사용하여 비교, 대조하고 있습니다. 대비 구조를 가진 글이기에, 공통점과 차이점을 잘 체크하면서 읽으면 됩니다. 고소설(영웅 소설)과 〈무정〉은 모두 이상적 원점을 상실했다는 공통점이 있으나, 전자는 이에 대한 회복과 복귀를 목표로 하고 후자는 복귀를 거부한다는 차이점을 지니죠. 따라서 답은 ②입니다.

정답률 65% 정답 ②

PART 6 문학
지문 이해를 위한 핵심 개념

핵심 개념 1 주요 수사법의 이해

직유법		원관념과 보조 관념을 '~같이, ~처럼, ~듯이, ~양, ~듯, ~모양으로' 등의 표현을 사용하여 직접적으로 연결하는 방법이다. 예 인제는 돌아와 거울 앞에 선 / 내 누님같이 생긴 꽃이여
은유법		원관념과 보조 관념의 관계가 직접적으로 드러나지 않는 비유법이다. 예 · 나는 한 마리 어린 짐승 · 귀 밑터 희 무근 셔리를 녹여 볼가 ᄒ노라.
중의법		하나의 보조 관념으로 두 가지 이상의 원관념을 표현하는 방법이다. 예 수양산(首陽山) 브라보며 이제롤 한ᄒ노라. → **중국의 산 이름, 수양 대군**
대유법	제유법	사물의 한 부분이 전체를 대신 표현하는 방법이다. 예 사람은 빵만으로 살 수 없다. → **먹을 것**
	환유법	표현하려는 대상과 연관되는 다른 사물의 속성이나 특징을 들어 그 대상을 대신 나타내는 표현 방법이다. 예 백의의 천사 → **간호사**
우의법		본뜻을 완전히 숨기고 비유하는 말만 제시하여 숨은 뜻을 암시하는 표현 방법이다. 풍유법이라고도 한다. 예 지렁이도 밟으면 꿈틀한다.
활유법		무생물을 생물인 것처럼, 감정이 없는 것을 감정이 있는 것처럼 표현하는 방법이다. 의인법에 통합시키기도 한다. 예 시간이 똘똘 / 배암의 또아리를 틀고 있다.
의인법		사람이 아닌 것에 인격을 부여하여 사람인 것처럼 표현하는 방법이다. 예 울어 보렴 목 놓아 울어나 보렴 오랑캐꽃.
반어법		겉으로 드러난 표현과 속에 숨겨져 있는 내용을 반대로 나타내는 방법이다. 예 오늘도 어제도 아니 잊고 / 먼 훗날 그때에 "잊었노라"
역설법		표면적으로는 이치에 어긋나는 것처럼 보이지만, 그 속에 보다 깊은 뜻을 담고 있는 표현 방법이다. 역설법을 독해할 때는 표면적인 논리의 모순 속에 숨겨진 이면적인 진실을 찾아야 한다. 예 우리들의 사랑을 위하여서는 / 이별이, 이별이 있어야 하네.
대구법		비슷한 어구를 짝 지어 형식상 대칭을 이루게 하는 표현 방법이다. 예 거룩한 분노는 / 종교보다도 깊고 / 불붙는 정열은 / 사랑보다도 강하다.
도치법		말의 순서를 바꾸어 의미를 강화하는 표현 방법이다. 예 나는 아직 기다리고 있을 테요, 찬란한 슬픔의 봄을.
설의법		문장을 평서형으로 쓰지 않고, 의문형으로 끝내 변화를 주거나 작가가 의도하는 결론으로 독자를 이끄는 표현 방법이다. 예 까마득한 날에 / 하늘이 처음 열리고 / 어디 닭 우는 소리 들렸으랴.
비약법		서술하던 내용을 갑자기 중단하거나 건너뛰어 변화를 주는 표현 방법이다. 예 재 너머 성권롱 집의 술 익닷 말 어제 듣고, 누은 소 발로 박차 언치 놓아 지즐 타고 ⎤ **시공간의 비약** 아이야 네 권롱 계시냐 정좌수 왔다 하여라. ⎦

연쇄법	앞 구절의 일정 부분을 뒤에서 이어 나가는 표현 방법이다. 예) 고인도 날 몯 보고 나도 고인 몯 뵈. / 고인을 몯 봐도 녀던 길 알픽 잇닉.	
과장법	표현 대상을 실제보다 훨씬 크거나 작게 표현하여 의미를 강조하는 방법이다. 예) 삼백예순 날 하냥 섭섭해 우옵내다.	
점층법	표현 대상에 대한 어구를 나열해 가면서 글의 뜻을 점점 강하게, 크게, 높게, 깊게 확대하는 방법이다. ↔ 점강법 예) 신록은 먼저 나의 눈을 씻고, 머리를 씻고, 나의 가슴을 씻고, 다음에 나의 마음의 모든 구석구석을 하나하나 씻어 낸다.	
대조법	두 가지 이상의 대상에서 차이점을 찾아내어 선명한 인상을 주는 방법이다. 예) · 인생은 짧고 예술은 길다. · 뫼히 퍼러ᄒᆞ니 곳 비치 블븟ᄂᆞᆫ 둧도다. · 산 넘어서 밤새도록 어둠을 살라 먹고, 이글이글 앳된 얼굴 고운 해야 솟아라. · 내 신발은 / 십구 문 반 / 눈과 얼음의 길을 걸어 / 그들 옆에 벗으면 / 육 문 삼의 코가 납작한 / 귀염둥아 귀염둥아 / 우리 막내둥아	

핵심 개념 2 주요 문학 이론 용어

감정 이입	자연의 풍경이나 예술 작품 따위에 자신의 감정이나 정신을 불어넣거나, 대상으로부터 느낌을 직접 받아들여 대상과 자기가 서로 통한다고 느끼는 기법이다. 예) 딴은 밤을 새워 우는 벌레는 / 부끄러운 이름을 슬퍼하는 까닭입니다	
객관적 상관물	감정을 객관화하거나 감정을 표현하기 위한 대상물이다. 예) 보슬보슬 봄비는 못에 내리고 / 찬바람이 장막 속 스며들 제 / 시름에 겨워 병풍 기대니 / 송이송이 살구꽃 담 위에 지네.	
주객 전도	주인과 손의 위치가 서로 뒤바뀐다는 뜻으로, 화자가 하는 말이나 행위를 사물이나 관념이 화자에게 하는 것으로 뒤바꾸어 표현하는 기법이다. 예) 쓸쓸히 앉아 지키던 등불 / 등불이 나에게 속삭인다.	
언어유희	같은 말을 다른 뜻으로 사용하거나 동음이의어를 사용하여 해학성을 높이는 표현 방법이다. 예) 개잘량이라는 '양' 자에 개다리소반이라는 '반' 자 쓰는 양반이 나오신단 말이오.	
낯설게하기	일상화되어 친숙하거나 반복되어 참신하지 않은 사물이나 관념을 특수화하고 낯설게 하여 새로운 느낌을 갖도록 표현하는 것이다.	
시적 허용	정서를 효과적으로 제시하고 운율감을 드러내기 위해 의도적으로 비문법적인 표현을 사용하는 기법이다. 예) 저 머나먼 아라비아의 사막으로 나는 가자.	

PART 6 문학 예상 문제

01 다음 글의 내용에 가장 부합하는 것은?

> 정지용의 〈고향〉에서 시적 화자는 오래간만에 고향에 돌아와 고향의 모습을 직면하고 있는 상황에서, 그간 느껴왔던 고향에 대한 그리움이 해소되기는커녕 더욱 큰 상실감을 느끼게 되었음을 표현하고 있다. 시적 화자의 눈에 비친 외면적인 고향의 모습에는 변화가 없다. 여전히 산꿩은 알을 품고 뻐꾸기가 제철에 울며, 오래간만에 오른 산 위의 흰 점 꽃, 높고 푸른 하늘도 그대로이다. 그러나 화자는 이러한 변함없는 고향의 자연에도 불구하고 이곳이 '그리던 고향'이 아니며 자신의 마음은 '고향 지니지 않고 머언 항구로 떠도는 구름'이라고 표현하고 있다. 고향의 모습은 그대로인데 화자가 이곳을 '고향'으로 인식하지 못하는 이유는 바로 '고향'에 대한 화자의 인식 변화에 있다. 과거의 화자에게 '고향'은 마음의 위안을 찾을 수 있는 공간이었지만, 세월이 흘러 다시 고향을 찾은 화자에게 과거와 변함없는 고향의 모습은 더 이상 위안과 안정을 주지 못한다. 아마도 화자의 마음이 너무나 복잡해져 버린 까닭이리라. 화자가 고향으로 돌아와 발견한 것은 '예전과 달리 발붙일 곳 없이 유랑하는 자신의 마음'으로, 화자는 어린 시절에 불던 '풀피리 소리'를 '쓰디쓰다'고 인식하게 되는 것이다.

① 정지용의 〈고향〉에서 '구름'은 화자와 대비되는 대상이다.
② 정지용의 〈고향〉에 나타난 갈등의 원인은 화자의 외부가 아니라 내부에 있다.
③ 정지용의 〈고향〉에서 '산꿩, 뻐꾸기, 흰 점 꽃' 등은 고향의 변화한 자연물이다.
④ 정지용의 〈고향〉에서 '고향'과 화자의 물리적 · 심리적 거리는 과거에 비해 현재에 더 멀어졌다.

02 ㉠~㉢에 들어갈 말을 바르게 나열한 것은?

〈무정〉을 출발점으로 하여 열린 우리의 근대 문학 사상은 김동인으로 대표되는 자연주의, 박종화로 대표되는 낭만주의, 이기영으로 대표되는 유물주의로 전개된다. 이 셋은 〈무정〉에서 출발한 막연한 근대 의식이 구체화된 것이다. 김동인의 자연주의는 근대정신의 기초 위에서 성립된 것으로 종래의 모든 인간의 권위와 우상을 자연 과학의 시각에서 비판, 해체, 부정하였는데, 그 결과는 어떠했던가. 인간의 현실태란 과학적·생물학적 시각에서 보면 추악한 짐승에서 벗어나지 않는 것이며, 성욕과 시체와 광인들이 난무하는 지옥도가 펼쳐졌던 것이다. 한편 박종화는 어떠했던가. 〈월광으로 짠 병실〉의 이미지가 잘 말해 주듯 자연주의가 폭로한 추악한 현실을 철저히 외면하고 오직 환각 속에서 모든 가치 기준을 설정한 꼴이었다. 물론 당초의 낭만주의란 미와 제2의 현실 창조에 있었지만, 박종화로 대표되는 그것은 단순한 현실로부터의 도피요 과거에의 미련과 애정에 지나지 않았다. 한편 이기영은 어떠했던가. 마르크스주의 이데올로기를 가장 수준 높게 수용한 이기영 문학의 구경이란 인물이나 소재 및 갈등이 한결같이 이데올로기 구현을 위한 방편으로 처리되고 말았던 것이다. 즉 낭만주의·유물주의·자연주의는 각각 (㉠), (㉡), (㉢)(으)로 치달아 명확한 근대성의 총체적 형상화에 실패하고 말았다.

	㉠	㉡	㉢
①	회피와 과거에의 꿈	문학의 이데올로기화	현실 폭로의 비애
②	회피와 과거에의 꿈	현실 폭로의 비애	문학의 도구화
③	현실 폭로의 비애	문학의 이데올로기화	회피와 과거에의 꿈
④	현실 폭로의 비애	회피와 과거에의 꿈	문학의 도구화

03 다음 글의 내용을 바탕으로 할 때, 표현 기법이 나머지 셋과 다른 하나는?

> 상징은 흔히 비유, 그 가운데서도 은유(隱喩)와 혼동되기 쉽다. 상징과 비슷하게 은유 역시 그 전제로 원관념 내지 주지(主旨)를 갖는다. 그리고 그에 짝이 되는 다른 요소, 곧 보조 관념을 덧붙임으로써 새로운 의미의 차원을 이루어 내는 것이다. 그렇다면 상징이 은유와 다른 점은 무엇인가. 이를 위해서 우선 우리는 브루크스의 생각을 참고할 필요가 있다.
> "상징은 원관념이 생략된 은유라고 할 수 있다. '소녀들은 장미 동산에 있는 장미' 하면 은유이지만, 시인이 단순하게 그가 취급하는 사랑의 성질을 암시하기 위하여 장미를 가리키는 데 그치고, 비유적인 틀을 제시하지 않는다면 그는 장미를 상징으로 바꾼 것이다. 우리는 비유적인 전이(轉移)를 강조할 때 은유라는 말을 쓴다. 예컨대, '소녀는 장미이다.'라고 하면 장미의 특질이 소녀에게 전이되므로 은유이다."
> 여기서 우리는 '그 틀을 제시하지 않은 것 = 상징'이라는 정의에 주목할 필요가 있다. 물론, 그에 앞서 브루크스는 상징이 은유와 다른 또 하나의 차이점을 말해 놓기는 했다. 그것이 '원관념이 생략된 은유 = 상징'이라는 정의다. 은유는 그 과정이 아무리 복잡하더라도 일단 유추가 끝나면 심상(心象)의 테두리가 떠오른다. 그러나 상징의 경우에는 유추 작용이 끝나도 의미 내용의 테두리가 명백하게 떠오르지 않는다.
> 예를 들어, 우리는 종교적 상징을 생각해 볼 수 있겠다. 구체적으로 불교를 상징하는 꽃에 연화(蓮花)가 있다. 불교에서 이 꽃은 대각(大覺)과 해탈(解脫)의 한 상징으로 이용된다. 그러나 딱 잡아서 그 의미 내용은 무엇인가? 이런 질문이 제기될 경우, 우리는 아무도 그에 대한 적실한 대답을 하지 못한다. 이와 같은 경우를 고려해 보면, 우리는 상징과 은유 사이에는 심상 제시의 성격에 있어 원관념을 제시하여 그 의미 내용의 테두리를 명확히 해 주느냐 안 해 주느냐 하는 차이가 있음을 짐작할 수 있다. 이것을 문장 형태로 이야기한 게 브루크스가 말한 '비유의 틀이 제시되지 않은 경우'에 해당한다.

① 내 마음은 촛불이요, / 그대 저 문을 닫아 주오. / 나는 그대의 비단 옷자락에 떨며, 고요히 / 최후의 한 방울도 남김없이 타오리다.　　　- 김동명, 〈내 마음은〉

② 나는 한 마리 어린 짐승, / 젊은 아버지의 서느런 옷자락에 / 열(熱)로 상기한 볼을 말없이 부비는 것이었다.　　　- 김종길, 〈성탄제〉

③ 껍데기는 가라. / 사월도 알맹이만 남고 / 껍데기는 가라. // 껍데기는 가라. / 동학년 곰나루의, 그 아우성만 살고 / 껍데기는 가라.　　　- 신동엽, 〈껍데기는 가라〉

④ 낙엽은 폴란드 망명 정부의 지폐 / 포화에 이지러진 / 도룬 시의 가을 하늘을 생각케 한다.　　　- 김광균, 〈추일서정〉

04 다음 글에서 추론할 수 있는 내용으로 적절하지 않은 것은?

> 반어와 역설은 이항 대립적인 자질이 공존하는 언어적 장치이다. 이중 언어의 표면적 의미와 심층적 의미가 반대일 때를 반어라 부르고, 언어의 표면에 이중의 의미, 즉 모순된 의미가 동시에 존재할 때를 역설이라 부른다.
>
> 반어법에는 크게 언어적 반어법과 상황적 반어법이 있다. 언어적 반어법은 특정 언어 단위에 한하여 겉으로 드러난 말과 그 안에 담긴 의미가 다른 경우이다. 가령, "잘 가(가지마), 행복해(떠나지마)."라는 유행가처럼, 겉으로는 임의 행복을 기원하지만 이면에는 임이 떠나지 않기를 바라는 경우가 언어적 반어법에 해당한다. 이와 달리 상황적 반어법은 특정 언어 단위가 아닌 텍스트 전반에 걸쳐 시인이 말하고자 하는 특수한 상황이 전면화되고, 그에 대한 시인의 부정적 인식이 반어적으로 나타난 것을 의미한다. 이는 주로 사물의 근본적인 모순이나 우리 사회에 있는 부조리에서 비롯된다.
>
> 역설법은 겉으로는 모순되는 것처럼 보이지만 그 안에 숨겨진 진리를 담고 있는 수사법이다. 역설법은 그 형태에 따라 모순 어법과 모순 형용으로 나누기도 한다. 전자는 "님은 갔지마는 나는 님을 보내지 아니하였습니다."와 같이 진술된 앞뒤의 상황이 논리적으로 모순된 경우를 말하고, 후자는 "소리 없는 아우성"과 같이 수식어와 피수식어인 "아우성"이 논리적으로 모순된 경우를 말한다.
>
> 이처럼 역설법은 상식에 어긋나는 표현이기 때문에 이를 이해하기 위해서 독자는 스스로 그 의미를 탐구해야 한다. 가령, "소리 없는 아우성"의 숨은 의미가 깃발이 펄럭이는 모습임을 알게 되었을 때 독자는 이 표현의 묘미를 느낄 수 있게 된다. 결국 역설법의 기능은 독자로 하여금 시의 의미를 스스로 생각하게 하고 그것을 보다 깊이 있게 이해하도록 유도하는 데 있다고 할 수 있다.

① "우리들의 사랑을 위하여서는 / 이별이, 이별이 있어야 하네"는 헤어짐은 사랑의 끝을 의미한다는 상식과 모순되므로 역설법이 쓰인 표현이다.
② 자유가 억압된 획일화된 현실을 "외우기도 좋아라 하급반 교과서 / 활자도 커다랗고 읽기에도 좋아라"라고 표현한 것은 반어적 표현이다.
③ "썩고 썩어도 썩지 않는 것 / 썩고 썩어도 맛이 생기는 것 / 그것은 전라도 젓갈의 맛이다"에서 밑줄 친 부분은 썩었는데 썩지 않았다고 반대로 표현한 것이므로 반어적 표현이다.
④ "괴로웠던 사나이, / 행복한 예수 그리스도에게 / 처럼"은 현실에서는 괴로웠지만 인류의 구원을 위해 스스로를 희생했으니 예수는 행복했다는 의미를 알 때 그 묘미를 느낄 수 있다.

05 다음 글을 바탕으로 할 때, 〈보기〉에 대해 평가한 내용으로 적절하지 않은 것은?

문학이 역사보다 더 보편적인 진실을 이야기한다는 것은 문학의 허구성에 대한 비판에 맞서 시적 진실을 옹호하는 고전적 관점이다. 그럼에도 작가들은 오랫동안 역사가들 앞에서 자격지심을 느끼곤 했었던 것 같다. 실제 일어난 사실과 들어맞지 않는 것은 진실일 수 없다는 통념이 여전했기 때문이다. 20세기에 들어와 시적 진실의 개념은 ㉠ 실증주의 추종자들에게 다시 의심을 받았다. 이들은 명제의 진위는 논리 법칙에 의한 증명 또는 경험적 검증으로 판단될 수 있으며, 판단 가능성을 가지지 못한 명제는 의미가 없다고 보았다. 이 입장에서 문학적 진술은 대개 거짓이거나 무의미한 진술에 불과하다.

㉡ 리처즈는 이에 맞서 시적 진실을 변호했다. 그는 언어의 '과학적 사용'과 '정서적 사용'을 구분한다. 이때 과학적으로 사용된 언어의 진실성은 증명이나 검증을 통해 판정되지만, 정서적으로 사용된 언어의 진실성은 수용자의 주관적 정서와 태도에 미치는 효과에 의해 결정된다. 리처즈의 견해는 문학 언어의 특수성에 주목하여 시적 진실에 대한 알리바이를 제공한다. 실제로 서양의 고전 운문에서 통용되었던 시적 허용은 일반적 언어 관습이나 사실에서 일탈할 수 있는 창조적 자유를 작가에게 부여했다. 시적 허용은 운율과 같은 특정 미적 효과를 위해 규범적 어법으로부터의 일탈을 허용하는 것으로 알려졌지만, 실은 보다 넓게 역사적·지리적 사실에도 적용되었다. 작가는 악의 없는 거짓말에 대한 일종의 면책 특권을 가졌던 셈이다.

㉢ 신비평 이론가들이 시 언어의 근본적 속성으로 강조하는 역설 또한 문학 언어의 진실성이 논리적 언어와는 다른 방식으로 인정될 수 있음을 보여 준다. 역설은 표면적으로 모순적인 것처럼 보이지만 실은 진실을 새롭게 드러내는 진술이다. 그렇다고 사실과의 불일치나 논리적 모순이 늘 시적 진실로 용인되는 것은 아니다. 중요한 것은 작품 전체의 맥락에서 이런 진술들이 무리 없이 받아들여질 수 있는가의 문제이다. 시적 진실은 일종의 맥락적 진실이며, 문학적 진술의 진실성은 작품 전체의 맥락에서 가지는 일관성과 설득력에 의해 판단된다.

〈 보기 〉

매운 계절(季節)의 채찍에 갈겨
마침내 북방(北方)으로 휩쓸려 오다.

하늘도 그만 지쳐 끝난 고원(高原)
서릿발 칼날진 그 위에 서다.

어데다 무릎을 꿇어야 하나
한 발 재겨 디딜 곳조차 없다.

이러매 눈 감아 생각해 볼밖에
겨울은 강철로 된 무지갠가 보다.

- 이육사, 〈절정〉

① ㉠은, '겨울은 강철로 된 무지개'는 실제로 증명할 수 없는 사실을 그저 있다고 우겨 대는 거짓에 가깝다고 생각할 것이다.
② ㉡은, "매운 계절의 채찍에 갈겨"나 "하늘도 그만 지쳐 끝난 고원"과 같은 표현을 현실에서 있을 수 없지만 시에서는 가능한 시적 허용으로 생각할 것이다.
③ ㉢은, '겨울은 강철로 된 무지개'는 표면적 역설을 통해 비극적 삶에 대한 인식에서 나온 현실 초극의 의지라는 진실을 드러낸다고 생각할 것이다.
④ ㉢은, 1~3연의 내용과 연관성이 없는 결론이 마지막 연에 반전으로 제시되는 방식을 통해 이 시가 시적 진실을 획득하고 있다고 생각할 것이다.

MEMO

MEMO

가장 많은 수험생들이 선택하는
공무원 국어 1위

선재국어

> 2025 변화된 출제 기조에
> 완벽하게 적응하기 위한 첫걸음

2025 선재국어

예상 기출서

1

가장 많은 수험생들이
선택하는
공무원 국어 1위*

*공단기 국어 과목 패스
수강생 기준

이선재·선재국어연구소 편저

정답과 해설

공단기

2025
선재국어

예상 기출서

1

정답과 해설

공단기

PART 1 추론 강화 독해

예상 문제

01 정답 ③

출전 2016년도 국가공무원 민간경력자 일괄채용, 지문 발췌 및 수정

해설 교육과 경작의 유사성에 빗대어 학습에는 적절한 기다림과 도움이 필요하다는 결론을 내리고 있다. 이는 유추의 방식을 사용한 것이다. ③ 역시 서랍 속 칸막이의 기능에서 유추하여 세포 안 구획의 필요성에 대해 설명하고 있다.

오답 풀이 ① '관아골'은 정부의 빈집 재생 방안의 사례이다.
② 발효 식품이라는 점을 들어 된장과 치즈를 비교하고 있다.
④ 수출 계약의 체결 과정을 설명하고 있다.

02 정답 ③

출전 2010학년도 6월 고2 전국연합학력평가

해설 구체적 사례를 통해 통념을 반박하는 내용은 나오지 않는다.

오답 풀이 ① 1문단에서 무지개를 '태양광이 공기 중의 물방울에 의해 반사·굴절되어 나타나는 빛의 분산 현상'이라고 정의하고 있다.
② 1~2문단에서 굴절과 반사로 무지개가 나타나는 이유를, 마지막 문단에서 무지개의 바깥쪽이 빨간색이고 안쪽이 보라색인 이유를 설명하고 있다.
④ 1문단의 "그런데 무지개는 ~ 보라색일까?"에서 알 수 있다.

03 정답 ②

출전 고등학교 《윤리와 사상》 교과서, 지학사, 수정

해설 제시문의 주된 전개 방식은 대조이다. 무절제한 사람과 자제력이 없는 사람은 둘 다 쾌락을 추구하는데, 무절제한 사람은 후회할 줄 모르기 때문에 고칠 수 없지만 자제력이 없는 사람은 마음을 돌리도록 설득하기 쉽다는 점에서 차이가 있다는 것이다. ② 역시 '영혼의 존재와 생각하는 능력'의 유무로 동물과 인간을 대조하고 있다.

오답 풀이 ① 분류(구분) ③ 유추 ④ 예시

04 정답 ③

출전 2018학년도 11월 고2 전국연합학력평가

해설 "자동 조종 장치는 ~ 유지해 주는 장치이다"에서 자동 조종 장치의 개념을 정의하고, 자동 조종 장치에서 관성 항법 장치라고 불리는 감지 센서를 그 구성 요소인 가속도 센서와 자이로스코프로 분석하여 설명하고 있다. 또한 가속도 센서와 자이로스코프의 기능을 인과적으로 설명하고 있다. 그러나 ③에 쓰인 분류(구분)는 사용되지 않았다.

오답 풀이 ① 정의 ② 분석 ④ 인과

05 정답 ③

출전 2018년도 국가공무원 민간경력자 일괄채용, 지문 발췌

해설 제시문에서는 '대도시 사람들은 모두가 사기꾼처럼 보인다'라는 통념에 반박하여 '모든 사람들이 사기꾼이라면 사기를 칠 가능성도 사라지게 된다'라는 주장을 제시하고 있다. 그러나 반박에 대한 재반박은 나오지 않는다.

오답 풀이 ① 거짓이나 사기가 번성할 수 없는 작은 규모의 사회와 누군가를 기만하여 이득을 보는 경우가 많은 대도시의 대조적 특성을 제시하고 있다.
② 기생 식물이 살려면 건강한 나무가 있어야 한다는 사실에서 사기꾼이 존재하려면 진정으로 협조하는 사람들이 있어야 한다는 사실을 유추하고 있다. 이를 통해 '대도시 사람들은 모두가 사기꾼이다'라는 통념의 허점을 지적하고 있다.
④ 대도시에서 자기 이익을 위해 다른 사람을 이용하는 성향을 지닌 사람이 많은 이유를 '협조하는 사람이 존재하기 때문'이라고 설명하고 있다.

06 정답 ④

해설 작가는 작품을 통해 피력한 자신의 견해에는 구속될 것을 요구받지 않지만, 지식인의 한 사람으로서 상황 문제에 대해 글로 피력한 견해로부터는 결코 자유롭지 못하다는 것이 제시문의 내용이다. 따라서 작가는 지식인으로서 글로 피력한 자신의 견해에 대해서는 책임을 면할 수 없다는 것이 이 글의 중심 내용이다.

오답 풀이 ① 작가는 상상력에 의해 가능한 모든 명제를 제기할 권리를 용인받기 때문에, 작품을 통해 피력한 견해에 대해서는 구속될 것을 요구받지 않는다는 내용과 배치된다.
③ '지식인이란 존경할 명칭에는 자기가 피력한 견해를 그대로 실천하지 못한다 하더라도'와 배치되는 내용이다.

07 정답 ③

출전 2019학년도 6월 고2 전국연합학력평가

해설 1문단에서, 자연 선택으로 이타적 행동이 일어나는 이유를 설명하는 다윈의 견해와 그 모순점을 제시하고 있다. 그리고 2~마지막 문단에서, 다윈의 '자연 선택' 이론하에서 유전자 개념을 도입하여 이타적 행동이 일어나는 이유를 설명한 해밀턴의 견해를 제시하고 있다. 다윈 이론을 보완하는 해밀턴의 견해를 중심으로 이타적 행동이 자연 선택 되는 이유를 설명하고 있으므로 ③이 표제와 부제로 가장 적절하다.

오답 풀이 ① 일벌이나 일개미의 이타적 행동에 관한 다윈과 해밀턴의 설명이 제시되어 있으므로 '이타적 행동에 대한 이해'는 표제로 적절하다. 그러나 해밀턴은 다윈 이론의 틀 안에서 이타적 행동이 자연 선택되는 과정을 규명했으므로 '다윈과 해밀턴의 이론적 대립'은 부제로 적절하지 않다.
② 마지막 문단에 이타적 행동이 자연 선택 되는 과정이 일부 제시되어 있지만, 글 전체를 포괄하지는 않는다. 또한 이 글에 적합도에 관한 논쟁은 나오지 않는다.
④ 일벌과 일개미의 사례를 중심으로 이타적 행동이 나타나는 이유를 살펴보고 있다. 그러나 자연 선택의 이론적 한계는 나오지 않는다.

08 정답 ②

출전 박현모, 《현대 정치학》

해설 의원 내각제가 성립하는 데 영향을 미친 로크의 정치사상과 대통령제가 성립하는 데 영향을 미친 몽테스키외의 정치사상에 대해 각각 설명한 글이다. 따라서 중심 내용으로는 '정부의 형태에 영향을 미친 정치사상'이 가장 적절하다.

오답 풀이 ① 두 개의 대표적인 정부 형태가 성립되는 사상적 배경을 설명하고 있을 뿐, 그 변천 과정은 제시하지 않았다.

③ 의원 내각제와 대통령제의 사상적 배경을 설명하고 있을 뿐, 이 두 가지 정치 체제 자체를 대조한 것은 아니다.
④ 로크와 몽테스키외가 주장한 법 제정권, 집행권 등의 운용에 대한 견해들이 나올 뿐 이들이 주장한 법률에 대한 내용은 나오지 않는다.

09 정답 ③

출전 소홍렬, 〈마음의 지향성과 사회성〉

해설 글쓴이는 일반화 또는 추상화를 가능하게 하는 언어 능력(언어적 표상)과 일반화된 언어적 표상을 전제로 하는 이성적 사고의 관련성을 설명하고 있다. 따라서 '이성적 능력의 특성과 언어 능력은 관련이 깊다'가 중심 내용으로 적절하다.

오답 풀이 ④ 마지막 문단에 제시된 일부 내용일 뿐이다.

10 정답 ④

출전 2009학년도 9월 고2 전국연합학력평가

해설 2문단에 따르면, 타구 놀이는 《정종실록》에 고려 말 도흥, 유운 등이 태조 이성계에게 타구를 알려 준 데서 비롯되었다는 기록이 있다. 유운 등이 백성들에게 타구 놀이를 전해 주었다는 내용은 나오지 않는다.

오답 풀이 ①·② 1문단에 따르면, 세조 때에 공을 치는 부분인 '방'과 자루를 합쳐 만든 도구로 즐기는 놀이라 하여 '방희', 또는 '방'으로 공을 친다고 해서 '격방'으로도 불렸던 타구 놀이는 백성들뿐만 아니라 왕도 즐겼다. 또, 타구 놀이에서는 막대기로 공을 쳐서 여러 개의 구멍 속에 넣으면 점수를 얻었다.
③ 2문단에 따르면, 세종과 세조 때를 거치면서 궁중에서도 성행하던 타구 놀이는 15세기 말부터 지배층의 기록에서 사라져 갔다. 또, 성종 때에 이르면 궁중의 각종 놀이 문화가 급격히 감소하였다는 내용을 통해 알 수 있다.

11 정답 ②

출전 2021년도 국가공무원 민간경력자 일괄채용, 지문 발췌 및 수정

해설 프레카리아트는 자신의 직업 정체성이 결여되어 있다. 반면 긱 노동자는 자신의 직업을 독립적인 프리랜서 또는 개인 사업자 형태로 인식한다. 즉 긱 노동자는 자신의 직업 정체성을 인지하고 있다.

오답 풀이 ① 프레카리아트와 긱 노동자의 특징만 알 수 있을 뿐, 두 집단의 규모에 따른 상관관계는 알 수 없다.
③ 프레카리아트와 긱 노동자의 직업 역량 향상을 위한 노력 여부는 제시문에 나오지 않는다. 긱 노동자는 자신이 보유한 고유의 직업 역량을 고용주에게 판매한다는 사실에서 직업 역량 향상을 위한 노력이 있을 것이라고 일부 추론할 수는 있다.
④ 프레카리아트는 '불안정한 고용 상태에 놓여 있는 비정규직 근로자'이다. 긱 노동자도 기업의 필요에 따라 단기 계약 등을 통해 임시로 충원되는 인력이므로 고용이 보장되지 않는 비정규직 노동 집단이다.

12 정답 ②

출전 김영욱 외, 〈체면, 소통 그리고 갈등 해소: 체면 – 소통 모델과 소통의 가능성 모색〉, 《한국 언론 학회》(2011), 수정

해설 1문단의, 한국의 체면도 서양의 체면과 마찬가지로 사회적 상호 작용을 통해 주장되고 강화된다는 내용과 배치된다.

오답 풀이 ① 2문단의, 리엔은 자기 스스로를 보고 느끼는 반성적 부끄러움이지만 미엔쯔는 남에게 비추어진 자신의 모습을 보고 느끼는 부끄러움이라는 내용에서 알 수 있다.
③ 2문단의, 중국과 달리 한국의 체면은 사회적 체면과 개인적 체면을 모두 포함하고 있다는 내용에서 알 수 있다.
④ 1문단의, 서양의 페이스는 연속상의 개념을 갖는 것임에 비해 한국의 체면은 이분법적인 잣대로 평가된다는 내용에서 알

수 있다.

13 정답 ①

출전 2016학년도 10월 고3 전국연합학력평가

해설 16세기 사대부들은 자연을 소재로 한 시조에서 자연을 닮고자 노력하면 현실에서도 천리를 구현하는 것이 가능하다는 긍정적 인식을 드러냈다. 이는 무수한 좌절 끝에 현실 정치를 주도하게 되었던 당시 사대부들의 긍정적 경험이 영향을 미친 것이다.

오답 풀이 ② 17세기 조선은 당쟁과 외적의 침략으로 현실이 혼란했다는 사실을 알 수 있다. 그러나 17세기 자연을 소재로 한 시조에서 '자연은 여전히 천리가 구현되어 있으며 질서와 조화를 보여 주는 공간'으로 그려졌다. 따라서 '자연에 대한 부정적 인식'이라는 내용은 적절하지 않다.
③ 16세기 사대부들은 시조를 통해 자연은 천리가 구현된 관념적 공간이므로 자연을 닮으면 현실에서도 천리를 구현하는 것이 가능하다는 인식을 드러냈다. 이를 자연과 천리의 상호 보완적 관계로 이해할 수는 없다. 또한 17세기의 시조에서도 자연을 천리가 구현된 공간으로 간주했으므로 자연과 천리가 상호 대립적인 관계인 것도 아니다.
④ 16세기와 17세기 시조에서 자연은 모두 '천리가 구현된 관념적 공간'으로 이해되었다.

14 정답 ③

출전 2020년도 국가공무원 민간경력자 일괄채용, 지문 발췌 및 수정

해설 2문단의, 공직 부패는 드문 현상이지만 이해 충돌은 일상적으로 발생 가능하여 직무 수행 과정에서 빈번하게 나타날 수 있다는 내용에서 알 수 있다.

오답 풀이 ① 이해 충돌은 공직 부패의 사전 단계가 될 수 있지만, 이해 충돌하에서 공직자가 항상 공적 의무 대신 사적 이익을 추구하는 결정을 내리는 것은 아니다. 따라서 이해 충돌 상황이 나타난다고 해서 공직 부패가 반드시 나타나는 것은 아니다.
② 2~마지막 문단에서, 과거에는 이해 충돌을 공직 부패의 사전 예방에 초점을 맞춰 규제했지만, 최근에는 외관상 이해 충돌이 발생할 가능성이 있는 것만으로도 규제하는 것이 정당화된다는 사실만 알 수 있다. 공직 부패 규제와 이해 충돌 규제 중 무엇을 중시하는지는 알 수 없다.
④ 1문단에 따르면, 공직 부패는 사적 이익을 위해 공적 의무를 저버릴 때 나타난다. 하지만 이해 충돌은 사적 이익과 공적 의무가 대립하는 객관적 상황 그 자체이지, 공적 의무를 선택하는 상황이 아니다.

15 정답 ②

출전 2017년도 국가공무원 민간경력자 일괄채용, 지문 발췌 및 수정

해설 신라에서 공갈못 생성은 농경 생활에 필요한 농경민들의 사건이었고, 조선의 지배층은 공갈못을 우리나라 3대 저수지의 하나로 인정하여 일부 문헌에 공갈못에 관한 기록을 남겼다는 사실에서 알 수 있다.

오답 풀이 ① 상주 지방에서 전해 오는 공갈못 설화는 '공갈못 생성의 증거가 될 수 있는 역사성'을 가지고 있으므로 역사성이 떨어지지 않는다. 또한 공갈못 설화의 현장성이 떨어지는지는 알 수 없다.
③ 공갈못이 삼국 시대에 생성되었다는 이야기는 구전되다가 조선 시대에 문헌에 기록되었다.
④ 일본은 주변에 흩어진 기록과 구전을 모아 만든 《일본서기》와 같은 역사서가 있다. 또한 우리나라도 조선 시대에 공갈못 설화를 기록했다. 그러나 우리나라의 역사서가 설화에 대한 기록을 의도적으로 배제했는지는 알 수 없다.

16 정답 ③

출전 2016년도 법학적성시험, 지문 발췌 및 수정

해설 스페인은 2002년에 유로화로 화폐가 통합되면서 건설 경기의 호황으로 노동자들이 몰려들었고, 이로 인해 물가 상승이 발생했다. 하지만 스페인은 다른 유럽 국가에 비해 상대적으로 높은 물가, 낮은 생산성 때문에 수출은 경쟁력을 상실했으므로 수출 호황으로 인해 물가가 상승했다는 설명은 적절하지 않다.

오답 풀이 ① 스페인은 유로화로 통합된 이후 건설 경기의 호황을 누리다가 부동산 거품이 꺼지자 경제가 침체하여 정부 재정은 큰 적자를 기록하게 된다. 즉 경기 침체가 원인이 되어 재정 적자라는 결과가 발생한 것이다.
② 마지막 부분의, 스페인의 유로화 통합 이후 발생한 경제 침체가 해결되지 못하고 심각해진 것은 스페인이 정치 통합 없이 화폐 통합을 이룬 유로 지역의 한 나라였기 때문이라고 말한 데에서 알 수 있다.
④ "만약 스페인이 유로화를 ~ 해결할 수 있었을 것이다"에서 알 수 있다. 즉 스페인이 페세타를 사용하고 있었다면 팽창적인 통화 정책을 펼칠 수 있었는데, 유로화를 사용했기 때문에 그러한 정책을 펼치지 못했다는 의미이므로 스페인이 팽창적인 통화 정책을 실시하는 데 더 적합한 화폐는 유로가 아니라 페세타임을 알 수 있다.

17 정답 ④

출전 문재완, 〈반론권과 언론의 자유 — 국가 기관의 반론권 주체성을 중심으로〉, 《외법논집》(2023), 수정

해설 반론 보도 청구와 정정 보도 청구를 하기 위해서는 언론사 등의 고의·과실이나 위법성을 필요로 하지 않는다는 내용에서 알 수 있다.

오답 풀이 ① 2문단의, 반론 보도 청구권은 보도 내용의 진실 여부와 상관없이 행사할 수 있다는 내용과 배치되는 진술이다.
② 1문단에 따르면, 반론 보도 청구권은 언론 중재법에 규정되어 있다. 그런데 2문단에서, 정정 보도 청구권에 관한 규정을 언급할 때 '언론 중재법상 정정 보도 청구권은'이란 표현이 반복되는 것으로 보아, 정정 보도 청구권에 관한 규정도 언론 중재법에 제시되어 있음을 알 수 있다.
③ 2문단에 따르면, 정정 보도 청구권은 언론 보도의 내용으로 피해를 입은 자에게 인정되는 직접적인 권리 구제이며, 반론 보도 청구권은 언론 보도 내용에 대응할 수 있도록 해 주는 반박권이다. 따라서 ③은 정정 보도 청구권과 반론 보도 청구권의 성격을 뒤바꾸어 말한 것이다.

18 정답 ②

출전 2012학년도 3월 고2 전국연합학력평가, 수정

해설 ㉯ ㉠의 '백성'은 귀족의 명칭으로, 조상에게 제사를 지냈다. 또한 ㉡에서는 '백성'에 해당하는 귀족을 '인'이라 불렀으며, 이들도 제사 등의 정신노동에 종사했다.
㉰ ㉠의 '민'은 노예 계급이다. ㉠에서 '민'은 제사에 희생물로 바쳐지기도 했으며 주인이 사망하면 순장되기도 했다. 또한 ㉡에서는 노예 계급을 '신'이라 불렀는데, ㉠에 비해 제사나 순장의 희생물로 바쳐지는 사례는 줄었지만 여전히 짐승처럼 취급되었다는 내용에서, ㉡에서도 '신'을 제사나 순장의 희생물로 바쳤음을 알 수 있다.

오답 풀이 ㉮ ㉠에서 '민'은 노예이므로 피지배층을 의미했다. ㉡에서 '민' 또한 ㉠의 '소인(평민)'에 해당하는 계층으로 농업 등의 육체노동을 담당했던 피지배층이었다.
㉱ ㉠에서는 귀족, 평민, 노예 계급을 각각 '백성, 소인, 민'으로, ㉡에서는 '인, 민, 신'으로 불렀다. 즉 ㉠과 ㉡에서 모두 사용된 용어는 '민'뿐이다.

19 정답 ④

출전 2016년도 법학적성시험, 지문 발췌

해설 2문단에 따르면, 뇌의 발생 초기 형태인 신경관의 경우, 서로 다른 세포로의 예정된 분화는 신경관 아래쪽에 있는 척색에서 분비되는 형태 발생 물질인 Shh의 농도 구배에 의해 결정된다. 따라서 척색에서 분비되는 단백질인 Shh의 농도 구배에 의해 신경관을 이루는 세포들의 운명이 결정된다.

오답 풀이 ① 2문단에 따르면, 뇌의 발생 초기 형태인 신경관의 경우, 위쪽에서 아래쪽으로 세포들이 순서대로 발생하게 된다. 그런데 사이 신경 세포는 신경 세포보다 위에 있으므로 사이 신경 세포가 신경 세포보다 먼저 발생하게 된다.
② 2문단에 따르면, 서로 다른 세포로의 예정된 분화는 척색에서 분비되는 Shh의 농도 구배에 의해 결정되는데, 척색에서 멀어질수록 Shh의 농도가 낮아지게 된다. 그런데 바닥판 세포를 결정짓는 세포는 운동 신경 세포를 결정짓는 세포보다 척색과 가까이 있다. 따라서 바닥판 세포를 결정짓는 Shh의 농도가 운동 신경 세포를 결정짓는 Shh의 농도보다 낮은 것이 아니라 높을 것이다.
③ 1문단에 따르면, 생명체의 각 기관이 정확한 위치에 형성되는 것은 수많은 세포들 간의 상호 작용을 통해 세포의 운명을 결정하는 과정이 있기 때문이다. 따라서 각각의 세포들이 독립적이고 독자적인 의사 결정을 한다고 추론하기는 어렵다.

20 정답 ④

출전 2022년도 법학적성시험, 지문 발췌

해설 개념 역할 의미론에 따르면 우리는 궁극적으로 어떤 단어의 의미를 이해하지 못하며 그런 문제는 모든 단어에 똑같이 발생할 것이라는 내용이 나온다. 이에 따르면 아무도 어떤 단어의 의미를 이해하지 못한다는 내용의 ㉣은 문맥상 자연스러우므로 고치지 말고 그대로 두어야 한다.

오답 풀이 ① 개념 역할 의미론에서 단어의 의미 이해는 그 단어의 사용 규칙을 따를 줄 아는 능력에 의존한다는 내용이 나온다. 따라서 단어의 사용 규칙을 이해하지 못하고 있음을 전제한 ㉠은 그 단어의 의미를 이해하지 못한다는 말이라고 고쳐야 적절하다.
② '뾰족하다'의 사용 규칙에 쓰인 단어들을 모두 이해해야 '뾰족하다'의 의미를 이해할 수 있다는 문맥이므로, ㉡은 '여러 단어의 의미를 모두 이해해야 할 것이다'로 고쳐야 자연스러워진다.
③ 단어의 의미를 이해하기 위해서는 그 단어의 사용 규칙을 이해해야 하고 그러려면 그 사용 규칙에 쓰인 단어를 이해해야 하는 등의 식으로 이러한 퇴행은 계속 이어진다는 문맥이므로 ㉢은 '이런 식의 퇴행은 무한히 거듭될 것이다'로 고쳐야 자연스러워진다.

21 정답 ③

출전 2019년도 국가공무원 민간경력자 일괄채용, 지문 발췌 및 수정

해설 미국과 EU가 한국의 주세율 조정을 요구했을 당시, 소주의 주세율은 증류식이 50%, 희석식이 35%이고, 위스키는 100%였다. 즉 위스키의 주세율이 소주의 주세율보다 높은 상태였다. 따라서 ㉢은 수정하지 말고 그대로 두어야 문맥이 자연스럽다.

오답 풀이 ① 미국, EU 및 캐나다는 일본을 WTO에 제소하고 받은 판정을 근거로 한국에도 소주와 위스키의 주세율을 조정해 줄 것을 요구한다. 이는 제소국인 미국, EU 및 캐나다가 일본을 상대로 한 소송에서 승소하였기 때문에 가능한 것이므로 ㉠을 '제소국인 미국, EU 및 캐나다의 손을 들어 주었다'로 수정하는 것은 적절하다.
② WTO 패널은 한국의 주세 제도가 WTO 협정의 내국민 대우 조항에 위배된다고 주장했고, 이 판결에 따라 한국은 소주와 위스키의 주세율 차이를 해소했으므로 ㉡은 '한국의 패소를 결정했다'로 수정해야 적절하다.
④ 당시 소주의 주세율은 증류식과 희석식이 각각 50%, 35%였고, 위스키의 주세율은 100%였는데 이를 똑같이 72%로 맞췄다. 따라서 ㉣을 '위스키의 주세율은 내리고 소주의 주세율은 올려서'로 수정하는 것은 적절하다.

22 정답 ②

출전 2022년도 국가공무원 5급 등, 지문 발췌

해설 ⓒ 뒤에는, '벼락, 서랍' 등이 지금은 고유어이지만 처음부터 고유어는 아니었고 '벽력(霹靂), 설합(舌盒)' 같은 한자어에서 형태가 변한 것들이라는 사례가 이어진다. 이러한 사례는 본디 한자어였던 것이 고유어의 지위를 차지했다는 내용에 부합하므로 ⓒ은 고치지 말고 그대로 두어야 문맥상 자연스럽다.

오답 풀이 ① 고유어는 낱말의 기원이 대부분 분명하지 않고, 현실적으로 고유어를 한자어와 외래어를 뺀 나머지 어휘 전체로 느슨하게 정의한다는 내용이 나온다. 따라서 ㉠은 '그 범위를 엄밀하게 확정하기 힘들다는 문제가 있다'로 고쳐야 문맥상 자연스럽다.
③ '괴악하다'에서 온 '고약하다'는 형태뿐 아니라 의미도 달라진 것이므로 ⓒ은 '그 형태뿐 아니라 의미가 달라진 것들도 있다'로 고쳐야 문맥상 자연스럽다.
④ 뒤의 한자어 중에 일본에서 차용된 것도 있고 우리나라에서 만들어진 것도 있다는 내용으로 보아, ㉣은 '한자어가 한자로 표기된다고 해서 모두 중국에서 유래된 것은 아니다'로 고쳐야 문맥상 자연스럽다.

23 정답 ①

출전 2012년도 국가공무원 민간경력자 일괄채용, 지문 발췌 및 수정

해설 마지막 문단에서, 구매 과정에서 대안재를 중시하는 소비자처럼 판매자도 의사 결정 시 대안재를 고려해야 함을 주장하고 있다. 이는 소비자와 판매자 모두에게 대안재가 중요하다는 맥락이다. 따라서 ㉠은 '소비자뿐만 아니라 판매자에게도 중요하다'로 수정하는 것이 적절하다.

오답 풀이 ② ⓒ은 '여가 시간을 즐기고자 영화관 또는 카페를 선택하는 상황'을 설명한다. 영화관은 영화를 보는 장소이고, 카페는 차를 마시는 장소이므로 형태와 기능이 서로 다르다. 하지만 '여가 시간을 즐기는' 목적은 동일하다. 따라서 ⓒ은 수정하지 말고 그대로 두어야 한다.
③ ⓒ은 '회계 작업을 위해 재무 소프트웨어를 활용하거나 회계사를 고용해 처리'하는 상황을 설명한다. 재무 소프트웨어와 회계사는 모두 '회계 작업을 수행'하는 역할을 한다. 즉 형태는 다르지만 기능은 동일하다. 따라서 ⓒ은 수정하지 말고 그대로 두어야 한다.
④ 마지막 문단은, 소비자들은 구매를 결정하기 전에 대안재를 중요하게 생각하는 데 반해 판매자들은 대안재는 주목하지 않고 대체재만 중요하게 생각한다는 맥락이다. 따라서 ㉣은 수정하지 말고 그대로 두어야 한다.

24 정답 ②

출전 2018년도 국가공무원 민간경력자 일괄채용, 지문 발췌 및 수정

해설 2문단에 따르면, 이성이 우리에게 도덕적인 명령을 내리며, 도덕적 명령에 따를 때에야 비로소 우리는 의무에서 비롯된 행위를 한 것이다. 따라서 어떤 행위가 이성의 명령에 따른 것이 아니라면 결과적으로 의무와 부합할지라도 의무에서 나온 행위는 아니므로 ⓒ은 ②와 같이 고치는 것이 적절하다.

오답 풀이 ① 인간도 다른 동물과 마찬가지로 감정과 욕구를 가진다는 내용이 이어지므로 인간이 전적으로 이성적인 존재는 아니라는 ㉠은 고치지 말고 그대로 두어야 한다.
③ 앞에서 심리적 성향에서 비롯된 행위는 도덕성과 무관하다고 했으므로 감정과 욕구에 따른 행위는 도덕적 행위일 수가 없다는 ⓒ은 고치지 말고 그대로 두어야 한다.
④ ㉣ 뒤의, 감정이나 욕구는 주관적이라서 같은 사람이라도 상황에 따라 변한다는 내용으로 보아, 감정이나 욕구가 상대적이라는 ㉣은 고치지 말고 그대로 두어야 한다.

25 정답 ③

출전 2020년도 국가공무원 민간경력자 일괄채용, 지문 발췌 및 수정

해설 2문단에 따르면, 입수 초기에는 장갑을 낄 때보다 안 낄 때 손의 열 손실이 더 빠르게 증가한다. 그런데 입수 초기가 지나면 손의 열 손실이 점차 감소하여 손의 열 손실이 장갑을 낄 때보다 안 낄 때 더 작아지는 기현상이 생긴다. 즉 장갑을 낄 때와 안 낄 때 손의 열 손실 정도가 뒤바뀌는 지점이 생긴다는 것이다. 따라서 ⓒ '장갑을 낄 때보다 안 낄 때 더 빠르게 감소'는 수정하지 말고 그대로 두어야 한다.

오답 풀이 ① ㉠ 뒤에서 '그럼에도 겨울철에 일하는 해녀들이 잠수 장갑을 끼지 않는 이유'를 질문하고 있다. 이는 겨울철에 잠수 장갑을 끼고 일하는 것이 일반적이라는 것이므로 손의 온도가 떨어진 상황을 전제한 ㉠은 '물속에서의 작업 수행 능률은 떨어진다'로 수정하는 것이 적절하다.
② ㉡ '장갑을 안 낄 때와 달리 낄 때 손의 열 손실이 증가'는 장갑을 안 끼면 손의 열 손실이 증가하지 않고, 장갑을 끼면 증가한다는 말이다. 그런데 ㉡ 뒤의 '장갑을 낄 때보다 안 낄 때 더 빠르게 증가한다'로 보아, 장갑을 낄 때와 장갑을 안 낄 때 모두 열 손실이 증가한다는 사실을 알 수 있다. 따라서 ㉡은 '장갑을 낄 때나 안 낄 때나 손의 열 손실이 증가'로 수정하는 것이 적절하다.
④ ㉣의 앞 내용에 따라, 열 절연도와 열 손실은 반비례 관계이다. ㉣ 뒤에서 '열 손실이 장갑을 낄 때보다 안 낄 때 더 작아진다'라고 했으므로 손의 열 절연도 변화를 설명하는 ㉣은 '장갑을 낄 때보다 안 낄 때 더 빠르게 증가'로 수정하는 것이 적절하다.

26 정답 ①

출전 2012학년도 3월 고3 전국연합학력평가

해설 서론에는 '한옥 마을 조성의 필요성'을 뒷받침할 수 있는 사례가 추가되어야 한다. 그런데 '한옥 마을의 조성을 둘러싼 지역 주민 간의 갈등 사례'는 한옥 마을을 조성하는 것이 필요하다는 내용을 뒷받침하지 못하므로 ㉠에 추가될 내용으로 적절하지 않다. ㉠에는 '한옥 마을 조성의 순기능'과 관련된 사례가 추가되는 것이 적절하다.

오답 풀이 ② 본론은 상위 항목과 하위 항목 간의 관련성을 고려해야 한다. 'Ⅱ-1-가, 나'는 한옥 마을을 조성하는 이유가 아니라 한옥 마을을 조성할 때 나타나는 문제점을 설명한 것이다. 따라서 ㉡을 '한옥 마을 조성이 어려운 이유'로 수정하는 것은 적절하다.
③ 본론에서 각 장의 하위 항목은 서로 대응해야 한다. 'Ⅱ-1-나'에 '한옥의 유지 및 보수에 많은 관리 비용 소요'라는 문제점이 나온다. 따라서 이의 해결 방안인 ㉢은 '지방 자치 단체의 재정 확보 및 지원'으로 수정하는 것이 적절하다.
④ 결론에 삽입되는 내용은 글의 통일성을 위배하지 않아야 한다. 본론에서 한옥 마을 조성 시 나타나는 문제점을 해결하는 주체로 지방 자치 단체를 강조하고 있으므로 ㉣에는 '한옥 마을 조성을 위한 지방 자치 단체의 관심 및 지원 촉구'가 들어가는 것이 적절하다.

27 정답 ④

출전 2016학년도 4월 고3 전국연합학력평가, 수정

해설 ④에서는 Ⅲ. 결론에 대한 〈조건〉의 내용 중, 도시 광산 산업의 활성화에 따른 기대 효과만 언급했을 뿐 정부 정책의 수립을 제안하는 내용이 생략되었다.

오답 풀이 ① 도시 광산 산업의 성장 배경은 도시 광산 산업에 대한 기본적인 이해를 돕는 정보이므로 〈조건〉에 부합한다.
② · ③ Ⅲ. 본론의 2-가와 3-가(ⓒ), 2-나(ⓒ)와 3-나는 각각에 부합하는 원인과 활성화 방안이므로 적절하다.

28 정답 ②

출전 2020학년도 9월 고2 전국연합학력평가

해설 〈지침〉에 따라 본론은, 각 장의 하위 항목끼리 대응하도록 작성해야 한다. ⓒ에는 'Ⅱ-1-가. KC 마크를 취득한 전동 킥보드의 구매'를 해결책으로 제시할 수 있는 문제의 원인이 들어가야 한다. 전동 킥보드의 KC 마크 취득을 위한 기준이 미비한 것이 문제의 원인이라면, 'KC 마크 취득의 기준 마련' 등이 해결책으로 제시되어야 하므로 적절하지 않다. 따라서 ⓒ에는 'KC 마크를 취득하지 않은 전동 킥보드의 구매'와 같은 내용이 들어가는 것이 적절하다.

오답 풀이 ① 서론에 대한 〈지침〉은 중심 소재의 장점과 문제 제기를 1개의 장으로 작성하라는 것이다. Ⅰ-1에 장점이 나와 있으므로, ㉠에는 중심 소재에 대한 문제 제기인 '전동 킥보드의 이용 증가에 따른 안전사고의 증가'가 들어가는 것이 적절하다.
③ 〈지침〉에 따라 ⓒ에는 Ⅱ-1-나. '운전면허를 취득하지 않은 사람들의 킥보드 이용 증가'와 대응하는 예방 방법이 들어가야 한다. 따라서 '전동 킥보드 이용객의 운전면허 소지 여부 단속'이 ⓒ에 들어가는 것이 적절하다.
④ 결론에 대한 〈지침〉은 기대 효과와 향후 과제를 1개의 장으로 작성하라는 것이다. Ⅲ-1에 기대 효과가 제시되어 있으므로, ㉣에는 향후 과제인 '전동 킥보드 구매 시 유의점과 운행 시 안전 규정에 대한 교육 강화'가 들어가는 것이 적절하다.

29 정답 ②

출전 2009학년도 7월 고3 전국연합학력평가

해설 ⓒ '우리 한자와 다른, 중국 실용 한자'는 상위 항목인 한자 교육의 효과 차원에 부합하지 않는 내용이므로 바꾸어야 한다. 그러나 '언어 능력 검정 시험의 중요성 제고' 역시 이와는 무관한 방안이므로 적절하지 않다. ⓒ은 '독해력 향상에 필요한 한자' 정도로 바꾸는 것이 적절하다.

오답 풀이 ① 서론에는 한자 교육의 실태만 제시되어 있다. 한자 교육의 문제점도 밝히라는 〈조건〉에 따라 ㉠에 '상업화된 한자 조기 교육'을 추가하는 방안은 적절하다.
③ 〈조건〉에 따르면 본론의 '개선 방안'은 두 가지 이상의 내용을 제시해야 한다. 따라서 교재 개발과는 다른 차원에서 한자 교육의 개선 방안을 언급한 '실생활에 활용 가능한 한자 교육 마련'을 ⓒ에 추가하는 것은 적절하다.
④ Ⅲ-2는 본론의 내용과 무관하므로, ㉣을 '한자 교육을 통한 언어 능력의 향상'으로 바꾸는 방안은 적절하다.

30 정답 ①

해설 물가와 화폐 가치의 관계를 통해 화폐 환각을 설명한 글이다.

> ⓒ 화폐는 물가 변동률에 따라 실질적 교환 가치가 변화한다(일반적 진술). → ㉠ 즉, 물가가 올라가면 실질 구매력이 감소하고 물가가 내려가면 실질 구매력이 증가한다(상술). → ⓒ 이렇듯 가변적 가치를 가진 화폐를, 사람들은 불변적 가치를 가진다고 착각하는 경향이 있는데, 이를 화폐 환각이라고 한다(개념 정의). → ㉣ 노동자들이 임금 인하에는 반대하지만 물가 상승에는 별다른 반응을 보이지 않는 이유가 화폐 환각 때문이다(예시).

31 정답 ③

출전 2023학년도 11월 고2 전국연합학력평가

해설 자율적 기술론의 관점에서 기술과 사회의 관계를 설명한 엘륄의 주장을 설명한 글이다.

> 엘륄은 자율적 기술론의 관점에서 기술이 사회를 어떻게 지배하는지를 설명했다. → ⓒ 자율적 기술론은 도구적 기술론과 대비된다. → ㉣ 도구적 기술론에서 기술은 목적을 달성하기 위한 수단으로 취급된다. → ㉠ 이와 달리 엘륄은 기술이

자율적인 것이 되었다고 주장한다. → ⓓ 기술은 자동적이며 자율적으로 발달한다는 것이다. → ⓒ 이는 자율적인 기술 앞에서 인간과 기술의 관계가 역전되었음을 의미한다.

32 정답 ④

출전 2023학년도 4월 고3 전국연합학력평가

해설 전기 화학식 가스 센서에 유입된 가스의 검지 순서를 설명한 글이다.

ⓔ 전기 화학식 가스 센서는 유입부, 감지부로 구성된다. → ⓒ 먼저, 유입부는 먼지 필터, 간섭 가스 필터, 분리막으로 구성되어 있다. → ⓑ 가스가 누출되어 유입부로 들어오면, 불순물들은 먼지 필터에 의해 걸러지고, 기체 상태인 가스만 간섭 가스 필터로 보내진다. → ⓓ 이후 간섭 가스 필터에서는 검지하려는 가스만 통과시켜 분리막으로 보내게 된다. → ⓐ 가스는 정확한 측정을 위해 분리막을 통해 감지부로 유입된다.

33 정답 ②

출전 2019년도 법학적성시험, 지문 발췌

해설 입법자의 의사나 법률 자체의 객관적 목적을 참조하여 법문을 해석하는 방식을 비판한 글이다. 연결어의 쓰임을 잘 살펴야 한다.

법문을 해석할 때 입법자의 의사나 법률 자체의 객관적 목적을 참조한다. → ⓒ 그러나 이러한 해석 방법에 대해 많은 비판이 제기되고 있다. → ⓓ 우선 입법자의 의사나 법률 그 자체의 객관적 목적이 과연 무엇인지를 확정하기 어렵다(비판 1). → ⓑ 더욱 심각한 문제는 그것까지 고려해서 법이 요구하는 바가 무엇인지 파악할 것을 국민에게 기대할 수 없다(비판 2). → ⓔ (왜냐하면) 법문의 의미를 구체화하는 작업은 국민의 이해 수준의 한계 내에서 이루어져야 하기 때문이다. → ⓐ 나아가 이러한 해석은 종종 남용의 위험에 놓이기도 한다(비판 3).

34 정답 ③

출전 허북구, 〈탄소 농업이란?〉, 《미래를 바꾸는 탄소 농업》

해설 농업의 온실가스 배출 문제를 막기 위해 등장한 탄소 농업에 대해 설명한 글이다.

나 대부분 산업화된 지금의 농업에서는 토양의 탄소 비중이 날이 갈수록 부족해져만 가는 실정이다. → 다 이제 농업은 온실가스의 주요 배출원이 되었다. → 라 따라서 최근 유럽을 중심으로 탄소 배출을 줄이고, 광합성으로 만들어진 탄소를 토양에 격리하고 저장하는 농업인 탄소 농업과 관련된 논의가 활발하게 이루어지고 있다. → 가 탄소 농업의 목표는 대기 중 탄소의 순손실을 만들어 탄소가 토양과 식물 재료로 격리되는 속도를 높이는 것이다.

35 정답 ④

출전 2009학년도 9월 고2 전국연합학력평가

해설 19세기까지 화학자들이 같은 화합물이라고 생각한 타르타르산과 라세미산에 대해 파스퇴르가 연구한 내용을 설명한 글이다.

| 나 | 19세기까지 화학자들은 타르타르산과 라세미산은 같은 화합물이라고 생각했다. 그런데 편광을 비추면 결과가 다른 이유에 대해서는 설명하지 못했다. → | 마 | 이를 처음으로 설명한 과학자는 파스퇴르다. 그는 타르타르산과 라세미산의 결정을 키웠다. → | 다 | 그리고 현미경으로 결정을 관찰했더니 라세미산에는 서로 거울상인 결정들이 똑같은 양으로 들어 있었다. 그러나 타르타르산에는 라세미산에서 생긴 결정 한 가지와 모양이 똑같은 형태의 결정뿐이었다. → | 가 | 파스퇴르는 라세미산의 다른 모양의 결정들을 각각 분리한 다음, 편광을 비추어 결과를 관찰했다. → | 라 | 이를 통해 파스퇴르는 타르타르산의 분자가 비대칭 형태이며, 서로 거울상 관계에 있는 두 종류의 분자가 있다고 추론했다.

36 정답 ④

출전 2018년도 국가공무원 5급 등, 지문 발췌

해설 첨단 네트워크의 발달에 따른 범죄 네트워크의 확대를 막기 위해 정부는 시민 단체들의 긍정적 측면을 최대한 끌어내야 한다고 주장한 글이다.

| 나 | 첨단 기술의 발달로 인한 네트워크 때문에 세계의 수많은 시민 단체, 범죄 조직, 테러 단체들의 힘과 영향력이 커졌다. → | 마 | 이렇듯 네트워크를 활용하는 비국가행위자들의 영향력이 확대되면서 국가가 사회에서 차지하는 역할의 비중이 축소되었다. → | 다 | 이러한 변화는 두 얼굴을 가진 야누스인데, 인권과 민주주의, 그리고 평화의 확산을 위해 애쓰는 시민 사회 단체들은 긍정적인 변화를 이끌어 낼 것이다. → | 라 | 반면 테러 및 범죄 조직 역시 전 세계로 그 활동 범위를 넓혀 나갈 것이다. → | 가 | 시민 사회 단체들의 긍정적인 측면을 최대한 끌어내 정부의 기능을 보완, 견제하고 테러 및 범죄 조직의 발흥을 막을 수 있는 시스템을 구축해야 한다.

37 정답 ②

출전 2018학년도 3월 고3 전국연합학력평가, 수정

해설 을은 "친구들 말이 ~ 책이 없다고 하더라"에서 이전에 들은 정보를 말하고 있다. 그러나 이를 통해 도서관 이용률이 저조한 이유를 말한 것일 뿐, 상대의 의견에 동조한 것은 아니다.

오답 풀이 ① 갑은 저조한 도서관 이용률 문제라는 화제를 제시하고, 적극적인 도서 안내 방법에 대해 '좋은 방법이 없을까?'라고 하면서 추가적인 정보를 요청하고 있다.
③ 병은 500여 권이라는 구체적인 수치를 들어 '추리 소설이나 판타지 소설 같은 흥미를 끄는 책이 없다'라는 을의 의견에 반대하고 있다.
④ 정은 식당 게시판을 이용하자는 을의 의견과 책의 내용을 알려 주자는 병의 의견을 종합하여, 홈페이지에 식당 게시판에 있는 도서 목록과 흥미로운 책의 내용을 제시하자는 제3의 주장을 제시하고 있다.

38 정답 ④

출전 2023학년도 9월 고2 전국연합학력평가, 수정

해설 A가 요약 콘텐츠에는 내용의 과장과 비약이 있다고 언급하자, C는 그것은 요약 콘텐츠 제작자의 해석의 자유라고 반박하고 있다. 그러자 A는 C의 의견에 동의하면서도 요약 콘텐츠에 문제가 있다는 사실을 강조하고 있다. 따라서 A가 자신의 견해를 수정한 것은 아니다.

오답 풀이 ① A가 "한 작품을 요약하는 게 ~ 비약하는 부분이 생기잖아"라고 말하면서 대화의 흐름이 요약 콘텐츠의 장점에서 단점으로 전환되고 있다.
② A가 500쪽이 넘는 책을 10분 만에 요약해 준 요약 콘텐츠 덕분에 시간을 절약한 경험을 이야기하자, B는 '내가 본 기사에

서도 ~ 효율성이라고 했어'라고 말한다. 즉 B는 자신이 본 기사를 언급하며 A의 경험을 '요약 콘텐츠의 효율성'으로 정리하고 이를 통해 요약 콘텐츠의 의의를 강조하고 있다.
③ "대중문화 콘텐츠 ~ 어떤 연관이 있는 거야?"에서 C는 앞에서 B가 한 말 중 이해가 되지 않는 부분에 대해 추가로 설명해 줄 것을 요청하고 있다.

39 정답 ④

출전 2013학년도 11월 고2 전국연합학력평가, 수정

해설 민수와 지희는 '벽온선'에 대해 서로 다른 정보를 가지고 있다. 그런데 민수는 '넌 그 설명을 어디서 들었어?'라며 벽온선에 관해 지희가 한 이야기의 출처를 묻고 있다.

오답 풀이 ① 상대방의 말을 요약해서 정리하는 사람은 없다.
② '너네 혹시 ~ 부채 아니?', '그런데 넌 ~ 들었어?' 등에서 민수는 질문을 하고 있지만, 이를 통해 상대방이 자신의 말을 제대로 이해했는지 확인하는 것은 아니다.
③ 민수와 지희는 벽온선에 대해 서로 다르게 설명하고 있지만, 자신들의 설명이 더 타당하다며 서로 논박하지는 않는다.

40 정답 ③

출전 2005학년도 10월 고3 전국연합학력평가, 수정

해설 박 선생은 마지막 진술에서 자신의 경험을 사례로 들고 있다. 그러나 학교 폭력의 해결 방안으로 청소년들과의 깊은 유대의 필요성을 제안한 것이지, 다방면으로 해결 방안을 제안한 것은 아니다.

오답 풀이 ① 박 선생이 "물론 저도 ~ 동의합니다"에서 김 선생의 견해에 일부 동의하면서도 '학교 경찰 제도'와 같은 극단적인 대책이 학교 폭력에 대한 최선의 해결 방법인지 의문이라는 말을 덧붙이는 데에서 알 수 있다.
② 최 선생이 '학교 경찰 제도 도입과 관련한 설문 조사' 등의 객관적 수치를 언급하면서 학교 폭력의 해결 방안으로 '학교 경찰 제도'를 시행하는 것이 타당하다고 주장하는 데서 알 수 있다.
④ 최 선생은 '학교 경찰 제도'가 최선의 해결 방법인지 의문이라는 박 선생의 말에, 학교 폭력이 조직화된 오늘날에는 '학교 경찰 제도'와 같은 특단의 조치가 있어야 한다고 답변하면서 박 선생의 견해를 반박하고 있다.

41 정답 ④

출전 2019학년도 7월 고3 전국연합학력평가, 수정

해설 자신이 제안한 의견의 장점과 단점을 모두 언급하는 사람은 없다.

오답 풀이 ① 병은 홍보용 안내 게시물은 내용이 아닌 형식부터 정해야 한다고 주장한 뒤, "개최 시기 ~ 정해 보자"에서 내용부터 정하자고 자신의 입장을 바꾸고 있다.
② 병은 지난 '밤샘 독서' 행사 경험을, 을은 지난 번 행사 후 실시한 설문 조사 경험을 근거로 자신의 주장을 강조하고 있다.
③ 갑과 을은 홍보용 안내 게시물을 작성할 때 '형식'을 먼저 결정해야 하는지, '내용'을 먼저 결정해야 하는지에 관해 대립하고 있다. 이런 상황에서 병은 처음에는 형식부터 결정하자는 갑의 견해를, 마지막에는 내용부터 결정하는 을의 견해를 지지해 주고 있다.

42 정답 ②

출전 2018학년도 대학수학능력시험, 수정

해설 구체적 근거 없이 주장을 제시한 사람은 없다. B는 '허생의 아내는 가난한 형편 때문에 행복하지 않았으니까'를 근거

로 허생의 아내가 행복의 조건으로 외적 조건을 추구했다고 주장하고 있다. 또한 A는 '허생의 아내는 ~ 강요받고 있잖아'를, C는 〈허생의 처〉의 한 대목을 구체적 근거로 들어 허생의 아내가 추구하는 행복의 조건을 제시하고 있다.

오답 풀이 ① "맞아 ~ 느끼는 것 같아"에서 A는 허생의 아내가 부를 추구하는 사람이 아니라는 C의 의견을 수용하면서, 허생의 아내가 추구하는 행복의 조건에 관한 새로운 견해를 제시하고 있다. C도 '~ 허생의 아내는 가족 간의 소원한 관계도 ~'에서 A의 의견을 수용하고, 새로운 견해를 제시하고 있다.
③ "허생의 아내는 ~ 볼 수 있을까?"에서 C는 질문의 형식을 통해 허생의 아내가 부를 추구했다는 B의 견해에 반박하고 있다.
④ B는 "허생의 아내는 ~ 볼 수 있겠구나"에서 A와 C의 견해를 요약하여 재진술하고 있다.

43 정답 ③
출전 2014년도 국가공무원 민간경력자 일괄채용, 지문 발췌 및 수정
해설 정은 난자를 채취하는 것이 복잡하고 어려우며 위험을 감수해야 하는 일이라는 주장을 하고 있다. 이것은 난자 기증은 여러 가지 부담을 감수해야 하므로 난자 제공에 금전적 대가를 지불해야 한다는 병의 주장을 뒷받침하는 근거가 될 수 있다.

오답 풀이 ① 갑은 난자 기증이 상업적으로 이루어져서는 안 된다고 주장하고, 병은 난자를 제공할 때 금전적 대가를 제공해야 한다는 입장이다. 따라서 둘의 주장은 유사한 것이 아니라 서로 상반된다.
② 난자를 금전적 지불의 대상으로 만들어서는 안 된다는 면에서 갑과 을의 주장은 서로 유사하며, 병은 이 둘의 입장 모두를 지지하지 않는다.
④ 병은 불임 부부가 아기를 가질 기회를 박탈해서는 안 된다는 입장이지만, 정이 불임 부부를 어떻게 생각하고 있는지에 대한 내용은 제시문에 나오지 않는다. 또한 병과 정이 난자 기증이 가능한 젊은 여성들을 평가하는 내용도 나오지 않는다.

44 정답 ④
출전 2013학년도 3월 고2 전국연합학력평가
해설 2문단에 따르면, 제품의 특성은 시간이 지남에 따라 '감동적 욕구 → 정상적 욕구 → 기본적 욕구'를 충족시키는 대상으로 바뀐다. 기본적 욕구를 충족시킨 제품의 특성이 정상적 욕구, 감동적 욕구의 대상으로 변하는 것은 아니다.

오답 풀이 ① 2문단의, 기본적 욕구를 충족시키지 못하는 제품은 정상적 욕구를, 정상적 욕구를 충족시키지 못하면 감동적 욕구를 충족시킬 수 없다는 내용을 통해, 기본적 욕구를 충족시키지 못하는 제품은 고객의 감동적 욕구 또한 충족시킬 수 없다는 것을 알 수 있다.
② 식당에 단순히 끼니를 때우기 위해 들어간 상황에서, 음식 맛이 뛰어나 만족감을 느끼는 것은 고객이 기대하지 않았던 욕구가 충족된 것이므로 감동적 욕구에 해당한다.
③ 식당이 위생적인 것을 당연하다고 생각하는 것은 기본적 욕구에 해당한다. 이러한 기본적 욕구가 충족된다고 해서 고객이 감동을 느끼는 것은 아니다.

45 정답 ④
출전 신동흔 외, 고등학교 《국어 Ⅰ》 교과서, 동아출판
해설 가입하기 정책을 시행하면, 모든 국민은 자동적으로 장기 기증을 거부하는 상태가 되어 장기 기증을 하고 싶은 사람은 특별한 서류 절차를 밟아야 장기 기증자가 될 수 있다. 이로 인해 가입하기 정책을 시행하면 장기 기증 비율이 탈퇴하기 정책을 시행한 국가보다 낮아진다. 그러나 가입하기 정책을 시행했을 때, 장기 기증에 대한 의사(거부 혹은 가입 의지)가 어떻게 달라지는지는 추론할 수가 없다.

오답 풀이 ① 1문단에 따르면, 유럽 내에서도 나라 간 장기 기증 비율은 차이가 크다. 2문단 이후에서 정책에 따라 장기 기증 비율에 차이가 난다고 설명하고 있으므로, 정책 차이 때문에 유럽 내의 나라 간 장기 기증 비율에 차이가 날 수도 있다

고 추론할 수 있다.
② 탈퇴하기는 자동적으로 장기 기증자가 되어 장기 기증을 원치 않을 경우에는 탈퇴를 위한 서류 절차가 필요한 정책이다. 따라서 탈퇴하기 정책이 시행되었다면, 모든 사람은 자동으로 장기 기증자이므로 장기 기증을 거부하려는 사람은 특별한 서류 절차를 거쳐야 한다.
③ 탈퇴하기를 시행하는 국가에서는 모든 국민이 자동적으로 장기를 기증하는 사람이 되고, 가입하기 정책을 시행하는 국가에서는 모든 국민이 자동적으로 장기 기증을 거부하는 사람이 된다. 그리고 각각의 정책에서 장기 기증을 거부하거나 장기 기증에 동의하는 사람만 서류 절차를 거쳐야 한다. 이를 고려할 때, 탈퇴하기 정책을 시행하는 국가는 장기 기증 비율이 높고 가입하기 정책을 시행하는 국가는 장기 기증 비율이 낮다는 사실은, 탈퇴(장기 기증 거부)나 가입(장기 기증 동의)을 위한 서류 절차를 밟는 사람보다 밟지 않은 사람이 더 많아 자동적으로 설정된 상태를 유지하는 사람들이 많다는 것을 의미한다고 추론할 수 있다.

46 정답 ①

출전 2016학년도 국가공무원 5급 등, 지문 발췌

해설 A 계수는 A의 법칙 중에서 '음식비 지출 비중'만을 따로 떼어 낸 것으로, 소득 수준이 높을수록 낮아지고, 소득 수준이 낮을수록 높아지는 경향을 보인다. 즉 A 계수는 소득 수준과 반비례한다. 반면 B 계수는 가계 지출 중 자녀 교육비의 비중을 나타내는 수치로, 가계 소득이 하위 20%인 가구보다 상위 20%인 가구가 자녀 교육비의 비중이 높다. 즉 B 계수는 소득 수준과 비례한다. 따라서 가계 소득이 많아지면 높아지는 계수는 A 계수가 아니라 B 계수일 것이다.

오답 풀이 ② B 계수는 가계 지출 중 자녀 교육비의 비중을 나타내는 수치이다. 이를 설명하는 지난 1분기 가계 소득 분위별 교육비 지출액 통계를 고려할 때, 가계 소득이 낮은 가구보다 높은 가구가 자녀의 교육비에 돈을 많이 쓴다. 따라서 소득이 낮을수록 자녀에 대한 교육열이 높다고 추론할 수 없다.
③ A는 소득의 증가에 따른 5개 항목의 가계 지출 비중을 연구하였다. 각 항목은 소득 수준에 따라 다르게 나타나므로 전체 가계 지출이 소득의 높고 낮음과 관계가 없다고 추론할 수는 없다.
④ A의 법칙은 소득에 따른 가계 지출의 비중(음식비, 피복비, 주거비, 광열비, 문화비) 변화를 설명한다. 이 중 의식주에 관한 가계 지출 항목은 '음식비, 피복비, 주거비'가 있다. 그런데 '비중'이란 가계 지출에서 차지하는 각 가계 지출의 항목을 백분율로 표시한 것이므로 실제 사용 금액은 비교할 수 없다.

47 정답 ①

출전 2019년도 국가공무원 민간경력자 일괄채용, 지문 발췌 및 수정

해설 진리 중립성 논제에서는 올바른 문법 형식을 갖추면 정보의 자격을 갖는다. 그런데 진리성 논제에서는 올바른 문법 형식을 갖추면서 그것이 의미 있고 참인 자료여야 정보의 자격을 갖는다. 즉 진리성 논제에 적합한 정보가 되려면, 진리 중립성 논제에서 제시한 조건은 물론 다른 하나의 조건을 더 갖추어야 하는 것이다. 따라서 진리성 논제에 적합한 정보의 수보다 진리 중립성 논제에 적합한 정보의 수가 더 많을 것이다.

오답 풀이 ② '대한민국의 수도는 경기도이다'는 올바른 문법 형식을 갖췄으나 거짓인 자료이므로 진리 중립성 논제에서는 정보로, 진리성 논제에서는 정보가 아닌 것으로 볼 것이다.
③ 진리성 논제에서는 '올바른 문법 형식을 갖추면서 참인 자료'가 정보라고 했으므로 올바른 문법 형식을 갖추지 못한 자료는 정보가 아니다.
④ 플로리디는 전달된 자료를 정보라고 하려면 그 내용이 참이어야 한다고 주장한다. 따라서 '사실과 다른 자료를 정보라고 주장하는 사람'은 플로리디의 견해를 지지하지 않을 것이다.

48 정답 ③

출전 2023년도 국가공무원 민간경력자 일괄채용, 지문 발췌 및 수정

해설 1문단에, 끓인 콩비지가 다 식기 전에 콩물을 빼낸다는 내용이 있지만, 이것이 단백질을 보존하기 위해서라는 내용은 제시문에 나오지 않는다.

오답 풀이 ① 2문단의, 두부는 두유의 식물성 단백질을 응고시키는 것이며, 두유를 응고시키기 위해 쓰는 간수의 주성분은 염화 마그네슘이라는 내용에서 추론할 수 있다.
② 1문단의, 50여 년 전만 해도, 벼 베기가 끝나는 10월쯤 대두를 수확했다는 내용에서 알 수 있다.
④ 2문단의, 두유에 간수를 넣고 기다려 얻은 응고된 하얀 덩어리를 주머니에 옮겨 담고 눌러서 물을 제거해야 두부의 모양을 갖추게 된다는 내용에서 알 수 있다.

49 정답 ④

해설 쓴맛은 온도가 낮을수록 강하게 느껴진다고 했다. 따라서 가루약을 따뜻한 물과 함께 먹으면 찬물과 먹을 때보다 쓴맛을 낮출 수 있을 것이다.

오답 풀이 ① 짠맛은 온도가 높을 때에는 그다지 강하게 느껴지지 않지만, 온도가 낮을수록 강하게 느껴진다는 내용으로 보아, 짠맛을 느끼는 정도는 음식의 온도와 비례하지 않을 것이다.
② 단맛을 느끼는 것은 35℃보다 높거나 낮으면 큰 차이가 없다고 했으므로, 초콜릿을 뜨겁게 해서 먹는다고 단맛이 강해지지는 않을 것이다.
③ 신맛은 온도와 상관이 없다고 했으므로, 모든 미각이 음식의 온도 변화와 관련이 있는 것은 아니다.

50 정답 ③

출전 2011학년도 고려대학교 논술고사

해설 1문단을 보면, 동양인들은 대립되는 두 요소가 모든 사물 안에 동시에 존재하여 역동적인 조화 상태를 이룸으로써 서로를 완성시키고 보완하는 기능을 한다고 보았다. 그러나 대립되는 두 요소가 연결되어 하나의 통일된 의미를 도출한다는 내용은 나오지 않는다.

오답 풀이 ① 2문단의, 서양인들은 한 명제와 그 명제의 부정이 동시에 참일 수 없다고 사고하였다는 내용에서 알 수 있다.
② 마지막 문단의, 동양인들은 형식 논리상 모순이 되는 결론을 부정하는 것은 잘못된 판단으로 이어질 수 있다고 믿고 있으며, 반대인 것처럼 보이는 두 개념을 동시에 참이라고 받아들이는 것이 현명하다고 생각한다는 데서 알 수 있다.
④ 동양인들은, 우주는 끊임없이 변화하므로 대립, 역설, 변칙이 늘 발생한다는 점을 바탕으로 서로 대립되는 두 개념을 참이라고 받아들였다. 반면 서양인들은 상황이 변해도 달라지지 않는 일관성을 기본 원리로 하여 사고하였다.

51 정답 ②

출전 2014년 국가공무원 민간경력자 일괄채용, 지문 발췌

해설 수영 선수의 수영 기술은 장기 기억에 저장되어 있다. 마지막 문단에 따르면, 이처럼 기술에 관한 기억은 신경 세포들 간에 새로운 연결이 이루어지는 메커니즘을 통해 장기 기억이 된다. 이미 만들어진 신경 세포들의 연결을 통해 이루어지는 것은 단기 기억이다.

오답 풀이 ① 1문단에 따르면, 장기 기억뿐 아니라 단기 기억도 대뇌 피질에 기억된다.
③ 중고 거래 약속 장소를 기억하는 것은 단기 기억이다. 마지막 문단에 따르면, 단기 기억은 신경 세포 간 연결 신호의 강도가 상당 기간 증가된 상태로 이루어지는 장기 상승 작용 현상에 의해 이루어진다.
④ 운전 기술은 장기 기억에 해당한다. 해마는 기존의 장기 기억을 유지하거나 변형하는 부위는 아니므로 적절한 추론이다.

52 정답 ③

출전 2018년도 국가공무원 민간경력자 일괄채용, 지문 발췌 및 수정

해설 2문단의 '윤리적으로 허용되는 행위는 윤리적으로 그르지 않으면서 정당화 가능한 행위를 의미한다'와 배치된다. 즉 윤리적으로 그른 행위는 윤리적으로 허용되는 행위가 될 수 없다.

오답풀이 ① 윤리적 담론의 대상이 되는 행위에는 '해야 하는 행위, 하지 말아야 하는 행위, 권장되는 행위, 허용되는 행위'가 있다. 이 중에 '하지 말아야 하는 행위'에는 '윤리적으로 그름'이라는 가치 속성을 부여한다.
② 2문단에 따르면, 자선을 베푸는 것은 윤리적으로 권장되는 행위이므로, 독거 어르신들을 위한 무료 급식 봉사는 윤리적으로 권장되는 행위이다. 마지막 문단에 따르면, 윤리적으로 권장되는 행위는 윤리적으로 옳은 행위에 해당한다.
④ 2~마지막 문단에 따르면, 윤리적으로 해야 하는 행위는 윤리적으로 옳다. 하지만 윤리적으로 옳은 행위는 윤리적으로 해야 하는 행위 외에도 두 가지(권장되는 행위, 허용되는 행위)가 더 있으므로 윤리적으로 옳다고 해서 윤리적으로 해야 하는 행위인 것은 아니다.

53 정답 ③

출전 제레미 리프킨, 《공감의 시대》

해설 이전의 과학이 자연으로부터의 자율성을 강조했다는 내용이 있을 뿐, 자연을 자율성을 추구하는 존재로 보았다는 내용은 없다. 또한 자연을 합리적으로 활용할 수 있는 존재로 보았다는 것은 자연을 보호의 대상으로 본 ㉠과 어울리지 않는다.

오답풀이 ② 자연과의 제휴, 자연에 대한 합세, 자연에 대한 존중의 의무에서 추론 가능한 내용이다.
④ 이전의 과학이 자연을 분리·착취·절단·환원으로 설명하고자 했다면 새로운 과학은 참여·보충·통합·전체론을 특징으로 한다는 데에서 추론할 수 있다.

54 정답 ③

출전 고영근·남기심, 〈단어의 정립 기준〉

해설 1문단에 따르면, ㉢ '최현배 등'은, '가, 를'은 단어로 보지만 '었'과 같은 의존 형태소는 자립성이 없는 말에 붙기 때문에 단어로 보지 않았다. 따라서 ㉢은, 〈보기〉의 '네'는 단어로 보지만 '고'는 '하'와 같이 자립성이 없는 말에 붙기 때문에 단어로 보지 않을 것이다.

오답풀이 ① 1문단에 따르면, ㉠ '주시경 등'은 〈보기〉가 '강아지, 네, 마리, 가, 산책, 을, 하, 고, 있, 었다'의 10개의 단어로 이루어진 문장이라고 볼 것이다.
② 1문단에 따르면, ㉡ '정렬모와 이숭녕 등'은 어절을 단어로 보는 입장이었으므로 〈보기〉가 '강아지, 네, 마리가, 산책을, 하고, 있었다'의 6개의 단어로 이루어진 문장이라고 볼 것이다.
④ 마지막 문단에 따르면, ㉣ '현재 국어 문법'에서는 '마리'와 '가'를 단어로 볼 것이다. 그러나 '마리'는 자립성을 지녔지만, '가'는 자립성을 지닌 것이 아니라 분리성을 지녔기 때문에 단어라고 판단할 것이다.

55 정답 ③

출전 이수연 등, 〈기후 변화에 따른 한국꼬리치레도롱뇽의 분포 예측에 대한 연구〉, 《한국환경생태학회지》(2023), 수정

해설 피부 호흡, 귀소성, 제한된 이동성 등의 특성을 보이는 양서류가 기후 변화로 인해 생존에 많은 피해를 받는다는 내용에서 추론할 수 있다.

오답풀이 ① 기후 변화가 더욱 커지면 양서류가 멸종될 위험이 있다는 것을 원인과 결과를 서로 바꾸어 말한 것이므로 적절하지 않다.

② 도롱뇽과에 속한 종들이 다른 분류군들에 비해 낮은 이동성을 지녔다는 사실은 알 수 있지만, 동물 중에서 이동성이 가장 떨어지는지는 추론할 수 없다.
④ 도롱뇽은 기후 변화에 매우 취약하므로 도롱뇽 서식지에서 도롱뇽이 사라졌다면 기후 변화가 일어난 것으로 추론할 수 있다. 하지만 도롱뇽이 사라진 서식지에서 다른 동물도 볼 수 없는지는 추론할 수 없다.

56 정답 ①

출전 2017학년도 대학수학능력시험

해설 논리학 지식은 중심부 지식이다. 그런데 '주변부 지식과 달리 주변부 지식의 토대가 되는 중심부 지식은 상대적으로 견고하다'라는 진술이 있다. 따라서 논리학 지식은 절대적으로 견고한 것이 아니라 상대적으로 견고한 것이다.

오답 풀이 ② 주변부 지식과 중심부 지식은 모두 수정의 대상이 될 수 있다. 따라서 중심부 지식인 수학적 지식도 수정의 대상이 될 수 있다.
③ 수학적 지식은 중심부 지식의 한가운데에 있어서 경험에서 가장 멀리 떨어져 있지만 그렇다고 경험과 무관한 것은 아니라는 진술에서 알 수 있다.
④ 주변부 지식을 수정하면 전체 지식의 변화가 크지 않지만 중심부 지식을 수정하면 관련된 다른 지식이 많기 때문에 전체 지식도 크게 변화하게 된다는 진술에서 알 수 있다.

57 정답 ③

출전 한국민족문화대백과사전 〈상춘곡〉, 수정

해설 ㉠은 〈상춘곡〉이 정극인 작이 아니라는 증거가 없는 한 정극인을 〈상춘곡〉의 작자로 봐야 한다는 견해이고, ㉡은 〈상춘곡〉의 내용 등을 근거로 〈상춘곡〉의 작자를 정극인으로 보는 견해이다. 따라서 새로운 자료가 추가 발견되지 않는 한 ㉠과 ㉡은 모두 정극인이 〈상춘곡〉의 작자라고 주장할 것이다.

오답 풀이 ① 〈상춘곡〉의 작자가 정극인이 아니라는 게 밝혀지더라도 〈상춘곡〉의 제작 시기와 작자에 대한 의문은 계속 남기 때문에 그와 관련된 학계의 논란은 없어지는 것이 아니라 지속될 것이다.
② 〈상춘곡〉의 형식이 너무 정제되어 있다는 사실은 〈상춘곡〉이 가사 작품의 효시라는 점에 의문을 남긴다. 따라서 〈상춘곡〉보다 형식적으로 더 정제되어 있는 작품이 발굴된다고 해서 그 작품이 가사 문학의 효시가 되는 것은 아니다.
④ 〈상춘곡〉에 나타난 언어적 표현이 조선 초기 자료에도 사용된 것이 밝혀진다면 〈상춘곡〉은 조선 초기 작품일 가능성이 높아진다. 그렇다 하더라도 '구사된 시어들이 정극인의 다른 시문에서는 찾아볼 수 없음, 〈상춘곡〉의 사상과 정극인의 사상과는 일치하지 않음' 등의 의문이 존재하므로 〈상춘곡〉의 작자가 정극인으로 확정된다고 보기는 어렵다.

58 정답 ③

출전 허일태, 〈성범죄자 전자 팔찌 착용 논란〉, 《더중앙》(2007. 10. 23.)

해설 ㉡ 롬브로소는, 범죄인은 범죄 소질을 선천적으로 타고난다는 '생래적 범죄인설'을 주장한다. 정상인과 범죄자의 동일한 두개골 부위를 측정했을 때, 범죄자만 나타나는 유전적 특징이 있다는 것은 범죄인은 유전적(선천적)으로 타고난다는 것이므로 롬브로소의 견해를 강화한다.
㉢ '까마귀 노는 곳에 백로야 가지 마라'는 나쁜 짓을 저지르는 무리에 끼어 있으면 나쁜 짓을 하게 된다는 것이므로 범죄의 환경을 중시하는 말이다. 따라서 범죄의 원인을 사회적 환경과 구조에서 찾는 뒤르켐의 견해를 강화한다.

오답 풀이 ㉠ 인간이 범죄 또는 범죄 이외의 방법을 선택한다는 것은 인간이 범죄를 저지르고 안 저지르는 것을 자유 의지로 선택한다는 의미이므로 베카리아의 견해를 약화하지 않고 강화한다.

59 정답 ①

출전 2012년도 국가공무원 민간경력자 일괄채용, 지문 발췌 및 수정

해설 ⓒ 일부 사람에게는 독성이 나타나더라도 이에 내성이 있는 사람에게는 투여 가능한 경우도 있다는 이 글의 견해와 부합하므로, ⓒ은 이 글의 견해를 강화한다.

오답 풀이 ㉠ 제시문에서는 동물 실험을 통해 신약의 효능이나 독성 검사를 하는 것이 의미가 없을 수 있으며, 동물 실험을 통해 독성이 발견된 약품이라도 사람에게는 독성이 나타나지 않는 등의 이유로 다시 재조명할 필요가 있다고 말하고 있다. 개인적 신념, 즉 동물 인권 보호 등 때문에 'cruelty free' 화장품을 사용하는 사람들이 늘고 있는 현상은 이와는 무관하므로 이 글의 견해를 강화하지도, 약화하지도 않는다.
ⓒ 동물에게 안전하면 사람에게도 안전하다는 견해는 이 글의 견해를 반박하여 약화한다.

60 정답 ②

출전 2021년도 국가공무원 5급 등, 지문 발췌 및 수정

해설 ㉯ 전기 구석기 시대의 인류가 형식적 조작기에 도달했음을 보여 주는 도구는 주먹 도끼이다. ㉠은 동아시아와 달리 유럽이나 아프리카에서 주먹 도끼가 발굴된다는 것을 근거로 들고 있으므로 주먹 도끼가 동아시아에서 추가 발굴된다면 ㉠은 약화된다.

오답 풀이 ㉮ ㉠은 인도 동부의 서쪽은 주먹 도끼 문화권으로, 동쪽은 찍개 문화권으로 구분하고 동쪽 지역인 동아시아는 서쪽 지역보다 인류의 지적·문화적 발전 속도가 뒤떨어진다고 주장한다. 그동안 동아시아에서 좌우 대칭 형태의 타원형 석기, 즉 주먹 도끼는 발견되지 않았다. 하지만 동아시아 국가에서 주먹 도끼가 전기 구석기 시대의 유적으로 확증된다면 ㉠은 강화되는 것이 아니라, 약화된다.
㉰ ㉠은 주먹 도끼 발견을 기준으로 모비우스 라인의 동쪽 지역이 서쪽 지역의 지적·문화적 발전 속도보다 뒤떨어진다고 주장한다. 찍개와 주먹 도끼를 만들어 사용한 인류의 수적인 비교는 ㉠의 주장과 무관하므로 ㉠을 강화하지도 약화하지도 않는다.

61 정답 ②

출전 2017년도 국가공무원 민간경력자 일괄채용, 지문 발췌

해설 ㉰ 700~704년 경 신라에서 제작된 문서들의 종이 질과 다라니경의 종이 질이 같다는 것은 그 시기에 다라니경이 제작되었다는 것을 의미하므로 ㉠을 강화한다.

오답 풀이 ㉮ 2문단에 따르면, 다라니경이 발견된 석가탑은 불국사가 완공된 751년 전에 축조되었을 것이다. 또한 다라니경에는 측천무후가 만들어 즉위 시기에만 사용한 한자가 포함되어 있었는데, 측천무후의 즉위 시기는 690~705년이다. 따라서 다라니경은 측천무후가 죽은 해인 705년 이전에 인쇄되었을 것이라는 연구 결과는 ㉠을 강화하지 않는 것이 아니라, 강화한다.
㉯ 2문단에서 ㉠의 근거로, 측천무후가 만든 한자들이 측천무후의 사후에 사용된 적이 없다는 점을 들고 있다. 따라서 ㉯의 역사적 사료는 ㉠을 약화하는 것이 아니라 강화한다.

62 정답 ②

출전 2014년도 국가공무원 민간경력자 일괄채용, 지문 발췌 및 수정

해설 ⓒ 2문단에 따르면, 고대 사회는 연간 필요 소비량에 맞먹는 잉여 식량을 생산할 정도로 풍족했다. 따라서 고대 사회에서 잉여 식량을 축제로 해소할 정도로 식량이 풍족했다는 것은 이 글의 견해를 강화한다.

오답 풀이 ㉠ 2문단에 따르면, 고대 사회가 생계 경제 사회였다는 사실은 오해이다. 또한 생계 경제 체제는 구성원들이 겨우 먹고살 수 있는 정도의 식량만을 확보한, 가난한 사회이므로 이를 통해 '잉여 식량을 생산할 수 있었을 것'이라고 추론하는 것은 적절하지 않다.

㉡ 2문단의, 생계 경제라는 개념이 산업 국가들의 저발전 세계에 대한 전략의 방향을 잡는 데 기여했다는 사실은 두렵기까지 했다는 내용으로 보아, 유럽의 산업 국가들에 의해 아프리카의 생활 여건이 개선되었다는 것은 이 글의 견해를 약화할 것이다.

63 **정답** ④

출전 2024학년도 대학수학능력시험

해설 ㉠ '다수 의견'은 선거 방송 토론회의 초청 대상자를 한정하는 규정은 합리적이라고 보고, ㉡ '소수 의견'은 차별적 침해라고 본다. 선거 방송 토론회에 참여한 이후 초청 대상자들의 지지율이 모두 상승했다는 사실은 선거 방송 토론회가 매우 효과적인 선거 운동의 기회라는 것이다. 초청 대상자에 참여하지 못한 후보자는 이러한 선거 운동의 기회를 박탈당한 것이므로 ㉡의 견해를 강화한다.

오답 풀이 ① ㉠은 선거 방송 토론회가 필요하다는 입장이면서, 토론회 초청 대상자를 한정해야 한다는 입장이다. 따라서 ①은 ㉠의 견해를 강화한다.

② ㉠은 선거 방송 토론회의 초청 대상자를 한정하는 규정은 합리적이라고 본다. 그런데 유권자들이 선거 방송 토론회에서 모든 후보자들을 보고 싶다는 것은 ㉠의 견해와 배치되므로 ㉠의 견해를 약화한다.

③ ㉡은 초청 대상 후보자 토론회에 참여하지 못한 후보자를 차별적으로 인식하게 만든다는 점을 들어 초청 대상자를 한정하는 규정이 차별적 침해라고 본다. 따라서 선거 방송 토론회에 참여하지 못한 후보자를 유권자들이 '정치 역량 부족'으로 인식한다는 사실은 ㉡의 견해를 강화한다.

64 **정답** ③

출전 2015년도 법학적성시험, 지문 발췌

해설 ㉡ B는 유물의 변이형에 관심을 집중해야 한다는 입장이므로, 단검의 다양한 변이형에 주목해야 한다는 주장은 B를 강화할 것이다.

㉢ A는 유물의 공통적인 속성인 유형이 중요하고, 개별 유물 간의 차이인 변이는 중요하지 않다는 입장이다. 반면 B는 유형이란 언제든지 바뀔 수 있으며, 변이가 중요하다는 입장이다. 따라서 유물의 특정 속성보다 변이의 역동성이 중요하다는 주장은 A를 약화하고, B를 강화한다.

오답 풀이 ㉠ 다양한 문화권에 동일하거나 유사한 무덤 형식이 반복적으로 나타난다는 사실은 유물의 본질적인 특징이 있다는 것을 의미한다. A는 여러 유물 가운데 특정한 하나의 형식을 공통으로 한 유형이 있다는 입장이기 때문에 ㉠의 사실은 A를 약화하는 것이 아니라 강화한다.

65 **정답** ②

출전 2022년도 법학적성시험, 지문 발췌

해설 ㉠ A는 미래 기술 변화로 인해 일자리를 통한 소득 기회의 감소를 근거로 기본 소득 제도를 도입해야 한다고 주장하고 있다. 따라서 4차 산업 혁명으로 일자리가 결과적으로 늘어난다면 A의 견해는 약화된다.

㉢ C는 기존 복지 제도를 정리하고 기본 소득을 제공하면 양극화가 완화된다고 주장한다. 반면 D는 기존 복지 제도를 강화하는 것이 양극화 문제에 더 효과적이라고 주장한다. 따라서 기존 복지 제도가 양극화 해소에 긍정적이라는 통계 자료를 제시하면, 기존 복지 제도를 정리해야 한다는 C의 견해는 약화되고, 기존 복지 제도를 강조한 D의 견해는 강화된다.

오답 풀이 ㉡ B는 기본 소득 제도가 사각지대 해소에 실효성이 없다고 주장한다. 현재 사회 복지 시스템에 사각지대가 없어지는 것은 B의 견해와 무관하므로 B의 견해가 약화되지 않는다.

66 정답 ④

출전 2017년도 국가공무원 5급 등, 지문 발췌 및 수정

오답 풀이 ㉠ 다수를 살리기 위해 피치 못할 죽음이 발생한 것이므로 민간인들의 무고한 희생 자체를 의도한 것은 아니다. 이러한 행위에 대해 글쓴이는 도덕적으로 허용될 수도 있다고 말했으므로 ㉠은 글쓴이의 견해를 강화하는 것이 아니라 약화한다.
㉡ 개인적인 이기심으로 일어난 행위이며, 타인의 희생을 결과적으로 의도한 행위도 아니고, 다수에게 이득이 되는 행위도 아니다. 따라서 ㉡은 글쓴이의 견해를 약화하지도 강화하지도 않는다.
㉢ 전 국민적인 피해를 막기 위한 행위이지만 소도시 B 노인들의 희생을 결과로서 의도하고 있으므로 글쓴이의 견해를 강화하지 않는 것이 아니라 강화한다.

67 정답 ②

출전 2012학년도 9월 고2 전국연합학력평가, 수정

해설 ㉠은 '하나의 기표와 복수의 기의를 복합적으로 결합하는 동음이의 현상', '유사한 청각 영상의 연상을 활용하여 이중의 의미를 표현하는 동음이의 현상', '하나의 문장이나 어구에 동일한 청각 영상을 반복하여 특정한 낱말에 새로운 의미를 부가하거나 작품 전체의 분위기를 일정한 방향으로 이끄는 동음이의 현상'으로 구분된다. '노래 삼긴 사룸 시름도 하도 할샤(노래를 처음으로 만든 사람은 시름도 많기도 많았겠구나)'에는 ㉠이 나타나지 않는다.

오답 풀이 ① 어원적으로 연관성이 없는 '밤[夜]'과 '밤[栗]'을 사용하여 하나의 기표와 복수의 기의를 복합적으로 결합하고 있다.
③ '매미-맵다', '쓰르라미-쓰다'에서 유사한 청각 영상의 연상이 나타난다.
④ '물'이라는 동일한 청각 영상을 반복하여 '물 쓰듯'에 '(사람이나 돈이나 물건을) 마구 헤프게 쓰다'라는 새로운 의미를 부가하고 있다.

68 정답 ④

출전 강현식, 《꼭 알고 싶은 심리학의 모든 것》

해설 대립 과정 이론에 따르면, 상태 A는 외부 자극을 반복해도 증가하지 않지만, 상태 B는 상태 B를 반복하면 증강되고, 상태 A의 강도를 감소시킨다. 번지점프로 공포감을 느꼈다가 즐거움을 느낀 사람이 번지점프와 같은 외부 자극을 반복하면, 번지점프로 인한 공포감(상태 A)의 강도는 변하지 않다가 즐거움(상태 B)의 강도가 증가하면서 결국은 감소하게 된다.

오답 풀이 ① 일탈 행동 후 죄책감을 느낀 사람이 일탈 행동을 반복하는 것에 대해 대립 과정 이론은 외부 자극(일탈 행동)으로 죄책감이 일어난 후에 이와 상반된 반응(쾌감 등)이 일어났기 때문이라고 설명할 수 있다.
② 마지막 부분에 따르면, 약물 섭취로 처음 만들어지는 긍정적 반응은 쾌감(상태 A)이고 나중에 만들어지는 부정적 반응은 불쾌감(상태 B)이다. 그런데 상태 A를 만드는 외부 자극을 반복해도 상태 A의 강도에는 아무런 영향이 없다. 상태 B를 반복하면 상태 B는 증강되고 상태 A의 강도는 감소된다. 따라서 약물 섭취(외부 자극)를 반복할수록 쾌감 후 나타나는 불쾌감은 증강되고, 이로 인해 쾌감은 줄어든다고 추론할 수 있다.
③ 외부 자극에 의해 처음 만들어지는 반응(상태 A)은 외부 자극이 사라지면 재빨리 사라지지만, 그 후에 만들어지는 반응(상태 B)은 천천히 감소하며, 상태 A가 제거되어도 어느 정도 지속된다. 따라서 큰 프로젝트를 성공한 이후의 상태 A는 기쁨이고, 상태 B는 허무함이므로 기쁨보다 허무함이 더 오래 남는다고 추론할 수 있다.

69 정답 ②

출전 2010학년도 6월 고2 전국연합학력평가, 수정

해설 비싼 7성급 호텔에 묵는다는 것은 '시설이 좋은 호텔에 숙박한다'라는 접근 요인과 '비싸다'라는 회피 요인이 있다. 또한 싼 도미토리에 묵는 것은 '싸다'라는 접근 요인과 '공용 룸을 사용해야 한다'라는 회피 요인이 있다. 따라서 ②는 ㉠ '이중 접근 – 회피' 갈등의 사례로 적절하다.

오답 풀이 ① 접근 – 회피 갈등의 사례이다.
③ 접근 – 접근 갈등의 사례이다.
④ 회피 – 회피 갈등의 사례이다.

70 정답 ③

출전 2023학년도 11월 고2 전국연합학력평가

해설 ㉠ 앞뒤 내용은 모두 행정 기관으로부터 건축물 허가를 받는 사례를 통해 행정 기관의 선행 조치를 설명한 것이다. 건축물 허가 과정이 연속적으로 이어지는 자리이므로 '또한, 그리고'가 들어가야 적절하다.
㉡ 앞에는 국민에게 신뢰를 주는 행정 기관의 선행 조치가, 뒤에는 행정 기관의 선행 조치가 국민의 권익을 침해할 수 있다는 설명이 제시되어 있다. 앞뒤 내용이 상반되므로 '그러나, 그런데'가 들어가야 적절하다.
㉢ 앞의 내용은 '신뢰 보호 원칙'이 나타나게 된 근거(선행 조치의 법적 하자로 국민의 권익이 침해당할 수 있음.)이므로 '그래서, 따라서'가 들어가야 적절하다.

71 정답 ①

출전 2019년도 국가공무원 민간경력자 일괄채용, 지문 발췌

해설 ㉠ 인간은 복잡한 전체이며, 그것을 구성하고 있는 하위 체계들은 밀접하게 연관되어 있으므로 그중 일부라도 인위적으로 변경하면 전체의 통일성이 무너진다는 문맥이다. 따라서 인과 관계를 이어 주는 '따라서, 그래서'가 들어가야 적절하다.
㉡ 인간을 향상되게 만들려는 시도를 하는 사람들은 잘못 선택된 특성들을 개선하려고 하는데, 인간의 좋은 특성과 나쁜 특성은 구분되는 것이 아니라 서로 밀접하게 연결되어 있다는 문맥이다. 따라서 상반된 내용을 이어 주는 '그러나, 하지만'이 들어가야 적절하다.
㉢ 인간 본성의 예를 드는 내용이 이어지므로 '예를 들어, 가령'이 들어가야 적절하다.
㉣ 앞의 내용을 반복하여 강조하는 문맥이므로 '즉, 다시 말해'가 들어가야 적절하다.

72 정답 ④

출전 2010년도 법학적성시험, 지문 발췌 및 수정

해설 회슬레의 철학 장르론에 따르면, 철학적 진술들은 세 가지 방식을 통해 전개될 수 있는데, 객관성의 장르는 문제의 주제를 전면에 내세워 다루는 방식이고, 주관성의 장르는 주제에 대한 자신의 내면적 사유의 흐름을 기술하는 방식이다. 간주관성의 장르는 문제를 둘러싼 여러 주장들을 직접 대결시켜 보는 방식이다.
㉠ 데카르트의 《성찰》을 통해 독자가 '저자의 사유 과정'을 확인할 수 있다는 점에서 '주관성의 장르'가 들어가야 함을 알 수 있다.
㉡ 《논리학》에서 헤겔은 자신에 관한 말하지 않고, 철저히 개념들의 논리적 규정 등을 기술했다. 이는 객관적 대상을 전면에 내세워 다뤘다는 것이므로 '객관성의 장르'가 들어가야 적절하다.

ⓒ 《국가》의 대화편은 저자인 플라톤과 타인이 각각 주체로 등장하며 이들 간의 대립 및 친화 관계가 나타난다. 이는 문제를 둘러싼 여러 주장들을 직접 대결시켜 보는 방식과 관련이 있으므로 '간주관성의 장르'가 들어가야 적절하다.

73 정답 ③

출전 2021년도 국가공무원 5급 등, 지문 발췌 및 수정

해설 ㉠ 미술 작품을 공공장소에 설치하여 공중이 미술 작품을 접하기 쉽게 한 것이라는 내용에서 '공공장소 속의 미술'이 들어감을 알 수 있다.
ⓒ 공공장소에 설치한 미술 작품이 벤치, 테이블 등과 같은 공공 편의 시설물을 대신한다는 내용에서 미술 작품 자체가 공용 공간이 되었다는 사실을 알 수 있다. 따라서 '공공 공간으로서의 미술'이 들어가야 적절하다.
ⓒ 사회 정의와 공동체의 통합을 추구하는 활동, 공공 공간을 위한 미술이라기보다는 공공적 쟁점에 주목하는 미술이라는 내용에서 '공적인 관심을 증진하는 미술'이 들어감을 알 수 있다.

74 정답 ①

출전 2018년도 국가공무원 5급 등, 지문 발췌

해설 ㉠·ⓒ 선조체 손상을 입으면 헌팅턴 무도병에 걸리고, 흑색질에 손상을 입으면 파킨슨병에 걸린다고 했다. 그런데 헌팅턴 무도병은 신체 운동을 억제하지 못하게 되는 병이고, 파킨슨병은 신체 운동이 잘 이루어지지 않게 되는 병이다. 따라서 신체 운동을 억제하는 것은 선조체(㉠)이며, 신체 운동을 유발하는 것은 흑색질(ⓒ)임을 알 수 있다.
ⓒ·ⓔ 흑색질은 신체 운동을 유발하는 부위이다. 따라서 흑색질의 기능을 향상시키는 약을 쓰면 신체 운동이 잘 이루어지지 않는 병인 파킨슨병의(ⓒ) 증세가 완화될 것이며, 흑색질의 기능을 억제하는 약을 쓰면 신체 운동이 억제되지 않는 병인 헌팅턴 무도병의(ⓔ) 증세가 완화될 것이다.

75 정답 ④

출전 2017년도 국가공무원 5급 등, 지문 발췌

해설 ㉠에는 등척 수축의 개념이 들어가야 하는데, '반면에'를 고려하면 등척 수축은 앞에서 설명한 등장 수축과 상반되는 뜻을 가지고 있다는 것을 알 수 있다. 또한 ㉠ 뒤의 아령 운동의 예에서, 이두근 근육 섬유는 끊임없이 수축하고 있지만 전체 근육의 길이가 변하지 않기 때문에 등척 수축을 하는 것이라고 설명하고 있다. 따라서 등척 수축은 근육 섬유가 수축함에도 불구하고 전체 근육의 길이가 변하지 않는 것임을 알 수 있다.

오답 풀이 ① 등척 수축은 탄력 섬유가 늘어나는 수축이지만, 근육 섬유가 이완할 때가 아니라 수축할 때 일어난다.
③ 등척 수축이 일어날 때 탄력 섬유는 변하지 않는 것이 아니라 늘어난다.

76 정답 ②

출전 노리나 허츠, 〈디지털 슬롯머신〉, 《고립의 시대》, 수정

해설 ( ) 앞에 소셜 미디어를 통해 지금 자신이 사는 지역에서는 만나지 못하는 이들과 연락하는 경우들이 나열되어 있다. 따라서 소셜 미디어는 일부 사람들에게 소셜 미디어가 아니었다면 만나지 못했을 공동체를 제공함을 알 수 있다.

오답 풀이 ① 소셜 미디어로 다른 사람들과 소통할 수도 있다는 내용은 나오지만, 이로 인해 디지털 중독 문제가 해결된다는 내용은 찾을 수 없다.
③ 직접 만나서 하는 대화보다 가상 대화가 더 나은 사람들이 일부 있다는 것으로 온라인상의 대화가 대면 대화보다 관계 형

성에 효과적이라고 일반화해서 말할 수는 없다.

77 정답 ③

출전 2012학년도 3월 고2 전국연합학력평가, 수정

해설 관세는 '수입 상품에 세금 부과 → 수입 상품의 국내 가격 상승 → 수요 감소 → 수입량 감소'의 과정을 통해 수입품 소비를 억제한다. 또한 수입 수량 할당은 '수입 수량 제한 → 수입량 감소 → (수요에 비해) 공급 부족 → 수입 상품의 국내 가격 상승 → 수요 감소'의 과정을 통해 수입품 소비를 억제한다. 따라서 관세와 수입 수량 할당의 공통점인 ㉠에는 '수입 상품의 국내 가격 상승을 통해 수입 상품에 대한 소비를 억제하는 효과를 불러일으킨다'가 들어가야 적절하다.

오답 풀이 ① 수입량을 줄여 소비자들의 수요량을 감소시킴으로써 자국의 산업을 보호하고 육성하는 것은 수입 수량 할당에만 해당한다.
② '공급량 증가'는 관세와 수입 수량 할당에 모두 해당하지 않는다.
④ 관세를 부과하는 방법에만 해당하고, 수입 수량 할당과는 무관한 내용이다.

78 정답 ①

출전 2015년도 국가공무원 민간경력자 일괄채용, 지문 발췌 및 수정

해설 '기적이 일어났다는 증언을 신뢰해서는 안 된다'라는 결론은 '어떤 사람이 거짓 증언을 할 확률이 그 증언 내용이 실제로 일어날 확률보다 작은 경우에만 증언은 신뢰할 수 있다'라는 원칙을 적용해 도출한 것이다. 즉 증언하는 사람이 거짓말을 할 확률이 증언 내용이 실제로 일어날 확률보다 낮아야 증언은 신뢰할 수 있다. 그런데 증언하는 사람은 이따금 거짓을 말할 수 있고, 기적은 아직까지 한 번도 일어나지 않은 사건이다. 따라서 기적이 일어날 확률은 신뢰할 만한 사람이 거짓 증언을 할 확률보다 낮으므로 원칙이 성립하지 않는다.

오답 풀이 ② 기적은 아직까지 한 번도 일어나지 않은 사건이므로 기적이 일어날 확률은 0이다. 따라서 증언하는 사람이 아무리 신뢰할 만하더라도 그가 거짓말할 확률이 기적이 일어날 확률보다 낮을 수 없다.
③·④ ( )는 '증언하는 사람이 거짓 증언할 확률'과 '증언 내용이 실제로 일어날 확률'의 발생 확률을 비교한 원칙을 적용해 도출한 것이므로 '기적이 일어날 확률' 혹은 '증언하는 사람의 거짓말'만 따진 것은 ( ) 안의 내용으로 적절하지 않다.

79 정답 ③

출전 최일도 외, 〈광고 음악의 음계 변화가 인지력에 미치는 영향: 음계 변화에 따른 뇌파 측정 실험 결과를 중심으로〉, 《광고학연구》, 수정

해설 ㉠ 1문단에 따르면, α파가 나타나는 상황에서 두뇌 활동이 집중되거나 정서적 자극이 가해지면 진폭이나 주파수의 변화 혹은 β파, θ파 등이 발생한다. 이때 외부로부터의 자극이 비호의적 자극이면 θ파가, 긴장하거나 예민한 상태면 β파가 발생한다. α파의 활동 범위가 넓어지려면 β파, θ파가 발생하지 않아야 한다. 따라서 β파와 θ파의 발생 조건과 반대로 '호의적인 것이든지 안정적인 정서를 유도하는' 외부 자극이 있으면 α파의 활동 범위가 넓어질 것이다.
㉡·㉢ 1문단에 따르면, 비호의적인 외부 자극을 받으면 θ파가, 정신적으로 긴장할 때 β파가 발생한다. 따라서 화음에 의한 자극 역시, 화음이 맞지 않는 불협화음의 음악이 제시된다면 'β파나 θ파'가 발생할 것이다. 반대로 협화음이 제시된다면 'α파'가 발생할 것이다.

80 정답 ①

출전 2015학년도 경희대학교 모의 논술(의학), 수정

해설 가정적 조건문인 'p이면 q이다'에서 전건(p)과 후건(q)을 각각 충분조건과 필요조건이라고 부른다. 즉 q가 성립하기 위해서 p가 아닌 다른 조건을 더 필요로 하지 않고 p가 성립하는 것으로 충분할 때, p를 q이기 위한 충분조건이라고 한다. 또한 q가 성립한다고 해서 p가 반드시 성립하는 것은 아니지만 p가 성립하기 위해서는 적어도 q가 반드시 성립할 필요가 있을 때, q를 p이기 위한 필요조건이라고 한다.

㉠ '결과로부터 원인을 추론할 수는 있지만 그 역은 불가능' 경우를 설명하는 내용이 들어가야 한다. '폐결핵에 걸렸다면 ~ 나타난다고 볼 수는 없다'에 따르면, 폐결핵 균(원인)은 폐결핵(결과)을 일으키는 조건이고, 폐결핵 균만 있다고 해서 폐결핵 증상이 나타나는 것은 아니므로 ㉠에는 '필요조건이지만 충분조건은 아닌 경우'가 들어가야 한다.

㉡ "많은 사람들이 ~ 흡연 경험이 있는 것은 아니다"에 따르면, 흡연을 해도 폐암에 걸리지 않은 사람들이 있으므로 흡연은 폐암의 충분조건이 아니다. 또한 폐암에 걸린 사람이라고 다 흡연 경험이 있는 것은 아니므로 흡연은 폐암의 필요조건이 아니다. 따라서 ㉡에는 '필요조건도, 충분조건도 아닌 경우'가 들어가야 한다.

81 **정답** ②

출전 2020년도 국가공무원 민간경력자 일괄채용, 지문 발췌

해설 알고리즘은 여러 가지 결점이 있지만 완벽해야 할 필요는 없으며 마찬가지로 결점이 많은 우리 인간보다 평균적으로 낫기만 하면 된다는 것이 글쓴이의 견해이다. 따라서 (   )에는 다른 모든 정치 체제보다는 민주주의가 낫다는 의미와 호응을 이루는 ②가 들어가야 적절하다.

오답 풀이 ①·③ 더 이상적인 체제를 찾아야 한다거나, 알고리즘의 새로운 결점이 발견될 것이라는 내용은 제시문에 나오지 않는다.
④ 알고리즘이 완벽할 필요는 없다는 글쓴이의 견해와 배치된다.

82 **정답** ④

출전 2018년도 국가공무원 5급 등, 지문 발췌 및 수정

해설 어미에게 많이 핥인 새끼는 그렇지 못한 새끼에 비해 NGF 수치가 더 높고, GR의 수가 더 많다. 그리고 GR이 많으면 코르티솔 민감성이 낮아진다. 따라서 어미에게 많이 핥인 새끼는 그렇지 않은 새끼에 비해 NGF 수치는 높지만, 코르티솔 민감성 수치는 낮다.

오답 풀이 ① 많이 안 핥아 주는 친어미에게서 새끼를 떼어 내 많이 핥아 주는 양어미에게 두어 핥게 하면 새끼의 스트레스 반응 정도는 양어미의 새끼 수준과 비슷해진다. 이는 어미의 '핥음'과 같은 후천적인 요소에 따라 GR 유전자가 발현하여 새끼 쥐의 스트레스 반응 정도를 바꾼 것이므로 연구 팀은 '후천적인 요소가 유전자의 발현에 영향을 미칠 수 있다'라는 결론을 내릴 수 있다.
② NGF 수치가 높아지면 GR 유전자가 발현해 GR의 수가 많아진다. GR이 많으면 코르티솔 민감성이 낮아져 스트레스에 무디게 반응한다. 따라서 NGF 수치는 GR의 수와 정비례 관계이고, 스트레스 반응과 반비례 관계이다.
③ GR이 많으면 스트레스에 무디게 반응한다. 그리고 어미에게 많이 핥인 새끼는 그렇지 않은 새끼보다 GR들이 더 많이 생기며, GR의 수는 성체가 되어도 크게 바뀌지 않는다. 이는 어렸을 적 어미의 돌봄을 받아 생겨난 GR이 성인 때도 유지되어 스트레스에 반응을 덜 하게끔 해 준다는 것이므로 (   )에 들어갈 결론으로 적절하다.

83 **정답** ②

출전 2013년도 국가공무원 5급 등, 지문 발췌

해설 1문단에 따르면, 천재성은 '천재적^{1}인 지적 능력'과 '천재적^{2}인 과학적 업적'이라는 두 가지 의미로 구분된다. 그런데 2문단에 따르면, 천재적^{1}인 지적 능력을 가진 사람이 모두 천재적^{2}인 과학적 업적을 낼 수 있는 것이 아니며, 천재적^{2}인 과학적

정답과 해설 25

업적을 낸 사람이 모두 천재적¹인 지적 능력을 가진 것은 아니다. 이를 바탕으로 할 때, 천재적¹인 지적 능력과 천재적²인 과학적 업적은 서로 절대적인 상관관계가 존재하지 않음(㉠)을 알 수 있다.

오답 풀이 ① 1문단에서 천재성을 '천재적¹인 능력'과 '천재적²인 업적'으로 구분하고 있다.
③ 2문단에 제시된 '코페르니쿠스와 멘델'의 사례와 배치된다. 코페르니쿠스와 멘델은 천재적¹인 능력을 소유하고 있지는 않았으나 천재적²인 업적을 세웠다. 따라서 천재적²인 업적을 세우려면 천재적¹인 능력을 반드시 소유해야 하는 것은 아니다.
④ '천재적¹인 능력'과 '천재적²인 업적'에 대한 시간의 흐름에 따른 평가는 제시문에 나오지 않는다.

84 **정답** ①

출전 2014학년도 3월 고3 전국연합학력평가

해설 1문단에 따르면, 온도가 높을수록 흑체 복사 곡선 그래프의 면적은 넓어지고, 에너지 세기의 최고점이 높아지면서 파장이 짧은 쪽으로 이동한다. 따라서 ㉠ 앞 문장에 어떤 별들은 태양보다 파장이 더 짧은 영역에 해당하는 하얀색~파란색을 띤다는 내용이 나오므로, '이런 별들의 표면 온도를 5,000K보다 높다고' 추정할 수 있다.

오답 풀이 ② 태양보다 파장이 더 짧은 영역에 해당하는 색을 띠므로, 태양의 표면 온도(5,000K)보다 낮다는 추론은 적절하지 않다.
③ 1문단에 따르면, 물체는 온도가 높을수록 파장이 짧은 전자기파를 더 많이 방출한다. 따라서 태양보다 파장이 더 짧은 '별들의 전자기파는 태양보다 적게 방출될 것'이라는 추론은 적절하지 않다.
④ 어떤 별들은 태양보다 파장이 더 짧은 영역에 해당한다고 했으므로 이 둘의 파장 분포가 매우 흡사하다는 추측은 적절하지 않다.

85 **정답** ③

출전 2015년도 국가공무원 5급 등, 지문 발췌 및 수정

해설 2문단에서 법학자 A는, 인터넷상의 명예 훼손이 통상적 명예 훼손보다 더 심한지 파악하기 위해 악플이 내적 명예, 외적 명예, 명예 감정을 침해하는지를 설명하고 있다. 법학자 A는 명예 감정을 보호해야 할 법익으로 삼기 어렵다고 했는데, 이는 인터넷상에서의 명예 감정 훼손이 피해자의 정보 수집 행위에 따른 결과이기 때문이다. 내적·외적 명예와 명예 감정을 비교하여 명예 감정이 덜 중요하기 때문에 그러한 주장을 한 것은 아니므로 ③은 법학자 A가 내린 결론과 무관하다.

오답 풀이 ①·② 법학자 A는, 악플은 내적 명예를 더 많이 침해하는 것이 아니며, 악플에 의해 외적 명예가 침해되지 않는다고 본다. 또한 악플은 피해자의 명예 감정을 침해하지만, 명예 감정의 훼손 정도는 피해자가 직접 부정적 정보를 수집하면서 자초한 것이므로 명예 감정을 보호할 필요가 없다고 본다. 즉 법학자 A는 인터넷의 명예 훼손이 통상적 명예 훼손보다 더 심하다고 보기 어려우므로 인터넷상의 명예 훼손 행위에 대한 처벌을 통상적 명예 훼손 행위보다 더 가중해서 처벌할 필요가 없다고 주장한 것이다.
④ 법학자 A가 악플 대상자의 외적 명예의 침해는 악플에 의한 것이 아니라 악플을 유발한 기사에 의한 것이라고 주장한 데에서 알 수 있다.

86 **정답** ③

참고 정봉오, 〈대학생 10명 중 6명 "대학 진학 후회" … 이유는?〉, 《동아 닷컴》(2016. 3. 8.)

해설 〈자료 2〉에는 대학 교육에 대한 만족도와 등록금의 상관관계가 구체적으로 제시되어 있지 않다. 따라서 대학 교육 만족도를 높이기 위한 방안으로 등록금 인하를 든 것은 적절하지 않다.

오답 풀이 ① 〈자료 1〉을 통해 대학 진학 이유에 취업을 위한 졸업장 취득과 타인의 권유나 시선 의식 등이 있다는 것을 알 수 있으므로 적절하다.

② 〈자료 1〉에 대학 진학 이유와 대학 진학을 후회한 이유로 취업 관련 이슈가 가장 높은 비율을 차지하며, 〈자료 2〉에 대학 교육에 만족하지 못하는 이유로 낮은 취업률이 있으므로 적절하다.

87 정답 ①

출전 이정현, 〈"뉴스 모바일로 본다" 80% … 신문 열독률 17% 불과〉, 《연합뉴스 TV》(2018. 12. 17.)

해설 가를 보면, 모바일 인터넷 뉴스 이용률은 급격히 상승하고 있다. 그러나 다를 보면 결합 열독률, 즉 종이 신문, 모바일 인터넷 등 다섯 가지 경로 중 하나 이상으로 신문 기사를 읽은 비율 역시 상승하는 추세이다. 따라서 신문 기사를 이용하는 사람들이 줄어들고 있는 것은 아니다.

오답 풀이 ② 가를 보면, 특정 시점을 기준으로 모바일 인터넷 뉴스 이용자 비율이 PC 인터넷을 이용한 뉴스 이용자 비율을 추월한 것에서 알 수 있다.
③ 나에 따르면, 65세 이상의 모바일 인터넷 뉴스 이용률은 30%를 상회하지만 이 수치는 90%를 넘는 20~30대의 수치에는 훨씬 못 미친다.
  * **젊은 층**: 사회 구성원 가운데 20대에서 30대에 해당하는 비교적 나이가 젊은 사람

88 정답 ④

출전 2023학년도 4월 고3 전국연합학력평가

해설 2문단에 따르면, 공작 깃털의 오팔 구조에 의해 빛의 파장이 변한다. 그런데 빛의 파장은 늘어나는 것이 아니라 짧아져 파란색 계열로 우리 눈에 보이게 되는 것이다.

오답 풀이 ① 척추동물인 공작의 깃털에는 멜라닌 색소가 있으므로 화학색을 지닌다. 또한, 구조색에 의해 파란색 계열로 우리 눈에 보인다고 하였으므로 공작의 깃털은 구조색의 영향을 받는 것을 알 수 있다.
② 1문단의, 대부분의 척추동물이 멜라닌 색소를 가지고 있고, 이 색소의 양에 따라 피부나 깃털 등의 색깔이 결정된다는 내용에서 알 수 있다.
③ 구조색의 원리가 위조지폐 방지 기술에도 활용된다는 내용에서 알 수 있다.

89 정답 ④

해설 ㉠은 '무엇이라고 가리켜 말하거나 이름을 붙이다'의 의미로 쓰였다. 이와 가장 가까운 의미로 쓰인 것은 ④이다.

오답 풀이 ① **화를 부르다**: 어떤 행동이나 말이 관련된 다른 일이나 상황을 초래하다.
② **우리를 부르다**: 어떤 방향으로 따라오거나 동참하도록 유도하다.
③ **친구들을 집으로 부르다**: 청하여 오게 하다.

90 정답 ④

출전 2013년도 국가공무원 민간경력자 일괄채용, 지문 발췌 및 수정

해설 피카레스크 소설은 스페인만이 가진 독특한 문학 장르이다. 2문단에, 이 소설이 다른 유럽 국가들에도 큰 영향을 끼쳐서 18~19세기에 사실주의 소설이 발전하는 데 이바지했다는 내용이 있을 뿐이다. 피카레스크 소설이 다른 유럽 국가에서 유행했다고 추론할 수는 없다.

오답 풀이 ① 1문단의, 피카레스크 소설에서 주인공인 피카로는 항상 '나'의 시점에서 자신의 경험을 생생하게 서술한다는 내용에서 알 수 있다.
② 1문단의, '피카로'는 장난꾸러기, 악동, 악당 등을 뜻하는데, "주인공은 뚜렷한 직업이 없는 ~ 희생당하는 인물이다"의 설

명이 이에 부합함을 알 수 있다.
③ 마지막 문단의, 〈라사리요 데 토르메스〉가 한때 출판을 금지당하기도 했다는 내용에서 알 수 있다.

91 정답 ④

해설 ㉠ '가지다'는 '거느리거나 모시거나 두다'의 의미로 쓰였다. 이와 가장 가까운 의미로 쓰인 것은 '가지고 있거나 간직하고 있다'의 뜻인 '보유(保有: 보전할 보, 있을 유)하다'이다.

오답 풀이 ① 관할(管轄: 피리 관, 굴대 빗장 할)하다: 일정한 권한을 가지고 통제하거나 지배하다.
② 소지(所持: 바 소, 가질 지)하다: 물건을 지니고 있다.
③ 획득(獲得: 얻을 획, 얻을 득)하다: 얻어 내거나 얻어 가지다.

92 정답 ②

출전 2018년도 국가공무원 민간경력자 일괄채용, 지문 발췌

해설 체험을 통해 경험하는 것은 가상 현실에 지나지 않으며, 가상 현실은 실제와 가상의 경계를 모호하게 하는 등의 문제를 갖고 있다는 내용의 글이다. 따라서 글쓴이가 궁극적으로 말하고자 하는 바는 '가상 현실의 문제점'이다.

오답 풀이 ①·④ 경험의 특성이나 중요성은 가상 현실의 문제점을 이야기하기 위해 부수적으로 언급된 내용이다.

93 정답 ②

해설 체험 사업에서 아이들에게 제공하는 것은 맞춤형 가상 현실이다. 그리고 가상 현실은 체험을 제공하고, 체험 속에서 인간은 언제나 자기 자신만을 볼 뿐이다. 이를 종합할 때, 체험 행사에서 아이들이 체험하는 것은 자신을 재확인하는 가상 현실임을 알 수 있다.

오답 풀이 ① 타자와의 만남을 통해 현실을 변화시킬 동력을 얻을 수 있는 것은 체험과 경험 중 경험이다. 그런데 가상 현실은 우리에게 경험 대신 '체험'을 제공한다.
③ 1문단에 따르면, 체험 사업은 '눈앞에 보일 만한 것'을 제공하고, '눈에 보이지 않는 구조'를 제공할 수 없다.
④ 디지털 가상 현실 기술은 '경험을 체험으로 대체'하려는 오랜 시도의 결정판이다. 그럼으로써 우리를 현실에 순응하도록 이끈다.

94 정답 ①

해설 '고려[考慮 상고할 고, 생각할 려(여)]하다'는 '생각하고 헤아려 보다'의 의미이므로 ㉠을 '미리 준비하다'로 풀이하는 것은 적절하지 않다.

오답 풀이 ② 귀결(歸結: 돌아올 귀, 맺을 결)되다: 어떤 결말이나 결과에 이르게 되다.
③ 모호(模糊: 법 모, 풀 호)하다: 말이나 태도가 흐리터분하여 분명하지 않다.
④ 각광(脚光: 다리 각, 빛 광): 사회적 관심이나 흥미

95 정답 ②

출전 2016년도 국가공무원 민간경력자 일괄채용, 지문 발췌

해설 A 연구 팀 실험을 통해 신경교 세포가 전체 뉴런을 조정하고, 기억력과 사고력을 향상시킨다는 사실은 알 수 있지만, 신경교 세포가 뉴런에 전기 신호를 전달하는지는 알 수 없다.

오답 풀이 ① 뉴런과 달리 쥐와 인간의 신경교 세포는 비교적 쉽게 구별된다. 이는 쥐의 뉴런과 인간의 뉴런은 쉽게 구분하기 어렵다는 의미이므로 적절한 추론이다.
③ 쥐의 두뇌에 인간의 신경교 세포를 주입하면 이 세포들은 쥐의 뉴런들과 결합되어 쥐의 두뇌 전체에 퍼진다. 그러나 이렇게 퍼지는 신경교 세포는 '어느 영역에서는 쥐의 뉴런의 숫자를 능가하기도' 한다. 이는 주입된 신경교 세포의 수(분포)는 쥐의 두뇌 영역에 따라 다르다는 것을 의미한다.
④ A 연구 팀은 신경교 세포가 전체 뉴런을 조정하면서 기억력과 사고력을 향상시킨다고 예상하고, 쥐의 두뇌에 인간의 신경교 세포를 주입하는 실험을 진행한다. 이 실험 결과 인간의 신경교 세포가 주입된 쥐는 보통의 쥐보다 기억력과 사고력이 향상되었으므로 적절한 추론이다.

96 정답 ③

해설 ㉠은 '어떤 물질이나 현상 따위가 넓은 범위에 미치다'의 의미로 쓰였다. 이와 가장 가까운 의미로 쓰인 것은 ③이다.

오답 풀이 ① **강물이 퍼지다**: 끝 쪽으로 가면서 점점 굵거나 넓적하게 벌어지다.
② **라면이 퍼지다**: 끓거나 삶은 것이 불어서 커지거나 잘 익다.
④ **사람들이 퍼지다**: 지치거나 힘이 없어 몸이 늘어지다.

97 정답 ③

출전 2011년도 국가공무원 민간경력자 일괄채용, 지문 발췌 및 수정

해설 2문단에 따르면, 과학자들의 문화 자본이란 '대중과 구별되는 인지 능력이나 조작 기술'을 의미하며, 문화 자본은 과학자들과 대중 사이의 경계를 만든다. 그리고 수리 물리학은 과학자와 대중의 유리된 정도가 상대적으로 큰데, 이는 과학자들이 '수학 언어'를 익히고 있기 때문이다. 따라서 '수학 언어'는 수리 물리학자들이 가지고 있는 문화 자본에 해당한다고 볼 수 있다.

오답 풀이 ① 1문단에서 과학과 비과학의 경계가 처음부터 있었던 게 아니라 오랜 역사적 투쟁을 통해 만들어졌다는 사실은 알 수 있지만, 그 시점은 정확히 알 수 없다. 마지막 문단의 '고대부터 16세기 코페르니쿠스에 이르는 ~'으로 보아 과학과 비과학의 경계는 고대에도 있었음을 알 수 있다.
② 과학 분야별로 과학과 비과학의 경계 유무를 설명하고 있을 뿐 이 경계를 없애야 한다고 주장한 것은 아니다.
④ 마지막 문단에서, 천문학은 과학자와 대중이 유리된 정도가 상대적으로 크고, 지질학은 그렇지 않음을 알 수 있다. 하지만 이를 통해 지질학자가 문화 자본을 소유하지 않았다고 추론할 수는 없다.

98 정답 ④

해설 ㉠ 과학자들은 대중이 결여한 문화 자본을 소유하고 있으므로 수리 물리학, 광학, 천문학 등의 분야에서는 과학자들과 대중은 서로 유리된 정도가 컸다. 즉 과학자와 대중의 경계가 이어지지 않고 뚜렷하게 구분된다는 것이므로 ㉠에는 '불연속성'이 들어가야 적절하다.
㉡ 수리 물리학, 광학, 천문학과 달리 유전학, 지질학은 대중의 영향을 받았다는 맥락이다. 이는 과학자와 대중의 경계가 이어져 있다는 것이므로 ㉠과 상반된 단어인 '연속성'이 들어가야 적절하다.

99 정답 ③

출전 2014년도 국가공무원 민간경력자 일괄채용, 지문 발췌 및 수정

해설 ㉠은 섬의 개방성을 강조하고, ㉡은 섬의 고립성을 강조한다. 그런데 '독도'를 사례로 하여 섬이 지닌 상징성을 강조

하는 견해는 섬의 개방성, 고립성과는 무관하므로 ㉠을 강화하지도 않고, ㉡을 약화하지도 않는다.

오답 풀이 ① '바다'가 세계를 지배하는 시작점이 된다는 견해는 바다를 통해 외부 세계와 연결될 수 있다는 것이므로 ㉠을 강화하고, ㉡을 약화한다.
② 섬과 대륙의 구분, 바다로 인해 분리되는 섬의 지형적 특성을 강조하고 있으므로 ㉡을 강화한다.
④ 고려 시대의 자료는 섬이 지닌 해로의 기능을 뒷받침하므로 ㉠을 강화한다. 반면 조선 시대의 자료는 섬의 고립과 단절의 이미지와 관련되므로 ㉡을 강화한다.

100 정답 ①

해설 1문단에서 다도해는 개방성과 고립성의 측면을 모두 지녔음을 제시하고, 2~마지막 문단에서 이제까지 다도해를 고립성의 측면에서 이해했음을 설명하고 있다. 그리고 마지막 문단의 '진도 다시래기' 사례를 통해 '진도 다시래기'는 육지에서 유입된 요소들의 영향을 받은 것이라고 지적하고 있다. 이러한 내용을 고려할 때, (　)에는 다도해를 이해할 때는 고립성 외에 개방성도 고려해야 한다는 ①이 들어가야 가장 적절하다.

오답 풀이 ② 2문단에 따르면, 다도해가 옛 모습의 문화를 많이 간직하고 있다는 점은 다도해를 고립되고 정체된 곳이라고 생각하는 관점과 통한다. 그런데 다도해의 고립성만을 강조하는 것은 제시문의 내용과 배치된다.
③ 고립성과 개방성이라는 다도해의 두 가지 특징을 제시하고 있을 뿐, 다도해의 고립성을 해결할 방안을 설명하고 있지는 않다.
④ 다도해 지역의 개방성을 강조하는 해양사의 관점이 1문단에 나타난다. 하지만 '섬을 특별하게 여기지 말아야 한다'는 (　)에 들어가기에 범주가 너무 넓다.

PART 2 사고의 힘 논리

예상 문제

01 정답 ①

해설 p(민수가 기독교인이다.) → q(민수는 교회에 다닌다.)
조건 명제 'p이면 q이다'에서 후건을 긍정하여 전건을 긍정하는 것은 후건 긍정의 오류이다. 따라서 ①에서 후건인 'q(민수가 교회를 다닌다)'의 긍정을 통해 전건인 'p(민수는 기독교인일 것이다)'를 긍정한 논증은 부당하다.

오답 풀이 ② ~p(외교 관계가 불안정하다.) → ~q(경제 성장률은 상승하지 않는다.)
조건 명제의 후건을 부정하여 전건 부정의 결론을 이끌어 내는 것은 타당하다. 따라서 '경제 성장률이 상승하면(q이면) 외교 관계가 안정될 것이다(p이다)'는 타당하다.

③ (~p(달리기 속도가 빠르지 않다.) ∨ ~q(높은 점프가 불가능하다.)) → ~r(경기에서 이길 수 없다.)
'(~p ∨ ~q) → ~r'은 드모르간 법칙에 따라 '~(p ∧ q) → ~r'이 되고, 이의 대우 명제는 'r → (p ∧ q)'이다. 이 대우 명제에서 r을 긍정하면 후건인 'p ∧ q'는 참이다(전건 긍정). 연언지 단순화에 따라 '농구 선수는 점프를 높게 할 수 있을 것이다(q)'는 타당하다.

* **드모르간 법칙**: ㉠ ~(p ∧ q) ≡ ~p ∨ ~q
  ㉡ ~(p ∨ q) ≡ ~p ∧ ~q
* **대우 규칙**: p → q ≡ ~q → ~p
* **연언지 단순화**

$$\frac{p \wedge q}{\therefore p} \quad \frac{p \wedge q}{\therefore q}$$

④ 결론: p(아빠의 말이 사실이다.) → r(엄마의 말이 사실이다.)
'엄마의 말이 사실이 아니라면(~r이면) 동생의 말이 사실이 아니다(~q이다)'의 대우 명제는 '동생의 말이 사실이라면(q이면) 엄마의 말이 사실이다(r이다)'이다. '아빠의 말이 사실이라면(p이면) 동생의 말도 사실이다(q이다)'이므로 가언 삼단 논법에 따라 '아빠의 말이 사실이라면(p이면) 엄마의 말이 사실이다(r이다)'는 타당하다.

* **가언 삼단 논법**

$$\frac{p \rightarrow q}{q \rightarrow r} \\ \therefore p \rightarrow r$$

02 정답 ②

해설 제시문을 기호화하면 다음과 같다.

> (비 → 문을 엶.) ∧ (~비 → 문을 엶.)

단순 양도 논법에 따르면, 이는 곧 '(비 ∨ ~비) → 문을 엶'과 동치 관계이다.
따라서 내일 비가 오든, 비가 오지 않든 그 가게는 문을 열 것이라는 내용이 적절하다.

오답 풀이 ① 주어진 진술에 따르면 내일 비가 와도, 비가 오지 않아도 그 가게는 문을 열 것이다. 따라서 오직 비가 오지 않는 경우에만 가게가 문을 연다고 보는 것은 부적절하다.
③ '(비 ∨ ~비) → 문을 엶'을 '문을 엶 → (비 ∨ ~비)'와 같다고 보는, 후건 긍정의 오류가 일어났다.
④ 내일 비가 오거나 비가 오지 않으면 가게는 문을 열지 않는 게 아니라, 문을 열 것이다.

03 정답 ④

해설 제시문을 기호화하면 다음과 같다.

(논리 ∧ 문제 풀이) → ~국어

대우 규칙을 적용하면 이는 곧 '국어 → ~(논리 ∧ 문제 풀이)'가 된다. 이에 드모르간 법칙을 적용하면 '국어 → (~논리 ∨ ~문제 풀이)'가 되어 ④와 논리적 동치 관계가 된다.
따라서 국어 성적이 낮은 사람이면 논리를 좋아하지 않거나 문제 풀이를 좋아하지 않을 것이다.

오답 풀이 ① 전건 부정의 오류가 일어났다. 즉 '(논리 ∧ 문제 풀이) → ~국어'에서 '(~논리 ∨ ~문제 풀이) → 국어'를 도출할 수는 없다.
② 주어진 진술에 후건 부정식을 잘못 적용했다. '국어 → ~(논리 ∧ 문제 풀이)'가 되어야 하는데 '국어 → ~(논리 ∨ 문제 풀이)'로 나와 있다.
③ 주어진 진술의 전건은 '~고'가 쓰인 '(논리 ∧ 문제 풀이)'인데 '~거나'를 쓴 '(논리 ∨ 문제 풀이)'로 나와 있다.

04 정답 ①

해설 ①의 주어진 명제를 기호화하면 다음과 같다.

갑: ~(팀장 ∧ ~부장)
을: ~팀장 ∧ 부장

갑의 진술은 드모르간 법칙에 의하면, (~팀장 ∨ 부장)과 동치 관계이다. 따라서 갑의 진술은 선언이 아닌 연언을 사용한 (~팀장 ∧ 부장)과는 논리적으로 동등한 관계라고 볼 수 없다.

오답 풀이 ② 갑: 대학원생
을: ~~대학원생
이중 부정은 원래의 명제와 동치 관계이므로 '대학원생 ≡ ~~대학원생'이다.
* **이중 부정**: ~~p ≡ p
③ 갑: 훈민 → 정음
을: ~훈민 ∨ 정음
을은 드모르간 법칙에 의해 '~(훈민 ∧ ~정음)'으로 바꿔 쓸 수 있다. '~(훈민 ∧ ~정음)'은 갑과 단순 함축 규칙에 의해 동치 관계이다.
따라서 '(훈민 → 정음) ≡ (~훈민 ∨ 정음)'이다.
* **단순 함축**: p → q ≡ ~(p ∧ ~q) ≡ ~p ∨ q
④ 갑: (비 ∧ 번개) → 태풍
을: 비 → (번개 → 태풍)
갑과 을은 수출입 법칙에 의하면 동치 관계이다.
따라서 '(비 ∧ 번개) → 태풍 ≡ 비 → (번개 → 태풍)'이다.
* **수출입 법칙**: (p ∧ q) → r ≡ p → (q → r)

05 정답 ②

해설 제시문의 참인 세 가지 진술을 기호화하면 다음과 같다.

1. (실시간 정보 전달 ∧ 전문가의 인터뷰) → 질 좋은 뉴스
2. 질 좋은 뉴스 → 신뢰 상승

> 3. 실시간 정보 전달

3.이 참이므로 1.에 따라 전문가의 인터뷰가 참이면 질 좋은 뉴스가 만들어진다. 즉 '전문가 인터뷰 → 질 좋은 뉴스'이다. 조건 명제의 대우는 언제나 참이므로 ⓒ '~질 좋은 뉴스 → ~전문가 인터뷰'도 참이다.

오답 풀이 ㉠ 1.과 3.에 따라 '전문가의 인터뷰 → 질 좋은 뉴스'가 도출된다. 그런데 조건 명제의 전건을 부정하여 후건을 부정하면 오류이다. 따라서 ㉠ '~전문가의 인터뷰 → ~질 좋은 뉴스'는 전건 부정의 오류가 일어난 진술이다.

ⓒ ⓒ을 기호화하면 '신뢰 상승 → 질 좋은 뉴스'이다. 조건 명제에서 후건을 긍정하여 전건을 긍정한 진술은 오류이다. 따라서 ⓒ은 2.에서 후건 긍정의 오류가 일어난 진술이다.

06 정답 ④

해설 ㉠은 전칭 부정 명제(E 명제)이다. 이 명제가 참인 경우라고 전제하고 다른 문장을 판단하면 된다.

ⓒ은 특칭 부정 명제(O 명제)이다. 전칭 부정 명제가 참일 때, 특칭 부정 명제는 항상 참이다. 둘은 함축 관계이기 때문이다.

ⓒ은 전칭 긍정 명제(A 명제)이다. 전칭 부정 명제가 참일 때, 전칭 긍정 명제는 항상 거짓이다. 둘은 반대 관계이기 때문이다.

* 함축 관계에서는 전칭이 참이면 특칭은 참이 된다.
  반대 관계에서는 둘 다 동시에 참이 될 수 없다.

07 정답 ③

해설 ㉠ '미국 국회의 어떤 의원은 썩어 빠졌다'는 I 명제(특칭 긍정 명제)이고, 수정된 ⓒ '미국 국회의 어떤 의원은 썩어 빠지지 않았다'는 O 명제(특칭 부정 명제)이다. I 명제와 O 명제는 소반대 관계이므로 동시에 거짓은 될 수 없지만, 동시에 참은 될 수 있다. 즉 수정된 내용인 '미국 국회의 어떤 의원은 썩어 빠지지 않았다'라는 판단이 참이라고 해서 '미국 국회의 어떤 의원은 썩어 빠졌다'라는 판단이 거짓이라는 것을 의미하지는 않는 것이다. 따라서 마크 트웨인의 수정은 실상 여전히 국회 의원들을 비판하는 의미를 담고 있는 것이지 자신의 의견을 번복한 것이 아니다.

08 정답 ③

해설 ㉠~ⓒ을 기호화하면 다음과 같다.

> ㉠ ~김 사원 → ~민 사원 ≡ (대우) 민 사원 → 김 사원
> ⓒ ~민 사원 → ~박 사원 ≡ (대우) 박 사원 → 민 사원
> ⓒ 박 사원 → 황 사원 ≡ (대우) ~황 사원 → ~박 사원

ⓒ의 대우와 ㉠의 대우에서 가언 삼단 논법에 따라 '박 사원 → 김 사원'이 도출된다. 따라서 '박 사원이 인사처에 배정되면, 김 사원도 배정된다'는 반드시 참이다.

* 박 사원 → 민 사원
  민 사원 → 김 사원
  ─────────────
  ∴ 박 사원 → 김 사원

오답 풀이 ① 김 사원이 인사처에 배정되면, 박 사원이 배정되지 않는지는 알 수 없다.

② ⓒ의 대우와 ⓒ을 고려할 때, '~황 사원 → ~박 사원'과 '~민 사원 → ~박 사원'을 알 수 있다. 하지만 황 사원이 인사처에 배정되지 않으면 민 사원도 배정되지 않는지는 알 수 없다.

④ ⓒ과, ⓒ의 대우를 고려할 때, '~민 사원 → ~박 사원'과 '~황 사원 → ~박 사원'을 알 수 있다. 하지만 민 사원이 인사처에 배정되지 않으면 황 사원도 배정되지 않는지는 알 수 없다.

09 정답 ③

해설 ㉠~㉣을 기호화하면 다음과 같다.

```
㉠ ~은행
㉡ 병원 → 은행 ≡ (대우) ~은행 → ~병원
㉢ ~병원 → 약국
㉣ ~경찰서 → ~약국 ≡ (대우) 약국 → 경찰서
```

㉠에서부터 순차적으로 전건 긍정식을 적용할 경우 '~은행, ~병원, 약국, 경찰서'가 도출된다. 따라서 문을 연 곳은 약국과 경찰서이다.

10 정답 ④

해설 ㉠~㉢을 기호화하면 다음과 같다.

```
㉠ 경제 → 외교 ≡ (대우) ~외교 → ~경제
㉡ ~교육 → 과학 ≡ (대우) ~과학 → 교육
㉢ 과학 → ~외교 ≡ (대우) 외교 → ~과학
```

㉢의 대우와 ㉡의 대우에서 가언 삼단 논법에 따라 '외교 → 교육'이 도출된다. 따라서 '외교 사업이 추진되면 교육 사업이 추진된다'가 반드시 참이다.

* 외교 → ~과학
  ~과학 → 교육
  ─────────────
  ∴ 외교 → 교육

오답 풀이 ① ㉢과, ㉠의 대우에서 가언 삼단 논법에 따라 '과학 → ~경제'가 도출된다. 따라서 과학 사업이 추진되면, 경제 사업은 추진되는 것이 아니라 추진되지 않는다.
② ㉠과, ㉢의 대우에서 가언 삼단 논법에 따라 '경제 → ~과학'이 도출된다. 그러나 경제 사업이 추진되지 않으면 과학 사업이 추진되지 않는지는 알 수 없다.
③ ㉡과 ㉢에서 가언 삼단 논법에 따라 '~교육 → ~외교'가 도출된다. '~교육 → ~외교'와, ㉠의 대우에서 가언 삼단 논법에 따라 '~교육 → ~경제'가 도출된다. 따라서 교육 사업이 추진되지 않으면, 경제 사업은 추진되는 것이 아니라 추진되지 않는다.

11 정답 ④

해설 이 문제의 해설에서는 존재 양화사와 보편 양화사의 제거를 통해 추론 규칙을 도입한 뒤, 존재 양화사의 도입을 통해 결론을 도출할 것이다. 그러나 실제 시험에서는 양화사의 제거와 도입을 일일이 쓸 수 없으므로, 이후의 문제 해설에서는 이 과정을 생략하고 단순하게 결론 도출 과정을 쓸 것이다.
㉠과 ㉡을 기호화하여 결론을 도출하면 다음과 같다.

```
1. ㉠ (∀)(~수학x → ~재무제표x)
2. ㉡ (∃)(재무제표x ∧ 경영학x)
3. 재무제표a ∧ 경영학a (2. 존재 양화사의 제거)
4. ~수학a → ~재무제표a (1. 보편 양화사의 제거)
5. 재무제표a (3. 연언지 단순화)
6. 재무제표a → 수학a (4. 대우)
```

7. 수학a (5, 6. 전건 긍정)
8. 경영학a (3. 연언지 단순화)
9. 수학a ∧ 경영학a (7, 8. 연언화)
10. (ㅋ)(수학x ∧ 경영학x) (9. 존재 양화사의 도입)

따라서 '수학에 자신이 있는 사람 중 일부는 경영학 전공자이다'라는 결론이 도출된다.

12 정답 ③

해설 ㉠과 ㉡을 기호화하여 결론을 도출하면 다음과 같다.

1. ㉠ 자유 가치 → 헌법 가치
2. ㉡ ~법질서 → ~헌법 가치
3. 헌법 가치 → 법질서 (2. 대우)
4. 자유 가치 → 법질서 (1, 3. 가언 삼단 논법)

따라서 '자유 민주주의 가치를 중시하는 모든 사람은 법질서의 안정을 중시하는 사람이다'라는 결론이 도출된다.

13 정답 ②

해설 ㉠과 ㉢을 기호화하여 전제인 ㉡을 추론하는 과정은 다음과 같다.

㉠ 비a ∧ 번개a
㉡ (   )
㉢ 구름a ∧ 비a

결론 ㉢을 도출하기 위해서는, '비a'가 전제와 결론에 모두 있으므로 '번개a'와 '구름a'를 연결해 주어야 한다. 즉 '번개 → 구름'이라는 전제가 필요하다.
따라서 '번개가 치는 날은 모두 구름이 많이 끼는 날이다'가 ㉡에 들어가야 한다.

14 정답 ①

해설 결론을 도출하기 위해서는 (∀)(수x → 화x)라는 전제가 필요하다. 실제로 추가해 보면, 다음과 같이 결론이 나오는 것을 확인할 수 있다.

1. 월요일a ∧ 수요일a
2. 화요일 → 목요일
3. 수요일 → 화요일 (전제 추가)
4. 수요일 → 목요일 (2, 3. 가언 삼단 논법)
5. 수요일a (1. 연언지 단순화)
6. 목요일a (4, 5. 전건 긍정)
7. 월요일a (1. 연언지 단순화)
8. 월요일a ∧ 목요일a (6, 7. 연언화)

그런데 선택지에는 '수요일 → 화요일'이 없다. 대신 이 명제와 논리적 동치인 대우 명제 '~화요일 → ~수요일'은 있으므로, '화요일에 출근하지 않는 직원은 아무도 수요일에 출근하지 않는다'가 추가되어야 할 전제이다.

15 정답 ④

해설 전제 2.와 결론을 기호화하여 존재 양화사를 제거하면 다음과 같다.

```
전제 1. (                    )
전제 2. 업무 능력a ∧ 채용a
결론. 성실a ∧ 업무 능력a
```

'업무 능력a'는 전제와 결론에 모두 있으므로, '채용a'와 '성실a'를 연결해 주어야 한다. 즉, '채용 → 성실'이라는 전제가 필요하다. 그런데 '채용 → 성실'이 선택지에 없으므로 대신 이 명제와 논리적 동치인 대우 명제 '~성실 → ~채용'이 추가되어야 한다. 따라서 '성실하지 않은 지원자는 모두 채용되지 않는다'가 전제 1.에 들어가야 한다.

16 정답 ④

해설 ④의 앞 두 문장, 즉 두 가지 전제를 기호화하여 결론을 도출하면 다음과 같다.

```
1. 진화론a ∧ ~신a
2. 진화론 → 실증주의자
3. 진화론a (1. 연언지 단순화)
4. 실증주의자a (2, 3. 전건 긍정)
5. ~신a (1. 연언지 단순화)
6. 실증주의자a ∧ ~신a (4, 5. 연언화)
```

따라서 '어떤 실증주의자는 신을 믿는 사람이 아니다'라는 결론이 도출된다. 따라서 ④가 타당한 삼단 논법이다.

오답 풀이 삼단 논법의 타당성을 증명하는 방법에는 여러 가지가 있다. 이 문제에서는 '주연'의 개념을 통해 삼단 논법의 타당성을 빠르게 판단하는 방법을 사용하였다.

① **대전제**: 춤 → 음악
  소전제: 도서관 → ~춤
  결론: 도서관 → ~음악
  전제에서 주연되지 않은 개념은 결론에서 주연될 수 없다. 그런데 대개념인 '음악 감상을 좋아하는 사람'이 결론에서만 주연이 되고 전제에서는 주연되지 않고 있다. 즉 대개념 부당 주연의 오류가 일어났다.

② **대전제**: 복지a ∧ 문화a
  소전제: 교육a ∧ 복지a
  결론: 문화a ∧ 교육a
  '복지에 관심이 많은 공직자'라는 매개념이 적어도 한 번은 주연되어야 하는데, 그러지 않고 있다. 대전제에서는 매개념에 '어떤'이 붙어 있고, 소전제에서 매개념은 긍정 술어이다. 즉 매개념 부주연의 오류이다.

③ **대전제**: 문학a ∧ 예술a
  소전제: 자연 → ~문학
  결론: 자연a ∧ 예술a
  '두 전제 중 하나가 부정 명제이면 결론은 긍정 명제가 될 수 없다. 그런데 주어진 삼단 논법은 소전제가 부정 명제임에도 결론이 긍정 명제이다. 따라서 부당 긍정의 오류이다.

* **주연(周延, distribution)**: 하나의 명제에서 주어와 술어가 각각 전체를 지시하는지 확인하는 방법. 주어는 전칭 명제(A, E 명제)에서 주연되고, 술어는 부정 명제(E, O 명제)에서 주연됨.

명제	주어	술어
A 명제	주연됨.	주연 안 됨.
E 명제	주연됨.	주연됨.

명제	주어	술어
I 명제	주연 안 됨.	주연 안 됨.
O 명제	주연 안 됨.	주연됨.

* 삼단 논법의 규칙
· 매개념은 적어도 한 번 주연되어야 한다.
· 전제에서 주연되지 않은 명사는 결론에서 주연될 수 없다.
· 두 전제가 모두 부정 명제일 수 없다.
· 전제가 부정이면 결론도 부정이어야 한다.
· 두 전제가 모두 전칭 명제인 경우 결론은 특칭 명제일 수 없다.

17 정답 ③

해설 ㉠~㉣을 기호화하면 다음과 같다.

1. ㉠ ~화요일
2. ㉡ 화요일 ∨ 목요일
3. ㉢ ~수요일 → 금요일
4. ㉣ 목요일 → ~수요일

이 조건들을 통해 추론해 보면, 다음과 같이 결론을 도출할 수 있다.
5. 목요일 (1, 2. 선언지 제거)
6. ~수요일 (4, 5. 전건 긍정)
7. 금요일 (3, 6. 전건 긍정)

이미 조건에 선재는 화요일에 공부하지 않는다고 나와 있으므로, 도출된 결론에 따라 선재는 목요일과 금요일에만 공부할 것이다.

18 정답 ①

해설 ㉠~㉢을 기호화하면 다음과 같다.

㉠ 펜싱 → 양궁
㉡ 배구 → 테니스
㉢ 펜싱 ∨ 배구

펜싱을 관람하지 않으면, ㉢에 따라 배구를 관람하게 된다(선언지 제거). 자연히 ㉡에 따라 테니스도 관람하게 된다(전건 긍정). 그러나 양궁 관람 여부에 대해서는 알 수 없다. 펜싱을 관람하지 않으므로 양궁도 관람하지 않으리라는 것은 ㉠의 전건 부정의 오류를 저지른 추론이다. 따라서 ①은 반드시 참이라고는 할 수 없다.

오답 풀이 ② ㉡의 대우에 따라 테니스를 관람하지 않으면, 배구도 관람하지 않는다. 이때 ㉢에 따라 펜싱을 관람해야 하고(선언지 제거), ㉠에 따라 양궁도 관람해야 한다(전건 긍정). 따라서 반드시 참이다.
③ ㉢에서 펜싱이나 배구 가운데 적어도 한 종목은 관람한다고 나와 있다. 펜싱만 관람할 경우 ㉠에 따라 양궁도 관람하게 될 것이고, 배구만 관람할 경우 ㉡에 따라 테니스도 관람하게 될 것이다. 어떤 경우이든 적어도 두 종목은 관람하게 된다. 따라서 반드시 참이다.
④ ㉠의 대우에 따라 양궁을 관람하지 않으면, 펜싱도 관람하지 않는다. 이때 ㉢에 따라 배구를 관람해야 한다(선언지 제거). 따라서 반드시 참이다.

19 정답 ②

해설 ㉠~㉣을 기호화하면 다음과 같다.

㉠ 오전 ∨ 오후
㉡ (오전 ∧ ~자습) → 도시락
㉢ (오후 ∧ ~자습) → ~커피
㉣ (오전 ∨ 오후) ∧ ~자습

㉢의 대우는 '커피 → (~오후 ∨ 자습)'이 되므로, 민지가 커피를 먹으면 민지는 오후반이 아니거나, 자습한다(~오후 ∨ 자습). 그런데 ㉣에 따르면, 민지는 자습을 하지 않으므로(~자습) 오후반이 아니다(~오후)(선언지 제거). 그렇다면 ㉠에 따라 민지는 오전반이다(선언지 제거). 즉, 민지는 오전반이고 자습을 하지 않으므로(오전 ∧ ~자습) ㉡에 따라 도시락을 싸 올 것임을 알 수 있다. 따라서 '만약 민지가 커피를 마시면, 민지가 도시락을 싸 온다'는 반드시 참이다.

오답 풀이 ① 참인지 거짓인지 알 수 없다. 민지는 학원에 다니고 자습하지 않는다는 정보만 주어져 있으므로, 민지가 오전반인지 오후반인지 알 수 없기 때문이다.
③ 참인지 거짓인지 알 수 없다. 만약 민지가 오전반이라면 도시락을 싸 오므로, 이는 거짓이 된다.
④ 반드시 거짓이다. 민지가 오후반이면, ㉢과 ㉣에 따라 커피를 먹지 않아야 한다.

20 정답 ③

해설 ㉠~㉣을 기호화하면 다음과 같다.

㉠ 신입생a ∧ 어학연수a
㉡ 어학연수 → 봉사 활동
㉢ ~어학연수 → ~봉사 활동
㉣ 신입생a ∧ 봉사 활동a

㉮ ㉠과 ㉡이 참일 경우,
  1. ㉠ 신입생a ∧ 어학연수a
  2. ㉡ 어학연수 → 봉사 활동
  3. 어학연수a (1. 연언지 단순화)
  4. 봉사 활동a (2, 3. 전건 긍정)
  5. 신입생a (1. 연언지 단순화)
  6. 신입생a ∧ 봉사 활동a (4, 5. 연언화)
  즉 ㉣이 결론으로 도출된다. 따라서 ㉮의 평가는 적절하다.

㉰ ㉢과 ㉣이 참일 경우,
  1. ㉢ ~어학연수 → ~봉사 활동
  2. ㉣ 신입생a ∧ 봉사 활동a
  3. 봉사 활동 → 어학연수 (1. 대우)
  4. 봉사 활동a (2. 연언지 단순화)
  5. 어학연수a (3, 4. 전건 긍정)
  6. 신입생a (2. 연언지 단순화)
  7. 신입생a ∧ 어학연수a (5, 6. 연언화)
  즉 ㉠이 결론으로 도출된다. 따라서 ㉰의 평가는 적절하다.

오답 풀이 ㉯ ㉠과 ㉢이 참일 경우,
  1. ㉠ 신입생a ∧ 어학연수a

2. ㉢ ~어학연수 → ~봉사 활동
3. 봉사 활동 → 어학연수 (2. 대우)
이 조건에서는 ㉣ '신입생a ∧ 봉사 활동a'를 타당하게 도출할 수 없다. 따라서 ㉯의 평가는 적절하지 않다.

21 정답 ①

해설 술고래는 부끄러운 것을 잊으려고 술을 마신다고 말한 뒤, 무엇이 부끄럽냐는 질문에 술 마시는 것이 부끄럽다고 답하고 있다. 이는 증명하고자 하는 결론이 참인 근거는 전제에 의존하고, 그 전제가 참인 근거는 결론에 의존하여 순환적으로 논증하게 되는 '순환 논증의 오류'가 나타난 것이다. ① 역시 같은 내용을 말만 바꾸어 되풀이하고 있으므로 순환 논증의 오류가 나타난 것이다.

오답 풀이 ② 컴퓨터 게임을 한 행위에 지각하려는 의도가 있었다고 판단하고 있다. 이는 의도하지 않은 행위의 결과에 대해 의도가 작용했다고 판단한 것이므로 '의도 확대의 오류'가 나타난 것이다.
③ 내가 축구 경기를 보는 것과 우리나라 축구팀이 패배하는 것은 인과 관계가 없음에도 불구하고 그 둘을 인과 관계로 잘못 판단하고 있다. 이는 '잘못된 인과 관계의 오류'가 나타난 것이다.
④ A 씨에게 어린 아들이 있다는 점을 들어 그에게 실형을 내리는 것이 가혹하다고 말하고 있다. 이는 연민이나 동정 등의 감정을 이용하여 자신의 논지를 받아들이게 하는 '연민(동정)에 호소하는 오류'가 나타난 것이다.

22 정답 ②

해설 제시문은 '싱겁다'의 서로 다른 의미를 혼용하고 있으므로, 애매어 사용의 오류를 범한 것이다. 애매어 사용의 오류란 의미가 두 가지 이상인 단어를 한 문장 안에서 동시에 사용함으로써 발생하는 오류이다. ② 역시 '깨다'의 서로 다른 의미를 혼용하여 사용한 애매어 사용의 오류를 범하고 있다.
* **싱겁다**: 음식의 간이 보통 정도에 이르지 못하고 약하다. / 술이나 담배나 한약 따위의 맛이 약하다. / 사람의 말이나 행동이 상황에 어울리지 않고 다소 엉뚱한 느낌을 주다. / 어떤 행동이나 말, 글 따위가 흥미를 끌지 못하고 흐지부지하다.
* **깨다**: 술기운 따위가 사라지고 온전한 정신 상태로 돌아오다. / 생각이나 지혜 따위가 사리를 가릴 수 있게 되다. / 잠, 꿈 따위에서 벗어나다. 또는 벗어나게 하다.

오답 풀이 ① 국어 시험 점수 하나로 민수의 공부 능력 전체를 판단하고 있으므로 성급한 일반화의 오류를 범한 것이다.
③ 초등학교 선생님은 교직의 범주에 속하는데 그 둘을 분리해서 말하고 있으므로 범주의 오류를 범한 것이다.
④ '형제'의 의미를 옷을 서로 공유하는 사이로 은밀하게 재정의하여 부당하게 사용하고 있으므로 은밀한 재정의의 오류를 범한 것이다.

23 정답 ③

해설 ③은 구매자 수가 많다는 것을 근거로 해당 제품의 품질을 판단한 것이므로 대중에 호소하는 오류가 나타난다. 부적합한 권위에 호소하는 오류란 논지와 관계없는 분야에 있는 전문가의 의견을 빌려 와 논지가 참임을 주장하는 오류를 말한다.

오답 풀이 ① 집합이 지닌 특성을 그것을 구성하는 개별 요소들도 지니고 있다고 판단한 것이므로 분할의 오류가 나타난다.
② '지하철에서 음식을 먹으면 안 된다'라는 논점과는 관계없는 문제를 거론하고 있으므로 논점 일탈의 오류가 나타난다.
④ 화재가 났다는 특수한 상황을 고려하지 않고 일반적인 원칙을 적용하여 오류가 발생한 것이므로 우연의 오류가 나타난다.

24 정답 ②

출전 박선웅 외, 〈앤서니 기든스의 제3의 길과 복지 정책〉, 고등학교 《사회 문화》 교과서, 금성출판사

해설 앤서니 기든스에 따르면, 개인에 대한 국가의 간섭과 관련해서 북유럽 국가의 사회 민주주의 기획인 '제1의 길'과 미국식 신자유주의 개혁인 '제2의 길'은 서로 반대된다. 그는 각각에서 나타나는 한계를 보완하기 위해 제1의 길과 제2의 길을 통합한 제3의 길을 주장하고 있다. 이는 두 개의 대립되는 개념인 정(正)과 반(反)으로부터 이를 지양하여 제3의 개념인 합(合)을 도출하는 '변증법적 논증 방식'을 사용한 것이다. ②에서도 인간의 이성과 감성을 대조하고, 이를 종합한 '감성과 이성을 조절할 수 있는 인간상의 필요성'을 주장하고 있으므로 변증법이 사용되었다.

오답 풀이 ① 철근과 뼈의 유사성을 바탕으로 뼈가 우리 몸에서 하는 역할을 설명하고 있으므로 유비 추론이 쓰였다. 유비 추론은 두 대상 사이의 유사성을 바탕으로 나머지 요소들의 동일성을 추론하는 방법이다.
③ '만약 기업이 성장하려면(p이면) 기업은 명확한 목표를 설정하고 변화를 위해 구성원들이 노력해야 한다(q이다)'의 가정적 조건문으로 논리를 전개하고 있다. '이를 실천하는 기업은 많지 않다(~q이다). 따라서 우리나라 기업은 성장하기 힘들다(~p이다)'는 후건 부정으로 전건 부정의 결론을 도출한 것이다.
④ '대한민국 국민은(p는) 투표권을 행사할 의무가 있다(q이다). 19세 청년들은(r은) 대한민국 국민이다(p이다). 따라서 19세 청년들은(r은) 투표권을 행사할 의무가 있다(q이다)'의 정언 삼단 논법으로 논리를 전개한 것이다.

25 **정답** ②
출전 김상돈, 〈사이코패스의 사례를 통해 본 흄의 도덕 감정론의 한계〉, 《윤리교육연구》, 수정

해설 제시문에는, '감정과 공감이 없는 인간에게는 도덕이 존재하지 않는다'라는 흄의 주장을 이용해 '사이코패스에게 도덕은 존재하지 않는다'라는 결론을 내리는 정언 삼단 논법이 나타난다. 즉 '감정이 없는 인간에게는(p는) 도덕이 존재하지 않는다(q이다) - 사이코패스는(r은) 정서적 능력이 없는 인간이다(p이다) - 그러므로 사이코패스에게(r은) 도덕은 존재하지 않는다(q이다)'와 같이 전개되는 것이다. 이러한 논증 방식은 ②에도 나타난다.

오답 풀이 ① 운동선수의 역량과 국민 의식 수준의 유사성에 근거하여 국민 의식 수준 향상의 한계를 유추한 것이므로, 유비 추론이 사용되었다.
③ '출생 코호트의 규모가 급격하게 변하면(p이면) 한 사회의 다양한 제도에 균열이 생기게 된다(q이다)'의 가정적 조건문으로 논리를 전개하고 있다. '한국의 출생 코호트 규모는 빠르게 줄고 있다(p이다)' 따라서 '한국 사회의 제도적 불균형은 확대될 것이다(q이다)'의 전건 긍정으로 후건 긍정의 결론을 도출한 것이다.
④ 반달족의 로마 폭력, 러시아의 침략 등의 구체적 사례에서 '인류 문화유산의 최대 파괴자는 인간이다'라는 일반적 결론을 도출하고 있으므로 귀납 추론이 나타난다.

26 **정답** ①
출전 박경화, 〈도시의 밤은 너무 눈부시다〉, 중학교 《국어》 교과서, 미래엔

해설 벼(농작물)도 인공 불빛의 피해를 입고, 도시에 사는 아이들(사람)도 인공 불빛의 피해를 입는다는 개별적 사례들에 비추어 '인공 불빛의 빛 공해로 많은 생물체가 피해를 입고 있다'라는 일반적 결론을 이끌어 내고 있다. 이는 귀납 추론을 사용한 것이다. ①에서도 영희와 철수의 사례를 바탕으로 "무리하게 다이어트를 하면 건강을 해치게 된다"라는 일반적 결론을 이끌어 내고 있으므로 귀납 추론이 나타난다.

오답 풀이 ② '비타민 C는(p는) 피부색을 밝게 해 준다(q이다) - 이번에 출시한 화장품에는(r은) 비타민 C가 있다(p이다) - 그러므로 이 화장품을 사용하면(r은) 미백 효과가 나타난다(q이다)'인 정언 삼단 논법이 쓰였다.
③ 개방 경제 정책과 폐쇄적 경제 정책을 대조한 뒤, 두 경제 정책을 종합하고 있으므로 변증법적 논증 방식이 쓰였다.
④ '태풍이 오면(p이면) 비행기가 뜨지 않을 것이다(q이다) - 내일 태풍의 영향권에 들 것이다(p이다) - 따라서 내일 비행기는 결항될 것이다(q이다)'이므로 가정적 조건문의 전건 긍정식이 쓰였다.

27 정답 ④

출전 KBS 명견만리제작팀, 《명견만리: 인구, 경제, 북한, 의료 편》, 수정

해설 2문단의, '(치매 가족을 위한) 상설 교육 기관이 있다면 ~ 긍정적 변화를 가져올 수 있다'는 가정적 조건문이다. 'p이면 q이다'인 가정적 조건문에서 p는 q이기 위한 충분조건이다. 따라서 치매 가족을 위한 상설 교육 기관의 존재는 치매 가족에게 긍정적 변화를 가져오기 위한 충분조건으로 이해할 수 있다.

오답 풀이 ① 2문단에 따르면, 선진국들이 국책 사업으로 치매에 적극적으로 대응하는 것과 달리 우리나라는 산발적인 대응 수준에 머무르고 있다. 그러나 개인이 개별적으로 치매에 대응하고 있다는 내용은 제시문에 나오지 않는다.
② 1문단에 따르면, 알츠하이머병은 20대 중반부터 독성 물질이 쌓이기 시작하며 발생한다. 그러나 혈관성 치매는 뇌혈관에 문제가 생겨 발생하는 것으로, 이 증상이 언제부터 시작될 것인지는 추론할 수 없다.
③ 1문단에 따르면, 혈관성 치매는 뇌혈관 질환을 불러일으키는 위험 요인을 미리 차단하면 예방할 수 있다. 'p이면 q이다'인 가정적 조건문에서 q를 일으키는 조건은 p 외에도 다양할 수 있다. 따라서 혈관성 치매 예방 방법이 '뇌혈관 질환을 유발하는 위험 요인을 미리 차단하는 것밖에 없다'라고 추론할 수 없다.

28 정답 ②

출전 존 스튜어트 밀, 《자유론》, 수정

해설 "천재들은 사회가 제시하는 ~ 압박감을 느낄 것이다"를 가정적 조건문으로 정리하면, '만약 천재들이 사회가 제시하는 제한된 몇 가지 유형에 적응하려고 하면(p이면), 천재들은 큰 압박감을 느낄 것이다(q이다)'이다. 가정적 조건문은 전건을 긍정하여 후건을 긍정하거나, 후건을 부정하여 전건을 부정하는 경우만 참이다. ②는 후건을 긍정하여 전건을 긍정하고 있으므로 적절하지 않은 추론이다.

오답 풀이 ① "천재가 존재하기 위해서는 ~ 분위기 속에서만 살아갈 수 있다"는 '천재가 존재한다면 자유로운 분위기를 갖추었을 것이다'라는 가정적 조건문으로 바꿔 이해할 수 있다. 가정적 조건문인 'p이면 q이다'에서 q는 p이기 위한 필요조건이므로 자유로운 분위기를 갖추는 것은 천재가 존재하기 위한 필요조건이다.
③ "천재들이 소심하게 ~ 받지 못할 것이다"에서 '천재들이 강제적인 틀에 적응하는 것에 동의한다면(p이면) 사회는 그 천재들로부터 혜택을 별로 받지 못할 것이다(q이다)'라는 가정적 조건문을 도출할 수 있다. 이때 q가 발생하기 위한 조건은 p 외에도 다양할 수 있으므로 적절한 추론이다.
④ "만약 그들이 ~ 경고를 받게 될 것이다"에서 '천재들이 사회의 강압적인 틀에 적응하지 못한다면, 사회에 의해 요주의 인물로 지목된다'라는 가정적 조건문을 도출할 수 있다. 가정적 조건문에서 후건을 부정하여 전건을 부정한 것은 참이므로 적절한 추론이다.

29 정답 ④

출전 조영진, 〈비행 착각에 의한 헬리콥터 사고 예방 프로그램 개발에 관한 연구〉, 《한국항행학회논문지》, 수정

해설 '일상생활에서는 경험할 수 없는 착각'이라는 내용으로 보아, 일상생활에서는 비행 착각을 경험할 수 없다.

오답 풀이 ① 비행 시 작용하는 여러 가속도로 인해 비행 착각을 경험한다는 데서 알 수 있다.
② 같은 고도에서 회전할 때 속도를 높이면 상승하고 속도를 낮추면 하강하는 것처럼 느껴지는 것과 같은 착각이 일어날 수 있다는 내용에서 알 수 있다.
③ 마지막 문장은, '시각 정보가 제한되면(p이면) 인체의 평형 기관이 정확한 자세나 방향을 인지할 수 없다(q이다)'의 가정적 조건문으로 설명할 수 있다. 이것의 대우인 '인체의 평형 기관이 정확한 자세나 방향을 인지할 수 있으면(~q이면) 시각 정보가 제한되지 않은 것이다(=충분한 것이다)(~p이다)' 역시 참이 된다. 따라서 시각 정보의 충분한 제공은 인체의 평형 기관이 정확한 자세나 방향을 인지하는 데 필수적인 조건(필요조건)이 된다.

30 정답 ②

출전 박형수, 〈아스파탐의 진실〉, 《중앙일보》(2023. 7. 27.)

해설 1문단의, 아스파탐에 들어간 메탄올은 체내 대사 작용을 거치면 포름산과 포름알데히드로 분해된다는 내용과, 마지막 문단의 메탄올은 과일 등의 자연 식품에도 들어 있다는 내용에서 추론할 수 있다.

오답 풀이 ① 1문단에 따르면, 아스파탐은 메탄올, 페닐알라닌, 아스파르트산으로 구성되는데, 이 중 신경 전달 물질은 페닐알라닌이다. 페닐알라닌이 발암 물질인지는 제시문을 통해서 알 수 없다. 메탄올이 체내 대사 작용을 거쳤을 때 나타나는 포름알데히드가 발암 성분이다.
③ 2문단의 볼로냐 암 센터는 아스파탐이 림프종, 백혈병 등을 일으킨다는 실험 결과를 제시한다. 이는 아스파탐 옹호론자들의 주장을 뒷받침하는 것이 아니라 반박하는 근거이다.
④ 1문단에 따르면, 페닐알라닌의 체내 농도가 올라가면 두통, 발작, 기억 상실 등을 일으킨다. 'p이면 q이다'인 가정적 조건문에서, p는 q이기 위한 충분조건이며, q는 p이기 위한 필요조건이다. 따라서 페닐알라닌의 체내 농도 상승은 두통, 발작, 기억 상실 등을 유발하는 필수적 요건(필요조건)이 아니라 충분조건이다.

PART 3 개념 중심 국어 문법

예상 문제

01 정답 ①

해설 '최소 대립쌍'이란 오직 하나의 음운에 의해서만 의미가 구별되는 단어들의 쌍을 말한다. '밤비-봄비'에서는 'ㅏ-ㅗ', '시장-서장'에서는 'ㅣ-ㅓ', '모루-모레'에서는 'ㅜ-ㅔ'에 의해서 의미가 구별되므로 이 단어들을 최소 대립쌍으로 볼 수 있다. 여기서 추출할 수 있는 음운은 'ㅏ, ㅗ, ㅣ, ㅓ, ㅜ, ㅔ'이다. 이때 추출된 음운 중 고모음은 'ㅣ, ㅜ'로 2개이다.

오답 풀이 ② 추출된 음운 중 전설 모음은 'ㅣ, ㅔ'로 2개이고, 후설 모음은 'ㅏ, ㅗ, ㅓ, ㅜ'로 4개이다.
③ 추출된 음운 중 원순 모음은 'ㅗ, ㅜ'로 2개이다.
④ 추출된 음운 중 후설 모음이면서 저모음인 것은 'ㅏ'로 1개이다.

02 정답 ③

출전 구본관 외,《한국어 문법 총론》

해설 'ㄴ'과 'ㅌ'은 [+치조음]이라는 공통적 자질을 가지며, 'ㄴ'은 [+비음]이고, 'ㅌ'은 [+파열음]이라는 자질의 차이로 구별된다.

오답 풀이 ① 'ㄷ'과 'ㅅ'은 [+치조음]이라는 공통적 자질을 가진다.
② 'ㄱ'은 [+연구개음]이고 'ㅂ'은 [+양순음]이라는 자질의 차이로 구별된다.
④ 'ㅇ'은 [+비음]이고, 'ㅋ'은 [+파열음]이라는 자질의 차이로 구별된다.

03 정답 ③

해설 ㉠ **안팎일**: [안팍일](음절의 끝소리 규칙-교체) → [안팍닐](ㄴ 첨가-첨가) → [안팡닐](비음화-교체)
㉡ **따뜻하다**: [따뜯하다](음절의 끝소리 규칙-교체) → [따뜨타다](자음 축약-축약)
㉢ **복학생**: [보칵생](자음 축약-축약) → [보칵쌩](된소리되기-교체)
㉣ **읊는**: [읖는](자음군 단순화-탈락) → [읍는](음절의 끝소리 규칙-교체) → [음는](비음화-교체)
㉡과 ㉢은 공통적으로 음운의 교체와 축약이 일어난다.

오답 풀이 ① ㉠과 ㉢ 모두 음운의 교체가 일어난다.
② ㉠에만 음운의 첨가가 일어난다.
④ ㉣에만 음운의 탈락이 일어난다.

04 정답 ①

해설 ㉠의 '크다'는 '동식물이 몸의 길이가 자라다'의 의미로, 주체의 움직임이나 변화를 나타내는 동사이다. 또한 현재 시제의 선어말 어미 '-ㄴ-'이 결합된 것으로도 동사임을 알 수 있다.

오답 풀이 ② '늙는'은 '늙다'의 어간에 현재 시제의 관형사형 어미 '-는'이 결합된 것이므로 동사이다.
③ '난다'는 '나다'의 어간에 현재 시제의 선어말 어미 '-ㄴ-'이 결합된 것이므로 동사이다.
④ 형용사는 청유형 어미와 결합할 수 없다고 했는데 '건강하다'는 청유형 어미 '-자'가 결합하면 비문법적인 문장이 되므로 형용사이다.

05 정답 ③

해설 '치르기'의 기본형인 '치르다'는 '치르- + -어 → 치러'와 같이 용언의 어간 '으'가 어미 '-아/-어' 앞에서 탈락하는 '—' 탈락 용언으로 규칙 활용을 한다.

오답 풀이 ① '팔기'의 기본형인 '팔다'는 '팔- + -는 → 파는, 팔- + -ㅂ시다 → 팝시다'와 같이 어간의 끝소리 'ㄹ'이 'ㄴ'이나 'ㅂ'으로 시작되는 어미 앞에서 탈락하는 'ㄹ' 탈락 용언으로 규칙 활용을 한다. 따라서 ㉠의 사례로 적절하다.
② '구르기'의 기본형인 '구르다'는 '구르- + -어 → 굴러'와 같이 '르' 불규칙 활용을 한다. '르' 불규칙 활용은 어간의 끝음절 '르'가 어미 '-아/-어' 앞에서 'ㄹㄹ'로 바뀌므로 ㉡의 사례로 적절하다.
④ '하양기'의 기본형인 '하얗다'는 '하얗- + -아 → 하얘'와 같이 'ㅎ' 불규칙 활용을 한다. 'ㅎ' 불규칙 활용은 어간의 끝 'ㅎ'이 어미 '-아/-어'와 결합할 때 어간과 어미가 모두 바뀌므로 ㉣의 사례로 적절하다.

06 정답 ③

해설 · 하고 들다: 앞말이 뜻하는 행동을 거칠고 다그치듯이 함을 나타내는 보조 동사이다.
· 내려고 들다: 앞말이 뜻하는 행동을 애써서 적극적으로 하려고 함을 나타내는 보조 동사이다.

오답 풀이 ① · 익혀 먹다: '음식 따위를 입을 통하여 배 속에 들여보내다'라는 '먹다'의 실질적인 의미가 있는 본용언(동사)이다.
· 깨 먹다: 앞말이 뜻하는 행동을 강조하는 보조 동사이다.
② · 생각해 내다: 앞말이 뜻하는 행동이 스스로의 힘으로 끝내 이루어짐을 나타내는 보조 동사이다.
· 그려서 내다: '예술 작품을 출품하다'라는 '내다'의 실질적인 의미가 있는 본용언(동사)이다.
④ · 일해 오다: 앞말이 뜻하는 행동이나 상태가 말하는 이 또는 말하는 이가 정하는 기준점으로 가까워지면서 계속 진행됨을 나타내는 보조 동사이다.
· 놓고 오다: '어떤 사람이 말하는 사람 혹은 기준이 되는 사람이 있는 쪽으로 움직여 위치를 옮기다' 등 '오다'의 실질적인 의미가 있는 본용언(동사)이다.

07 정답 ①

해설 ㉠ '갖은', ㉡ '모든'은 모두 형태 변화를 하지 않고 서술성이 없이 수식 기능만 있는 관형사이다.
㉠ 갖은: 골고루 다 갖춘. 또는 여러 가지의
㉡ 모든: 빠짐이나 남김이 없이 전부의

오답 풀이 ㉢ 다른: '다른'은 형용사 '다르다'의 활용형으로도, 관형사로도 쓰인다. ㉢은 '성격이 다르다'라는 서술성이 있으므로 형용사이다.
㉣ 그런: '그런'은 형용사 '그렇다'의 활용형으로도, 관형사로도 쓰인다. ㉣은 '사정이 그렇다'라는 서술성이 있으므로 형용사이다.

08 정답 ③

해설 '웃음'은 관형어 '큰'의 수식을 받으며 서술성이 없다. 따라서 동사 '웃다'에 접미사 '-ㅁ'이 붙은 파생 명사이고 품사는 동사에서 명사로 바뀌었다.

오답 풀이 ① '그림'은 부사어 '잘'의 수식을 받고, '(만화를) 그리다'라는 서술성이 있으므로 동사 '그리다'의 명사형이다. 따라서 '그림'의 '-ㅁ'은 명사형 어미이고, '그림'의 품사는 그대로 동사이다.
② '만남'은 관형어 '그와의'의 수식을 받는 파생 명사이므로 '만남'의 '-ㅁ'은 접미사이다.
④ '잠¹'과 '잠²'는 모두 동사 '자다'의 어간 '자-'와 '-ㅁ'이 결합한 형태이다. '잠¹'은 관형어 '깊은'의 수식을 받는 파생 명사이

므로 '잠¹'의 '-ㅁ'은 접미사이다. 한편 '잠²'는 부사어 '오래'의 수식을 받고 '(잠을) 자다'라는 서술성이 있으므로 '잠²'의 '-ㅁ'은 명사형 어미이고 품사는 그대로 동사이다.

09 정답 ④

해설 '학생이 아니다'에서 '학생이'는 '아니다' 앞에 쓰인 보어이며 이때 '이'는 보격 조사이므로, 앞말이 주어임을 나타내는 주격 조사라는 설명은 옳지 않다. '달이 밝다'의 '이'는 주격 조사이다.

오답 풀이 ① ㉠의 '하고'는 둘 이상의 사물이나 사람을 같은 자격으로 이어 주는 접속 조사이다.
② ㉡의 '는'은 어떤 대상이 다른 것과 대조됨을 나타내는 보조사로 쓰였다. '는'은 '문장 속에서 어떤 대상이 화제임을 나타내는 보조사 / 강조의 뜻을 나타내는 보조사'로도 쓰인다.
③ ㉢의 '와'는 다른 것과 비교하거나 기준으로 삼는 대상임을 나타내는 부사격 조사로 쓰였다. 그러나 '지우개와 연필이 있다'에서는 둘 이상의 사물이나 사람을 같은 자격으로 이어 주는 접속 조사로 쓰였다.

10 정답 ②

해설 '밝다'는 동사로도, 형용사로도 쓰인다. '벽지가 밝아서'의 '밝다'는 '빛깔의 느낌이 환하고 산뜻하다'의 의미로 쓰인 형용사이고, '분위기가 밝아서'의 '밝다' 또한 '분위기, 표정 따위가 환하고 좋아 보이거나 그렇게 느껴지는 데가 있다'의 의미로 쓰이는 형용사이다. 따라서 ②는 ㉠ '품사의 통용'의 사례로 적절하지 않다.

오답 풀이 ① '다섯'은 수사로도, 관형사로도 쓰인다.
· **다섯이나**: 뒤에 조사가 붙었으므로 수사이다.
· **다섯 명**: 뒤에 오는 체언을 수식하는 관형사이다.
③ '크다'는 동사로도, 형용사로도 쓰인다.
· **소리가 커서**: '소리가 귀에 거슬릴 정도로 강하다'는 의미로 쓰인 형용사이다.
· **한창 크는 분야**: '수준이나 능력 따위가 높은 상태가 되다'의 뜻으로 쓰인 동사이다.
④ '비교적'은 명사로도, 관형사로도, 부사로도 쓰인다.
· **비교적인 관점**: 뒤에 조사가 붙었으므로 명사이다.
· **비교적 쉬운**: 뒤에 오는 용언을 수식하고 있으므로 부사이다.

11 정답 ③

해설 ㉠ **손가락질**[(손 + 가락) + -질]: 합성어에 접사가 결합한 파생어이다.
㉡ **통조림**[통 + (조리- + -ㅁ)]: 파생어에 어근이 결합한 합성어이다.

오답 풀이 ① ㉠ **군것질**[(군- + 것) + -질]: 파생어에 접사가 결합하여 파생어를 이루는 경우이므로 ㉠의 예로 적절하지 않다.
㉡ **돌배나무**[(돌- + 배) + 나무]: 파생어에 어근이 결합하여 합성어를 이루는 경우이므로 ㉡의 예로 적절하다.
② ㉠ **낮잠**[낮 + (자- + -ㅁ)]: 파생어에 어근이 결합하여 합성어를 이루는 경우이므로 ㉡의 예에 해당한다.
㉡ **볶음밥**[(볶- + -음) + 밥]: 파생어에 어근이 결합하여 합성어를 이루는 경우이므로 ㉡의 예로 적절하다.
④ ㉠ **살얼음**[살- + (얼- + -음)]: 파생어에 접사가 결합하여 파생어를 이루는 경우이므로 ㉠의 예로 적절하지 않다.
㉡ **회덮밥**[회 + (덮- + 밥)]: 합성어에 어근이 결합하여 합성어를 이루는 경우이므로 ㉡의 예로 적절하지 않다.

12 정답 ④

해설 ㉣ '학교'는 뒤에 오는 체언 '운동장'을 수식하는 관형어이다. 관형어는 관형격 조사 없이 체언 단독으로도 성립이 가능하다.

오답 풀이 ① ㉠ '물고기가'는 '아니다' 앞에 놓인 보어이다.
② 부사격 조사 '으로'가 붙었으므로 ㉡ '얼음으로'는 부사어이다. '되다', '아니다' 앞에 오는 성분은 무조건 보어로 생각하기 쉽다. 그러나 '이', '가'는 주격 조사 외에 보격 조사로도 쓰이지만, '으로'는 부사격 조사로만 쓰이기 때문에 주의해야 한다.
③ ㉢ '홍보부에서'는 단체를 나타내는 명사 뒤에 붙어 앞말이 주어임을 나타내는 주격 조사인 '에서'가 붙은 주어이다.

13 정답 ①

해설 '얹다'는 '…에 …을 얹다'의 형태로 쓰이는 세 자리 서술어이다. 나머지 ②·③·④는 모두 두 자리 서술어이다.

오답 풀이 ② 몸이 예전과 <u>다르다</u>: '…과 다르다'의 형태로 쓰이는 두 자리 서술어이다.
③ 그녀는 친구와 <u>이별하다</u>: '…과 이별하다'의 형태로 쓰이는 두 자리 서술어이다.
④ 그는 낯선 사람과 <u>마주치다</u>: '…과 마주치다'의 형태로 쓰이는 두 자리 서술어이다.

14 정답 ③

해설 ㉠ 나는 [그가 고향으로 돌아왔다는] 소문을 들었다.
㉡ 우리는 [이곳이 교통사고의 현장임]을 전혀 몰랐다.
㉢ [철수가 시장에서 산] 사과는 [값이 비싸다].
㉠의 관형절로 안긴 문장인 '그가 고향으로 돌아왔다는'에는 부사어 '고향으로'가 있고, ㉢의 관형절로 안긴 문장인 '철수가 시장에서 산'에는 부사어 '시장에서'가 있다.

오답 풀이 ① 관형절로 안긴 문장인 '그가 고향으로 돌아왔다는'에는 생략된 문장 성분이 없다. '돌아오다'는 '…에/에게 돌아오다 / …으로 돌아오다'의 형태로 쓰인다.
② '이곳이 교통사고의 현장임'은 명사절이 목적격 조사 '을'과 결합하여 안은문장의 목적어로 쓰인다.
④ ㉡의 명사절로 안긴 문장인 '이곳이 교통사고의 현장임'에는 부사어가 없고, ㉢의 서술절로 안긴 문장인 '값이 비싸다'에도 부사어가 없다.

15 정답 ①

해설 관형절은 관형절 내에 생략된 문장 성분이 있는 관계 관형절과, 관형절 내에 생략된 문장 성분이 없는 동격 관형절로 나뉜다. ①은 '그가 엄청난 성공을 거두었다 = 사실'의 구성을 보이는 동격 관형절이다. 나머지 ②·③·④는 모두 관계 관형절이다.

오답 풀이 ② (눈물이) 뺨에 흐르다.
③ 내가 방금 학교에서 (친구와) 인사하다.
④ (사람이) 길을 가다.

16 정답 ②

해설 선어말 어미 '-겠-'은 '미래의 일이나 추측을 나타내는 어미 / 주체의 의지를 나타내는 어미 / 가능성이나 능력을 나타내는 어미' 등으로 쓰인다. ①·③·④는 모두 「1」 미래의 일이나 추측을 나타내는 어미로 쓰였지만 ②는 「2」 주체의 의지를 나타내는 어미로 쓰였다.

17 정답 ③

해설 ㉠의 서술어인 '낮다'는 한 자리 서술어이지만 사동문의 서술어인 '낮추다'는 '…을 낮추다'의 형태로 쓰이는 두 자리 서술어이다. ㉡의 서술어인 '먹다'는 '…을 먹다'의 형태로 쓰이는 두 자리 서술어이지만 사동문의 서술어인 '먹이다'는 '…에/에게 …을 먹이다'의 형태로 쓰이는 세 자리 서술어이다. 따라서 주동문을 사동문으로 바꾸면 서술어의 자릿수가 변할 수 있다.

오답 풀이 ① ㉠에서 주동문의 주어인 '온도가'는 사동문에서 목적어인 '온도를'로 나타나고, ㉡에서 주동문의 주어인 '아이가'는 사동문에서 부사어인 '아이에게'로 나타난다.
② 사동 접사는, ㉠에서는 형용사인 '낮다'의 어간과 결합하여 사동사인 '낮추다'를 만들고, ㉡에서는 동사인 '먹다'의 어간과 결합하여 사동사인 '먹이다'를 만든다.
④ ㉢에 쓰인 '불리다'는 '관악기에 입을 대고 숨을 내쉬어 소리를 내게 하다'의 뜻으로 '불다'의 사동사이고, ㉣에 쓰인 '불리다'는 '분량이나 수효를 많아지게 하다'의 뜻으로 '붇다'의 사동사이다.

18 정답 ①

해설 '여쭈어보다'는 객체인 선생님을 높이는 특수 어휘로 ㉠의 예에 해당하고, '성함(姓銜)'은 '성명(姓名)'의 높임말로 ㉡의 예에 해당한다.

오답 풀이 ② '밥'의 높임말인 '진지'는 ㉡의 예에 해당하지만, ㉠에 해당하는 예는 쓰이지 않았다. '잡수시다'는 주체인 할머니를 높이는 말이다.
③ '댁'은 '집'을 높이는 말로 ㉡의 예에 해당하지만, ㉠에 해당하는 예는 쓰이지 않았다. '계시다'는 주체인 할아버지를 높이는 말이다.
④ '드리다'는 객체인 어머니를 높이는 말로 ㉠의 예에 해당한다. 그러나 ㉡에 해당하는 예는 쓰이지 않았다.

19 정답 ①

해설 '대출에는 선결 조건이 있으신데(×)'에서 고객을 존대하려는 의도로 불필요하게 '-시-'를 넣는 간접 높임의 오류가 나타난다. '대출에는 선결 조건이 있는데'와 같이 고쳐야 한다. 이와 같은 간접 높임의 오류가 나타난 것은 ①이다. '재고'는 높여야 할 대상과 밀접한 관계를 갖고 있는 경우에 해당하지 않으므로 '재고가 없으신데(×)'는 '재고가 <u>없는데</u>'와 같이 고치는 것이 적절하다.

오답 풀이 ② '-ㄹ게'는 화자의 약속이나 의지 등을 나타내므로 청자에 대한 높임 표현으로 사용하는 것은 적절하지 못하다.
③ '말씀'은 선생님과 연관된 대상이므로 '선생님 말씀이 있으셨니?'와 같이 표현하는 것은 적절하며 오류가 없는 문장이다.
④ '오다'의 주체가 철수이므로 '오시라고(×)'는 '오라고'로 고쳐 철수를 높이지 않도록 해야 한다.

20 정답 ③

해설 공무원이 큰 소리로 떠들고 있는 민원인에게 조용히 해 달라는 의사를 간접적으로 전하고 있는데, 이때 쓰인 선어말 어미 '-겠-'은 담화 상황에서 말하는 이의 완곡한 태도를 나타내기 위해 사용된 것이다.

오답 풀이 ① '이쪽'은 화자에게 가까운 곳이나 방향을 가리키는 지시 대명사이다.
② '그것'은 '듣는 이에게 가까이 있거나 듣는 이가 생각하고 있는 사물을 가리키는 지시 대명사 / 앞에서 이미 이야기한 대상을 가리키는 지시 대명사' 등으로 쓰인다. 문맥상 앞에서 이야기한 '○○구 편지 쓰기 공모전'을 지시한다고 볼 수 있다.
④ '이렇게'는 '이러하게'가 줄어든 말이다. 앞말의 내용이 반복되는 것을 피하려고 쓰는 대용 표현에 해당한다.

21 정답 ②

출전 고등학교 《독서와 문법 I》 교과서, 지학사

해설 ㉮는 언어가 인간의 생각을 모두 표현하기에는 한계가 있다는 사고 우위론적 생각이고, ㉯는 언어가 인간의 사고를 지배한다는 언어 우위론적 생각이다. ②는 인간의 사고 능력이 언어의 명명 능력에 의해 제약을 받는다는 것이므로 ㉯의 사례에 해당한다.

오답 풀이 ① 조각가가 언어가 없어도 생각을 행동으로 옮길 수 있다는 것은 ㉮의 사례가 될 수 있다.
③ 우리와 중남미 원주민 언어 화자들 간에 앞으로 향하는 손짓의 의미가 다른 것은 말에 따라 행동이 달라지는 것이므로 언어가 사고에 영향을 주는 ㉯의 사례가 될 수 있다.
④ 실제 무지개의 색깔은 쉽게 변별할 수 없음에도 불구하고 우리가 무지개색이 일곱 가지라고 생각하는 것은 우리가 색깔을 분류하는 말이 일곱 가지이기 때문이다. 이것은 언어가 사물의 분별에 영향을 미친다는 것이므로 ㉯의 사례가 될 수 있다.

22 정답 ③

출전 구본관 외, 《한국어 문법 총론》

해설 아라비아 숫자 '1, 2, 3'은 표시하는 수인 기의와 모양인 기표 사이에 닮음이나 관련성이 없는 자의적 기호이고, 로마 숫자 'I, II, III'은 세로획의 개수가 그것이 표시하는 수와 관련성이 있으므로 지표적 기호이다.

오답 풀이 ① 신호등을 예로 들 때, 의미를 산출하는 기표인 '빨간불'은 '정지'라는 기의를 표시하고, '초록불'은 '통행하여도 좋음'이라는 기의를 표시한다.
② 기표인 이모티콘 'ㅠㅠ'가 '우는 모습'이라는 기의를 나타내는 것은 기표와 기의 사이에 닮음이 있는 기호인 도상적 기호의 예로 볼 수 있다.
④ '부추'의 의미(기의)는 동일하지만 지역마다 다른 이름(기표)으로 불리는 것에서 언어가 기의와 기표 사이에 닮음이 없는 자의적 기호임을 알 수 있다.

23 정답 ④

출전 임지룡 외, 《학교 문법과 문법 교육》

해설 '건너뛰다'는 '건너다'보다 '뛰다'가 시간의 순서상 먼저 일어난 것이므로 사건의 시간 순서가 언어 구조에 비례하는 ㉡ '순서적 도상성'의 예로 적절하지 않다.

오답 풀이 ① '붉다'는 상태를, '붉어지다'는 '빛깔이 점점 붉게 되어 가다'라는 상태의 변화를 나타내므로 개념이 복잡할수록 언어가 길어지는 ㉠ '양적 도상성'의 예로 들 수 있다.
② '불규칙'은 '규칙에서 벗어나 있음. 또는 규칙이 없음'의 의미이다. 이는 개념상으로 긍정인 '규칙'보다는 부정인 '불규칙'이 더 복잡하며, 따라서 형태상으로도 '규칙'보다 '불규칙'의 말의 길이가 더 긴 것을 알 수 있으므로 ㉠ '양적 도상성'의 예로 들 수 있다.
③ '어제오늘'은 '어제'가 '오늘'보다 시간의 순서상 먼저 일어난 것이므로 시간 순서대로 '어제오늘'과 같이 배열된 것이므로 ㉡ '순서적 도상성'의 예로 들 수 있다.

24 정답 ②

출전 남기심 외, 《표준 국어 문법론》

해설 '핀'은 '꽃봉오리 따위가 벌어지다'의 의미인 '피다'의 어간 '피-' 자리에 '두다'의 어간 '두-'가 대치될 수 있다. 또한

'-ㄴ'은 '피는'과 같이 현재 시제 관형사형 어미 '-는'으로 대치될 수 있으므로 '핀'은 '피-/-ㄴ'으로 분석될 수 있다.

오답 풀이 ① 뒤뜰은 계열 관계의 기준을 적용하여 분석하면 '뒤-뜰'로 분석된다.
③ '벚꽃이 예쁘다'가 우선 '벚꽃이'와 '예쁘다'와 같이 두 개의 문법 단위로 분석되는 것은 '벚꽃이' 자리에 '나리꽃이'가 대치될 수 있고, '예쁘다' 자리에 '아름답다'가 대치될 수 있으므로 계열 관계를 만족하고, '벚꽃이'와 '예쁘다' 사이에 '매우'와 같은 말이 끼어들 수 있으므로 통합 관계를 만족하기 때문이다.
④ '예쁘다'를 '예쁘-'와 '-다'로 분석할 수 있는 것은, '예쁘-' 자리에 '아름답-'이 대치될 수 있고 '-다' 자리에 '-니'가 대치될 수 있으므로 계열 관계를 만족하고, 또한 '예쁘-'와 '-다' 사이에 '-었-'이 끼어들 수 있으므로 통합 관계를 만족하기 때문이다.

25 **정답** ③

출전 고영근 외, 《우리말 문법론》

해설 '작은'은 형태에 따라 분류하면 가변어이고, 의미에 따라 분류하면 사물의 상태를 나타내는 말인 형용사이다.

오답 풀이 ① '나'는 형태가 변하지 않으므로 불변어이지만, 의미에 따라 분류하면 사람의 이름을 대신 나타내는 대명사이다.
② '새'는 기능에 따라 분류하면 수식언이고, 의미에 따라 분류하면 체언을 수식하는 관형사이다.
④ '넣었다'는 기능에 따라 분류하면 용언이지만, 의미에 따라 분류하면 사물의 움직임을 나타내는 동사이다.

PART 4 실무 중심 실용 규범

예상 문제

01 **정답** ③

해설 ㉠ **이파리**: 명사 뒤에 '-이' 이외의 모음으로 시작된 접미사가 붙어서 된 파생어의 경우, 그 명사의 원형을 밝히어 적지 아니한다는 〈한글 맞춤법〉 제20항 [붙임]의 규정을 따른 것이므로 ㉠의 예로 적절하다.
㉡ **먹어**: 용언의 어간과 어미는 구별하여 적는다는 〈한글 맞춤법〉 제15항의 규정을 따른 것이므로 ㉡의 예로 적절하다.

오답 풀이 ① ㉠ **얼루기**: '-하다'나 '-거리다'가 붙을 수 없는 어근에 '-이'나 또는 다른 모음으로 시작되는 접미사가 붙어서 명사가 된 것은 그 원형을 밝히어 적지 아니한다는 〈한글 맞춤법〉 제23항 [붙임]의 규정을 따른 것이므로 ㉠의 예로 적절하다.
㉡ **따님(딸 + 님)**: 끝소리가 'ㄹ'인 말과 딴 말이 어울릴 적에 'ㄹ' 소리가 나지 아니하는 것은 아니 나는 대로 적는다는 〈한글 맞춤법〉 제28항 [붙임]의 규정을 따른 것이므로 ㉠의 예에 해당한다.
② ㉠ **수캐**: 두 말이 어울릴 적에 'ㅎ' 소리가 덧나는 것은 소리대로 적는다는 〈한글 맞춤법〉 제31항의 규정을 따른 것이므로 ㉠의 예로 적절하다.
㉡ **얽히고설키다**: 한 단어 안에 접사를 따로 적은 형태주의적 표기(얽히고-)와 소리 나는 대로 적은 표음주의적 표기(-설키다)가 혼용되어 나타나므로 ㉡의 예로 적절하지 않다.
④ ㉠ **공염불[공념불]**: 접두사처럼 쓰이는 한자가 붙어서 된 말이나, 합성어에서 뒷말의 첫소리가 'ㄴ' 소리로 나더라도 두음 법칙에 따라 '여, 요, 유, 이'로 적는다는 〈한글 맞춤법〉 제10항 [붙임 2]의 규정을 따른 것이므로 ㉡의 예에 해당한다.
㉡ **여덟이**: 체언은 조사와 구별하여 적는다는 〈한글 맞춤법〉 제14항 규정을 따른 것이므로 ㉡의 예로 적절하다.

02 **정답** ④

해설 '끄트머리(끝 + -으머리)'와 '바가지(박 + -아지)'는 모두 ㉣의 규정을 적용하여 표기한 것이다.

오답 풀이 ① '많이(많- + -이)'는 ㉠의 규정을 적용하여 표기한 것으로, '많다'의 어간에 '-이'가 붙어서 부사로 된 것이다. 참고로 '앎'은 동사 '알다'의 명사형이다.
② '마감(막- + -암)'과 '마중(맞- + -웅)'은 ㉡의 규정을 적용하여 각각 '막다'와 '맞다'의 어간에 모음으로 시작된 접미사가 붙어 명사로 바뀐 것을 원형을 밝혀 적지 않고 표기한 것이다.
③ '집집이(집집 + -이)'는 ㉢의 규정을 적용하여 표기한 것으로, 명사 '집집' 뒤에 '-이'가 붙어서 부사로 된 것이다. '다듬이(다듬- + -이)'는 ㉠의 규정을 적용하여 표기한 것으로, '다듬다'의 어간에 '-이'가 붙어서 명사로 된 것이다.

03 **정답** ②

해설 ㉠ **선짓국[선지꾹/선짇꾹]**: 순우리말로 된 합성어로서 뒷말의 첫소리가 된소리로 나는 것(㉠)의 예에 해당한다.
㉡ **냇물[낸ː물]**: 순우리말로 된 합성어로서 뒷말의 첫소리 'ㄴ, ㅁ' 앞에서 'ㄴ' 소리가 덧나는 것(㉡)의 예에 해당한다.
㉢ **훗일(後일)[훈ː닐]**: 순우리말과 한자어로 된 합성어로서 뒷말의 첫소리 모음 앞에서 'ㄴㄴ' 소리가 덧나는 것(㉢)의 예에 해당한다.

오답 풀이 ① ㉢ '베갯잇[베갠닏]'은 순우리말로 된 합성어로서 뒷말의 첫소리 모음 앞에서 'ㄴㄴ' 소리가 덧나는 것의 예에 해당한다.
㉠ '나룻배', ㉡ '텃마당'은 바르게 연결되었다.
③ ㉠ '아랫방(아랫房)[아래빵/아랟빵]'은 순우리말과 한자어로 된 합성어로서 뒷말의 첫소리가 된소리로 나는 것의 예에 해당한다.

ⓒ '빗물', ⓒ '가욋일(加외일)'은 바르게 연결되었다.
④ ⓒ '제삿날(祭祀날)[제산날]'은 순우리말과 한자어로 된 합성어로서 앞말이 모음으로 끝난 경우, 뒷말의 첫소리 'ㄴ, ㅁ' 앞에서 'ㄴ' 소리가 덧나는 것의 예에 해당한다.
ⓒ '아랫집', ⓒ '잇몸'은 바르게 연결되었다.

04 정답 ①

해설 문맥상 병에서 회복되었다는 의미로 쓰인 것이므로, '병이나 상처 따위가 고쳐져 본래대로 되다'의 의미인 '낫다'의 과거형인 '나았다'를 써야 한다. '낫다'는 'ㅅ' 불규칙 용언으로, 모음으로 시작하는 어미 앞에서 ㅅ이 탈락하고 나서 어미가 줄어들지 않고 '나아 - 나으니 - 낫는'과 같이 활용한다. 따라서 '낫다'의 과거형 '나았다'는 '났다'로 줄 수 없다. 한편 '병 따위가 발생하다'의 의미로 쓰이는 '나다'에 '-았-'이 어울릴 적에는 준 대로만 적으므로 '나다'의 과거형은 '났다'로 써야 한다.

오답 풀이 ② '개어'는 '개', '개었다'는 '갰다'로 줄 수 있다. 제34항 [붙임 1]은 허용 규정으로, 본말인 '개었다'와 준말인 '갰다' 모두 옳은 표기이다.
③ '꼬아'는 '꽈'로, '꼬았다'는 '꽜다'로 준다.
④ '뵈어'는 '봬'로, '뵈었다'는 '뵀다'로 준다.

05 정답 ④

해설 · 공부하노라고(×) → 공부하느라고(○): 앞 절의 사태가 뒤 절의 사태에 목적이나 원인이 됨을 나타내는 연결 어미인 '-느라고'가 들어가는 것이 적절하다.
· 하느라고 한 것(×) → 하노라고 한 것(○): 자기 나름대로 꽤 노력했음을 나타내는 연결 어미인 '-노라고'가 들어가는 것이 적절하다.

오답 풀이 ① · 걷잡을(○): '한 방향으로 치우쳐 흘러가는 형세 따위를 붙들어 잡다'의 의미로는 '걷잡다'를 쓴다.
· 겉잡아도(○): '겉으로 보고 대강 짐작하여 헤아리다'의 의미로는 '겉잡다'를 쓴다.
② · 부쳤다(○): '어떤 일을 거론하거나 문제 삼지 아니하는 상태에 있게 하다'의 의미로는 '부치다'를 쓴다.
· 붙였다(○): '어떤 감정이나 감각을 생기게 하다'의 의미로는 '붙이다'를 쓴다.
③ · 이따가(○): '이따가 ~ 오너라'와 같이 앞말의 수식은 받지 않고 뒤에 오는 용언을 꾸밀 때에는 '조금 지난 뒤에'의 의미인 부사 '이따가'를 쓴다.
· 있다가(○): '있다가'는 '있다'의 '있-'에 어떤 동작이나 상태가 끝나고 다른 동작이나 상태로 옮겨지는 뜻을 나타내는 어미 '-다가'가 붙은 형태이다. '더 있다가 갈게'와 같이 앞에 부사어가 쓰이는 구성에서는 동사 '있다'의 활용형인 '있다가'를 쓴다.

06 정답 ②

해설 · 사흘만에(×) → 사흘∨만에(○): '만'은 '앞말이 가리키는 동안이나 거리'의 뜻으로 쓰인 의존 명사이므로 앞말과 띄어 쓴다.
· 다섯∨번∨만이다(○): '만'은 '앞말이 가리키는 횟수를 끝으로'의 뜻으로 쓰인 의존 명사이므로 앞말과 띄어 쓴다.

오답 풀이 ① · 건강만큼은(○): '만큼'은 앞말에 한정됨을 나타내는 보조사이므로 앞말에 붙여 쓴다.
· 들릴∨만큼(○): '만큼'은 앞의 내용에 상당한 수량이나 정도임을 나타내는 의존 명사이므로 앞말과 띄어 쓴다.
③ · 실력뿐이다(○): '뿐'은 '그것만이고 더는 없음 / 오직 그렇게 하거나 그러하다는 것'을 나타내는 보조사이므로 앞말에 붙여 쓴다.
· 웃고만∨있을∨뿐이지(○): '뿐'은 다만 어떠하거나 어찌할 따름이라는 뜻을 나타내는 의존 명사이므로 앞말과 띄어 쓴다.
④ · 다들(○): '들'은 그 문장의 주어가 복수임을 나타내는 보조사이므로 앞말에 붙여 쓴다.

- 사과,∨배,∨감∨들이(○): '들'은 두 개 이상의 사물을 나열할 때, 그 열거한 사물 모두를 가리키거나, 그 밖에 같은 종류의 사물이 더 있음을 나타내는 의존 명사이므로 앞말과 띄어 쓴다.

07 정답 ④

해설 윗어른(×) → 웃어른(○), 윗돈(×) → 웃돈(○): '아래, 위'의 대립이 없는 단어는 '웃-'으로 발음되는 형태를 표준어로 삼는다.

오답 풀이 ① 암캐(○): '수ㅎ'에 '개'가 결합하면 '수캐'가 되는 경우와 마찬가지로 접두사 '암-'이 결합되는 경우에도 접두사 다음에서 나는 거센소리를 인정하여 '암캐'로 표기한다.
② 수놈(○): '숫-'으로 쓰는 것은 '숫양, 숫쥐, 숫염소'에만 해당되므로 '수놈'으로 표기한다.
③ 위층(○), 위쪽(○): 된소리나 거센소리 앞에서는 '위-'로 한다.

08 정답 ④

해설 ② '뚫고'는 받침 'ㄶ' 뒤에 'ㄱ'이 결합되는 경우, 뒤 음절 첫소리와 합쳐서 [ㅋ]으로 발음한다는 제12항 1. 규정에 따라 [뚤코]로 발음한다. 하지만 제23항 규정은 적용되지 않는다.

오답 풀이 ① '여덟만'은, 겹받침 'ㄼ'은 자음 앞에서 [ㄹ]로 발음한다는 제10항 규정에 따라 [여덜만]으로 발음한다.
② ⓒ '읽다'는, 겹받침 'ㄺ'은 자음 앞에서 [ㄱ]으로 발음한다는 제11항 규정과, 받침 'ㄱ(ㄺ)' 뒤에 연결되는 'ㄷ'은 된소리로 발음한다는 제23항 규정에 따라 [익따]로 발음한다.
③ '놓고'는, 'ㅎ' 뒤에 'ㄱ'이 결합되는 경우에는 뒤 음절 첫소리와 합쳐서 [ㅋ]으로 발음한다는 제12항 1.의 규정에 따라 [노코]로 발음한다.

09 정답 ③

해설 커피숖(×) → 커피숍(○), 굿 이브닝(○)/굳 이브닝(×): 〈외래어 표기법〉 제3항에 따라, 받침에는 'ㄱ, ㄴ, ㄹ, ㅁ, ㅂ, ㅅ, ㅇ'만을 써야 한다.

오답 풀이 ① 환타지(×) → 판타지(○), 필름(○): 〈외래어 표기법〉 제2항에 따라, [f]를 'ㅎ'과 'ㅍ'으로 다르게 적지 않고 일정하게 'ㅍ'으로만 적는다.
② 빠리(×) → 파리, 꼬냑(×) → 코냑(○): 〈외래어 표기법〉 제4항에 따라, 파열음 표기에는 된소리를 쓰지 않는 것을 원칙으로 한다.
④ 까페(×) → 카페, 콩트(○): 〈외래어 표기법〉 제4항에 따라, 파열음 표기에는 된소리를 쓰지 않는 것을 원칙으로 한다.

10 정답 ③

해설 ⓒ 해돋이[해도지] haedoji(○): 구개음화가 되는 경우 변화의 결과에 따라 적는다.
ⓒ 광희문[광히문] Gwanghuimun(○): 'ㅢ'는 'ㅣ'로 소리 나더라도 'ui'로 적는다.

오답 풀이 ㉠ 한라산[할ː라산] Hanrasan(×) → Hallasan(○): 자음 사이에 동화 작용이 일어나는 경우 변화의 결과에 따라 적는다. 'ㄹㄹ'은 'll'로 적는다.
㉣ 경복궁 Gyeongbokggung(×) → Gyeongbokgung(○): 'ㄱ, ㄷ, ㅂ'은 모음 앞에서는 'g, d, b'로, 자음 앞이나 어말에서는 'k, t, p'로 적는다. 된소리되기는 표기에 반영하지 않는다.

11 정답 ③

해설 '납부(納付/納附)하다'는 '세금이나 공과금 따위를 관계 기관에 내다'의 의미이고, '수납(收納)하다'는 '돈이나 물품 따위를 받아 거두어들이다'의 의미이다. 문맥상 입찰자가 입찰 보증금을 내는 것이므로 '납부하다'를 '수납하다'로 고쳐 쓰는 것은 적절하지 않으므로 고치지 않고 그대로 둔다.

오답 풀이 ① '어떤 조건, 범위에 제한되거나 국한되다'의 의미인 '한(限)하다'는 '…에 한하다'의 형태로 쓰인다. 따라서 '입찰 참가자에 한하여'로 수정한 것은 적절하다.
② 대등하게 연결되는 문장 구조의 앞뒤를 확인하여, 병렬 관계를 살펴보아야 한다. 따라서 '및' 앞뒤의 문장 구조를 맞춰 '제한 사항을 확인하고 ~ 계약서 등을 열람한 후'와 같이 수정한 것은 적절하다.
④ 이자율을 내는 것이 아니라 이자를 내는 것이므로 '연체 이자'로 수정한 것은 적절하다.

12 정답 ①

출전 《한눈에 알아보는 공공 언어 바로 쓰기》, 국립국어원, 수정

해설 '시민의 건강'과 '쾌적한 실내 분위기'가 모두 '조성하다'라는 서술어와 호응을 이루고 있는데, '시민의 건강을 조성하다'는 어색하므로 '시민의 건강을 지키고 쾌적한 실내 분위기를 조성하기 위해'와 같이 적절한 서술어를 넣어 고쳐 써야 한다.

오답 풀이 ② '기간(어느 때부터 다른 어느 때까지의 동안 / 어느 일정한 시기부터 다른 어느 일정한 시기까지의 사이)'과 '동안(어느 한때에서 다른 한때까지 시간의 길이)'의 의미가 중복된다. 따라서 '공사하는 기간 동안'을 '공사하는 동안'으로 고쳐 쓴 것은 적절하다.
③ '익일(翌日)'은 '어느 날 뒤에 오는 날'의 의미로 '다음 날, 이튿날'로 다듬을 수 있고 '적의 조치(適宜措置)'는 '알맞게 처리 / 적절히 조치'로 다듬을 수 있다.
④ '가능한'은 형용사의 관형사형이므로 뒤에 수식할 수 있는 체언이 와야 한다. 따라서 명사 '한'을 넣어 '가능한 한'의 형태로 고쳐 쓴 것은 적절하다.

13 정답 ④

출전 《예문으로 알아보는 보도 자료 바로 쓰기》, 국립국어원

해설 큰따옴표를 사용한 직접 인용문에서는 앞말이 직접 인용되는 말임을 나타내는 격 조사 '라고'를 쓰므로 고치지 않고 그대로 둔다. '고'는 앞말이 간접 인용되는 말임을 나타내는 격 조사이다.

오답 풀이 ① '개선하다'는 '잘못된 것이나 부족한 것, 나쁜 것 따위를 고쳐 더 좋게 만들다'의 의미인데, '제도의 운영 방법을 개선하다'와 같이 그대로 써도 의미가 통하므로 '이를 개선시키다'로 쓸 필요가 없다. '-하다'를 쓸 수 있는 말에 무리하게 '-시키다'를 결합하지 않는다.
② 어떤 일의 수단이나 도구를 나타내는 격 조사인 '으로써'를 써서 '개편함으로써'로 수정하는 것이 적절하다. '으로서'는 지위나 신분, 또는 자격을 나타낸다.
③ 대등하게 연결되는 문장 구조의 앞뒤를 확인하여, 병렬 관계를 살펴보아야 한다. 따라서 '와' 앞뒤의 문장 구조를 맞춰 '비리 당사자들을 강력하게 징계하고 ~ 업무 추진 과정의 투명성을 높일 수 있는'과 같이 수정하는 것이 적절하다.

14 정답 ①

출전 《한눈에 알아보는 공공 언어 바로 쓰기》, 국립국어원, 수정

해설 · 의심스런(×) → 의심스러운(○): 모음으로 시작되는 어미가 결합할 때는 음이 탈락되지 않는다.
· 생각지 못하게(○)/생각치 못하게(×): 어간의 끝음절 '하' 앞에 안울림소리가 있어 '하'가 아주 줄 적에는 준 대로 적으므로 '생각하지 못하게'는 '생각지 못하게'로 쓰는 것이 옳다. 따라서 수정할 필요가 없다.

오답 풀이 ② '잡다'는 '…을 잡다'의 형태로 쓰이므로 생략된 목적어를 넣어 '이를 볼모로 잡고'와 같이 수정하는 것이 적절하다.
③ 의심되어지는(×) → 의심되는(○): '-되어지다'는 피동문의 표현을 중복하여 잘못 사용한 것이다.
④ · 버젼(×) → 버전(○): 'ㅈ, ㅊ' 다음에는 'ㅑ, ㅕ, ㅛ, ㅠ'와 같은 이중 모음을 쓰지 않는다.
  · 고객 센타(×) → 고객 센터(○)

15

정답 ①

출전 《한눈에 알아보는 공공 언어 바로 쓰기》, 국립국어원, 수정

해설 ㉠ 기호(記號)(○)/기호[記號](×): 우리말 표기와 원어 표기를 아울러 보일 때에는 소괄호(( ))를 쓴다. 따라서 수정할 필요가 없다.
㉡ 6. 1(금)까지(×) → 6. 1.(금)까지(○): 아라비아 숫자만으로 연월일을 표시할 때에는 마지막에도 '일'을 나타내는 마침표를 찍는다.

오답 풀이 ② '훼손하다'는 '…을 훼손하다'의 형태로 쓰이고, '철거하다'도 '…을 철거하다'의 형태로 쓰인다. 따라서 '선거 벽보를 훼손하거나 철거하면'과 같이 생략된 목적어를 넣어 주어야 한다.
③ '정당한 사유 없이 벽보를 훼손하는 행위'는 처벌될 수도 있는 행위가 아니라 처벌을 받게 되는 행위이므로 '처벌을 받습니다'와 같이 단정적으로 표현하는 것이 적절하다.
④ '발급되다'는 '증명서 따위가 발행되어 주어지다'의 의미이므로 홍보물에 쓰이는 것은 어색하다. '물건, 편지, 서류 따위가 우편이나 운송 수단을 통해 보내지다'의 의미인 '발송되다'로 수정하는 것이 적절하다.

PART 5 유추의 힘 어휘

예상 문제

01 정답 ①

출전 이민영, 〈다이어트 필수 식품? '제로 슈거', '제로 칼로리'의 함정〉, 《중앙일보》(2024. 1. 20.)

해설 ㉠은 '다른 것보다 수준이 처지거나 못하다'의 의미로 쓰였다. 이와 가장 가까운 의미로 쓰인 것은 ①이다.

오답 풀이 ② **주가가 떨어지다**: 값, 기온, 수준, 형세 따위가 낮아지거나 내려가다.
③ **부모와 떨어지다**: 관계가 끊어지거나 헤어지다.
④ **임무가 떨어지다**: 급한 일이나 임무가 맡겨지다.

02 정답 ④

해설 '시름을 잊었다'의 '잊다'는 ㉢의 예문으로 적절하다. ㉣의 예문으로는 '고마움을 평생 잊지 않겠다' 정도를 들 수 있다.

03 정답 ②

해설 '속력이 줄었다'의 '줄다'는 ㉢의 예문으로 적절하다. ㉡의 예문으로는 '수학 실력이 줄다' 정도를 들 수 있다.

04 정답 ③

해설 ㉠ **눈에 잘 띄는 곳에 두다**: 일정한 곳에 놓다.
㉡ **혐의를 두다**: 생각 따위를 가지다.
㉢ **전문 경영인을 대표 이사로 두다**: 사람을 데리고 쓰다.

05 정답 ①

출전 2019학년도 3월 고3 전국연합학력평가

해설 ㉠은 '관례, 유행이나 명령, 의견 따위를 그대로 실행하다'의 의미로 쓰였다. ①의 '따르다'는 ㉠과 동음이의 관계에 있는 말로, '그릇을 기울여 안에 들어 있는 액체를 밖으로 조금씩 흐르게 하다'의 의미이다. 나머지 ②·③·④는 모두 ㉠과 다의 관계에 있다.

오답 풀이 ② **동작을 따르다**: 남이 하는 대로 같이 하다.
③ **음식 솜씨를 따르다**: 앞선 것을 좇아 같은 수준에 이르다.
④ **어려움이 따르다**: 어떤 일이 다른 일과 더불어 일어나다.

06 정답 ③

해설 ㉠의 '길'은 '사람이나 동물 또는 자동차 따위가 지나갈 수 있게 땅 위에 낸 일정한 너비의 공간'의 의미이고, ㉡의 '길'은 '걷거나 탈것을 타고 어느 곳으로 가는 노정(路程)'의 의미이다. 즉 ㉠과 ㉡은 소리도 같고 의미도 밀접한 다의 관계이다. 이와 같은 다의 관계로 짝 지어진 것은 ③이다. '돈을 찾았다'에서 '찾다'는 '잃거나 빼앗기거나 맡기거나 빌려주었던 것을 돌려받아 가지게 되다'의 의미이고, '자신감을 찾았다'에서 '찾다'는 '자신감, 명예, 긍지 따위를 회복하다'의 의미이다. 나머지 ①·②·④는 모두 소리는 같되 의미가 서로 관련이 없는 동음이의 관계이다.

오답 풀이 ① · **얼룩이 지다**: 어떤 현상이나 상태가 이루어지다.
  · **배낭을 지다**: 물건을 짊어서 등에 얹다.
② · **배드민턴을 치다**: 손이나 손에 든 물체로 물체를 부딪게 하는 놀이나 운동을 하다.
  · **농약을 치다**: 기계나 식물이 더 좋은 상태가 되도록 기름이나 약을 바르거나 뿌리다.
④ · **맛이 쓰다**: 달갑지 않고 싫거나 괴롭다.
  · **시간을 쓰다**: 어떤 일을 하는 데 시간이나 돈을 들이다.

07 정답 ①

해설 ㉠ '익숙하다'는 '어떤 일을 여러 번 하여 서투르지 않은 상태에 있다 / 어떤 대상을 자주 보거나 겪어서 처음 대하지 않는 느낌이 드는 상태에 있다 / 눈이 어둡거나 밝은 곳에 적응해 웬만큼 볼 수 있다'의 의미이고, ㉡ '낯설다'는 '전에 본 기억이 없어 익숙하지 아니하다 / 사물이 눈에 익지 아니하다'의 의미이다. 즉 ㉠과 ㉡은 서로 반대되는 의미의 단어이다. 그러나 ①의 '갈등(葛藤: 칡 갈, 등나무 등)'은 '칡과 등나무가 서로 얽히는 것과 같이, 개인이나 집단 사이에 목표나 이해관계가 달라 서로 적대시하거나 충돌함. 또는 그런 상태'의 의미이고, '알력[軋轢: 삐걱거릴 알, 수레에 칠 력(역)]'은 '수레바퀴가 삐걱거린다는 뜻으로, 서로 의견이 맞지 아니하여 사이가 안 좋거나 충돌함을 이르는 말'이므로 서로 유사한 의미라고 볼 수 있다. 나머지 ②·③·④는 모두 반대되는 의미의 단어들이다.

오답 풀이 ② · **악화(惡化: 악할 악, 될 화)**: 일의 형세가 나쁜 쪽으로 바뀜. / 병의 증세가 나빠짐.
  · **호전(好轉: 좋을 호, 구를 전)**: 일의 형세가 좋은 쪽으로 바뀜. / 병의 증세가 나아짐.
③ · **희박(稀薄: 드물 희, 얇을 박)**: 기체나 액체 따위의 밀도나 농도가 짙지 못하고 낮거나 엷음. / 감정이나 정신 상태 따위가 부족하거나 약함. / 어떤 일이 이루어질 가능성이 적음.
  · **농후(濃厚: 짙을 농, 두터울 후)**: 맛, 빛깔, 성분 따위가 매우 짙음. / 어떤 경향이나 기색 따위가 뚜렷함.
④ · **공급(供給: 이바지할 공, 줄 급)**: 요구나 필요에 따라 물품 따위를 제공함. / 교환하거나 판매하기 위하여 시장에 재화나 용역을 제공하는 일. 또는 그 제공된 상품의 양
  · **수요(需要: 구할 수, 중요할 요)**: 어떤 재화나 용역을 일정한 가격으로 사려고 하는 욕구

08 정답 ②

해설 '그와 생사고락을 함께했다'에서 '함께하다'는 '함께하다 「1」'의 의미로 쓰였다. '함께하다 「2」'의 용례로는 '그는 친구와 행동을 함께했다' 정도를 들 수 있다.

오답 풀이 ① 《표준국어대사전》에서는 소리도 같고 의미도 서로 밀접한 관계에 있는 다의어의 경우 「1」, 「2」 등으로 각각의 뜻을 표기한다. 따라서 '함께하다'는 다의어이지만, '함께'는 다의어가 아님을 알 수 있다.
③ '함께하다'는 '같이하다'와 같은 의미이다. 따라서 '함께하다'를 '같이하다'로 바꿔도 의미는 변하지 않는다.
④ 《표준국어대사전》의 문형 정보는 주어를 제외하고 서술어가 필요로 하는 문장 성분이 나타난다. '함께하다'는 '(…과) …을 함께하다'의 형태로 쓰이는데, 이는 '나는(주어) 친구와(부사어) 행동을(목적어) 함께했다'와 같이 세 자리 서술어로 쓰일 수도 있고, 여럿임을 뜻하는 말이 주어로 올 적에는 '우리는(주어) 행동을(목적어) 함께했다'와 같이 두 자리 서술어로 쓰일 수도 있음을 나타낸다.

09 정답 ④

해설 · 밭아 버리고 누렇게 뜬 얼굴 → ㉡ 몸에 살이 빠져서 여위다.
· 간이 밭아 오르고 → ㉢ 근심, 걱정 따위로 몹시 안타깝고 조마조마해지다.

- 샘물까지 받아 버렸다 → ㉠ 액체가 바싹 졸아서 말라붙다.
- 바지가 받아서 → ㉤ 길이가 매우 짧다.

따라서 〈보기〉에서 활용되지 않은 것은 ㉢, ㉣이다.

10 정답 ③

해설 ㉠의 '가깝다'는 '어느 한 곳에서 다른 곳까지의 거리가 짧다'의 의미이므로 '가깝다'의 가장 기본적인 중심적 의미에 해당한다. ㉡의 '가깝다'는 '어떤 시간이나 날짜까지의 간격이 짧다'의 의미로, 중심적 의미가 확장되어 쓰인 주변적 의미에 해당한다.

오답 풀이 ① ㉠과 ㉡ 모두 '사람이나 사물의 외형적 길이, 넓이, 높이, 부피 따위가 보통 정도를 넘다'라는 '크다'의 중심적 의미에 해당한다.
② '높다'의 중심적 의미는 '아래에서 위까지의 길이가 길다'이다. ㉠의 '높다'는 '일어날 확률이 다른 것보다 크다'의 의미이고, ㉡의 '높다'는 '품질, 수준, 능력, 가치 따위가 보통보다 위에 있다'의 의미이다. 따라서 ㉠과 ㉡의 '높다'는 모두 주변적 의미에 해당한다.
④ '좁다'의 중심적 의미는 '면이나 바닥 따위의 면적이 작다'이다. ㉠의 '좁다'는 '내용이나 범위 따위가 널리 미치지 아니한 데가 있다'라는 주변적 의미에 해당하고, ㉡의 '좁다'는 중심적 의미에 해당한다.

11 정답 ③

출전 2022학년도 3월 고3 전국연합학력평가

해설 '맞추다'는 '서로 어긋남이 없이 조화를 이루다 / 어떤 기준이나 정도에 어긋나지 아니하게 하다' 등의 의미이다. 따라서 '비행기나 선박, 자동차 따위의 기계를 다루어 부리다 / 다른 사람을 자기 마음대로 다루어 부리다'의 의미인 '조종(操縱: 잡을 조, 늘어질 종)하다'로 바꿔 쓰는 것은 적절하지 않다. 이 문장에서는 '균형이 맞게 바로잡다. 또는 적당하게 맞추어 나가다'의 의미인 '조절(調節: 고를 조, 마디 절)하다' 정도로 바꿔 쓰는 것이 적절하다.

오답 풀이 ① 고려[考慮: 상고할 고, 생각할 려(여)]하다: 생각하고 헤아려 보다.
② 수립(樹立: 나무 수, 설 립(입)]하다: 국가나 정부, 제도, 계획 따위를 이룩하여 세우다.
④ 성찰(省察: 살필 성, 살필 찰)하다: 자기의 마음을 반성하고 살피다.

12 정답 ④

출전 마승렬, 〈역모기지 제도의 도입 필요성〉, 《문화일보》(2006. 10. 23.)

해설 '수반(隨伴: 따를 수, 짝 반)되다'는 '붙좇아져서 따르게 되다 / 어떤 일과 더불어 생기다'의 의미이다. 따라서 '받아들여지다'로 풀이하는 것은 적절하지 않다. '받아들여지다'는 '사람들에게서 돈이나 물건 따위를 거두어 받다 / 다른 문화, 문물을 받아서 자기 것으로 되게 하다' 등의 의미로 쓰이는 '받아들이다'의 피동형이다.

오답 풀이 ① 야기(惹起: 이끌 야, 일어날 기)하다: 일이나 사건 따위를 끌어 일으키다.
② 초래[招來: 부를 초, 올 래(내)]하다: 일의 결과로서 어떤 현상을 생겨나게 하다. / 불러서 오게 하다.
③ 현저(顯著: 나타날 현, 나타날 저)히: 뚜렷이 드러날 정도로

13 정답 ④

해설 '분수령[分水嶺: 나눌 분, 물 수, 재 령(영)]'은 '어떤 사실이나 사태가 발전하는 전환점 또는 어떤 일이 한 단계에서 전혀 다른 단계로 넘어가는 전환점을 비유적으로 이르는 말'이다. '사물의 진행이나 발전이 최고의 경지에 달한 상태. =절정'은

'정점(頂點: 정수리 정, 점찍을 점)'이라고 한다.

오답 풀이 ① 미봉책(彌縫策: 두루 미, 꿰맬 봉, 꾀 책): 눈가림만 하는 일시적인 계책(計策)
② 경주(傾注: 기울 경, 물댈 주): 물 따위를 기울여 붓거나 쏟음. / 힘이나 정신을 한곳에만 기울임. / 강물이 쏜살같이 바다로 흘러 들어감. / 비가 퍼붓듯 쏟아지는 것을 비유적으로 이르는 말
③ 폄하(貶下: 떨어뜨릴 폄, 아래 하): 가치를 깎아내림.

14 정답 ④

해설 '해명(解明: 풀 해, 밝을 명)'은 '까닭이나 내용을 풀어서 밝힘'을 뜻하는 단어로, ㉠~㉢에 들어갔을 때 문장이 자연스럽게 연결된다.

오답 풀이 ① 변명(辨明: 분별할 변, 밝을 명): 어떤 잘못이나 실수에 대하여 구실을 대며 그 까닭을 말함. / 옳고 그름을 가려 사리를 밝힘.
② 천명(闡明: 열 천, 밝을 명): 진리나 사실, 입장 따위를 드러내어 밝힘.
③ 규명(糾明: 꼴 규, 밝을 명): 어떤 사실을 자세히 따져서 바로 밝힘.

15 정답 ②

해설 '석사 학위를 받았다'의 '받다'는 '점수나 학위 따위를 따다'의 의미이다. 하지만 '수여(授與: 줄 수, 더불 여)하다'는 '증서, 상장, 훈장 따위를 주다'의 의미이므로 바꾸어 쓰기에 적절하지 않다. 이 문장에서는 '자기 것으로 만들어 가지다'의 의미인 '취득(取得: 취할 취, 얻을 득)하다'를 쓰는 것이 적절하다.

오답 풀이 ① · (물건을) 받다: 여러 사람에게 팔거나 대어 주기 위해 한꺼번에 많은 양의 물품을 사다.
· 구매(購買: 살 구, 살 매)하다: 물건 따위를 사들이다.
③ · (공과금을) 받다: 다른 사람이 바치거나 내는 돈이나 물건을 책임 아래 맡아 두다.
· 수납(收納: 거둘 수, 들일 납)하다: 돈이나 물품 따위를 받아 거두어들이다.
④ · (우편물을) 받다: 다른 사람이 주거나 보내오는 물건 따위를 가지다.
· 수령[受領: 받을 수, 거느릴 령(영)]하다: 돈이나 물품을 받아들이다.

16 정답 ①

출전 오상훈, 〈태어날 때부터 대사 안 되는 질환 1,000여 개, 진단 방량 주의〉,《헬스조선》(2024. 2. 19.), 수정

해설 문맥상 필요하지 않은 물질을 몸 밖으로 내보낸다는 의미로 이어지는 것이 자연스럽다. 따라서 '전체 속에서 어떤 물건, 생각, 요소 따위를 뽑아냄' 등의 의미로 쓰이는 '추출(抽出: 뺄 추, 날 출)'로 바꿔 쓰는 것은 적절하지 않다. 이 문장에서는 '안에서 밖으로 밀어 내보냄'의 의미인 '배출(排出: 물리칠 배, 날 출)' 정도로 바꿔 쓰는 것이 적절하다.

오답 풀이 ② 관여(關與: 빗장 관, 더불 여): 어떤 일에 관계하여 참여함.
③ 축적(蓄積: 쌓을 축, 쌓을 적): 지식, 경험, 자금 따위를 모아서 쌓음. 또는 모아서 쌓은 것
④ 발현(發現: 필 발, 나타날 현 / 發顯: 필 발, 나타날 현): 속에 있거나 숨은 것이 밖으로 나타나거나 그렇게 나타나게 함. 또는 그런 결과

17 정답 ②

해설 ㉠ 동물원 철책 안의 동물들을 통해 화자는 나라를 잃고 억압당하는 자신의 처지를 자각하게 되고 "사방에서 창살 틈으로 / 이방의 짐승들이 들여다본다"라는 표현을 통해 동물들이 철책 안에 갇힌 자신을 오히려 들여다보고 있는 것으로

표현하고 있다. 따라서 ㉠에 들어갈 단어로 가장 적절한 것은 '차례, 위치, 이치, 가치관 따위가 뒤바뀌어 원래와 달리 거꾸로 됨. 또는 그렇게 만듦'을 의미하는 '전도(顚倒: 머리 전, 넘어질 도)'이다.

㉡ "뿌리로 내려가 있던 겨울나무들이 / 저녁마다 황급히 올라가고"라는 표현은 한밤중임에도 환하게 불이 켜져 있어 나무들이 겨울에 나뭇잎들이 다 떨어졌음에도 불구하고 광합성을 해야 하는 것으로 착각하는 것을 나타낸다. 즉 현대 문명으로 인해 자연의 섭리마저 파괴되는 상황을 표현하고 있는 것이다. 따라서 ㉡에 들어갈 단어로 가장 적절한 것은 '마음이나 상황 따위를 뒤흔들어서 어지럽고 혼란하게 함'을 의미하는 '교란[攪亂: 어지러울 교, 어지러울 란(난)]'이다.

오답 풀이 ㉠ 괴리[乖離: 어그러질 괴, 떠날 리(이)]: 서로 어그러져 동떨어짐.
㉡ 박탈(剝奪: 벗길 박, 빼앗을 탈): 남의 재물이나 권리, 자격 따위를 빼앗음.

18 정답 ③

해설 '조소(嘲笑: 비웃을 조, 웃을 소)'는 '흉을 보듯이 빈정거리거나 업신여기는 일. 또는 그렇게 웃는 웃음. =비웃음'의 의미이다. '어이가 없거나 마지못하여 짓는 웃음. =쓴웃음'의 의미로 쓰는 단어는 '고소(苦笑: 괴로울 고, 웃을 소)'이다.

오답 풀이 ① 첩경(捷徑: 이길 첩, 지름길 경): 멀리 돌지 않고 가깝게 질러 통하는 길. =지름길 / 가장 쉽고 빠른 방법을 비유적으로 이르는 말. =지름길 / 어떤 일을 할 때 흔히 그렇게 되기가 쉬움을 이르는 말
② 주구(走狗: 달릴 주, 개 구): 달음질하는 개라는 뜻으로, 사냥할 때 부리는 개를 이르는 말 / 남의 사주를 받고 끄나풀 노릇을 하는 사람. =앞잡이
④ 노변[路邊: 길 노(로), 가 변]: 길의 양쪽 가장자리. =길가

19 정답 ③

출전 박명숙, 〈구복 여행(求福旅行)〉, 《한국민속대백과사전》, 수정

해설 '내포(內包: 안 내, 쌀 포)되다'는 '어떤 성질이나 뜻 따위가 속에 품어지다'의 의미이다. 따라서 '장기수'와 같은 사람을 대상으로 '내포되다'를 쓰는 것은 적절하지 않다.

* **천생배필(天生配匹)**: 하늘에서 미리 정하여 준 배필이라는 뜻으로, 나무랄 데 없이 신통히 꼭 알맞은 한 쌍의 부부를 이르는 말. =천상배필

오답 풀이 ① 착안(着眼: 붙을 착, 눈 안)하다: 어떤 일을 주의하여 보다. 또는 어떤 문제를 해결하기 위한 실마리를 잡다.
② 결부(結付: 맺을 결, 줄 부)하다: 일정한 사물이나 현상을 서로 연관시키다.
④ 염원[念願: 생각할 염(념), 바랄 원]: 마음에 간절히 생각하고 기원함. 또는 그런 것

20 정답 ②

출전 2022년도 국가공무원 7급 등, 지문 발췌 및 수정

해설 문맥상 '허물없이 아주 친하다'의 의미로 쓰이는 '막역(莫逆: 없을 막, 거스를 역)하다'를 쓰는 것은 적절하지 않다. 이 문장에서는 '지내는 사이가 두텁지 아니하고 거리가 있어서 서먹서먹하다'의 의미인 '소원(疏遠: 트일 소, 멀 원)하다' 정도로 바꿔 쓰는 것이 적절하다.

오답 풀이 ① 동요(動搖: 움직일 동, 흔들릴 요)하다: 물체 따위가 흔들리고 움직이다. / 생각이나 처지가 확고하지 못하고 흔들리다. / 어떤 체제나 상황 따위가 혼란스럽고 술렁이다.
③ 수용(受容: 받을 수, 얼굴 용)하다: 어떠한 것을 받아들이다. / 감상(鑑賞)의 기초를 이루는 작용으로, 예술 작품 따위를 감성으로 받아들여 즐기다.
④ 퇴각(退却: 물러날 퇴, 물리칠 각)하다: 뒤로 물러가다. / 금품 따위를 물리치다.

21 정답 ②

출전 김태훈, 〈"올려야" vs "내려야" 최저 임금 둘러싼 노사 '동상이몽'〉, 《세계일보》(2020. 7. 1.) & 중소기업중앙회, 〈올해의 중소기업 10대 뉴스〉, 《한경TV》(2020. 12. 20.), 수정

해설 ㉠의 앞부분에서는 노동계와 경영계의 서로 다른 입장이 나타나 있고, 뒷부분에서는 회의에서 모두가 동의할 수 있는 안을 도출하는 것이 불가능할 것 같다는 우려가 제기된다고 말하고 있다. 앞뒤 문장과 통일성을 가지면서 자연스럽게 이어지려면, ㉠에는 노동계와 경영계가 최저 임금을 협상하기 위해 모였지만 서로 다른 생각을 하고 있다는 내용이 들어가는 것이 적절하다. 따라서 ㉠에 들어갈 문장으로 가장 적절한 것은 ②이다. '동상이몽[同牀異夢: 같을 동, 평상 상, 다를 이(리), 꿈 몽]'은 '같은 자리에 자면서 다른 꿈을 꾼다는 뜻으로, 겉으로는 같이 행동하면서도 속으로는 각각 딴생각을 하고 있음을 이르는 말'이다.

* 미증유(未曾有: 아닐 미, 일찍 증, 있을 유): 지금까지 한 번도 있어 본적이 없음.

오답 풀이 ① 탁상공론[卓上空論: 높을 탁, 위 상, 빌 공, 논의할 론(논)]: 현실성이 없는 허황한 이론이나 논의
③ 사면초가(四面楚歌: 넉 사, 낯 면, 가시나무 초, 노래 가): 아무에게도 도움을 받지 못하는, 외롭고 곤란한 지경에 빠진 형편을 이르는 말. 초나라 항우가 사면을 둘러싼 한나라 군사 쪽에서 들려오는 초나라의 노랫소리를 듣고 초나라 군사가 이미 항복한 줄 알고 놀랐다는 데서 유래한다.
④ 불편부당(不偏不黨: 아닐 불, 치우칠 편, 아닌가 부, 무리 당): 아주 공평하여 어느 쪽으로도 치우침이 없음.

22 정답 ③

해설 말의 대답을 통해 주인이 지금까지 쉬지 않고 말을 부려 온 것을 알 수 있다. 이제 말이 늙어 취하여 쓸 것이 없어지자 주인이 말을 버리려는 것이므로 주인의 태도를 나타내는 것으로는 ③이 가장 적절하다. '토사구팽(兔死狗烹: 토끼 토, 죽을 사, 개 구, 삶을 팽)'은 '토끼가 죽으면 토끼를 잡던 사냥개도 필요 없게 되어 주인에게 삶아 먹히게 된다는 뜻으로, 필요할 때는 쓰고 필요 없을 때는 야박하게 버리는 경우를 이르는 말'이다.

오답 풀이 ① 전전긍긍(戰戰兢兢: 싸울 전, 싸울 전, 조심할 긍, 조심할 긍): 몹시 두려워서 벌벌 떨며 조심함. 주인은 말과 같이 있고 싶은 것이 아니라 말을 버리려는 것이다.
② 암중모색(暗中摸索: 어두울 암, 가운데 중, 본뜰 모, 찾을 색): 물건 따위를 어둠 속에서 더듬어 찾음. / 어림으로 무엇을 알아내거나 찾아내려 함. / 은밀한 가운데 일의 실마리나 해결책을 찾아내려 함. 주인은 늙은 말을 활용할 해결책을 찾고 있는 것이 아니라 버리려고 한다.
④ 자화자찬(自畫自讚: 스스로 자, 그림 화, 스스로 자, 기릴 찬): 자기가 그린 그림을 스스로 칭찬한다는 뜻으로, 자기가 한 일을 스스로 자랑함을 이르는 말. 주인이 말을 잘 돌봐 주었다고 말하는 부분은 제시문에 나오지 않는다.

23 정답 ④

해설 ㉢의 마지막 부분인 "주 씨가 여러 번 간청했지만 부인은 끝내 허락하지 않았다"에서, 부인은 '흔들어도 꼼짝하지 아니함'을 뜻하는 '요지부동(搖之不動: 흔들릴 요, 갈 지, 아닌가 부, 움직일 동)'의 자세를 취하고 있음을 알 수 있다.

오답 풀이 ① 양상군자[梁上君子: 들보 양(량), 위 상, 임금 군, 아들 자]: 들보 위의 군자라는 뜻으로, 도둑을 완곡하게 이르는 말. 매파 주 씨는 소저가 유 소사의 아들과 혼인을 하면 높은 벼슬아치의 부인이 된다고 했으므로 적절하지 않다.
② 삼순구식(三旬九食: 석 삼, 열흘 순, 아홉 구, 먹을 식): 삼십 일 동안 아홉 끼니밖에 먹지 못한다는 뜻으로, 몹시 가난함을 이르는 말. 매파 주 씨는 유 씨 집안과 혼인하면 부귀를 누릴 수 있다고 말하고 있으므로 적절하지 않다.
③ 부화뇌동[附和雷同: 붙을 부, 화목할 화, 우레 뇌(뢰), 같을 동]: 줏대 없이 남의 의견에 따라 움직임. 소저는 부귀와 용모를 따지는 듯한 매파 주 씨의 말이 자신의 집안을 욕보이고 있다고 보고 혼인을 거절하고 있으므로 적절하지 않다.

24 정답 ②

출전 변태섭, 〈바다에 버린 페트병, 미세 플라스틱으로 변해 결국 식탁으로〉, 《한국일보》(2018. 3. 31.)

해설 인류가 버린 플라스틱이 결국 인류의 삶까지 위협할 수 있다는 내용이므로 ㉠에는 '자기의 줄로 자기 몸을 옭아 묶는다는 뜻으로, 자기가 한 말과 행동에 자기 자신이 옭혀 곤란하게 됨을 비유적으로 이르는 말'인 '자승자박(自繩自縛: 스스로 자, 줄 승, 스스로 자, 묶을 박)'이 들어가는 것이 가장 적절하다.

오답 풀이 ① 자가당착(自家撞着: 스스로 자, 집 가, 칠 당, 붙을 착): 같은 사람의 말이나 행동이 앞뒤가 서로 맞지 아니하고 모순됨.
③ 자강불식(自强{强}不息: 스스로 자, 강할 강, 아닐 불, 숨쉴 식): 스스로 힘써 몸과 마음을 가다듬어 쉬지 아니함.
④ 자중지란[自中之亂: 스스로 자, 가운데 중, 갈 지, 어지러울 란(난)]: 같은 편끼리 하는 싸움

25 정답 ①

출전 조지훈, 〈선비의 직언〉

해설 ㉠과 가장 의미가 유사한 한자 성어는 '바른길에서 벗어난 학문으로 세상 사람에게 아첨함'을 뜻하는 '곡학아세(曲學阿世: 굽을 곡, 배울 학, 언덕 아, 세대 세)'이다.
* **무소불위(無所不爲: 없을 무, 바 소, 아닐 불, 할 위)**: 하지 못하는 일이 없음.

오답 풀이 ② 감탄고토(甘呑苦吐: 달 감, 삼킬 탄, 괴로울 고, 토할 토): 달면 삼키고 쓰면 뱉는다는 뜻으로, 자신의 비위에 따라서 사리의 옳고 그름을 판단함을 이르는 말
③ 면종복배(面從腹背: 낯 면, 좇을 종, 배 복, 등 배): 겉으로는 복종하는 체하면서 내심으로는 배반함.
④ 후안무치(厚顏無恥: 두터울 후, 얼굴 안, 없을 무, 부끄러워할 치): 뻔뻔스러워 부끄러움이 없음.

PART 6 이론과 평론 문학

예상 문제

01 정답 ②
출전 고등학교 《문학》 교과서, 지학사, 수정

해설 정지용의 〈고향〉에서 화자는 고향을 그리워하다가 다시 돌아온다. 하지만 변함없는 고향의 모습을 보고도 마음의 안정을 느끼지 못하고 '예전과 달리 발붙일 곳 없이 유랑하는 자신의 마음'을 발견하고 갈등한다. 이는 '화자의 마음이 너무나 복잡해져 버린 까닭' 때문이다. 따라서 이 시에 나타난 갈등은 외부에 있는 것이 아니라 화자의 내면에서 비롯된 것이다.

오답 풀이 ① 화자는 자신의 마음을 '고향 지니지 않고 머언 항구로 떠도는 구름'이라고 표현한다. 따라서 '구름'은 화자와 대비되는 대상이 아니라 고향에서 위안을 받지 못하고 안정을 찾지 못하는 화자 자신을 의미하는 대상이다.
③ '산꿩, 뻐꾸기, 흰 점 꽃'은 변함없는 고향의 자연을 의미한다.
④ 그리던 고향을 보고 큰 상실감을 느끼고 있으므로 '고향'과 화자의 심리적 거리는 과거에 비해 현재에 더 멀어졌다고 볼 수 있다. 하지만 과거에 비해 현재에 '고향'과 화자의 물리적 거리가 더 멀어진 것은 아니다. 화자는 고향에 있다가 고향을 떠난 뒤 오랜만에 고향에 돌아온 것이다.

02 정답 ①
출전 김윤식, 《한국 현대 문학사》, 수정

해설 ㉠에는 '낭만주의', ㉡에는 '유물주의', ㉢에는 '자연주의' 문학에 나타난 한계가 들어가야 한다.
㉠ 낭만주의의 대표는 박종화이다. 박종화는 자연주의가 폭로한 추악한 현실을 외면하고 과거에의 미련과 애정을 드러냈다. 이러한 낭만주의의 한계와 어울리는 것은 '회피와 과거에의 꿈'이다.
㉡ 유물주의의 대표는 이기영이다. 이기영은 인물이나 소재, 갈등 등을 이데올로기라는 사상 체계의 구현을 위한 방편으로 사용했다. 이러한 유물주의의 한계와 어울리는 것은 '문학의 이데올로기화'이다.
㉢ 자연주의의 대표는 김동인이다. 김동인은 모든 인간의 권위와 우상을 비판, 해체, 부정하고 인간의 현 실태를 성욕, 시체, 광인들이 난무하는 추악한 현실로 보았다. 이러한 자연주의의 한계와 어울리는 것은 '현실 폭로의 비애'이다.

03 정답 ③
출전 김용직, 〈상징과 은유〉

해설 은유와의 차이점을 중심으로 상징에 대해 설명한 글이다. 상징은 원관념이 생략된 은유이다. 그런데 상징에서는 비유적인 틀을 제시하지 않아 상징하는 것이 의미하는 내용을 명확하게 알 수 없다. 반면 은유는 비유적인 전이를 강조하며 보조 관념이 의미하는 내용의 테두리가 명백하다. 이에 따르면, '껍데기'가 비유하는 틀이 명확하지 않으므로 ③은 상징이며 나머지 ①·②·④는 모두 은유이다. '껍데기'는 허위, 부정적인 의식 등을 상징한다.

오답 풀이 ① '내 마음'을 '촛불'에 비유하고 있다.
② '나'를 '어린 짐승'에 비유하고 있다.
④ '낙엽'을 '폴란드 망명 정부의 지폐'에 비유하고 있다.

04 정답 ③

해설 "썩고 썩어도 썩지 않는 것"은 다른 음식과 달리 썩어야(발효시켜야) 맛이 나는 전라도 젓갈의 속성을 모순적 표현을 사용하여 드러낸 것이므로, 반어적 표현이 아니라 역설적 표현이 쓰인 것이다.

오답 풀이 ① 3문단의, 진술된 앞뒤의 상황이 논리적으로 모순된 경우가 역설적 표현이라는 설명에 부합한다.
② 2문단의, '상황적 반어법은 ~ 우리 사회에 있는 부조리에서 비롯된다'에 부합하므로 반어적 표현이다.
④ 마지막 문단의 설명에서 알 수 있다.

05 정답 ④

출전 2024년도 법학적성시험, 지문 발췌 및 수정

해설 마지막 문단에 따르면, ⓒ '신비평 이론가들'은 역설과 같은 시적 진술의 진실성은 작품 전체의 맥락에서 가지는 일관성과 설득력에 의해 판단된다고 보았다. 따라서 1~3연의 내용과 연관성이 없는 결론이 시적 진실을 획득하고 있다는 판단은 ⓒ의 평가로 적절하지 않다.

오답 풀이 ① 1문단에 따르면, ㉠ '실증주의 추종자들'은 증명 또는 경험적 검증으로 판단할 수 없는 문학적 진술은 대개 거짓이거나 무의미한 진술에 불과하다고 생각했다. 따라서 ㉠은 강철로 된 무지개가 실제로 존재할 수 없으니 거짓이라고 생각했을 것이라고 추론할 수 있다.
② 2문단에 따르면, ㉡ '리처즈'는 시적 허용을 일반적 언어 관습이나 사실에서 일탈할 수 있는 창조적 자유로 넓게 해석했다. 따라서 ㉡은 "매운 계절의 채찍에 갈겨"나 "하늘도 그만 지쳐 끝난 고원"에 사용된 비유법을 시적 허용으로 생각할 것이라고 추론할 수 있다.
③ 마지막 문단의 ⓒ '신비평 이론가들'이 역설은 표면적으로 모순적인 것처럼 보이지만 실은 진실을 새롭게 드러내는 진술이라고 했다는 내용에서 알 수 있다.

2025
선재국어

예상
기출서
1

선재국어

2025 선재국어

예상 기출서
1